MASTERS of
SCALE

세계에서 가장 성공한 기업가들에게 물었다

MASTERS of SCALE

마스터스 오브 스케일

리드 호프먼, 준 코언, 데론 트리프 지음

이주영 옮김

절벽에서 뛰어내리면서도
비행기 조립을 멈추지 않았던
모든 기업가에게 이 책을 바친다.

리드 호프먼은 경영 사례의 핵심을 잊을 수 없는 교훈으로 이야기하는 능력을 가지고 있다. 당신이 회사를 성장시키고 싶다면 이 책은 최고의 책이다.

밥 아이거 | 전 월트디즈니컴퍼니 회장

《마스터스 오브 스케일》은 최고의 리더들이 들려주는 흥미로운 이야기로 가득하지만, 당신이 비즈니스라는 전투에서 살아남길 원한다면 반드시 읽어야 할 책이다. 리드 호프먼은 상위 0.1%의 기업을 이끄는 70인의 전설들을 통해 구체적이면서도 실행 가능한 성장 전략과 날카로운 통찰력을 보여준다.

리드 헤이스팅스 | 넷플릭스 공동창업자 겸 CEO

당신이 스타트업에서 일하거나 자신의 일에서 변화를 꿈꾸고 있다면, 이 책에서 이야기하는 비즈니스 원칙—창의적인 전략과 진실성, 현실감각—이 큰 도움이 될 것이다.

사티아 나델라 | 마이크로소프트 CEO

자신이 몸담고 있는 조직의 비전과 핵심을 이끌어내려면 타인에게 듣고 배우는 것부터 시작해야 한다. 리드 호프먼의 견고한 조언으로 가득한 이 책은 성공으로 가는 당신의 비즈니스 여정을 가속화시킬 것이다.

앤절라 애런츠 | 전 버버리 CEO, 전 애플 수석 부사장

이 시대의 위대한 기업가들의 수업을 통해 경영의 노하우를 전수받을 수 있다면 어떨까. 이 책은 세계적인 리더들이 실행한 전략과 통찰력을 통해 당신의 크고 담대한 아이디어를 현실로 이끌 것이다.

애덤 그랜트 | 《씽크 어게인》 저자

사용자 경험과 네트워크 효과 등 디지털 시대에 만들어진 성공 방정식조차도 낡은 것이 되어버리는 '스케일의 시대'가 다가왔다. 비즈니스 트렌드를 이끌어 가는 실리콘밸리의 CEO들이 리드 호프먼의 지휘 아래 누구에게나 필요하지만, 누구에게도 말하지 않았던 금과옥조를 선뜻 공개한다. 스타트업을 준비하는 CEO들과 자신의 일에 치열하게 고민하는 사람들에게 솔직한 이야기를 들려준 그들에게 감사와 존경을 표하며, 가장 깊이 있고 실질적인 조언이 담긴 이 책을 적극 추천한다.

조용민 | 구글 커스터머 솔루션 매니저, 《언바운드》 저자

당신이 창업을 생각한다면 반드시 이 책을 읽어야 한다. 세상의 비웃음을 받으며 시작한 작은 스타트업에서 세상을 바꾼 비즈니스로 성장시킨 세계적인 기업가들의 경험과 조언으로 가득한 최고의 실용서이기 때문이다. 당신이 창업가가 아니더라도 이 책은 반드시 필요하다. 당신의 삶과 우리 사회를 어떻게 변화시킬 수 있을지에 대한 단서를 제공하기 때문이다. 책의 첫 페이지를 넘길 때부터 마지막 페이지까지 흥미진진하고 공감 가득한 비즈니스 세계의 이야기들을 생생한 현장의 목소리로 만날 수 있다.

임정민 | 시그나이트파트너스 투자총괄, 《창업가의 일》 저자

21세기는 비즈니스에 있어 대혼란과 격변의 시대였다. 새로 등장한 플랫폼과 혁신 기업 등 변화무쌍한 트렌드의 최전방에서 슈퍼 CEO들은 무엇을 고민하고, 무엇을 결정했으며, 무엇을 실행했을까? 《마스터스 오브 스케일》은 링크드인 창업자 리드 호프먼의 목소리로 전 세계 상위 0.1% 기업가들의 통찰력을 우리에게 전달한다. 다양한 사례와 비즈니스 스케일업을 담고 있는 이 책은 MBA 과정이나 100권의 경제경영서를 읽는 것보다 당신에게 더 빛나는 가치를 안겨줄 것이다.

이동우 | 경제경영작가, 〈10분 독서〉 제작자

● 차례

3장 영웅의 서사는 '아이디어'에서 시작된다

성공할 아이디어를 알아보는 방법

빈틈없는 문화를 만들면 바보들의 문화가 된다

기업이 문화를 구축해야 하는 이유

성장에도 속도가 중요하다

빠름과 느림의 균형이 필요한 전략적 성장

6장 성공의 공식이란 없다
게임의 새로운 규칙을 학습하는 방법

7장 말이 아닌 행동을 주목하라
사용자의 말과 행동이 다른 이유

8장 다양한 가능성을 모색하고 시도한다
위기를 기회로 만드는 피벗의 기술

일러두기

이 책은 국립국어원의 표준어규정 및 외래어표기법을 따랐으며, 일부 외국 인명을 비롯한 고유명사의 표기는 실제 발음 및 관례를 따랐습니다.

세계에서 가장 성공한 기업가들과의 인터뷰

사람들은 모두 각자의 방식으로 가족과 친구 등 가까운 사람에게 영향을 미치며 살아간다. 자신의 아이디어가 공동체를 넘어 더 많은 사람에게 퍼져나가 긍정적인 영향을 미치고 변화를 일으키길 원하며 더 높은 목표를 세우기도 한다.

그런가 하면 소수의 몇몇 사람은 한 번도 시도되지 않은 일에 기꺼이 도전하며 더 큰 꿈을 꾼다. 그들은 규칙을 깨고 새로운 방식으로 일한다. 오래된 비즈니스 모델을 혁신하거나 새로운 비즈니스 모델을 창조하며, 비즈니스와 사회적 변화에 대한 자신의 비전이 빠르게 퍼져나가 오랫동안 지속되길 원한다. 그들이 꾸는 꿈이 '스케일업scale-up'이다. 스케일업은 기업의 규모를 크게 키움으로써 엄청난 가치를 일궈내고 세상에 미치는 영향력을 확대하는 것이다.

이 책에서 소개하는 성공한 기업가들은 스케일업을 위해서는 일련의 지식과 역량뿐 아니라 기업가정신 또한 매우 중요하다는 점을 잘 보여준다. 기업가정신은 자기 확신을 바탕으로 기회를 과감하게 낚아채면서 동시에 어떤 실패든 기꺼이 감수하겠다는 의지이고 마음가짐이다.

성공한 기업가들은 기존의 통념에 더 이상 기댈 수 없는 불확실성의 시기에 감수해야 할 리스크가 어떤 것인지 잘 알고 있다. 또 성공하기 위해서는 온갖 모순과 예기치 않은 변화로 가득한 위험천만한 모험을 감수해야 한다는 점도 잘 이해하고 있다. 무엇보다 그들은 성공과 스케일업에 이르기 위해 자기 스스로 기업가정신을 더욱 단련시킬 수 있다고 믿는다.

우리는 이러한 정신을 바탕으로 사업을 키우고 스케일업에 성공한 여러 기업가와 나눈 심도 있는 대화를 통해서 다음과 같은 몇 가지 '반직관적 진실'을 알아낼 수 있었다.

◆ 말도 안 되는 최악의 아이디어가 때로는 기업을 크게 성장시키는 최고의 아이디어일 수 있다.
◆ 새로운 사업을 시작하려고 할 때 기존 업계의 통념과 충돌하고 시장성이 없다는 평가를 받는 것은 오히려 좋은 신호일 수 있다.
◆ 사업 초창기에 적절한 사람들로부터 '아니오'라는 솔직한 피드백을 듣는 것은 아이디어를 다듬어 성공 가능성을 높이는 데 큰 도움이 된다.
◆ 사용자 수가 얼마 되지 않는 사업 초창기에 꼭 해야 하는 최적의 사용자 경험 디자인하기, 신뢰할 만한 파트너십 구축하기 등과 같은 일은 스케일업과는 아무 관련이 없다. 하지만 바로 이런 일들을 잘 해야 향후 스케일업에 성공할 수 있다.
◆ 알고 있다고 생각했던 모든 것이 잘못된 것으로 밝혀지더라도 진실

을 받아들이고 계획을 조정하기만 하면 목표를 달성할 수 있다.

이와 같은 가르침은 이 책에 등장하는 70명의 비범한 기업가들이 어렵게 깨달은 내용이다. 그들은 파괴적 혁신으로 우리 사회에 지각변동을 일으킨 기업들을 만들고 성장시킨 이 시대의 대표적인 기업가들이자 스케일업의 대가들이다.

이 책에는 비영리단체를 포함한 다양한 산업계에 속한 기업가들의 성장 이야기가 담겼다. 작은 시골 마을에서 천재적인 혁신가 기질을 갖고 태어난 사람도 있고, 남다른 배경에서 자라 모두가 부러워할 경력을 쌓은 사람도 있다. 그들이 리더로서 승리한 비결에 대해서도 살펴보겠지만, 참담한 실수와 실패의 순간들에서 배운 교훈도 들어볼 것이다. 때로 여러분은 이 책의 항해사로서 모든 인터뷰를 진행한 리드 호프먼과 기업가들이 나눈 사적인 대화를 엿듣는 듯한 기분이 들 수도 있을 것이다.

리드 호프먼은 링크드인LinkedIn과 같은 오늘날 가장 성공한 몇몇 스타트업의 창업자이며, 에어비앤비Airbnb처럼 해당 업계의 비즈니스 패러다임을 전환한 기업들의 잠재력을 가장 먼저 발견한 투자자이기도 하다. 이는 리드가 스케일업을 위해 해야 할 일들을 자신의 경험을 통해 직접 배웠다는 것을 의미한다. 이러한 경험은 그가 진행하는 팟캐스트 〈마스터스 오브 스케일Masters of Scale〉을 비슷한 주제를 다루는 여러 팟캐스트 가운데 가장 인기 있고 영향력 있는 방송으로 만드는 데 커다란 도움이 되었다.

현재 <마스터스 오브 스케일>은 기회와 위기의 시기에 지혜를 구하고자 하는 비즈니스 리더들이 가장 신뢰하는 방송이다. 다른 비즈니스 팟캐스트와는 달리 몰입감 있는 스토리텔링과 독창적인 음악, 기발한 유머 감각을 자랑한다. 덕분에 전 세계 200여 개국에 수백만 명의 열정적이고 충성도 높은 팬들이 끊임없는 지지를 보내주고 있다.

우리는 2017년부터 세계에서 가장 존경받는 기업가들과 수백 시간에 달하는 대화를 나누었고 이를 바탕으로 80편이 넘는 에피소드를 제작했다. 매 에피소드에서 기업가 한 명과 스케일업에 관련된 다양한 이야기를 나누는데, 리드의 역할은 게스트의 이야기를 통해 스케일업에 관한 여러 이론을 확인하고 증명하는 것이다. 그는 풍부한 현장 경험을 바탕으로 기업가들의 이야기를 낱낱이 분석하고 예리한 질문을 던짐으로써 깊은 통찰과 시사점을 끌어낸다. 전설적인 기업가들 역시 사람이다. 따라서 많은 이야기는 삶의 의미, 인간관계, 문제해결 등과 같은 주제들로 채워진다.

이 책은 단순히 인터뷰 내용을 모아놓은 것 이상을 담고 있다. 팟캐스트 내용을 토대로 하되 형식과 접근법은 확연히 다르다. 우리는 기업가로서 스케일업을 향한 여정을 현명하게 헤쳐가는 데 도움이 될 열 가지 핵심 주제를 선정해 한 가지씩 살펴보았다. 책의 앞부분에서는 혁신적인 아이디어를 발견하고 세상을 바꿀 제품과 서비스를 내놓고 투자자를 설득해 자금을 조달하는 사업 초창기의 도전에 대해 다룬다. 이 시기는 스케일업을 위해 스케일업과 관련이 없는 일들에 집중해야 하는 때이다.

이어지는 중간 부분에서는 빠른 성장으로 인해 발생하는 여러 실질적인 문제를 다룬다. 생각보다 더 많은 자금을 모아야 하는 이유, 예상치 못한 문제와 변화에 부딪혔을 때 기존의 지식을 버리고 계속 학습하는 법, 기회가 왔을 때 신속하게 피벗할 수 있도록 준비하는 법, 그리고 어떤 불길은 그냥 타오르도록 내버려 두어야 하는 이유에 대해서도 함께 다룰 것이다. 책의 마지막에서는 스케일업에 도달한 이후 창업자가 아닌 진정한 리더로서 선한 영향력으로 세상을 변화시킬 기회가 주어졌을 때 해야 할 일들에 초점을 맞춘다.

여러 기업가의 이야기를 엮으면서 흥미로웠던 순간은 한 리더의 통찰력이 다른 리더의 아이디어와 어떻게 연결되는지 확인할 때였다. 열 가지 주제마다 리드가 제시한 통찰력 넘치는 조언과 분석도 책에 생생한 숨결을 불어넣었다. 비즈니스 업계 바깥에서 활동하는 멋진 크리에이터들과 사상가들이 함께 해주었고, 그들의 이야기와 통찰은 우리에게 색다른 관점을 제공했다.

지금 우리는 역동적인 변화의 시기, 대격변의 시기에 살고 있다. 우리 세계에는 야심 찬 도전에 매달릴 끈기와 의지를 가진 사람, 어렵고 변덕스러운 상황에 적응해 신선한 해결책을 제공해줄 사람들이 필요하다. 그런 점에서 이 책은 매우 중요하며 유용하다.

이 세상에 무엇인가 새로운 것을 가져와서 비즈니스로 연결하고 크게 성장시키는 사람이 반드시 후드티를 입은 청년일 필요는 없다. 엔지니어나 프로그래머가 아니어도 되며, 실리콘밸리에서 살지 않아도 된다. 큰돈도 필요 없다. 사실 이 책에 나오는 여러 성공한 스타트업은 5,000달러도 안 되는 자본으로 사업을 시작했다. 가장 중요한 것은 기업가로서의 지혜와 통찰력, 그리고 창조적 영감이다. 이러한 자질과 역량을 자신의 것으로 만들고 싶다면 이 책에 등장하는 리더들의 도움을 받으면 된다.

세계에서 가장 성공한 기업가들의 이야기를 재미있게 읽고, 그들의 조언에 귀를 기울여라. 그런 다음 나와서 사업을 시작하고 스케일업에 도전하라.

1장

거절은 또 다른 기회를 만든다

좋은 거절과 나쁜 거절을 구분하는 방법

Kathryn Minshew

Alex Cavoulacos

Tristan Walker

Ben Horowitz

John Foley

Lee Fixel

Reid Hoffman

Kara Goldin

Andrés Ruzo

Mark Pincus

Sunil Paul

Sara Blakely

Linda Rottenberg

투자 피칭에서 148번의 거절을 당했지만

더뮤즈 공동창업자 캐스린 민슈 이야기

2011년에 처음 문을 연 온라인 취업 플랫폼 더뮤즈The Muse는 밀레니얼 세대를 위한 취업 플랫폼이다. 단순히 채용 정보만 제공하는 것을 넘어서서 사회 초년 직장인을 위한 강의와 코칭을 제공해 경력 개발에 도움을 준다. 지금은 매년 1억 명에 가까운 사람이 이용하는 미국의 대표적인 취업 플랫폼으로 성장했지만, 사업 초창기에는 투자자들로부터 숱한 거절을 받았다. 더뮤즈의 공동창업자이자 CEO인 캐스린 민슈Kathryn Minshew는 초기 자금 조달을 위해 투자 피칭을 하면서 무려 148번이나 거절을 당했다.

"하루에 투자 피칭을 세 번에서 네 번까지 했는데 그때마다 거절하는 답을 들어야 했어요. 어떤 사람은 제 이야기를 듣는 둥 마는 둥 하고, 어떤 사람은 피칭이 끝나기도 전에 자리에서 일어났습니다. 그런 날 저녁엔 술을 마시러 갔어요. 무시를 당한 것 같아서 견디기 어려웠거든요. 마침내 초기 투자 단계인 시드 라운드 투자를 유치했을 때 그간의 피칭들을 되짚어서 세어봤어요. 만났던 투자자 리스트를 보면서 거절당했던 순간들을 떠올리게 되더군요. 투자 유치에 성공한 다음인데도 여전히 거절 하나하나가 모두 쓰라렸어요."

많은 위대한 기업가가 그랬던 것처럼 캐스린 역시 자신의 구직 경험에서 더뮤즈의 아이디어를 얻었다. 어린 시절부터 국제 안보 분야에서 일하기를 꿈꿨던 캐스린은 대학 졸업 후 키프로스 미국 대사관에서 일했지만, 이상과 현실의 격차가 너무 크다는 것을 깨달았다. 이후 맥킨지앤드컴퍼니McKinsey&Company 뉴욕 사무실에서 컨설턴트로 3년간 일했다. 그다음 직장을 구하기 위해 구직 활동을 하면서 캐스린은 매우 불친절하고 실망스러운 경험을 했다.

"몬스터닷컴Monster.com 같은 취업 사이트에서 키워드로 일자리를 검색해보셨나요. 한 개의 키워드를 입력했을 때 5,724개의 일자리가 나오기도 하죠. 그 일자리들이 구체적으로 어떻게 다른지 구별하는 건 너무 힘들었어요." 캐스린은 "새로운 일이나 직장을 찾으려는 사람들에게 더 나은 서비스를 제공하는 구직 플랫폼이 필요하다는 생각을 하게 됐습니다"라고 말했다.

캐스린은 맥킨지에서 함께 일했던 동료이자 나중에 더뮤즈의 공동창업자가 되는 앨릭스 카불라코스Alex Cavoulacos와 브레인스토밍을 시작했다. "서로 다른 구직자들의 경험과 니즈에 초점을 맞춘 취업 사이트를 만든다면 어떨까? 구직자가 지원하려고 하는 기업의 내부 사정을 먼저 볼 수 있게 하면 어떨까? 새로운 일을 시작하려는 구직자들에게 경력 개발과 관련된 여러 가지 문제에 도움을 줄 전문가들을 연결해주면 어떨까?” 그들은 이러한 질문을 던지면서 스스로 답을 찾아갔다. “우리는 서로의 아이디어를 화이트보드에 쓰면서 밤늦게까지 토론을 거듭했어요. 그렇게 며칠간의 브레인스토밍 끝에 구직자들에게 경력 개발에 필요한 실질적인 조언을 제공하면서 다양하고 개별적인 니즈를 충족시키는, 신뢰와 인기를 동시에 얻는 온라인 구인구직 플랫폼을 구축할 수 있겠다는 확신을 얻게 됐습니다.”

자신의 직감을 믿어야 하는 이유

캐스린과 앨릭스는 더뮤즈가 구직자들의 삶에 미칠 영향과 변화에 대해 분명한 비전을 갖고 있었다. 하지만 모든 사람이 그 비전을 정확하게 이해할 수 있는 것은 아니었다. 캐스린은 투자자들을 만나 피칭을 시작했을 때 몇 가지 커다란 문제에 봉착했는데, 첫 번째 문제는 대부분의 투자자가 더뮤즈가 타깃으로 생각하는 사용자층이 아니었다는 것이다.

“우리가 목표로 한 사용자층은 자신에게 맞는 일자리를 찾는 경력 초중반의 젊은 직장인인데, 투자자 대부분은 이미 자기 분야에서 성공을 거둔 사람들로 전혀 다른 집단에 속해 있었죠. 또 대개 투자은행이나 사모펀드에서 일하고 있어서 이미 확보된 안정적인 네트워크를 통해 비교적 쉽게 다음 일자리를 찾는 사람들이었고요. 그런 사람들은 더뮤즈가 지향하는 비전이나 중요한 콘셉트를 이해하기 어려웠어요. 피칭을 듣는 그들의 눈빛을 보며 혼란스러워한다는 점을 알 수 있었죠."

캐스린이 투자 피칭에서 맞닥뜨린 두 번째 문제는 현 상태에 안주하려는 태도였다. 투자자 중에는 현재의 패러다임과 기존의 익숙한 시스템에서 벗어나지 못하는 사람이 많았다. "족히 20년은 직장을 구해보지 않았을 것 같은 어느 벤처투자자는 제가 피칭을 마치자 몬스터닷컴에 들어가보더군요. 그러더니 '이해가 안 되네요. 나는 이 사이트도 좋아 보이는데요'라고 하는 거예요. 하지만 20년간 한 번도 구직사이트를 이용해본 경험이 없는 사람이 경력 초중반의 젊은 구직자들이 어떤 어려움을 겪고 무엇을 필요로 하는지 어떻게 알겠어요."

캐스린은 실로 여러 가지 형태의 거절을 경험했다. "헛수고예요"라든가 "너무 비싸요"와 같은 단정적인 거절도 있었고, "당장 투자는 어렵겠지만 계속 연락해요"와 같은 우회적인 거절도 있었다. "여성 사용자들은 나이가 들고 아이를 낳으면 모두 떠날 텐데 그땐 어떻게 할 건가요?"라든가 "대도시가 아닌 곳에 거주하는 사람들도 이런 플랫폼을 이용할까요?"라고 조금 구체적이지만 회의적이긴 마찬가지인 거절도 많았다.

사업 초창기에 매우 똑똑하고 성공한 투자자들로부터 계속 '아니오'를 듣다 보면 스스로 '비관론자들이 옳으면 어쩌지?'라는 의심을 하게 된다. 하지만 우리는 결국 자신의 직감에 귀를 기울여야 한다. 캐스린은 자신의 직감을 믿었다. 무엇보다 젊은 세대의 구직자들, 특히 여성 구직자에 대해 중년의 백인 남성 투자자들보다 훨씬 더 잘 이해했기 때문에 투자자들의 비관론에 크게 흔들리지 않았다. 그녀는 사업을 시작하는 바탕이 되었던 확신들을 흔들림 없이 지켜나가려 애썼고 결국에는 보상을 받았다. 더뮤즈를 론칭하고 나서 사용자들이 보여준 반응은 직감과 확신이 옳았음을 확인해주었다.

"우리는 사용자들로부터 매우 긍정적인 피드백을 받았습니다. 대부분 22~35세의 여성과 남성이었는데 그들은 더뮤즈를 통해 자신들의 문제를 해결할 수 있었다며 정확히 필요한 플랫폼이었다고 말해주었습니다."

거절은 새로운 정보와 기회를 준다

더뮤즈가 구직자와 고용주들 사이에서 인기를 끌자 캐스린에게 전화가 빗발치기 시작했다. 불과 2년 전만 해도 코웃음을 치며 투자를 거절했던 사람들이 갑자기 "취업 플랫폼이라면 당연히 더뮤즈처럼 직장생활을 위한 조언을 해주는 콘텐츠가 있어야죠"라고 말하기도 했다.

더뮤즈는 2800만 달러가 넘는 투자금을 유치했으며 200여 명의 직원이 일하는 탄탄한 기업으로 성장했다. 캐스린이 수많은 거절에도 '불구하고' 이런 성공을 거뒀다고 생각하는 사람들이 많겠지만, 사실은 148번의 거절 '덕분에' 더뮤즈의 비전과 실행 계획이 더 단단해지고 완전해질 수 있었다.

어떤 거절은 사용자가 어떤 사람들일지에 대한 관점을 날카롭게 만들어주었고, 어떤 거절은 경쟁자에 대처하는 방법을 미리 생각하도록 도움을 주었다. 또 어떤 거절은 향후 발생할지 모를 위험을 미리 경고함으로써 실패를 피해가도록 해주었다. 초기 자금 조달 과정이 끝날 무렵 캐스린은 더뮤즈가 피해가야 할 모든 잠재적 위험과 경쟁자들보다 앞서 탐사해야 할 미개척지가 표시된 로드맵을 손에 쥐게 되었다.

사실 캐스린뿐 아니라 이미 성공을 거둔 여러 스타트업과 위대한 아이디어들 대부분이 초창기에 수많은 거절을 경험했다는 것은 이미 잘 알려진 사실이다. 우리는 투자자를 설득하기 위한 지름길을 배우려고 애쓰지만, 실제 성공 사례가 알려주는 교훈은 '거절'을 잘 받아들임으로써 더 많은 것을 얻을 수 있다는 점이다.

1장에서는 여러 종류의 거절에 대해 살펴볼 것이다. 새로운 도전을 하면서 듣게 되는 거절이 꼭 부정적인 것만은 아니다. 거절은 오히려 자칫 간과하기 쉬운 정보를 모을 기회를 제공하기도 한다. 거절 덕분에 그럭저럭 좋은 아이디어가 획기적인 아이디로 발전하기도 한다. 또 거절은 전략과 목표를 수정하고 보완하는 데도 도움이 된다. 간단히 말해, 거절 속에 황금과 같은 수많은 정보가 담겨 있다.

이제부터 세계적인 기업가들이 새로운 아이디어로 도전을 시작했을 때 수없이 부딪혔던 거절의 사례를 살펴볼 것이다. 스케일업에 더 가까이 가기 위해 기꺼이 반대론자들을 포용하고 더 많은 피드백과 세상의 목소리에 귀를 기울였던 기업가들의 의지에 주목하기 바란다.

모두가 '아니오'라고 말할 때

워커앤드컴퍼니 창업자 트리스탄 워커 이야기

수백 년 동안 이발사들은 일자 면도칼을 사용해 수염을 깎아왔다. 한 면만 날카로운 면도칼로 수염을 뽑거나 잡아당기지 않고 피부에서 깎아낸 것이다. 일자 면도칼의 문제는 집에서 혼자 사용하기엔 너무 위험하다는 것이었다. 목을 베이지 않고 제대로 수염을 깎으려면 이발소에 찾아가야만 했다. 이 날카로운 면도칼을 안전하게 사용할 방법을 생각해낸 것은 킹 질레트King Gillette였다. 1904년에 그는 면도칼의 날을 윗부분에 집어넣고 손잡이를 달았다. 이것이 오늘날 우리가 아는 면도기의 시초였고, 이때부터 집에서 수염을 깎으려는 사람들을 대상으로 면도기 산업이 시작되었다.

이후 20년이 지나 질레트 면도기가 특허권을 상실하자 시장에는 새로운 경쟁자들이 나타났다. 그들은 면도기에 점점 더 많은 면도날을 추가했다. 심지어 여섯 개까지 칼날이 추가되면서 남자들은 훨씬 질 좋은 면도를 경험하게 되었다. 하지만 대다수 흑인 남성에게는 예외였다. 다중날의 면도기는 거칠고 곱슬곱슬한 수염을 깎는 데 적합하지 않을 뿐더러 종종 살점까지 파고들어 각종 상처와 염증을 남겼다.

2013년 워커앤드컴퍼니Walker & Company는 유색인종을 위한 건강·뷰티 제품 판매를 전문으로 하는 스타트업으로 출발했다. 창업자인 트리스탄 워커Tristan Walker는 흑인이었기에 다중날 면도기의 문제점을 잘 알고 있었다. 그는 단일날의 안전면도기인 '베벨Bevel'을 개발해 면도용품 정기구독 서비스를 선보였다. 하지만 유색인종을 타깃으로 한 사업은 실리콘밸리의 주류와 역행하는 행보였다. 더구나 워커앤드컴퍼니는 실리콘밸리가 선호하는 기술 스타트업이 아니었고, 엔지니어 출신의 CEO도 없었다. 트리스탄은 그런 자신을 노래 제목을 따서 '콘크리트에서 자란 장미'라고 표현했다.

물론 이제는 후줄근한 티셔츠를 입은 이십 대의 백인 컴퓨터 프로그래머만 실리콘밸리에서 성공할 수 있다고 주장하는 사람은 없을 것이다. 그러나 여전히 확실한 성공 원칙이 있다면 그것은 '호기심'이 많아야 한다는 것이다. 트리스탄 워커는 유난히 호기심이 많았다.

"우리 가족은 한동안 생활보조비를 받으며 생활해야 할 만큼 가난했어요. 그래서 제 인생 목표는 '가능한 한 빨리 큰 부자가 되는 것'이었죠. 첫 번째 방법은 배우나 운동선수가 되는 것이었지만 저에게는 잘 맞지 않았어요. 두 번째 방법은 월스트리트에서 일하는 것이었지만 역시나 즐겁지가 않더라고요. 마지막 남은 방법은 창업을 하는 것이었습니다. 이걸 깨달은 날 스탠퍼드 경영대학원에 지원했어요. 2008년에 입학해서 저는 실리콘밸리의 생태계를 빠르게 받아들였습니다. 다른 스물네 살짜리들이 수백만 달러를 벌면서 세상을 근본적으로 바꾸는 모습을 지켜봤어요. '내가 이런 곳을 왜 몰랐지?' 싶더라고요. 경영학뿐 아니라 주변에서 매일같이 일어나는 놀라운 기술 혁신들을 빠짐없이 살펴보고 공부하기 시작했습니다."

호기심은 새로운 기회를 발견하는 재능이다

트리스탄은 흔히 말하는 괴짜는 아니었지만 왕성한 호기심으로 인해 새롭고 혁신적인 아이디어를 만나면 금세 푹 빠져들었다. 트위터Twitter도 그중 하나였다. 트리스탄은 월간 사용자 수가 50만 명 정도인 작은 커뮤니티일 때부터 트위터에 심취하기 시작했지만 다른 친구들은 그런 그를 이해하지 못했다. 래퍼이자 댄서인 MC 해머MC Hammer와의 운명적인 사건이 있기 전까지는 말이다.

"학교에서 MC 해머가 강연하기로 한 날이었어요. 친구들은 진짜 MC 해머가 오는지 궁금해서 난리였어요. 그래서 제가 트위터에서 MC 해머에게 '오시나요?'라고 메시지를 보냈더니 30초 뒤에 답이 왔어요. 친구들에게 메시지를 보여주며 '온대. 봤지?'라고 말했죠. 친구들은 멀티플래티넘 아티스트와 개인적으로 연락을 주고받는 것에 무척 흥분했어요. 그때 저는 트위터를 보면서 외견상 별로인 아이디어도 실제로는 탁월한 아이디어일 수 있다는 것을 처음으로 이해했죠. 그래서 트위터에 뛰어들어야겠다고 결심했어요."

트위터의 성공은 트리스탄에게 기업가는 자기 직감을 믿어야 한다는 교훈을 알려주었다. 그에게는 소셜미디어의 가능성뿐 아니라 새로이 떠오르는 미지의 영역, 즉 '화이트 스페이스white space'●를 보는 능력이 있었다. 덕분에 다른 사람들이 '아니오'라고 하는 곳에서 그는 새로운 기회를 발견했다. 모두가 '아니오'라고 생각하는 분야에서 '예스'의 가능성을 발견하는 사람에게는 더 큰 기회가 주어진다.

2008년 당시 트위터의 직원은 고작 스무 명 남짓이었다. 트리스탄은 트위터 초기 사용자에 머무르지 않고 회사 성장을 직접 돕고 싶었다. 그래서 자신이 아는 트위터와 가까운 사람들에게 이메일을 보냈다. 대략 스무 명에게 이메일을 보냈는데, 마지막은 스탠퍼드대학교 교수이자 어거스트캐피털August Capital의 파트너인 데이비드 호닉David Hornik이었다. 알고 보니 데이비드는 트위터의 창업자인 에반 윌리엄스Evan Williams의 오랜 친구였다. 트리스탄은 데이비드를 만난 이틀 뒤에 에반에게 인턴십을 제안받았다. 트위터에서 인턴십이 끝나자마자 이번에는 위치 기반 서비스 포스퀘어Foursquare를 개발한 신생 스타트업의 창업자들에게 또다시 이메일 공세를 퍼붓기 시작했다. 포스퀘어 CEO 데니스 크롤리Dennis Crowley에게도 답신을 받았다.

"이메일을 총 여덟 번 보냈어요. 여덟 번째에 데니스가 직접 답장했는데, 그날을 평생 잊지 못할 거예요. 데니스는 이메일에 '당신 제안을 받아들이겠습니다. 뉴욕에 와본 적 있어요?'라고 썼어요. 저는 로스앤젤레스의 집에서 아내와 함께 어떻게 회신을 보낼지 고민했죠. 10분 뒤 '사실 내일 뉴욕에 갈 계획이었어요'라고 답장했어요. 그러곤 그날 밤 비행기를 예약하고 다음 날 아침 뉴욕으로 날아갔어요. 일주

● 화이트 스페이스는 원래 컴퓨터에서 콘솔이나 프린터로 찍었을 때 아무것도 없는 공백을 표현하는 문자들을 의미한다. 비즈니스 세계에서는 현재의 비즈니스 모델로 정의되거나 해결되지 않았기 때문에 무한히 다양한 형태를 취할 수 있는 새롭고 중요한 기회가 많은 미지의 영역을 뜻한다. 화이트 스페이스에는 기존의 규칙이 적용되지 않으므로 기업가는 일련의 예상치 못한 도전에 부딪히게 되지만 일단 선점하고 나면 커다란 성장 기회를 얻을 수 있다.

일 동안 포스퀘어 사람들을 만났고 한 달 뒤에는 사업개발팀을 맡았습니다."

이러한 일화에서 배울 점은 트리스탄의 고집이 아니라 그가 가진 혜안이다. 운이 좋아서 우연히 로켓에 탑승하는 사람들이 있다. 하지만 두 번이나 로켓에 올라탔다면? 그것은 더 이상 우연이 아닐 것이다. 그것은 다른 사람들보다 앞서서 저평가된 아이디어를 발견했다는 의미이다.

게으른 투자자의 '아니오'에 속지 마라

포스퀘어의 사업개발팀을 초창기부터 맡아서 탄탄하게 성장시킨 트리스탄은 2012년에 회사를 떠났다. 자신의 회사를 세우기 위해서였다. 트리스탄은 다음 행동을 계획하기에 완벽한 곳에 착륙했다. 실리콘밸리의 유명한 벤처투자기업인 앤드리슨호로위츠Andreessen Horowitz로부터 사내벤처기업을 해보지 않겠냐는 제안을 받은 것이었다.

"은행을 설립하고 싶었어요. 화물운송시스템을 개선하는 일도 하고 싶었고, 전 세계의 비만 문제를 해결하는 데도 관심이 있었습니다. 그러다 불쑥 떠오른 아이디어가 양날 면도기였어요. 기존의 다중날 면도기가 엄청 불만족스러웠거든요."

면도 경험을 개선하는 일이 은행을 설립하는 것만큼 대단한 아이디어는 아닌 것처럼 보일지도 모른다. 하지만 극적인 문제를 해결하는 아이디어만 스케일업으로 이어지는 것은 아니다. 많은 사람이 보지 못했던 틈새 문제를 해결하는 아이디어여도 충분하다. 트리스탄은 100년이 넘는 오랜 시간 면도기 시장에서 소외되었던 특정 사용자층을 발견했다. 면도기로 인한 상처와 염증을 너무 당연한 것으로 여겨온 굵고 곱슬거리는 수염을 가진 남자들이었다.

트리스탄은 P&G프록터앤드갬블와 같은 글로벌 브랜드에 버금가는 '유색인종을 위한 건강·뷰티 전문기업'을 구상했다. 사업 아이디어에는 당연히 곱슬거리는 수염을 가진 남자들을 위한 면도기도 포함되어 있었다.

문제는 투자자 대부분이 백인 남성이었다는 점이다. 그들은 트린스탄이 공략하려는 시장의 필요성에 전혀 공감하지 못했다. 캐스린 민슈가 더뮤즈를 창업하려고 할 때 부딪혔던 어려움과 비슷했다. 똑똑한 벤처투자자들이 앞에 놓인 기회에 대해 스스로 배우는 것과 달리 게으른 투자자들은 잘 모르는 시장에 대해 '아니오'라고 대답하며 커다란 기회를 놓쳐버린다.

물론 투자자들의 거절이 언제나 부정적이진 않다. 어떤 거절에는 아이디어를 수정할 구체적인 힌트가 담기고, 또 어떤 거절은 아이디어가 지닌 기회가 더 크다는 것을 우회적으로 알려주기도 한다. 하지만 시장을 잘 모르는 상태에서 제대로 파악할 생각도 없이 '아니오'를 외치는 게으른 거절은 빨리 잊고 넘어가야 한다. 트리스탄에게는 투자자들의 반응에서 정확한 시그널을 짚어내는 안테나가 있었다. 그는 피칭을 하면서도 투자자들이 어느 지점에서 시큰둥해지는지 빠르게 알아챘다.

"열네 번째 슬라이드에서 여드름 스킨케어 제품인 프로액티브Proactive를 사례로 들면서 우리가 하려는 일의 의미를 설명하는 중이었어요. 한 투자자가 '면도기로 인한 상처나 염증이 여드름만큼 심각한 문제인지 모르겠어요'라고 말했어요. 그래서 저는 '흑인 남성 10명에게 전화를 걸어 물어보면 10명 중 8명은 평생 해결해야 할 심각한 문제라고 답할 겁니다. 백인 남성이나 여성 들에게 물어보면 10명 중 4명의 비율로 같은 대답을 할 것'이라고 답했습니다."

그때 트리스탄은 벤처투자자의 비판이나 거절이 아이디어의 성공 가능성과는 아무런 상관이 없다는 점을 깨달았다. "어떤 투자자들은 전후 맥락을 전혀 파악하지 않은 채 아이디어를 평가하더라고요. 질문 내용을 들어보면 확실하게 알 수 있어요. 그들은 게으른 투자자인 거죠. 그들의 생각을 되돌리는 건 어려워요. 서둘러 아이디어를 제대로 평가할 다른 투자자를 만나러 가는 편이 낫습니다."

제대로 된 '예스' 하나면 충분하다

다행인 것은 게으른 투자자도 있지만 대담한 아이디어를 알아보는 선견지명을 가진 투자자도 있다는 점이다. 트리스탄의 경우에는 그에게 사내벤처기업을 제안한 앤드리슨호로위츠의 창업자이며 벤처투자자인 벤 호로위츠Ben Horowitz가 그런 투자자였다. 트리스탄은 많은 거절을 당하는가는 중요하지 않으며 제대로 된 '예스' 하나만 건지면 된다는 점을 알고 있었다.

"제가 끔찍한 아이디어를 낸다면 벤이 진실을 말해줄 것으로 믿었어요. 실제로도 벤은 그렇게 했고요. 마침내 사업 아이디어 구상을 마치고 제안서를 가져갔을 때 벤은 '그래, 바로 이거지'라고 말했어요. 그 순간 뭔가 제대로 한 건 잡았다는 사실을 알았죠. 벤을 통해 인기 래퍼이자 투자자인 나스Nas를 만날 수 있었습니다. 베벨은 그에게 딱 맞는 제품이었어요. 제가 피칭을 시작한 지 5분쯤 지났을 때 나스가 '나도 낄게요. 이제 뭘 하면 되죠?'라고 묻더군요. 나스가 2016년 여름 히트곡의 후렴구에 베벨을 넣어준 덕분에 매출도 세 배로 껑충 뛰었습니다."

트리스탄이 투자자들로부터 받은 '아니오' 가운데 가장 당혹스러운 것은 유색인종을 위한 건강·뷰티 제품 시장이 '너무 작다'는 지적이었다. 트리스탄은 2017년에 이렇게 말했다. "많은 사람이 우리가 유색인종을 위한 P&G를 만들려 한다고 이야기합니다. 그들은 우리가 노리는 시장이 틈새시장인 것처럼 말하죠. 그러나 세계인구 대다수가 유색인종인데 우리가 유색인종을 위한 P&G라면 대체 P&G는 뭔가요?" 2018년에 워커앤드컴퍼니는 매각되었고 트리스탄은 CEO로 남았다. 인수자는 다름 아닌 P&G였다.

1퍼센트의 투자 피칭 성공률

펠로톤 창업자 존 폴리 이야기

트리스탄과 캐스린의 이야기를 들으며 경험 많은 백인 남자라면 벤처 투자자로부터 쉽게 '예스'를 받았을 거라고 생각했을지도 모른다. 하지만 홈피트니스 시장의 강자 펠로톤Peloton의 창업자 존 폴리John Foley는 '그렇지 않다'고 대답할 것이다. 사용자의 개별 수요에 맞춘 운동 프로그램을 실시간으로 스트리밍해주는 서비스를 제공하는 펠로톤의 실내 자전거는 홈트계의 넷플릭스Netflix로 불릴 만큼 인기가 높다. 자전거에 터치스크린을 부착해 집에서도 여러 사람이 함께 운동하는 효과를 얻도록 해주는 아이디어는 펠로톤을 세계적인 홈피트니스업체로 성장하게 했다. 하지만 그 전에 존 폴리는 무려 3년간이나 수천 명의 벤처투자자와 엔젤투자자를 만나 설득에 설득을 거듭해야 했다.

존 폴리는 펠로톤을 창업하려고 준비하면서 관련 분야에서 15년간 뛰어난 리더십을 발휘한 경험이 투자자들에게 큰 자산으로 평가받을 것으로 생각했다. 하지만 풍부한 경험은 오히려 불리하게 작용했다. 존은 조지아공과대학교와 하버드 경영대학원에서 각각 공학과 경영학을 공부했다. 유명 온라인 기업인 이바이트Evite와 반스앤드노블 온라인Barnes&Noble Online의 CEO도 역임했다. 투자자들이 좋아할 만한 배경을 가지고 있던 존은 내심 충격을 받았다.

"마흔 살까지 20년을 회사원으로 열심히 일했습니다. 나만의 회사를 시작할 수 있겠다고 자신감을 가질 만큼 경험을 쌓았죠. 하지만 투자자들 눈에는 제가 이미 늙은 사람이더라고요. 저는 제 아이디어에 자신이 있었어요. 사용자 분석, 시장 데이터, 판매 전략, 고객유지율 등 모든 것이 준비되어 있었고요. 그래서 벤처투자자들이 서로 나서서 돈을 던져줄 거라고 확신했던 거죠. 스스로 썩 괜찮은 세일즈맨이라고 생각했지만 결과적으로는 그렇지 않았어요. 투자 피칭 성공률이 1퍼센트에 불과했거든요."

존은 투자자들이 마흔 살에 실리콘밸리에서 스타트업을 하는 것은 너무 늦었다고 생각한다는 점, 그리고 자신이 만점짜리라고 생각한 아이디어가 벤처투자자들이 좀처럼 매력을 느끼지 못하는 리테일 영역에 속한다는 점을 알게 되었다.

파격적인 아이디어에는 역발상 투자가 필요하다

존은 벤처투자자들에게 한 푼도 투자받지 못했다. 온갖 저항과 비판에 부딪혔고 거절의 이유는 수십 가지가 넘었다. 피트니스 분야에서 기술 파괴자가 되겠다는 포부를 가졌던 만큼 좌절도 컸다. 한편으로는 '아니오'의 전문가가 되었다. 존은 투자자들의 거절을 유형별로 분류했다. 정말 많은 '아니오'가 '게으른 거절'에 속했다.

- 당신은 너무 나이가 많군요.
- 하드웨어 사업은 너무 힘들고 자본도 많이 들어요.

- 피트니스는 자본도 없고 소프트웨어, 미디어, 혁신도 없는 사업 분야입니다.
- 뉴욕에 있는 회사군요. 제가 캘리포니아에만 있기로 가족들과 약속해서요.
- 자전거 타기는 두 가지 종류만 있습니다. 산악 바이킹과 로드 바이킹이요.

'게으른 거절'에서 가장 흔한 유형은 "좋은 아이디어지만 우리와는 맞지 않는다"는 것이었다. 피칭을 들은 투자팀 전체가 펠로톤에 대한 아이디어를 좋아했지만 결국에는 거절을 당한 적도 있다. 이유는 소비자 인터넷이나 헬스케어 부문에 전문적으로 투자하기 때문에 펠로톤에 투자하자고 벤처펀드 출자자들을 설득하기 어려웠다는 것이다. 이것은 벤처투자 세계의 적나라한 현실이다. 존이 피칭했던 기존의 벤처투자자들은 소비자와 직접 접촉하는 리테일 분야, 그중에서도 특히 새로운 카테고리에 속하는 사업을 경계하는 경향을 보였다. 미지의 영역인데다 불확실성이 높기 때문이다. 일부 벤처투자자는 이미 투자해서 큰돈을 벌어봤던 비즈니스 영역이나 제품과 거리가 먼 아이디어에는 아예 처음부터 관심을 두지 않는다.

결국에 존은 클라우드 펀딩이라는 새로운 자금 조달 방법을 찾아내 벤처캐피털을 비롯한 여러 유형의 투자자들로부터 받은 수많은 거절을 극복해냈다. 존의 표현에 따르자면 그는 "100명의 엔젤에게

100장의 수표를 받았다." 그리고 마침내 뉴욕에 본사를 둔 타이거글로벌매니지먼트Tiger Global Management의 파트너였던 리 픽셀Lee Fixel을 만났다. 리 픽셀은 펠로톤의 아이디어에서 파괴적 혁신의 가능성을 파악하고는 재빨리 '예스'라는 답을 내놓았다. 수많은 거절로 점철된 투자 유치 과정을 되짚어보며 존은 진작에 리 픽셀처럼 파격적인 아이디어를 좋아하는 역발상 투자자들에게 집중했다면 훨씬 시간을 절약했을 것이라고 깨닫게 되었다.

다년간 여러 벤처투자자에게 '아니오'를 들으며 혹독한 시련을 겪고 있는 예비 기업가들에게 좋은 소식 한 가지는 투자자들이 당신의 아이디어를 받아들이지 않는다면 비슷한 아이디어를 가진 다른 예비 기업가에게도 투자하지 않을 것이라는 사실이다. 이 시련을 잘 견뎌내 통과하고 나면 당신은 잠재적인 경쟁자들보다 훨씬 더 앞선 위치에 서 있을 것이다.

모호한 대답에 담긴 진짜 목소리

링크드인 공동창업자 리드 호프먼 이야기

거절에는 다양한 형태가 있으며 각각의 거절에는 서로 다른 유용한 정보가 담겨 있다. 따라서 서로 다른 '아니오'가 의미하는 바를 파악해서 필요한 정보를 얻어야 한다. 이제 거절의 한 가지 유형인 '머뭇거리는 거절'에 대해 살펴볼 것이다. 그들은 어째서 "네, 좋네요. 하지만 우리에게는 맞지 않는 것 같아요"라며 승낙도 거절도 아닌 모호한 태도를 보이는 걸까. 그 태도에 담긴 의미는 무엇일까.

기업가들이 가진 인간 본성과 삶에 대한 기본적인 생각은 그들이 하는 비즈니스에 영향을 미칠 수밖에 없다. 글로벌 비즈니스 인맥을 쌓아가는 데 도움을 주는 소셜미디어 플랫폼인 링크드인의 공동창업자 리드 호프먼은 인생에서 가장 큰 의미와 기쁨을 주는 것은 바로 '사람들과 관계를 맺는 것'이라고 생각했다. 인간은 사회적 동물이다. 물론 더 내향적이거나 덜 외향적인 성향의 차이가 있겠지만, 우리 대다수는 좋은 사람과 관계를 맺음으로써 삶의 의미와 기쁨을 얻는다.

링크드인 출시 준비를 하며 리드는 사람들이 더 많은 관계를 편하게 맺도록 도움으로써 그들의 삶에 의미와 만족을 주는 플랫폼을 만들고 싶다는 포부를 가졌다. 그리고 사람들이 자신의 실제 프로필을 공개하고 정체성을 솔직하게 드러내도록 한다면, 즉 실질적이고 현실적인 인맥을 쌓도록 돕는 플랫폼을 만든다면 분명 성공의 기회가 있을 것이라고 확신했다. 리드는 사람들을 온라인으로 연결하는 방법 가운데 가장 우선 시도해야 할 것은 구인구직 분야라고 판단했다. 그 이유는 사람들은 직장을 구할 때 새로운 관계에 대해서도 더욱 적극적으로 마음을 열기 때문이었다.

리드는 이런 기본적인 생각을 바탕으로 자신이 상상할 수 있는 가장 방대하면서 혁신적인 아이디어를 완성하고자 했다. 기존의 사회적 통념을 거스르기 때문에 투자자들의 상반된 반응을 불러올 아이디어, 즉 몇몇 소수는 '좋다!'고 하더라도 대다수는 '미쳤다!'고 할 만한 아이디어 말이다. 링크드인이 바로 그런 아이디어였다. 리드는 링크드인의 가치를 분명하게 알아봤지만 다른 지인들은 그의 아이디어를 이해하지 못했다. 많은 사람이 "무슨 말인지 하나도 모르겠다"라고 말했다. 리드는 지금으로선 믿어지지 않을 만큼 많은 '아니오'를 들었다. 우선 사람들은 '글로벌 인맥'이라는 아이디어 자체에 흥미를 갖지 않았다. 그들은 "인맥 쌓기 좋아하는 사람들을 위한 서비스인가요? 그렇다면 저한테는 맞지 않네요. 인맥은 치실과 비슷하잖아요. 중요한 건 알지만 가능한 한 쓰고 싶지 않거든요"라는 식으로 반응했다.

지금으로부터 20년 전인 2002년의 사람들은 링크드인과 같은 플랫폼을 활용해 타인과 관계를 맺음으로써 왠지 두렵고 꺼려지는 인맥 쌓기에 더 쉽고 편안하게 다가갈 수 있다는 점을 이해하지 못했다. 그러면서도 한편으로는 '다른 누군가에게는' 필요한 서비스일 것 같다고 말했다. 링크드인은 계속해서 "네, 좋네요. 하지만 우리에게는 맞지 않네요"라는 말을 들었다. 젊은이들은 링크드인이 제공하려는 서비스가 경험 많은 전문가들에게 필요한 것으로 생각했다. 그런데 경험 많은 전문가들은 오히려 젊은이들에게 필요한 서비스라고 생각했다. 최신 과학기술 분야의 전문가들은 일반 산업 분야 종사자들을 위한 서비스라고 생각했고, 기존의 산업 분야 담당자들은 첨단 IT 산업 분야에서 일하는 사람들에게 유용한 서비스라고 생각했다.

'좋은데 우리에게는 맞지 않는다'

리드와 공동창업자들은 링크드인에 대한 중립적인 반응과 부정적인 반응 사이에서 어떻게 행동할지 결정해야 했다. "접어야 할까, 계속해야 할까?" 그들은 다양한 거절 이유와 상반된 반응을 자세히 분석하면서 그 안에 내포된 진짜 목소리를 들으려고 노력했다. 먼저 링크드인 개발팀은 구인구직에 특화된 소셜미디어 플랫폼이라는 아이디어에 대해 확실한 찬성도 강한 반대도 나오지 않은 것은 링크드인의 가치와 지향점에 대한 명확한 그림이 그려지지 않았기 때문이라고 판단했다. 그래서 먼저 네트워크 형태에 대한 치열한 논의를 시작했다.

이미 링크드인을 이용하는 지인에게 추천을 받아서만 가입할 수 있는 '폐쇄형'으로 할지, 사용자들이 조건 없이 가입해서 관계를 맺고 싶은 다른 사용자들에게 자유롭게 초대장을 보내도록 하는 '개방형'으로 할지가 관건이었다. 그들은 링크드인의 비전을 더 명확하게 보여주려면 과감하게 개방형으로 해야 한다는 결론에 이르렀다. 개방형 네트워크를 구축하면 초기 사용자들에게 배타적인 프리미엄 멤버십 혜택을 줄 수 없지만, 반면에 "이 서비스는 다른 사람들에게는 필요하겠네요"라고 말하던 사람들까지도 자연스럽게 유입시켜 빠르게 입소문이 퍼져나가도록 할 수 있다는 이점이 있었다.

리드와 개발팀은 사용자들이 자세한 이력서와 자기소개서를 공개하도록 함으로써 구인구직을 위한 소셜네트워크를 확장할 수 있는 서비스를 구축하는 데 총력을 기울였다. 그렇게 함으로써 링크드인은 사람들이 계속해서 초대장을 보내고 친구를 데리고 들어오면서 사용자가 빠르게 늘어나는 선순환 고리, 즉 '바이럴 루프viral loop'●를 형성할 수 있었다. 바이럴 루프가 본격화되면서 링크드인의 사용자는 5억 명으로 늘어났으며 60억 달러 이상의 매출을 기록하게 되었다. 2016년에 링크드인은 262억 달러에 마이크로소프트Microsoft에 인수되었다.

반대론자들이 항상 옳은 것은 아니다

힌트워터 창업자 카라 골딘 이야기

힌트워터Hint Water는 순수 과일 추출물로 맛을 낸 물이다. 평범한 주부였던 카라 골딘Kara Goldin은 임신 중 당뇨 진단을 받고 이 음료를 개발하게 되었다고 한다. "제 문제는 다이어트 콜라에 중독되었다는 것이었어요. 다이어트 콜라를 마셨지만 살은 빠지지 않았죠. 매일 30분에서 45분 정도 운동도 했지만 여드름이 심각했고 몸에 에너지가 하나도 없었어요."

'다이어트'나 '저칼로리'라는 이름이 붙은 음료에도 사실은 설탕

● 바이럴 루프는 '고리 모양의 둥근 원'을 의미하는 루프라는 단어에서 짐작할 수 있듯이 기존 사용자가 바이럴, 즉 입소문을 통해서 다른 사용자를 계속 끌어들이는 일종의 선순환을 의미한다. 즉 제품이나 서비스를 경험한 사용자가 다른 사람에게 소셜미디어 등을 이용해 공유하고 이걸 본 새로운 사용자가 유입되고 또 이들 중 일부가 새로운 사람에게 공유하는 과정이 반복됨으로써 루프를 형성하게 되면 이때 '바이럴 루프'가 생겼다고 말한다.

이 많이 들어갔다는 걸 알게되면서 카라는 다이어트 콜라를 끊었다. 그리고 탄산음료 대신 물을 마시기 시작하자 모든 문제가 좋아졌다. 물을 마시기 시작한 지 1년 정도 지났을 때 건강은 매우 좋아졌지만, 계속 밍밍한 물을 마셔야 하는 것이 고역이었다. 그래서 물에 신선한 과일을 넣어 마시기 시작했다. 그러다 문득 "왜 아무도 이런 음료를 팔지 않지?"라는 의문이 들었다. 식료품점의 음료 매대를 모두 뒤졌지만 천연 과일을 넣은 음료는 찾을 수 없었다. 결국에는 자신이 직접 개발하기로 했다.

카라는 설탕이나 방부제를 넣지 않고 달콤한 맛을 내되 기존 물의 기능은 유지하는 천연 음료의 레시피를 개발하는 한편, 잠재적 파트너 및 투자자들과 미팅을 갖기 시작했다. 그러던 중 음료업계의 한 거물급 인사로부터 단호하고 거만한 '아니오'를 들었다. 물론 상대가 의도한 것은 아니었지만 그 거절은 카라가 그때까지 받아본 최고의 조언이었다.

카라가 아주 살짝 달콤한 맛만 느껴지는 천연음료에 대한 아이디어를 설명하자 그는 "미국인은 단맛을 좋아해요"라고 충고했다. 이는 아이디어의 시장성을 지적한 것이었지만, 그녀의 생각은 달랐다. 이것은 정말 중요한 정보였다. 기존의 메이저 음료회사가 "미국인은 달지 않은 음료를 좋아하지 않는다"라는 가설을 철석같이 믿고 있다는 사실은 오히려 새로운 기회를 의미했기 때문이다. 카라는 자신이 원래 개발하려고 했던 '달지 않은 맛'의 음료가 새로운 시장을 만들어낼 것이라 믿었다. 그리고 대기업에서 노선을 바꿔 이 시장에 뛰어들기 전에 얼른 사업을 키워야겠다고 결심했다.

현재 크고 작은 식료품점의 통로에 줄지어 진열된 힌트워터가 단맛에 중독된 미국인들로부터 매년 벌어들이는 돈은 1억 달러이다. 카라의 아이디어를 비판하고 경솔한 퇴짜를 놓았던 사람은 비록 어마어마한 오판을 한 것이지만, 그녀에게는 '긍정적인' 거절이었다. 여기에서의 교훈은 "반대론자들의 말을 항상 믿지는 마라"는 것이다. 비판론자나 반대론자들이 무심결에 던지는 거절이 당신이 서둘러 사업에 뛰어들고 빠르게 성장시켜야 하는 이유를 알려주기도 하기 때문이다.

"저는 '답답하네요. 업계의 다른 사람들과 이야기를 나눠봐도 당신의 아이디어는 다 별로라고 해요'라고 말하는 기업가를 놀랄 만큼 많이 만났어요. 기존의 유력 기업들이 '아니다'라거나 '틀렸다'고 한다해도 그것이 당신의 아이디어가 형편없다는 의미는 아니에요. 그 말은 오히려 당신의 아이디어가 새로운 영역을 개척할 수 있다는 것을 반증하는 것이기도 하니까요. 그러니 그들이 '아니오'라고 한다면 더 빨리 달려나가도록 하세요."

거절이 당신을 지배하게 하지 마라

───── '끓어오르는 강' 연구자 안드레스 루소 이야기

물론 기업가들만 전문가들의 반대에 부딪히는 것은 아니다. 평범하지 않은 아이디어를 가진 사람이라면 누구나 마찬가지다. 내셔널지오그래픽National Geographic의 탐험가이자 천연에너지 자원을 연구하는 지질학자 안드레스 루소Andrés Ruzo도 같은 경험을 했다. 2010년 안드레스는 어디에도 알려진 적이 없는 전설 속의 존재를 찾아 나섰다. 그 전설에 대해 들려준 것은 페루인인 할아버지였다. 할아버지는 어린 안드레스에게 스페인 정복자들, 황금의 도시, 그리고 사람을 통째로 삼키는 거대한 뱀, 새를 먹는 손바닥만 한 거미, 사람을 죽일 수도 있는 독화살을 지닌 전사들에 관한 흥미진진한 이야기를 들려주곤 했다.

전설 가운데 안드레스를 가장 사로잡았던 것은 아마존의 끓는 강에 관한 이야기였다. "함께 일했던 모든 회사, 연락할 수 있는 모든 지질학자에게 '아마존 한가운데에 있는 크고 넓고 뜨거운 펄펄 끓는 강에 대해 들어본 적 있어?'라고 물어봤어요. 하지만 대부분의 사람이 처음 듣는 소리라며 회의적인 반응을 보이더라고요."

끓는 강은 대개 활화산 근처에 존재하기 때문에 아마존 한가운데에 그런 강이 있다는 것은 상식을 거스르는 생각이었다. 하지만 과학자인 안드레스는 아마존에 끓는 강이 존재할 수 있다고 믿었으며, 이 강을 찾으면 탄소 없는 깨끗한 에너지원을 발견하는 엄청난 일이 될 것으로 생각했다. 한 광산회사에서 발표를 마친 뒤 안드레스는 뒤쪽에 앉았던 어느 나이 지긋한 지질학자와 이야기를 나눴다. 그 지질학자는 "끓는 강에 대해 아느냐"고 묻는 안드레스에게 "당신의 지열 에너지 연구는 매우 흥미롭고 혁신적이지만, 그 질문은 좀 바보 같군요"라고 말했다.

안드레스는 2년 동안 여러 전문가에게 똑같은 질문을 던졌고 "미쳤다, 멍청한 이야기다, 헛고생이다, 내 시간을 뺏지 마라" 등 거의 모든 종류의 '아니오'를 들었다. 그런데도 그는 자기 생각을 계속 밀고 나갔고, 결국 전설 속의 끓는 강을 찾아냈다(안드레스 루소의 《끓어오르는 강》에 이 강에 관한 자세한 이야기가 쓰여 있다). 요즘 안드레스는 강물을 뜨겁게 만드는 거대한 열수 시스템과 그러한 극한 환경에서 서식하는 독특한 미생물들을 연구하고 있다. 또 벌채와 벌목으로 인해 빠른 속도로 자취를 감추고 있는 페루의 열대 우림과 그곳에서 살아가던 사람들의 문화를 보존하기 위한 노력에도 깊이 관여한다.

기업가를 비롯해 획기적인 아이디어를 가진 사람들이 안드레스의 이야기에서 얻어야 할 교훈은 많은 사람이 반대와 거절을 통해 당신의 아이디어와 직감을 스스로 의심하게 만들리란 점이다. 하지만 그러한 거절에 휘둘려서는 안 된다. 거절이 당신을 지배하게 내버려 두지 마라. 오히려 거절에서 확신과 동력을 얻어야 한다. 반대자들과 비판자들이 알려주는 것은 해당 업계가 실제로 어떻게 돌아가는지에 대한 진실이 아니다. 그들의 '아니오'는 기존 플레이어들이 당연한 것으로 간주하는 통념에 대해 말해줌으로써 당신의 아이디어가 괜찮다고 긍정해주는 거절이다. 그들의 '아니오'에서 일반적인 통념이 간과하는 기회를 예리하게 포착하고 확신으로 가져와야 한다.

당신의 잘못을 일깨워주는 '아니오'에 대해

소셜게임 징가 창업자 마크 핑커스 이야기

대부분의 뛰어난 기업가가 창업 과정에서 겪는 과정은 대개 비슷하다. 기막힌 아이디어가 떠오른다. 이를 실현하기 위해 열심히 뛰어다닌다. 끊임없이 '아니오'를 듣다가 결국 투자를 받는다. 마침내 사업을 시작하고 스케일업에 성공해서 비관론자들이 틀렸다는 것을 증명한다. 그런데 문제는 모든 아이디어가 스케일업으로 이어지진 않는다는 점이다. 당신이 피칭하는 아이디어가 정말 형편없다면? 사람들이 말하는 '아니오'가 옳은 것이라면? 그러니까 비관론처럼 보이는 그들의 말이 정말로 사실이라면?

1996년 어느 날 오후, 마크 핑커스Mark Pincus와 그의 비즈니스 파트너인 수닐 폴Sunil Paul은 뉴욕의 타워레코드 앞에서 행인들에게 무료 컴퓨터를 나눠주었다. 뉴욕 시민들에게 그들의 다음 스타트업에 대한 아이디어를 피칭하는 색다르면서 영리한 방법이었다. 기존 컴퓨터의 인터넷 접속 방식이 너무 불편하다고 생각했던 마크는 일반 사람들이 손쉽게 인터넷에 접속할 수 있는 일체형 컴퓨터에 대한 아이디어를 생각해냈다. 인터넷 접속 기능이 내장된 무료 컴퓨터로 빠르고 손쉽게 인터넷에 접속하는 것을 누가 싫다고 하겠는가? 하지만 마크의 예상과 달리 모두가 싫어했다. 그는 단 한 명의 고객도 얻지 못했다. 그를 사기꾼이라고 생각해서 무료 컴퓨터를 거절하는 사람도 있었다. 그 밖의 다른 사람들은 더 단순한 이유로 컴퓨터를 거절했다. 그들은 새 컴퓨터 자체에 관심이 없었다.

"사람들이 새 컴퓨터를 들이지 않는 첫 번째 이유는 소프트웨어를 옮기고 자녀들의 게임이나 다른 모든 프로그램을 재설치해야 한다는 부담 때문이었어요. 저는 '어라, 그건 해결 가능한 문제인데'라고 생각했죠."

하지만 이 문제를 해결하려면 마크는 인터넷 접속 기능이 내장된 컴퓨터에 대한 아이디어가 실패했다는 것을 인정해야 했다. 하지만 이 아이디어를 포기하는 대신 더 편리한 온라인 경험을 추구하는 사용자들의 욕구에서 큰 기회를 발견했다. 그러곤 새로운 컴퓨터를 샀을 때 기존 컴퓨터의 프로그램들을 손쉽게 옮기도록 도와주는 무브잇Move It이라는 소프트웨어를 개발했다. 무브잇은 마크의 그다음 혁신적인 아이디어, 즉 기술 지원 및 클라우드 서비스의 선구자라 할 서포트닷컴Support.com의 기초가 된 핵심 기술로 이어졌다.

마크는 사람들의 비판을 귀담아들으면서 그 안에서 유용한 정보와 기회를 발견했고 계속해서 더 혁신적인 다른 아이디어를 찾아서 나아갔다. 이렇게 비판을 경청하는 자세가 없었더라면 마크에게는 아무런 일도 일어나지 않았을 것이며, 소셜게임 징가Zynga의 성공도 얻지 못했을 것이다.

나쁜 아이디어에 시간을 낭비하지 마라

마크에게는 '아니오'라는 거절과 반대에 대한 뼈아픈 교훈을 얻게 된 또 다른 경험이 있었다. 그는 서포트닷컴 이후 2003년에 트라이브Tribe라는 인터넷커뮤니티로 새로운 스타트업을 시작했다. 그런데 같은 해에 마이스페이스MySpace가 나왔고 1년 후에는 페이스북Facebook이 등장했다. 마이스페이스는 2000년대 중후반 가장 인기 있는 소셜미디어였으며, 2009년에는 페이스북이 그 자리를 차지했다.

"당시 30대였던 저는 우리가 일이나 취미 등 공동 관심사를 통해 모인 도시인들의 공동체인 '어반 트라이브'에 살고 있다고 생각했어요. 그걸 온라인으로 구현해보고 싶었죠. 그래서 스스로 '우리가 이 공동체에 연결되어 아파트와 직업을 구하고 소파나 차를 살 수 있다면 어떨까?'라고 자문해봤습니다."

애초에 구체적인 영역을 겨냥하지 않고 만들어진 트라이브는 초창기에 이른바 서브컬처 영역에서 큰 인기를 얻었다. 가령 '버닝맨 페스티벌'에 참석하는 사람들이 트라이브를 많이 이용했는데, 버닝맨 페스티벌은 매년 8월 네바다주 블랙록 사막에서 열리는 문화예술 축제였다. 참가자들은 일주일간 공동생활을 하며 자신을 표현하기 위한 창조적인 문화예술 활동을 한다.

트라이브는 버닝맨 참여자들처럼 소수의 충성도 높은 사용자층에서 인기를 얻었을 뿐 더 일반적인 대중을 끌어들이는 데는 실패했다. 마크는 자신이 결정적이고 확실한 '아니오'를 주의 깊게 경청했더라면 상황을 반전시킬 기회가 있었다고 회고했다. "당시 여자친구가 트라이브를 좋아하지 않았어요. 트라이브를 하면서 원하지 않는 메시지와 관심을 많이 받았는데 그런 것에 기겁하더라고요. '나한테는 안 맞아'라고 하면서요."

새로운 사업을 하려는 사람에게 옆자리의 솔직한 파트너는 최고의 비평가이기도 하다. 그러나 마크는 여자친구를 핵심 사용자층의 한 명으로만 치부하고 그녀의 피드백을 무시했다. 주류 문화를 즐기는 더 큰 커뮤니티에 들어가기 위해서는 제품과 서비스를 재정비해야 했지만, 마크가 그런 신호를 무시하는 바람에 결국 트라이브는 무너졌다. 이 경험은 쓰라렸지만 중요한 교훈을 남겼다.

"기업가에게는 성공에 대한 뛰어난 직감이 있으며 그것을 믿고 따라야 합니다. 하지만 자신이 직관적으로 옳다고 믿는 것들 가운데 실패할 아이디어를 찾아낼 수도 있어야 합니다. 제 경험상 훌륭한 기업가의 직감은 95퍼센트 맞지만, 그들의 아이디어가 맞을 확률은 25퍼센트에 불과합니다. 그래서 '나는 어떤 아이디어와도 결혼하지 않는다'라고 말하곤 해요. 그 아이디어가 누구의 것이든 상관없습니다. 전부 다 시도해보고 아니다 싶으면 가차 없이 모두 빨리 접는 거예요. 어떤 아이디어가 실패한다고 해서 성공에 대한 직감까지 틀렸다고 할 수는 없습니다."

어떤 기술이나 제품이 성공할지 꿰뚫어 보는 직감과 더불어 나쁜 아이디어를 포기하거나 개선하는 능력 역시 기업가로서 성공하는 데 필수적인 요소다. 시간은 가장 소중한 자원이다. 나쁜 아이디어에 낭비하지 마라.

가족이나 친구의 조언이 위험한 이유

스팽스 창업자 사라 블레이클리 이야기

비관론자들이 옳을 수도 있다는 점을 인지한다면 그들의 '아니오'에 담긴 실패한 플랜 A에서 유망한 플랜 B로 옮겨갈 대단히 유용한 정보를 얻을 수 있다. 하지만 예외는 있다. 건설적이고 솔직한 비판에 귀를 기울이는 것은 중요하지만 언제나 그런 것은 아니란 의미다.

사라 블레이클리Sara Blakely는 팬티스타킹의 발목 부분을 가위질하면서 기업가로서 첫발을 내디뎠다. 세계적인 란제리 브랜드 스팽스Spanx를 키워낸 아이디어를 바탕으로 사라는 수많은 란제리 제품을 제작하고 수정하고 다시 만드는 일을 반복하며 특허를 취득하고 투자 피칭도 했다. 대부분의 기업가가 그런 것처럼 말이다. 그러나 한 가지만은 절대 하지 않았는데, 바로 자신의 아이디어에 관해 가족과 친구들에게 털어놓는 것이었다. 사라는 적어도 사업을 시작하고 1년 동안은 그들에게 조언을 구하지 않았다.

여기에서 우리가 배워야 할 지혜는 아이디어를 사업화하고 성장시키는 데에 피드백, 특히 부정적인 피드백을 잘 수용하는 것이 중요하지만 어떤 피드백은 그렇지 않다는 것이다. 특히 가족과 친구처럼 가까운 사람들은 당신의 아이디어에 무심코 찬물을 끼얹기도 한다. 이러한 위험으로부터 아이디어를 보호하려면 특히 사업 초창기에는 외부 전문가에게 건설적인 피드백을 받는 것이 바람직하다.

"사업이 자리를 잡기도 전에 제 개인적인 삶에 깊숙이 연관된 친구나 가족으로부터 비판을 받는다면 저의 직감과 자신감에 타격을 받을 것 같았어요. 그래서 그들 모두에게 비밀로 하고 검증을 받지도 않았지요. 대신 저의 아이디어를 구체적으로 실현해줄 의류제조업계 전문가들과 특허 등록을 도와줄 변호사와 만나 이야기를 나눴습니다. 처음 1년 동안은 제 아이디어를 설명하고 비판을 방어하느라 힘을 쓰는 대신 사업을 계속 밀고 나가는 데만 집중한 것이지요."

사라가 아무런 조언도 얻지 않았던 것은 아니다. 그저 가장 유용한 조언을 해줄 사람들, 즉 사업 전반에 대해 아는 사람들을 찾아내고 자신감을 무력화할 비판으로부터 그녀 자신을 보호했을 뿐이었다.

"아이디어는 초기 단계에서 가장 취약합니다. 그런데 또 이때가 주위 사람들에게 가장 의지하고 싶은 순간이기도 하죠. 하지만 사랑하는 사람이 실패하는 것을 지나치게 염려하는 그들의 조언은 대부분 의지를 꺾고 주저앉게 하는 것들이에요. '자기야, 그렇게 좋은 아이디어라면 왜 이미 존재하지 않는 걸까?'라든가 '설사 네 아이디어가 성공한다고 해도 6개월이면 대기업들이 널 박살내버릴 거야'와 같은 것들이었죠."

전 세계 창업자들을 지원하는 비영리단체 인데버Endeavor의 창업자이자 CEO인 린다 로텐버그Linda Rottenberg 역시 대학교를 막 졸업한 20년 전에 '밥상머리'에서 그런 조언을 들었다. 그녀는 기업가의 길로 들어설 때 가장 먼저 맞닥뜨리는 장애물은 바로 '밥상머리' 대화를 잘 넘기는 것이라고 말했다. "제가 창업자들과 신흥 시장의 기업가들을 지원하는 글로벌 조직을 계획한다는 것을 알게 된 부모님은 기겁하며 반대를 하셨어요. 엄마가 '당신이 그만두게 해야 해'라는 표정으로 아빠를 바라보시더라고요. 아빠는 다정한 표정을 지으며 다가오셔서는 '너는 경제적 독립이 필요하지만 의지할 곳이 없잖니. 이 일은 그런 네게 별로 안정적인 것 같지 않구나'라고 말씀하셨어요. 가족에게 생소하고 안정적이지 않은 일을 하겠다고 말하는 건 힘든 일이에요. 그들의 바람대로 안전하고 예상가능한 일을 할지, 자신이 원하는 미지의 세계로 모험을 할지 선택해야만 해요."

물론 린다는 미지의 세계로 모험을 감행했다. 어느 정도 성공이 보장된 안정적인 길을 간다면 10년, 20년 뒤에 무척 후회하게 될 텐데, 그렇게 되면 자기 자신을 용서하기 어려울 것 같았기 때문이다.

Reid's analysis

1. 획기적인 아이디어는 통념을 거스른다

기업가정신과 투자에 관한 첫 번째 진실은 혁신적인 아이디어는 통념을 거스른다는 것이다. 이런 아이디어는 일반적인 가설에 역행하기 때문에 위험할 뿐만 아니라 터무니없어 보이기도 한다. 혁신적인 아이디어일수록 '아니오'를 많이 받을 수밖에 없다.

하지만 통념을 거스른다는 것이 틀렸다거나 잘못되었다는 의미는 아니다. 대기업과 경쟁자 들은 그들의 가설에 역행하기 때문에 시도하지 않았을 뿐이다. 거의 모든 사람이 '아니오'라고 말하는 역발상 아이디어에는 커다란 화이트 스페이스가 있다. 화이트 스페이스가 클수록 당신은 더 많은 것을 새롭게 만들어낼 수 있다. '이단아 원리'는 내가 《블리츠스케일링》에서 제시한 네 가지 기본 원리 중 하나이다. 통념을 거스르면서 옳은 아이디어는 당신을 스케일업으로 이끌어주는 매우 중요한 출발점이다.

획기적이고 혁신적인 아이디어에는 발상의 전환이 필요하다. 구글Google 초창기에 '검색'은 광고로 돈을 버는 끔찍한 방법처럼 여겨졌다. 구글과 같은 사이트의 온라인 광고 단가는 사용자가 조회한 페이지의 수와 사이트에 머문 시간에 따라 결정되기 때문이다. 검색은 사용자가 사이트에 머물게 하는 것이 아니라 빨리 벗어나게 해주는 기능이다. 구글의 초창기 비즈니스 모델이 긍정적인 평가를 받을 수 없었던 이유이다. 하지만 구글은 검색 기능을 고수했다. 그리고 온라인 광고의 법칙을 다시 썼다.

TED 강연 동영상을 온라인에 올리는 아이디어 역시 그런 사례였다. TED

미디어의 총괄 프로듀서였으며 팟캐스트 〈마스터스 오브 스케일〉의 동료인 준 코언June Cohen이 그 아이디어를 처음 내놓았을 때 대부분이 별 볼 일 없는 나쁜 아이디어라고 여겼다. 강연 동영상을 온라인에 올린다고? 대체 누가 그런 걸 보겠어? 온라인에서 공짜로 콘텐츠를 제공하면 값비싼 콘퍼런스라는 TED의 비즈니스 모델이 오히려 타격을 받지 않을까? 그러나 일반적인 예상과는 정반대의 일이 일어났다. TED 온라인 강연이 인기를 끌면서 TED 콘퍼런스 역시 가치가 더 올라갔고 수년 만에 입장료 가격이 다섯 배나 오른 1만 달러에 이르렀다.

에어비앤비가 제시한 비즈니스 모델 역시 처음에는 터무니없는 것으로 여겨졌다. 남는 방을 완전히 낯선 사람에게 하룻밤 동안 빌려준다고? 그리고 완전히 낯선 사람에게 방을 빌린다고? 이런 거래를 하는 괴짜들은 대체 누구야? 일반적인 상식이나 통념과는 거리가 먼 아이디어를 가진 당신에게 똑똑한 사람들은 "그 아이디어에선 유의미한 가치를 발견하기 어렵군요"라고 말할 것이다. 하지만 그렇게 말하는 이들이야말로 틀릴 가능성이 크다.

현재 상황에 의문을 제기하고 더 좋은 다른 방식을 상상하는 아이디어, 즉 통념을 거스르는 아이디어에 투자하라고 사람들을 설득하려면 거듭되는 거절을 이겨내고 오히려 그 거절들에서 정보와 지혜를 얻겠다는 마음의 준비를 하는 것이 좋다. 여기저기서 '아니오'가 들려올 때가 바로 당신의 아이디어가 스케일업을 향해 가는 첫발을 내디뎠다는 좋은 신호이다.

2. 만장일치의 찬성은 걱정스러운 신호이다

내가 그레이록파트너스Greylock Partners의 동료들에게 어떤 아이디어를 발표했을 때 모두가 "좋은 아이디어다! 꼭 해야 해!"라고 말하면 "어? 이게 아닌데"라는 생각이 먼저 든다. 엄청나게 똑똑하고 지적인 투자자들이 모였는데 아무도 "뭐를 조심해!"라고 말하지 않으면 내가 하려는 일이 전혀 도전적이지 않다는 의미로 받아들여진다. 모두가 확실히 좋은 아이디어라고 칭찬하면 나의 작고 희망찬 스타트업을 공격하려 몰려오는 경쟁자들이 얼마나 많을지 상상하게 된다. 만장일치의 찬성은 늘 걱정스러운 신호이다.

그렇다고 해서 모두가 입을 모아 "당신은 제정신이 아니군요"라고 말하는 상황을 원하는 것은 아니다. 아이디어를 들은 모두가 '아니오'라고 한다면 '내가 잘못된 방식으로 접근을 하고 있는가'라는 의심을 시작할 것이다. 내가 원하는 것은 어떤 사람은 '미쳤다'고 하고 어떤 사람은 '좋다'고 하는 상황이다. 나는 상반된 반응을 원한다.

에어비앤비에 투자하기로 했던 결정을 예로 들어보자. 그레이록의 동료 중 한 명인 데이비드 제David Sze는 내가 엄청난 실수를 한다고 생각했다. 그는 "모든 벤처투자자에게는 실패한 투자가 있고 거기에서 교훈을 얻잖아요. 에어비앤비가 당신에게 그런 경우가 될 수 있어요"라고 말했다.

분명한 사실은 데이비드 제가 아주 똑똑한 벤처투자자라는 것이다. 그는 링크드인, 페이스북, 판도라Pandora에 투자했고, 그레이록 펀드에 25억 달러나 되는 수익을 안겨주었다. 나는 그의 반대 의견을 신중히 따져보았다. 데이비드처럼 똑똑한 누군가가 반대하면 걱정이 되면서도 한편으론 내가 맞을지도 모른다는 생각 때문에 신이 난다.

획기적인 아이디어에 대해 내가 기대하는 또 다른 반응은 머뭇거리다가 결국 '아니오'라고 말하는 것이다. 잠재적 투자자들에게 아이디어를 발표할 때 머뭇거리고 망설이는 사람이 적어도 몇 명은 있어야 한다. '아니오'라는 거절 자체보다 중요한 것은 그 대답에 도달하기까지 투자자들이 어떤 생각을 하며 갈등했는지 파악하는 것이다. 어떤 투자자가 망설이다가 '아니오'를 말한다면 그 아이디어는 무언가 대단한 것을 이뤄낼 가능성이 크다는 증거로 받아들여도 좋다. 최고의 아이디어는 '예스'와 '아니오'를 동시에 말하고 싶게 만들기 때문이다. 투자자를 포함한 모두가 감정적인 롤러코스터를 타게 한다.

에어비앤비 투자는 어떻게 됐느냐고? 결과적으로 나쁘지 않은 베팅이었다.

3. 똑똑한 투자자들의 '아니오'도 틀릴 때가 있다

아무리 똑똑하고 숙련된 투자자라도 '예스'라고 말해야 하는 아이디어에 '아니오'라고 하는 경우가 있다. 그들이 거절했지만 대단한 성공을 거둔 기업의 목록을 '안티 포트폴리오'라고 부른다.

내게는 엣시Etsy가 그런 사례 중 하나다. 엣시가 초창기일 때 플리커Flickr의 공동창업자인 카테리나 페이크Caterina Fake가 엔젤 투자 건으로 내게 엣시를 가져왔다. 나는 엣시를 거절한 것을 두고두고 후회한다. 그때 내가 반대한 이유는 엣시의 비즈니스 모델은 핸드메이드 제품 이커머스 플랫폼이었는데, 수공예품이야말로 스케일업과는 대척점에 있는 것이었기 때문이다.

수공예품에 투자하는 것은 아마존Amazon이 아닌 동네서점에 혹은 고디바Godiva 대신 수제 초콜릿 장인에게 투자하는 것처럼 여겨졌다. 엣시가 스케일업에 성공하려면 핸드메이드 제품을 만드는 사람을 많이 확보해야 했다. 나는 이 부분이 의심스러웠다. 나중에야 네트워크로 연결된 공간을 만들면 얼마든지 사람들이 모여든다는 점을 깨달았다. 엣시는 동네서점도 수제 초콜릿 전문점도 아닌 세계 모든 도시의 책과 초콜릿을 주문할 수 있는 거대한 온라인 시장이 되었다.

카테리나는 엣시의 아이디어에서 다른 가능성, 즉 장인정신과 홈메이드에 가치를 두고 지역 문화에 관심을 가지는 일종의 소비문화 운동으로 확대될 가능성을 발견했다. 또 엣시에 등록된 2,000여 명의 판매자들은 단순한 상인이 아니라 열정적인 커뮤니티 회원과 같은 성격을 띠고 있었다. 카테리나는 이러한 요소를 빠른 속도로 성장할 수 있다는 신호로 보았다. 나는 수공예품을 예쁜 장난감으로만 생각했던 반면에 카테리나는 그 뒤에 감춰진 네트워크와 커뮤니티의 힘을 본 것이다.

Reid's theories

'아니오'에는 여러 가지 종류가 있다

게으른 '아니오'

잠재적 투자자들은 아이디어의 요점을 놓치거나 단순히 무지할 때가 있다. 어느 쪽이든 잠재적 투자자가 더 잘 이해하기 위해 노력하지 않는다는 것이 명백해지면 이런 반대론자들은 빨리 지나쳐 가야 한다. 이들의 '아니오'는 당신에게 아무런 추가 정보도 제공하지 않기 때문이다.

머뭇거리는 '아니오'

큰 기회와 성공 가능성을 지닌 최고의 아이디어는 투자자들이 '예스'와 '아니오'를 동시에 말하고 싶게 만든다. 이는 그 아이디어가 매력적인 재앙일 수도 있지만, 굉장히 훌륭할 수도 있다는 신호이다.

긍정적인 '아니오'

전문가들의 '아니오'가 당신의 아이디어가 대단하고 혁신적이라는 것을 말해주는 방증일 때도 있다. 핵심은 전문가의 '아니오'가 왜 틀리고 당신이 옳은지 확신할 수 있는, 단순한 직감이나 배짱을 넘어선 실질적인 근거를 찾는 것이다.

솔직한 '아니오'

전문가들의 의견은 옳을 때가 많다. 나쁜 아이디어는 빠르고 과감하게 포기해야 한다. 솔직한 '아니오'는 나쁜 아이디어를 개선하거나 다른 좋은 아이디어로 옮겨가도록 돕는 구명 밧줄이 되기도 한다.

도움이 되지 않는 '아니오'

반대 의견을 들었을 때 쉽게 자신감을 잃는 사람이라면 정서적으로 가까운 친구나 가족 같은 사람들에게는 아이디어에 관해 말하지 않는 것이 좋을 수 있다.

2장

지금이 바로 '그 일'을 해야 할 때

스케일업 이전에
반드시 해야 할 일들

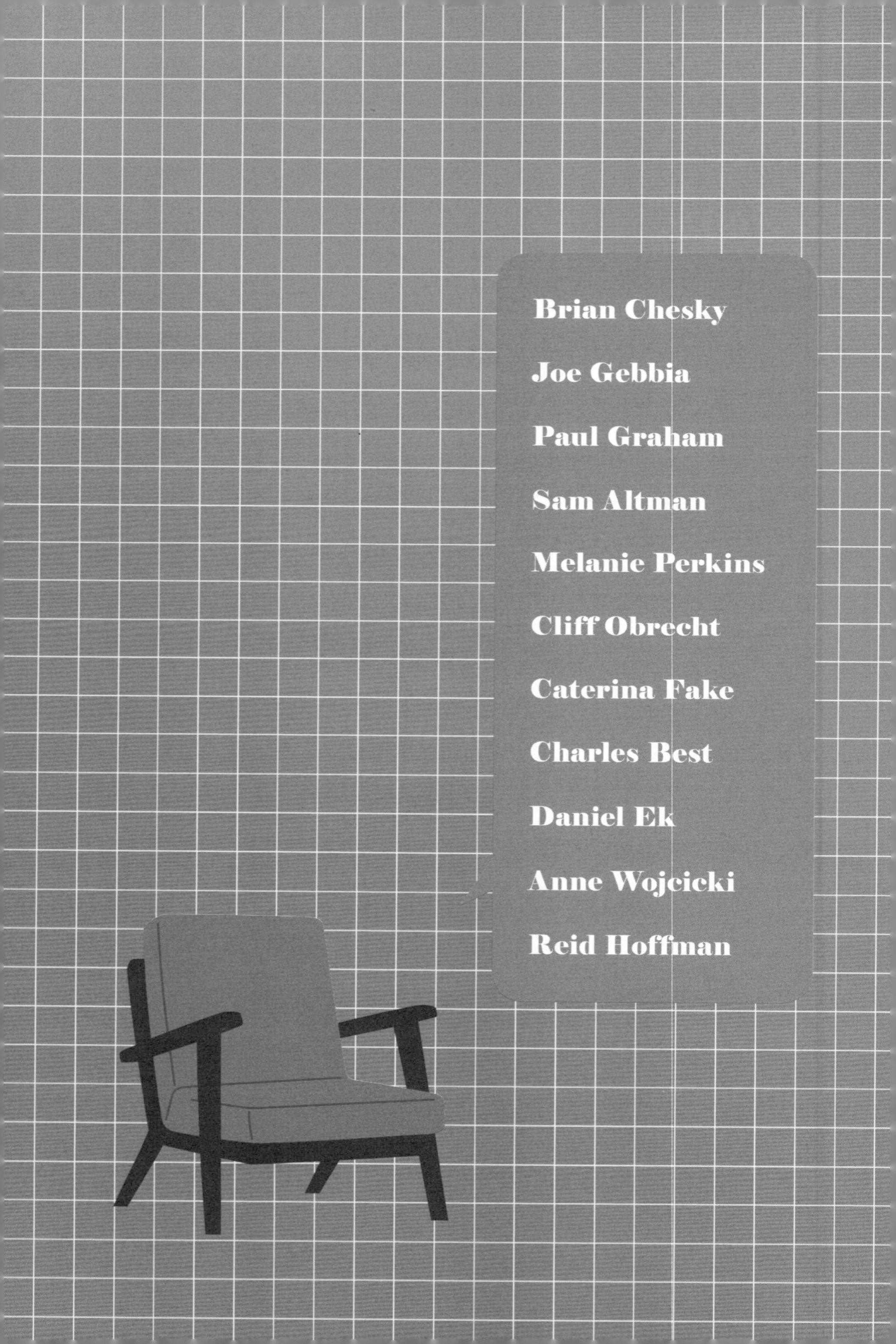
Brian Chesky
Joe Gebbia
Paul Graham
Sam Altman
Melanie Perkins
Cliff Obrecht
Caterina Fake
Charles Best
Daniel Ek
Anne Wojcicki
Reid Hoffman

'당신의 사용자는 어디에 있는가'라는 질문

에어비앤비 공동창업자 브라이언 체스키 이야기

2009년의 어느 날, 혁신적인 아이디어를 가진 젊은 기업가 브라이언 체스키Brian Chesky는 실리콘밸리의 유명한 스타트업 액셀러레이터인 와이콤비네이터Y Combinator의 공동창업자 폴 그레이엄Paul Graham을 만났다. 브라이언이 창업한 에어비앤비는 와이콤비네이터 창업 지원 프로그램에 참여했었다. 그는 낯선 사람들에게 남는 방을 빌려주는 독창적이고 새로운 비즈니스 모델의 비전을 보여주며 폴을 놀라게 할 준비를 마친 상태였다. 에어비앤비의 운영 초기에는 많은 사람에게 알려지지 못했기 때문에 집을 제공하는 호스트도 많지 않았다. 그런데도 브라이언은 야심만만한 계획과 장밋빛 전망이 있었기에 얼마든지 폴을 설득할 수 있다고 믿었다.

하지만 미팅은 브라이언의 예상대로 흘러가지 않았다. 폴은 전형적인 투자자가 아니었다. 그는 도발적인 사상가이며 경제적 불평등을 비롯해 컴퓨터만 아는 괴짜들이 인기가 없는 이유 등 다양한 주제로 책을 쓴 작가이기도 했다. 폴은 매출이나 사용자 수 등 각종 추정치를 숫자로 나열한 도표들이 아니라 스케일업에 관한 자신의 반직관적 이론과 직감에 의존해서 투자를 결정했다. 그는 마치 소크라테스의 문답법처럼 기업가들을 난처하게 하는 날카로운 질문들을 던지는 것으로도 유명하다. 브라이언의 기억에 따르면 폴과의 대화는 이런 식으로 진행되었다.

폴 : 음…… 당신의 사업은 어디에 있나요?

브라이언 : 무슨 말씀이신지요?

폴 : 서비스를 이용하는 사람들이 어디에 있느냐고요.

브라이언 : 뉴욕에 사용자들이 몇 명 있어요.

폴 : 그런데 당신은 아직도 여기 마운틴뷰에 있고요.

브라이언 : (침묵)

폴: 여기서 뭐 하고 있는 거예요?

브라이언 : 무슨 말씀이신가요?

폴 : 사용자들한테 가세요. 사용자 한 명 한 명을 더 파고드세요.

브라이언 : 그건 스케일업에 도움이 안 될 텐데요. 어차피 규모가 커지고 사용자가 늘어나면 그들을 전부 만날 순 없잖아요.

폴 : 그래서 바로 지금 그 일을 해야 합니다.

폴이 주장하는 것처럼 각종 수치와 도표로 표현된 거창한 마케팅 계획이나 예상 매출은 모두 부차적인 것이다. 기업가가 가장 먼저 해야 할 일은 핵심 사용자들이 좋아할 제품과 서비스를 만드는 것이다. 그들이 만족하는 제품과 서비스가 다른 수백만 명의 사람들을 만족시킬 것이다. 사람들은 자신이 좋아하는 것을 다른 사람과 공유하고 싶어 한다. 일단 핵심 사용자의 만족을 끌어내면 돈으로는 셀 수 없는 최고의 마케팅 효과를 얻게 되고 결과적으로 사용자도 폭발적으로 늘어날 수 있다.

폴이 말하고자 한 요점은 브라이언의 핵심 사용자들이 좋아할 서비스를 만들려면 그들을 직접 만나 대화를 나누어야 한다는 것이었다. 브라이언은 사용자들의 이야기를 경청함으로써 그들의 니즈가 무엇이고 그것을 어떻게 충족시킬지 고민해야 했다. 핵심은 그 일을 할 최적기는 사업 초창기라는 것이다. 폴은 브라이언에게 "앞으로 규모가 더 커지면 모든 고객을 만나 그들을 이해하고 그들의 삶을 실제로 좋아지게 할 서비스를 만들 기회는 다시 얻기 어려울 겁니다"라고 말했다. 폴은 이러한 조언을 2013년에 출간된 《스케일하지 않는 일을 하라Do Things That Don't Scale》는 책에 쓰기도 했다.

2장에서는 제품 및 서비스 개발을 마치고 스케일업에 들어가기 전까지의 중요한 시기에 반드시 해야 할 일에 대해 자세히 살펴볼 것이다. 이 시기는 핵심 사용자들로부터 직접 피드백을 받아 제품 및 서비스를 새롭게 정의하고 개선할 절호의 기회이다. 당시에는 미처 깨닫지 못했을지라도, 브라이언을 포함해 세계적인 기업가들은 이 시기를 '황금기'였다고 표현한다.

제품 및 서비스를 업그레이드하는 등 성공적인 스케일업을 위한 기초 작업을 하는 단계에서는 불가피하게 손과 발이 엄청 바쁜 시간을 보내게 된다. 제품 및 서비스 개선을 위해 코딩을 다시 하거나 디자인을 수정하거나 혹은 고객들의 각종 문의와 클레임에 답변을 남겨야 한다. 무엇보다 일단 유입된 사용자를 계속 유지하고 재구매 및 재방문을 유도하기 위한 '온보딩on-boarding'● 전략에 집중해야 한다. 이러한 일 모두가 그리 대단하게 보이지 않으면서 기업가의 시간을 엄청 잡아먹는다. 그러나 바로 이런 일들이 당신의 회사가 향후 몇 년간 얼마나 멀리 갈 수 있을지를 결정한다. 뜬구름 잡는 이야기처럼 들리겠지만 핵심은 이것이다.

"스케일업의 첫 번째 단계는 스케일업하고 싶은 욕구를 버리는 것이다."

100만 명의 고객보다 100명의 팬이 중요한 이유

이른바 장인이라면 엄청난 시간과 정성을 들여 모든 디테일을 손수 정확하게 확인해야 할 것이다. 이러한 장인정신이 바로 유명 셰프인

● 온보딩은 영어를 직역하면 '배에 탄다'는 뜻이다. 새로 유입되는 사용자들이 제품이나 서비스에 쉽고 편하게 적응하도록 필요한 지식이나 기술 등을 안내하고 교육함으로써 사용자를 유지하고 이탈률을 줄이는 것이다. 온보딩을 위해서는 사용자에게 제품이나 서비스에 관한 매우 인상적이고 긍정적인 경험을 하도록 하는 것이 가장 중요하다. 이 용어는 원래 인력관리 분야에서 비롯된 것인데 신입직원이 조직에 순조롭게 적응하도록 지원하는 것 역시 온보딩이라고 한다.

도미니크 앙셀Dominique Ansel의 페이스트리가 식료품점 진열대의 빵과 차별화되는 지점이다. 장인이 명품을 만들려면 손수 디테일을 챙기는 것이 중요하다는 점을 잘 아는 것과 달리 스케일업을 해야 하는 기업가들은 별로 그런 것 같지 않다. 기업가들은 스케일업이란 커다란 규모와 영향력을 갖는 것이고 그러려면 적극적인 마케팅 공세와 입소문 확산이 중요하다고 생각한다. 하지만 노출을 늘리고 인기를 얻는 방법에 치중하다 보면 핵심 사용자들의 경험에서 얻어야 할 정말 중요한 세부 정보들을 놓칠 수 있다.

경영대학원의 학생들조차 "사용자 한 명 한 명의 세부적인 경험에 집중하라고요?"라고 반문하며 그것은 스케일업을 위한 것이 아니라고 답할 것이다. 하지만 2014년부터 2019년까지 와이콤비네이터의 사장을 지낸 샘 올트먼Sam Altman은 폴 그레이엄이 말한 "당신의 서비스를 사랑하는 사용자 100명이 당신의 서비스를 좋아하는 100만 명의 사용자보다 낫다"라는 격언을 신봉하는 쪽이다.

당신은 '우리 제품을 사용할 만큼 그럭저럭 좋아하는' 사용자 1만 명이 우리 제품에 미친 괴짜 100명보다 유리하지 않을까?'라고 생각할지도 모르겠다. 하지만 와이콤비네이터에서 1억 달러 이상 가치를 지닌 50개가 넘는 기업을 인큐베이팅한 경험을 토대로 스케일업에 대한 상당히 뛰어난 감각을 익힌 샘 올트먼은 "그렇지 않다"라고 답하며 이런 이야기를 들려주었다.

"가치가 매우 커진 회사 대부분은 광신적인 초기 사용자들을 확보했습니다. 그러한 사용자들은 매우 오랫동안 당신 곁을 지키며 헌신합니다. 무엇보다 친구들에게 당신의 제품을 열심히 자랑해주죠."

이와 대조적으로 초기에만 반짝 관심을 받았다가 잊히는 제품과 서비스도 무수히 많다. 기발한 '그로스해킹growth hacking'● 전략도 대규모 사용자를 확보하는 데는 유용하지만, 그렇게 확보한 사용자들이 제품과 서비스를 진심으로 좋아하고 계속 머무르게 만들지는 못한다. 100만 명의 사용자들이 신기루처럼 나타났다 사라져버리는 이유는 무엇일까? 이유는 간단하다. 사용자들은 자신이 필요한 제품이나 서비스가 아니라 정말 좋아하는 제품이나 서비스를 고집하는 경향이 있기 때문이다.

아무리 대규모 사용자를 확보한다 한들 그들이 제품과 서비스를 사랑하도록 만들지 못하면 아무 소용이 없다. 이것이 사업 초창기에 핵심 사용자 한 명 한 명을 만나 그들이 무엇을 원하고 좋아하는지 세부적인 부분까지 이해하고 파악해야 하는 이유이다.

초기 핵심 사용자의 충성심을 구축하라

초기의 핵심 사용자 그룹에서 충성심을 구축하면 이들이 마치 쐐기와 같은 역할을 하며 스케일업을 위한 견고한 기반이 된다. 가령 페이스

● 그로스해킹은 한정된 예산으로 빠르게 성장하려는 스타트업에서 주로 활용하는 마케팅 기법이다. 사용자의 취향을 알려주는 다양한 지표를 토대로 창의적이고 분석적인 접근을 통해 저비용으로 최고 효용을 얻는 데 초점을 맞춘다. 해킹이라는 단어를 쓰는 이유는 전략적 판단의 근거가 되는 사용자에 관한 정보를 주로 온라인에서 수집한 빅데이터를 통해서 얻기 때문이다.

북은 론칭했을 때 하버드대학교의 학생들만 이용할 수 있었다. 첫 번째 학생들이 친구들을 초대했고 초대된 학생들이 또 다른 친구들을 초대했다. 이후 페이스북은 컬럼비아대학교와 스탠퍼드대학교를 비롯해 미국 전역의 대학으로 퍼져나갔고 결국 전 세계로 진출했다. 페이스북이 초기 사용자 그룹이었던 하버드대학교 학생들에게 큰 사랑을 받지 못했다면 그토록 빨리 넓게 퍼져나갈 수 없었을 것이다.

페이스북과 트위터의 성공 이후 많은 기업가가 "또 다른 사진공유 앱을 만들 겁니다"라는 식으로 두 서비스를 재빠르게 모방한 애플리케이션을 만드는 데 집중했다. 하지만 와이콤비네이터는 더 야심 찬 시도를 하는 스타트업, 이른바 샘이 '비트에서 원자까지bits-to-atoms'라고 이름 붙인 기업들에 관심을 가졌다.

비트는 소프트웨어를, 원자는 사람이나 인프라와 같은 물리적 자산을 의미한다. '비트에서 원자까지' 기업이란 애플리케이션이라는 무형의 자산을 가졌을 뿐 아니라 현실 세계에서 사용자를 확보하기 위한 까다로운 일들도 열심히 하는 기업이다. 이러한 기업은 게임의 판도를 뒤집는 어려운 일을 시도하기 때문에 그만큼 경쟁자들도 적다. 에어비앤비도 바로 그런 기업이었다.

브라이언 체스키와 그의 파트너 조 게비아Joe Gebbia는 폴 그레이엄의 권고대로 뉴욕으로 갔다. 그들이 할 일은 '사용자를 직접 만나는' 것이었다. 먼저 호스트들에게 연락해서 전문 사진작가를 보내 에어비앤비 사이트에 올릴 사진을 찍어주겠다고 제안했다. 그 사진작가들은 다름 아닌 브라이언과 조였다.

"겨울이었어요. 밖에는 눈이 내렸고 우리는 스노우 부츠를 신고 있었죠. 우리는 호스트의 집에 들어가 사진을 찍었어요. 그리고 '웹사이트에 오늘 찍은 집 사진을 업로드할 텐데, 혹시 다른 피드백 있으신가요?'라고 물었어요. 그랬더니 잠깐 사라졌던 호스트가 노트 한 권을 들고 나타났어요. 노트에는 에어비앤비에 바라는 점들과 이에 대한 제안이 잔뜩 적혀 있더라고요. 그 제안들은 에어비앤비의 로드맵과 같은 것이었어요. 로드맵은 종종 개발자들의 머리가 아니라 핵심 사용자들의 마음속에 존재합니다."

어떤 기업가는 그런 피드백과 제안을 비판으로 받아들이겠지만, 브라이언은 그것을 에어비앤비에 진심으로 애정을 느끼며 더 깊고 단단하게 연결되길 바란다는 증거라고 해석했다. 호스트 방문을 통해 브라이언은 '사람들이 무엇을 사랑하는지' 배웠고 이는 에어비앤비의 비밀 무기가 되었다.

"우리 서비스의 충성심 높은 사용자를 열 명 만드는 일은 정말 힘들지만, 그들과 함께 많은 시간을 보낸다면 그리 어려운 것만도 아닙니다. 그리고 계속해서 '이렇게 하면 어떨까요? 저렇게 한다면? 또 이렇게 하면?' 하고 끊임없이 묻는다면 말이죠. 우리는 단순히 사용자들을 만나기만 한 것이 아니라 그들의 소파에서 잠을 자며 함께 살다시피 했어요."

호스트의 집을 방문하면서 브라이언은 소중한 피드백을 얻을 영리한 방법을 개발해냈다. 그는 사람들에게 현재의 서비스에 대한 생각을 묻는 대신 앞으로 만들 수 있는 서비스에 대한 생각을 물었다.

"저는 '서비스를 개선하려면 어떻게 해야 할까요?'라고 묻는 대신 '당신이 너무 좋아서 흥분하게 만들려면 어떻게 해야 할까요?'나 '당신이 만나는 모든 사람에게 자랑할 서비스를 개발하려면 무엇이 필요할까요?'처럼 더 크고 과감한 질문을 던졌어요. 그런 질문은 사용자들이 에어비앤비의 더 크고 과감한 버전을 상상하도록 이끌었지요."

최적의 사용자 경험을 찾아내는 디자인 씽킹 전략

로드아일랜드 디자인스쿨에서 산업디자인을 공부한 브라이언의 최대 강점 중 하나는 디자인을 활용해 창의적으로 문제를 해결하는 전략, 즉 '디자인 씽킹design thinking'●에 있다. 그는 디자인을 단순히 '예쁘게 만들기'가 아닌 다른 것으로 정의한다. "스티브 잡스Steve Jobs가 '디자인은 어떻게 보이느냐의 문제가 아니라 어떻게 기능하느냐의 문제다'라는 유명한 말을 했죠. 이걸 다르게 표현하면 '디자인은 제품 그 자체다'라고 할 수 있습니다."

● 디자인 씽킹은 말 그대로 제품이나 서비스의 디자인 과정에서 디자이너가 활용하는 창의적인 전략을 의미한다. 핵심은 디자인의 초점을 사용자의 문제를 해결하고 좀 더 편리하게 이용하도록 하는 데 맞추는 것이다. 그러한 '사용자 중심의 디자인'을 위해서는 인간의 감정과 행동 등에 대한 깊은 이해가 바탕이 되어야 한다. 또 제품과 서비스를 디자인할 때는 실제 제품과 서비스를 만들어내는 개발팀과 긴밀하게 협력하고 피드백을 주고받는 과정도 중요하다. IT 기업 외 다른 영역의 기업에서도 디자인 씽킹을 혁신 창출을 위한 방법론으로 적용하고 있다.

브라이언은 디자인 씽킹을 활용해 주어진 대상을 혁신적으로 정의하고 새로운 가능성을 창출하는 방법을 알고 있었다. 덕분에 그와 함께하는 브레인스토밍은 평범한 회의가 아니라 미래를 창조하는 고부가가치 활동이 된다. 그는 '실제로는 절대 할 수 없는 것들을 상상하는' 것으로 디자인 씽킹을 시작한다고 말했다.

"회사를 크게 성공시키고 싶다면 사람들이 서로 자랑하고 싶은 서비스를 만들어야 하죠. 그렇게 입소문이 날 만한 서비스를 만들려면 평범함을 버리고 감동적인 경험을 줄 수 있어야 합니다. 우리는 '사용자가 별 다섯 개짜리 리뷰를 쓰게 하려면 어떤 서비스를 해야 할까?'라는 질문을 던졌습니다. 그리고 체크인 과정을 상상해봤죠.

에어비앤비 숙소에 도착해서 문을 두드렸지만 호스트가 문을 열어주지 않는다면 별 1개짜리 경험일 거예요. 20분쯤 기다려서 호스트를 만났다면 별 3개짜리 경험일 테고요. 별 5개짜리 경험은 문을 두드렸더니 호스트가 문을 열어주고 사용자를 집 안으로 들어오게 하는 거예요. 좋은 경험이지만 친구들에게 자랑할 만한 대단한 것도 아니죠. 그래서 우리는 '별 6개짜리 경험은 어떨까?'도 생각해봤어요. 문을 두드리면 호스트가 '어서 오세요'라고 하면서 문을 열어줘요. 테이블 위에는 웰컴 과일이, 냉장고에는 시원한 물이, 그리고 화장실에는 깨끗한 세면도구가 준비되어 있을 겁니다. 모든 것이 훌륭해요. 사용자는 '와, 호텔보다 좋은데. 다음에도 꼭 에어비앤비를 이용할 거야'라고 말할 겁니다.

그렇다면 별 7개짜리 경험은요? 호스트가 이렇게 말하면서 문을 열어줘요. '어서 오세요. 서핑 좋아하시죠? 서핑보드가 준비되어 있습니다. 당신을 위해 서핑 강습도 예약해놓았어요.' 그러면 사용자는 '이건 지나칠 정도로 너무 좋다'라고 말할 거예요. 별 8개짜리 체크인은 어떨까요? 공항에 리무진이 기다리고 있을 거예요. 별 9개짜리 체크인은 공항에서 사용자를 위한 환영 퍼레이드가 열리는 겁니다. 별 10개짜리 체크인은 비행기에서 내렸을 때 1964년의 비틀스The Beatles가 되는 경험을 하는 겁니다. 고등학생 5,000명이 자신의 이름을 외치며 플래카드를 흔들고 있는 거예요. 마지막으로 별 11개짜리 체크인은 어떨까요? 사용자가 공항에 나타나면 일론 머스크Elon Musk가 와서 '저와 함께 우주로 가시죠'라고 말하는 거예요."

확실히 별이 많은 경험일수록 창의적이고 엉뚱하다. 실현 가능성이 없어 보이지만 이런 상상은 최적의 사용자 경험을 고안하는 데 무척 도움이 된다. 브라이언은 '호스트가 나타나서 문을 열어주었다'와 '일론 머스크와 함께 우주로 갔다' 사이에 바로 최적의 사용자 경험이라 할 만한 '스윗 스폿sweet spot'●이 있다고 말했다. 그러면서 "최적의 지

● 스윗 스폿은 공연장에서 가장 좋은 음향을 들을 수 있는 위치를 가리킨다. 야구나 골프와 같은 스포츠에서는 가장 효과적인 타격이 이루어지는 지점을 뜻하기도 한다. 경제학에서는 '제품과 서비스의 만족과 효용을 극대화함으로써 최적의 사용자 경험이 이루어질 수 있는 어떤 조건'을 의미한다. 가령 사용자가 특정 제품이나 서비스를 구매하고자 하는 욕구가 가장 많이 생길 수 있는 가격 역시 스윗 스폿이라고 할 수 있다. 어떤 제품이나 서비스를 제공하는 기업에 대한 시장에서의 인기가 최대치에 이르러 유례없는 큰 호황을 누리고 있을 때를 가리켜 스윗 스폿이라고 하기도 한다.

점을 찾아 되돌아오기 위해서는 디자인 씽킹을 거의 극단까지 밀고 나가봐야 합니다"라고 덧붙였다.

사용자 한 명을 완전하게 만족시키는 것에서 출발하라

현재 에어비앤비는 대규모 상장기업이 되었고, 브라이언은 더 이상 호스트의 집을 방문하지 않는다. 하지만 그는 여전히 오랜 호스트 및 사용자 들과 관계를 유지하며 디자인과 전략에서 도움을 받는다. 새롭고 혁신적인 서비스를 고안할 때도 여전히 한 명의 핵심 사용자가 되어 극단까지 상상을 밀고 나가며 최적의 경험을 찾으려 애쓴다. 에어비앤비트립을 구상할 때도 마찬가지였다. 에어비앤비가 공간을 공유하는 것이라면 트립은 호스트가 직접 설계한 여행 경험을 공유하는 것이다. 브라이언은 직접 사용자 한 명을 위한 휴가 계획을 짜는 것에서 시작했다. '여행자를 찾습니다. 저희가 당신을 따라다니며 샌프란시스코 여행 사진을 찍어드립니다'라는 공고를 내자 런던의 리카르도라는 사용자가 선뜻 지원을 해왔다.

리카르도는 샌프란시스코를 여행한 경험이 있었지만 그때는 자신이 원한 휴가를 보내지 못했다. 전형적인 관광 명소를 두루 돌아다녔을 뿐 그 이상은 아니었다. 다른 여행객들이 그런 것처럼 샌프란시스코에 사는 사람들은 절대 하지 않을 일을 하며 혼자서 시간을 보냈다. 에어비앤비트립은 리카르도가 정확히 원하는 샌프란시스코 여행 계획을 짜기로 했다. 브라이언은 애니메이션 제작사 픽사Pixar의 스토리보드 작가와 함께 여행 일정을 여러 장면으로 구성해 각 장면에서 어떤 변화무쌍한 경험을 할지 대본처럼 상세한 계획을 짰다.

브라이언은 변화무쌍한 경험을 하려면 전형적인 관광지가 아닌 곳에서 현지 사람들과 직접 만나야 한다고 생각했다.

"처음 어떤 도시에 가면 하루나 이틀 안에 사람들과 함께하는 환영 이벤트가 있어야 합니다. 그리고 적어도 셋째 날에는 안전지대에서 벗어나 도전해야 해요. 안전지대를 벗어나지 않으면 그 여행을 기억하지 못하거든요. 안전지대에서 벗어날 수 있고 뭔가 새로운 일이 일어난다면 변화의 순간이 오는 거예요. 별 볼 일 없던 예전의 자신은 죽고 새롭고 더 나은 자신으로 다시 태어나는 겁니다. 모든 영화가 이런 서사를 갖고 있어요. 평범한 세상에 살던 주인공이 그 세상을 떠나 한계점을 넘습니다. 이런 것을 영웅의 여정이라고 부르죠."

리카르도가 다시 샌프란시스코를 찾았을 때는 영웅의 여정이라고 할 계획들이 그를 기다리고 있었다. 최고의 호스트가 있는 숙소에 머무르고, 현지 사람이 많이 모이는 디너파티에 참석하며, 샌프란시스코의 연인들이 즐겨 찾는 레스토랑에도 가보았다. 심지어 심야의 미스터리 바이크 투어도 했다. 여행이 끝날 무렵 브라이언은 리카르도를 직접 만나서 이야기를 나눴다. 대화를 마칠 때쯤 그는 눈물을 흘리며 "제가 경험해본 최고의 여행이에요"라고 말했다.

에어비앤비트립이 했던 리카르도의 실험은 엄밀한 의미에서 스케일업과는 아무 관련이 없다. 모든 사용자의 여행 프로그램을 직접 계획할 수는 없으니까 말이다. 하지만 이 실험을 통해서 에어비앤비트립은 앞으로 만들어가야 할 비즈니스 모델에서 가장 중요한 요소가 무엇인지 알 수 있었다. 그리고 이것을 지난 몇 년간 에어비앤비트립 서비스에 적용함으로써 스케일업을 위한 기반을 마련했다.

브라이언은 개별 사용자를 대상으로 실험을 하고 여기에서 얻은 교훈을 더 큰 프로그램에 적용하는 방식으로 에어비앤비의 경험을 계속 재설계하기로 결정했다. 하지만 회사가 성장할수록 이런 접근법은 점점 더 적용하기 어려워진다. 브라이언은 아직 규모가 작고 제품과 서비스를 계속 업그레이드하면서 사용자 경험을 디자인해야 하는 스타트업의 기업가들에게 이렇게 말한다.

"이미 사용자와 시장을 확보하고 트랙션traction을 형성한 기업들도 대단한 게 사실이에요. 하지만 저는 사용자들을 직접 만나 이야기를 듣고 디자인 씽킹을 통해 최적의 사용자 경험을 고민하던 그 시절이 그립습니다. 스타트업이 가장 크게 도약하는 위대한 혁신은 규모가 작을 때 일어납니다."

사용자 한 명 한 명을 위한 온보딩 전략

캔바 공동창업자 멜라니 퍼킨스 이야기

호주의 외딴 도시 퍼스에서 자란 멜라니 퍼킨스Melanie Perkins는 열다섯 살에 처음 손뜨개로 스카프를 만들어 팔기 시작했다. 처음 직접 만든 스카프를 팔기 위해 여성의류 판매점에 전화를 걸었을 때는 엄청나게 긴장해야 했다. 멜라니의 어머니는 그녀가 창업의 길을 가도록 은근히 부추겼다.

"어머니는 저희 삼남매 모두에게 자기만의 작은 사업을 시작하라고 격려해주셨어요. 그때의 경험은 큰돈을 벌어다주지는 못했지만 스스로 두려움을 기꺼이 감당한다면 성공할 수 있다는 점을 배웠습니다. 그것은 다른 사람을 위해 일하지 않고 내가 직접 사업을 할 수도 있다는 의미였어요."

멜라니는 손뜨개 스카프와 같은 수공예 제품을 시장에 어떻게 포지셔닝해야 하는지도 스스로 깨우쳤다. 그녀는 아름다운 불완전함이야말로 진정한 매력이라고 생각했다. 그래서 모든 스카프에 '핸드메이드'라는 작은 라벨을 달았다. 그렇게 하면 작은 실수가 있더라도 사람들의 양해를 얻는 데 도움이 될 것 같았다. 하지만 스타트업이 제공하려는 제품이나 서비스 대부분은 실질적인 핸드메이드가 아니다.

기업가에게 장인정신이 필요하다는 말이 매력적으로 들리겠지만 작은 결점이 있는 핸드메이드 같은 제품과 서비스를 제공해야 한다는 의미는 아니다. 오히려 사용자들이 발을 헛디디도록 만들 아주 미세한 걸림돌들조차 모두 확인하고 다듬어야 한다. 손뜨개 스카프를 판매할 때와 달리 온라인 디자인 플랫폼인 캔바Canva를 출시할 때는 멜라니 역시 그렇게 했다.

사업 아이디어는 대학에 다니면서 다른 학생들에게 포토샵 등 디자인 프로그램 사용법을 가르쳤던 시절에 얻은 것이었다. 멜라니는 디자인 프로그램들이 너무나 복잡하고 '사용자 친화적'이지 않다고 생각했다. 기초적인 프로그램 사용법을 익히는 데만 수개월을 할애해야 했다. 멜라니는 스스로 "무슨 작업 한 번 하는데 이렇게 클릭을 많이 해야 하지? 기초적인 작업만 하고 싶은데도 뭘 이렇게 많이 공부해야 하나?"라는 질문을 던졌다. 당시 인기를 얻고 있던 페이스북과 기존 디자인 프로그램과의 차이는 극명했다. 사람들은 특별히 배우지 않고도 페이스북을 다루고 즐길 줄 알았다.

"우리는 페이스북 같은 단순함을 디자인 프로그램에 적용해서 따로 교육을 받지 않아도 모든 사람이 손쉽게 작업할 수 있기를 바랐습니다. 여러 디자인 프로그램을 통합해서 모든 사람이 쉽게 이용하도록 하겠다는 원대한 계획이 있었지요. 하지만 당시 저는 열아홉 살이었고 스카프를 팔아본 것 외에는 사업 경험이 없었습니다."

멜라니와 그녀의 남자친구인 클리프 오브레히트Cliff Obrecht는 나중에 캔바로 발전하게 될 그들의 첫 번째 회사인 퓨전북스Fusion Books를 창업했다. 현재 캔바에서 제공하는 디자인 툴과 템플릿은 마우스로 드래그만 할 줄 알면 모두가 사용할 수 있을 만큼 쉽고 간단하다. 두 사람의 목표는 정말 원하는 '누구나' 손쉽게 매력적인 디자인 작업을 할 수 있도록 돕는 것이었다.

"모든 신규 사용자에게 저나 클리프가 직접 전화를 걸어서 자세한 설명을 해줬어요. 수천 명의 사용자에게 그들 각자가 필요로 하는 디자인은 어떤 것인지, 기존 디자인 프로그램에선 어떤 불편함을 겪었는지, 캔바에서 직관적으로 이해되지 않는 메뉴가 있는지 물어봤어요. 우리는 그들의 대답에서 깊은 통찰력을 얻었습니다."

멜라니와 클리프가 한 것이 바로 사용자 한 명 한 명이 제품에 익숙해짐으로써 계속 사용하도록 유도하는 '온보딩' 전략이다. 그들은 사용자 한 명 한 명이 실제로 어떻게 클릭하고 드래그하는지 세부 동작들을 지켜보면서 어떤 지점에서 막히고 실수하는지 일일이 확인했다. 이러한 사용자 편의성 문제들과 씨름하는 한편 다른 어려움도 해결해야 했다. 사용자 가운데 스스로 창의적이지 않다고 생각하는 사람이 많았는데 그들은 캔바에서 디자인 작업을 하는 것 자체에 두려움과 수줍음을 느꼈다.

"캔바에서는 창의성이 없어도 디자인을 할 수 있다는 것을 알려주고 놀이처럼 재미있게 할 수 있다는 느낌을 주어야 했어요. 실제로 캔바를 처음 사용하는 사람들이 몇 분 만에 재미를 느끼고 작업을 계속하는지 지켜봤어요. 그들이 자신의 즐거운 경험을 친구들에게 공유할 수 있을 때까지 한 명 한 명의 불편한 경험을 확인하고 매끄럽게 만드는 작업을 계속했지요."

멜라니와 클리프의 온보딩 전략은 효과가 있었다. 캔바는 현재 월간 활성 사용자 수가 5000만 명에 이르며, 이곳에서 30억 개가 넘는 디자인이 만들어졌다. 1초에 80개의 새로운 디자인이 생성된다는 것을 의미한다.

사용자 커뮤니티의 헌법을 제정하라

플리커 공동창업자 카테리나 페이크 이야기

우리는 온라인에서 사진을 공유하고, 누군가를 팔로잉하고, 포스팅에 '#셀피'라는 해시태그를 달기도 한다. 지금은 당연한 관례처럼 여겨지는 이런 기능들을 고안한 사람은 최초의 사진공유 커뮤니티 사이트인 플리커의 공동창업자 카테리나 페이크이다. 각종 소셜미디어가 범람하기 전부터 이미 소셜미디어의 세계에 있었던 그녀는 자신이 플리커를 스케일업하기 훨씬 이전에 했던 여러 일이 다른 사람들이 자연스럽게 따라 하는 관례가 되리란 점을 알고 있었다. 카테리나는 "기업가는 자신이 만든 세계의 문명을 창조하고 헌법을 만드는 사람입니다. 기업가는 회사 내부는 물론 사용자를 포함한 전체 커뮤니티에서 따르고 싶어 하는 규칙과 기준을 만들어야 합니다. 그리고 그 시점은 스케일업을 시작하기 이전이어야 합니다"라고 말한다.

헌법을 만든다고 해서 양피지에 법규를 적어놓는 것을 상상하는 사람은 없을 것이다. 기업가의 헌법은 그들의 사소한 말이나 행동을 통해 표현된다. 가령 플리커 초기에 카테리나는 모든 신규 사용자에게 일일이 개인적인 환영 인사를 보냈다. 플리커는 온라인 커뮤니티이고 자신도 그 일원이라고 생각했기 때문이다. 그런데 카테리나는 커뮤니티의 리더이기도 했기 때문에 그런 환영 인사는 일종의 관례가 되었다.

"기업가는 커뮤니티의 일원이면서 동시에 리더입니다. 플랫폼과 커뮤니티의 모든 사람을 앞장서서 이끌며 여러 가지 관례를 만들어냅니다. '우리는 이렇게 말하고 이렇게 말하지 않는다'라거나 '우리는 모든 사람에게 환영 인사를 한다'라는 그런 관례들 말입니다."

플리커가 직원이 고작 여섯 명인 작은 스타트업일 때는 초기 사용자들과 직접 소통하기 위해 직원들 각자 하루에 50개 이상의 포스팅을 했다. 성공한 기업가들의 사례에는 사용자 수가 많아지고 회사 규모가 커지는 스케일업 이전에 핵심 사용자들과 개별적으로 연락하며 긴밀하게 커뮤니케이션하는 데 집중했다는 이야기가 많다. 밤낮도 없이 온종일 개인 휴대전화로 전화를 받았다는 그런 이야기들 말이다. 이런 방식은 핸드메이드 제품을 만드는 일처럼 노동집약적이며 때때로 사생활을 방해하기도 한다. 하지만 고객과의 모든 연락을 자동화하는 대기업이 갖지 못하는 핵심 우위를 만들어주기도 한다. 더구나 초기 사용자 100명과 함께 어떤 관례들을 만들고 나면 그것은 계속 퍼져나가 결국에는 수십만 명이 공유하는 헌법이 된다.

기업가는 커뮤니티의 문명과 헌법을 만들어가는 과정에서 여러 도전과 시험에 부딪히게 될지도 모른다. 카테리나와 플리커 역시 그랬다. 여러 다른 소셜미디어 플랫폼이 그런 것처럼 플리커에도 다양한 문화와 언어, 니즈를 가진 글로벌 사용자들이 모여들었는데, 그들이 늘 서로 조화를 이루는 것은 아니었다. 가령 플리커의 초기 사용자 중 다수는 지극히 보수적인 복장이 일반적인 이슬람 국가와 아랍 에미리트 연방에 사는 사람들이었다. 그들은 배꼽을 드러내며 노출이 심한 의상으로 유명했던 팝스타 브리트니 스피어스Britney Spears의 사진이 올라오자 심각하게 불만을 제기했다. 양 진영을 동시에 포용할 방법은 없어 보였다. 플리커는 결단을 내려야 했고 이 사건으로 상당수의 회원을 잃었다.

"우리는 맨살을 드러내도 된다는 쪽의 손을 들었어요. 그런 사진을 올려도 되는가 하는 문제는 사소해 보일 수도 있지만 이런 결정이 커뮤니티의 생명선 역할을 합니다. 어떤 결정은 반드시 옳은 결정이 아닐 수도 있어요. 최근 소셜미디어 플랫폼에는 명확한 도덕적 나침반이나 신념이 없는 경우가 많지요. 하지만 기업가는 회사가 추구하는 가치에 근거해서 반드시 결정을 내려야 합니다. 기업가가 결정을 내리지 않으면 가장 극단적인 사용자가 대신 결정을 내리도록 용납하는 문제가 발생합니다."

어떤 소셜미디어 플랫폼도 사용자의 행동을 온전하게 관리할 수 없다. 일부 거칠게 행동하는 사용자도 있을 것이다. 그렇기에 너무 늦지 않게 가드레일을 준비해야 한다. 카테리나는 플리커에서 함께 일했던 헤더 챔프Heather Champ의 말을 인용해 "당신이 용인하는 것이 곧 당신이다"라고 말했다. 기업가는 무엇을 용인하고 용인하지 않을지 결정해서 사용자 커뮤니티의 헌법을 만들어나가야 하며, 이는 스케일업을 시작하기 이전에 해야 하는 매우 중요한 과제이다.

핵심가치를 지켜주는 핸드메이드 사고방식

도너스추즈 설립자 찰스 베스트 이야기

뉴욕 브롱크스의 공립고등학교 교사인 찰스 베스트Charles Best는 매일 아침 사무용품점 스테이플스에 들러 《초원의 집》을 그날 학생들과 함께 읽을 분량만큼 복사를 했다. 예산이 부족한 공립학교의 교사들에게 사비를 털어 교재를 복사하고 연필이나 크레파스 같은 학용품을 구입해 학생들에게 나눠주는 것은 그리 드문 일이 아니었다. 교사들은 아이들에게 더 많은 것을 해주고 싶었지만 한계가 있었다. 그들의 희망 목록에 있는 것들은 사실 부유한 동네의 학교에서는 아주 기본적이고 흔한 것이었다.

"제 동료인 미술 선생님은 학생들을 데리고 현대 미술관으로 현장 학습을 가고 싶어 했어요. 아이들과 교실 바닥 전체를 덮을 퀼트 작품을 만들고 싶어 하는 선생님도 있었죠. 그분에게는 천과 실, 바늘이 필요했습니다."

2000년 어느 이른 아침, 스테이플스에서 복사를 하던 찰스는 "교사들이 특정 수업이나 활동에 필요한 희망 목록을 올리면 기부자들이 후원하고 싶은 수업과 활동을 고를 수 있는 웹사이트를 만들어야겠다"라고 생각했다. 도너스추즈DonorsChoose에 대한 아이디어는 그렇게 탄생했다. 도너스추즈는 우리가 현재 '클라우드 펀딩'이라고 부르는 활동을 지원하는 최초의 웹사이트이며 비영리단체로 운영된다. 도너스는 기부자를 의미하며, 기부자가 직접 어떤 프로젝트에 후원할지 선택할 수 있다.

모든 공립학교 교사는 기부를 받기 위해 아이들과 진행할 프로젝트 계획서를 제출할 수 있다. 모든 프로젝트는 사전 심사를 거쳐서 도너스추즈 사이트에 게시한다. 해당 프로젝트에 모여진 후원금은 교사에게 직접 전달하지 않고 도너스추즈가 대신 물품을 구매해 교사에게 배달되도록 한다. 가령 현장 학습 프로젝트라면 도너스추즈가 박물관 입장권을 구입하고 대형버스도 임대해 학교로 보내주는 식이다. 찰스는 이런 방식이 손이 많이 가긴 하지만 신뢰를 형성하는 데 꼭 필요하다고 말했다. 도너스추즈는 기부자들에게 철저한 재정보고서를 보내 그들의 돈이 정확히 어디로 가는지 보여준다. 또 아이들은 기부자들에게 직접 감사 편지를 쓴다. 이 모든 것이 도너스추즈의 신뢰를 강화하기 위해 선택한 방법이다.

찰스는 기부자들과 프로젝트를 찾을 때도 손이 많이 가는 수공예적 방식을 택했다. 우선 웹사이트를 론칭하기에 앞서 동료 교사들에게 프로젝트를 올려달라고 부탁했다. 대신 그들에게 어머니가 만든 달콤한 디저트를 제공했다. 그렇게 해서 도너스추즈에 처음으로 열한 개의 프로젝트가 올라왔다. 찰스는 자신이 첫 번째 기부자가 되었다. 물론 익명이었다. 열한 개의 프로젝트가 모두 성사되자 브롱크스 전체에 소문이 빠르게 퍼져나갔다. 지역 내 공립학교 교사들이 앞다투어 프로젝트를 올리기 시작했다.

그다음 과제는 진짜 기부자를 찾는 것이었다. 몇몇 학생들이 자원해서 매일 방과 후에 2,000명의 잠재적 기부자에게 손편지를 썼다. 편지에는 크진 않더라도 구체적인 요청을 적도록 했다. 찰스와 그의 학생들은 우편요금을 아끼기 위해 직접 우편물을 분류해 우체국에 가져갔다. 이들의 노력은 결실을 보았다. 기부액이 3만 달러를 넘어서자 후원자들이 알아서 모여드는 선순환이 시작되었다. 2003년에는 〈오프라 윈프리 쇼〉에 소개되면서 웹사이트가 거의 마비될 만큼 엄청난 관심이 쏟아졌다.

프로젝트를 올려달라고 교사들에게 일일이 부탁하고, 자신이 직접 기부자가 되어 자금을 대고, 아이들과 함께 손편지를 쓰는 일은 분명 스케일업과는 관련이 없는 일이었다. 하지만 이 정성스러운 노력이 도너스추즈에 확고한 스케일업 기반을 마련해주었다.

손이 많이 가지만 가치 있는 일을 계속하는 이유

찰스는 도너스추즈가 어느 정도 성장한 이후에도 '손이 많이 가는 핸드메이드 방식'을 계속 고수했다. 그것이 신뢰와 진정성을 핵심으로 하는 도너스추즈만의 방식이라고 생각했다. 모든 프로젝트에 필요한 물품들을 직접 구매해서 보내주기로 한 것도 그런 관점에서 선택한 방식이었다.

“초창기에는 선생님들에게 프로젝트 활동을 촬영하라고 일회용 카메라를 보냈어요. 학생들이 쓴 편지를 보내달라고 우표가 붙은 봉투도 보냈죠. 초기 후원자들은 이런 방식이 비효율적인 데다 성장을 방해한다며 걱정했어요. 하지만 신뢰와 진정성은 타협할 수 없는 가치였습니다. 처음 10년간 도너스추즈가 해결해야 했던 과제는 대부분 사용자의 신뢰를 잃지 않으면서도 규모를 키우고 성장할 방법을 찾는 것이었습니다.”

모든 프로젝트를 검토하고 심사하는 일 역시 진정성을 보장하는 주요 부분이었다. 처음에는 대학생들에게 보수를 주고 프로젝트 검토를 의뢰했지만 조직이 커지면서 비용 측면에서 좀 더 효율적인 방법이 필요했다. 찰스는 도너스추즈에서 20개 이상 프로젝트에 후원을 받은 교사들에게 프로젝트의 심사위원이 되어달라고 부탁했다. 이는 비용을 절감하면서 일의 속도도 높이는 탁월한 선택이었다.

진정성과 스케일업의 균형을 잡기 가장 어려운 부분은 아이들이 직접 쓰는 감사 편지였다. 가장 가치 있지만 가장 손이 많이 가는 일이기도 했다. 하지만 아이들의 손편지를 대체할 만한 다른 감동적인 수단은 없어 보였다. 도너스추즈는 지난 20년간 세계적인 조직으로 성장했음에도 기부자들에게 보내는 감사 편지는 여전히 학생들이 직접 손으로 쓴다. 그리고 모든 편지는 사무실을 거쳐 기부자들에게 보내진다. 손편지는 스케일업을 위한 활동이 아니었지만 아이들과 기부자와의 유대감을 강화함으로써 측정하기 어려운 큰 힘을 발휘했다.

도너스추즈의 이사 스티븐 콜버트Stephen Colbert는 "도너스추즈의 모든 아이디어는 기부자와 후원받는 사람들을 직접 연결합니다. 이것은 매우 강력한 효과가 있습니다"라고 설명했다. 단순한 기부자였던 스티븐이 도너스추즈의 열성적인 이사가 된 것도 손편지 때문이었다. "아이들이 보내준 편지가 제게 매우 현실적인 유대감을 주었습니다. 저는 그런 유대감이 끝나는 것을 원치 않았습니다."

회사의 규모와 영향력이 커지길 열망하는 기업가들 대다수는 도너스추즈가 지향하는 핸드메이드 방식을 견지하는 것에 어려움을 느낀다. 그들은 그런 방식이 회사의 효율적인 운영과 성장에 도움이 되지 않는 수만 가지 이유를 알고 있다. 하지만 똑똑한 기업가는 아무리 규모가 커지더라도 기업의 핵심가치를 위해 일부 영역에서는 이러한 방식이 꼭 필요하다는 점을 잊지 않는다.

초기 파트너십을 탄탄하게 구축하라

스포티파이 CEO 다니엘 에크 이야기

2006년 스웨덴에서는 불법 음원 복제가 만연해 음반 산업의 전체 수익이 80퍼센트 감소할 만큼 상황이 심각했다. 다니엘 에크Daniel Ek는 당시 과감하게 온라인 음악 스트리밍 서비스를 제공하는 사업을 시작하겠다고 결정하고는 스웨덴의 영향력 있는 음반 회사를 직접 찾아가 전략적 파트너십을 제안했다. 하지만 스타트업 스포티파이Spotify의 초창기에 다니엘은 힘겨운 도전을 거듭해야 했다. 온라인 스트리밍으로 음악을 자유롭게 듣는 대신 광고를 함께 듣는 수고로움을 감수하도록 사용자에게 요청하는 스포티파이의 비즈니스 모델은 불법 다운로드로 인해 엄청난 타격을 받고 있던 음반 회사 입장에서 또 다른 위협으로 느껴졌기 때문이다.

다니엘 에크는 잠재적 라이벌이면서 동시에 없어서는 안 될 협력자인 음반 회사와 신뢰를 형성하는 일이 급선무라고 판단했다. 친구이면서 동시에 적이 될 사람과 협력하는 것을 두고 다니엘은 '프레너미frenemy●와의 동침'이라고 불렀다. 다니엘은 힘들더라도 단기 손실을 감수하겠다는 각오로 음반 회사에 전략적 파트너가 되어주면 1년 치 수익을 보장하겠다고 약속했다. 스케일업 이전의 초창기에는 더 나은 제품과 서비스를 만드는 것만큼이나 파트너십을 잘 구축하는 것이 중요하다. 파트너십 구축 역시 스케일업과는 상관없는 일이지만 스케일업을 위해서 꼭 해야 하는 일이기도 하다.

다니엘의 도전과 실험은 음반 산업과 스포티파이가 공존할 수 있음을 차츰 증명해주었다. 스포티파이가 글로벌 시장의 음반 회사들로

● 프레너미는 친구friend와 적enemy의 합성어로 동료이자 경쟁자적인 관계를 말한다.

부터 신뢰를 얻기 시작하면서 투자자들도 적극적인 관심을 보이기 시작했다. 합법적으로 온라인 음악 사업을 할 수 있다는 가능성을 본 투자자들은 앞다투어 스포티파이에 투자하고 싶어 했다. 그러나 아직 방심하기에는 일렀다.

다니엘은 자신이 기대하는 수준의 스케일업을 이루려면 스웨덴을 넘어 글로벌 시장으로 나가야 한다는 것을 알고 있었다. 또 그러려면 각국의 주요 음반 회사들과도 신뢰 관계를 잘 형성해야 한다고 생각했다. 그래서 다시 한번 직접 행동하기로 했다. 그는 지구 반 바퀴를 돌아가야 한다 해도 필요한 곳이면 어디든 갔다. 주요 음반 회사의 의사결정권자들을 만나서 스웨덴에서의 실험 결과를 알려주고 그들이 동의할 때까지 기다렸다.

"글로벌 음반 회사들과 친해지기 위해 시간을 투자한 것이 성과를 거두었습니다. 기존의 음반업계는 20년 지기 친구들이 모인 커뮤니티와 같았어요. 저는 천천히 시간을 두고 그들에게 다가가 신뢰를 얻기 위해 노력했고 마침내 받아들여지기 시작했습니다."

다니엘은 기업가로서 소중한 시간을 들여 음반 회사 대표들과 만나고, 그들과 신뢰를 쌓기 위해 수익을 보장해주고, 편집자들이 손수 재생목록을 엄선하게 했다. 돌이켜보면 그런 일들은 모두 그 자체로는 스케일업과 관련이 없는 것들이었다. 하지만 그런 일들이 회사 성패에 결정적인 초기 파트너십과 신뢰 관계를 형성하고 경쟁우위를 만들어냄으로써 이후 스케일업을 가능하게 하는 기반이 되었다. 스포티파이는 무려 3억 4500만 명의 사용자를 확보했으며, 벤처펀드로부터 25억 달러 이상의 투자를 유치했다.

위협적인 장애물과의 공존

23앤드미 창업자 앤 워치츠키 이야기

DNA 검사 및 분석 회사 23앤드미23andMe의 창업자 앤 워치츠키Anne Wojcicki는 사업을 시작하면서 다니엘 에크가 직면했던 것보다 훨씬 더 위협적인 장애물과 싸워야 했다. 바로 고집스러운 의료기관들과 이들을 규제하는 더 고집스러운 정부 당국이었다.

병원에 가지 않아도 개인이 자신의 유전자 정보를 알 수 있다는 대범한 아이디어는 어디에서 비롯되었을까. 이 질문에 앤은 "인간은 자신의 유전적 역사에 대해 더 많이 알 권리가 있으며 이 정보와 지식을 활용해 자기 건강을 위한 더 현명한 결정을 내려야 한다고 생각합니다"라고 대답했다. 하지만 열정적이고 숭고한 소명의식에도 불구하고 '자가 DNA 검사 키트'라는 혁신적인 제품을 사람들이 받아들이도록 하는 문제는 그리 간단하지가 않았다.

"처음 며칠간 키트 1,000개를 판매했지만, 곧 하루에 10~20개로 판매량이 확 줄어들었습니다. 안타까웠죠. 사람들은 '왜 의사가 아닌 내가 비용을 내야 하죠?', '검사 결과를 가지고 내가 무엇을 할 수 있죠?'라는 질문을 했습니다."

마케팅팀에서 내놓은 제안은 메시지를 바꾸는 것이었다. 23앤드미는 중요한 비즈니스 모델을 유지하면서 "내 건강을 위한 정보와 지식을 얻는다"가 아니라 "조상을 발견하고 공유하는 즐거움을 얻는다"라는 점을 강조하기 시작했다. 시장 반응에 따라 핵심가치를 새롭게 정의하는 것은 스타트업에서 자주 사용하는 '피벗' 전략인데, 이 전략은 23앤드미에 상당히 유효했다. 사람들은 자신의 뿌리에 더 가까워진다는 생각에 열광했다. 게다가 건강에 대한 정보까지 얻을 수 있다면 그것은 훌륭한 보너스였다.

하지만 여기서 끝이 아니었다. 의사들의 예상치 못한 반발에 부딪혔다. DNA 검사를 한 후에 의사에게 찾아가 "DNA 검사 결과 알게 된 제 건강상 위험요소들 좀 보세요. 어떻게 해야 하죠?"라고 질문하는 사람들이 생겨난 까닭이었다. 애초에 이런 유형의 정보를 관리하는 사람은 의사들이었는데, 거꾸로 정보를 들고 오는 환자들이 생겨나니 당혹스러울 만했다. 23앤드미는 환자들이 자기 건강에 대한 사전 정보를 바탕으로 질문하기 위해 병원을 더 자주 찾는 것은 의사들에게도 바람직하다는 점을 설득하기 위해 지속적인 노력을 기울이기 시작했다.

의사들의 반발보다 더 큰 장애물은 정부 규제기관이었다. 특히 어려운 상대는 FDA미국식품의약국였다. 23앤드미는 사업을 구상하던 초창기부터 FDA를 접촉해왔지만, 막상 그들은 DNA 검사 키트를 어느 카테고리로 분류해야 할지 혼란스러워 했다. 처음에는 연방정부의 허가를 받아야 하는 '의료기기'로 분류했다가 나중에는 23앤드미가 의학적인 조언을 제공한다는 이유로 '헬스케어 제품'이라고 주장하며 판매금지 명령을 내렸다. "제 인생에서 해결할 수 없는 문제와 맞닥뜨린 듯한 최초의 경험이었어요. 생각의 틀 자체를 바꿔야만 했죠."

앤은 좌절했지만 다시 싸워보기로 했다. 그녀는 FDA의 명령이 수정헌법 제1조에서 보장한 미국 시민들의 기본권을 침해한다고 생각했다. 앤은 사용자를 대표해 맞서 싸울 준비를 했다. 그런데 FDA의 한 규제담당자를 만나 대화를 나누다가 한 가지 깨달음을 얻게 되었다. 그는 앤에게 이렇게 말했다. "당신이 정말로 헬스케어 서비스 영역에 변화를 가져오고 싶다면 FDA와 함께 앉아 몇 년이 걸릴지 모르는 힘든 업무를 감당하겠다는 각오를 해야 합니다. 그 일을 마무리할 때쯤 당신의 아이디어는 정말로 사회를 변화시킬 겁니다. 당신이 알아야 할 건 그 일은 헌신이 필요하다는 겁니다."

앤은 이미 헌신할 준비가 돼 있었다. 그리고 보통 기업가라면 하지 않았을 결정을 했다. 신제품 출시를 늦추기로 한 것이었다. 하지만 FDA라는 강력한 장벽이 있었기 때문에 23앤드미가 갑자기 나타난 경쟁자에게 시장을 빼앗길 염려는 없었다. 앤은 자신이 그 장벽을 돌파하겠다고 결심했다. FDA 승인을 받는 일은 느리고 때로는 고통스럽겠지만 장기적으로 보면 23앤드미의 성장을 위한 신뢰를 쌓는 것이기도 했다.

"FDA와의 작업은 우리 회사를 크게 변화시켰습니다. 기술자들, 개발 방식, 품질관리 방식 등 새로운 프로세스를 갖게 되었죠. 우리는 FDA에 제품의 정확성을 증명해야 했고 이 부분에는 늘 자신이 있었습니다. 또 사용자에게 DNA 검사 결과를 온전히 이해할 충분한 정보를 제공한다는 점도 증명할 수 있어야 했습니다."

FDA 승인 문제를 해결하는 데는 수년이 걸렸으며 여전히 진행 중이다. 그동안 23앤드미는 더 많은 사람이 유전자 검사를 할 때 얻게 될 가치와 이점을 FDA가 이해할 수 있도록 돕는 한편 꾸준히 사용자 기반을 다져왔다. 앤은 겉으로만 반짝이는 모호한 비전이 아닌 확실하고 구체적인 목표가 있다고 말했다.

"제 최종 목표는 23앤드미가 사람들을 더 건강하게 만들었다는 유의미한 결과를 얻는 것입니다. 이제 겨우 시작인 것 같아요."

Reid's analysis

1. 열정적인 피드백은 스케일업의 토대이다

나는 지난 20년 동안 '1억 명 이상의 사용자를 가진 회사'로서 스케일업에 성공한 여러 기업에서 일하거나 투자해왔다. 문제는 대부분의 스타트업이 1억 명이 아닌 몇 명의 사용자에서 시작한다는 점이다. 따라서 사업 초창기에는 디테일을 챙기며 세부적인 사항에 집중하는 것이 중요하다.

당신이 세계로 뻗어가려는 야망을 품은 기업가라면 이 말이 이상한 조언처럼 들릴지도 모르겠다. 구글의 공동창업자인 세르게이 브린Sergey Brin과 래리 페이지Larry Page도 사용자 20억 명에게 검색 결과를 손수 가져다주지 않았다. 이들은 훌륭한 서비스를 만들었고 사용자들은 그냥 쏟아져 들어왔다. 겉으로 보기에는 그렇다.

하지만 정확히 말하자면, 그렇지 않다. 이 두 명의 성공한 기업가들은 특히 초기 사용자들에게 강박적인 관심을 기울였다. 이들은 사용자가 무엇을 하는지 보고, 뭐라고 말하는지 듣고, 고객센터 전화에 응답하고, 제대로 작동하지 않는 것들을 손수 고쳤다.

기업가들이 사업 초창기에 사용자 충성도를 다지거나 파트너십을 구축하고 시장의 신뢰를 얻기 위해 했던 핸드메이드식 접근법에 관해 이야기하며 보이는 반응은 매우 흥미롭다. 그때 일을 떠올리며 웃는 기업가도 있지만, 너무 따분했다고 말하는 기업가도 있다.

후자의 경우 도와줄 사람을 비로소 채용한 날이나 그런 일을 자동화한 날을 축하하기도 한다. 그러나 통찰력 있는 기업가라면 결코 "완전히 시간 낭비였다"라고 말하지 않을 것이다. 오히려 지난 시간을 통틀어 가장 창조적으로 일했던 경험으로 꼽는 경우가 많다.

그들이 들려주는 여러 경험 가운데 주의 깊게 살펴봐야 할 한 가지는 열렬한 팬이 건네주는 상세한 피드백 목록이다. 그것은 '스케일업으로 가는 로드맵'이라 해도 좋을 만큼 중요하다. 사실 초기 사용자로부터 매우 자세한 피드백을 받는 일은 드물지 않다. 브라이언 체스키가 에어비앤비 초기 사용자 집을 직접 방문했을 때 슈퍼호스트가 각종 피드백으로 가득한 노트를 들고 나타났던 것처럼 말이다.

사실 "나는 이 서비스를 사랑해요. 이 서비스는 내게 너무 중요합니다"라고 말하는 사용자를 만나지 못한다면 그것은 대개 일이 제대로 진행되지 않고 있다는 뜻이다. 열정적인 피드백은 당신이 제공하려는 서비스가 누군가에게 정말로 중요하다는 증거가 되어준다. 그러한 피드백을 주의 깊게 경청함으로써 당신은 기하급수적으로 불어나는 사용자를 만날 수 있다.

여전히 제품과 서비스를 새롭게 정의하면서 개선하고 보완하는 과정에 있을 때도 이런 피드백을 받는 것이 매우 중요하다. 고층건물을 지으려면 기초를 더 깊고 단단하게 다져야 하는 이치와 마찬가지다. 사용자 피드백은 불안정한 습지에 높은 건물을 짓는 잘못을 저지르지 않도록 도와준다.

내 책 《블리츠스케일링》을 읽은 독자들은 이 조언이 자기모순적이라고 생각할지도 모르겠다. 그 책에서는 반직관적 전략 중 하나로 "고객을 무시하라"는 분명한 원칙을 제시했기 때문이다.

"열정적인 고객과 일대일로 관계를 맺어라"와 "고객을 무시하라"라는 두 메시지의 핵심은 스케일업의 기반이 될 사용자를 찾아 집중하고 오히려 스케일업의 속도를 방해하는 사용자는 무시해야 한다는 것이다.

수백만 명의 충성스럽고 열정적인 미래 고객을 확보할 업무에 집중하려면 시끄러운 사용자들의 터무니없는 요청에 응답하느라 귀중한 시간과 자원을 투자해서는 안 된다.

2. 빠르게 신뢰 관계를 형성하는 방법

기업가들은 파트너, 투자자, 고객, 동료들과 신속하게 신뢰를 쌓아야 한다. 먼저 이해해야 할 것은 '빠른 신뢰'라는 말이 거의 모순에 가깝다는 사실이다. 일반적으로 신뢰는 오랜 관계의 과정에서 형성되기 때문이다. 나는 사실 링크드인의 CEO 제프 와이너Jeff Weiner가 말한 "신뢰란 시간이 흘러도 변치 않는 일관성이다"라는 정의를 무척 좋아한다.

신뢰는 약속을 매우 일관되게 이행하고 이를 반복함으로써 쉽게 깨지지 않는 깊고 견고한 토대가 만들어졌을 때 비로소 형성된다. 일관성 있는 토대가 만들어졌을 때 사람들은 "우리는 당신을 믿습니다. 당신이 스스로 말한 것을 지키는 사람이란 것을 알아요. 이번에도 그럴 겁니다"라고 말한다.

하지만 기업가는 시간이 부족할 때가 많다. 그래서 지름길이나 다리를 찾아야 하는데, 내가 아는 세 가지 훌륭한 방법이 있다.

신뢰를 쌓기 위한 첫 번째 효과적인 다리는 이미 다른 사람들의 신뢰를 얻은 사람이 당신이 믿을 만한 사람이라는 점을 보증하거나 당신의 가치와 매력을 대신 전달해주는 방법이다. 그렇게 하면 사람들은 "내가 믿는 저 사람이 지지하는 것이니 나도 신뢰할 수 있겠다"라고 생각한다.

두 번째 다리는 다니엘 에크가 자신의 이익보다 음반업계의 경제적 이익을 우선시했던 것처럼 실질적이고 대가가 큰 약속이나 보증을 하는 것이다. 당신은 상대의 이익을 당신의 이익보다 앞에 둔다는 것뿐만 아니라 정말로 돈과 시간을 투자하고 있으며 실패할 경우 당신도 큰 손해를 입는다는 점을 확실하게 보여줘야 한다. 신뢰를 위반할 경우 일종의 페널티로 상대에게 일정 금액을 지불하거나 동일 금액을 자선단체에 기부하겠다는 약속을 서면으로 하는 것도 방법이다.

세 번째 다리는 철저히 투명성을 확보하는 것이다. 모든 코드를 공개할 수도 있고, 모든 사용자가 접근할 수 있는 온라인 게시판을 만들 수도 있다. '무엇이든 물어보세요'와 같은 상호작용을 제안하고 어떤 질문에도 열린 마음으로 답할 수 있어야 한다.

이 세 가지 다리는 빠르게 신뢰를 형성해야 할 때도 유효하지만, 민감한 상황에서도 효과를 발휘한다. 다만 다리를 건설하는 일은 절대 쉽지 않으며 하루아침에 되는 일도 아니다. 오래가는 튼튼한 다리는 양쪽에서 만들어져야 한다는 점도 명심하기 바란다.

Reid's theories

스케일업 이전 초창기에 반드시 해야 할 일들

소수에 집중하라

당신의 제품과 서비스를 사랑해주는 100명을 확보하는 것이 그럭저럭 좋아해주는 100만 명을 확보하는 것보다 중요하다.

달을 향해 쏴라

사업 초창기이고 아직 늦지 않았을 때 사용자 경험을 획기적으로 개선할 아이디어를 생각해내야 한다.

사용자의 심장으로 들어갈 길을 직접 만들어라

사업 초창기에 하는 모든 일은 사용자 요구에 따라 맞춤 제품과 서비스를 제공하는 커스터마이징에 초점을 맞춰야 한다. 이 일을 기업가가 손수 함으로써 초기 사용자들과 긴밀한 관계를 형성할 수 있다.

적과 동침하라

당신이 업계에 진입하는 데 장벽이 될 수 있는 게이트키퍼들을 포용하고 시간을 들여 신뢰를 쌓아라.

기준을 설정하라

사업 초창기에 반드시 당신이 창조하려는 새로운 커뮤니티의 행동 기준을 설정하고 규범을 확립하라.

참호 안으로 들어가라

스케일업을 하기 전 사용자들과 직접 접촉하고 관계를 형성하기 위한 일을 한다.

3장

영웅의 서사는 ‘아이디어’에서 시작된다

성공할 아이디어를
알아보는 방법

Mark Cuban
Sara Blakely
Linda Rottenberg
Kevin Systrom
Jennifer Hyman
Drew Houston
Whitney Wolfe Herd
Sallie Krawcheck
Caterina Fake
Stewart Butterfield
Tristan Walker
Ben Horowitz

실패는 필연적으로 찾아온다

마이크로솔루션스 창업자 마크 큐번 이야기

자수성가한 기업가 마크 큐번Mark Cuban이 "때로는 파산했을 때가 사업을 시작하기 가장 좋은 시기이다"라고 조언했다고 하면 많은 사람이 깜짝 놀랄 것이다. 리얼리티 투자 프로그램 〈샤크 탱크Shark Tank〉•에 카리스마 넘치는 멘토로 출연했던 투자자이자, 미국 프로농구팀 댈러스 매버릭스의 구단주인 마크 큐번은 한 번도 가난한 적이 없을 것 같은 억만장자이기 때문이다. 하지만 1980년대 초반의 그는 정말로 빈털터리였다. 대학을 갓 졸업한 마크는 댈러스에서 룸메이트 다섯 명과 함께 좁은 집에 살면서 두 벌에 99달러 하는 양복을 입고 자기 사업을 해보겠다는 꿈을 위해 부단히 노력했다.

마크는 무언가를 파는 것과 배우는 것에 관심이 많았는데, 가장

• 〈샤크 탱크〉는 미국의 방송사 ABC에서 2009년부터 방영하는 리얼리티 투자 프로그램으로 참가자들의 비즈니스 아이디어를 '샤크'라 불리는 심사위원들이 평가해 투자 여부를 결정하고 새로운 스타트업을 발굴한다. 마크 큐번은 이 프로그램에 비밀스러운 투자자로 고정 출연하며 대중적인 인지도를 얻었다.

좋아하는 것은 사업 아이디어에 대한 의견을 주고받는 것이었다. 컴퓨터 소프트웨어 판매점에서 일할 당시 마크는 프로그래밍을 할 줄 아는 데다 판매하는 소프트웨어의 매뉴얼을 실제로 읽는 유일한 직원이었다. 판매 실적을 높이기 위한 아이디어가 떠오른 마크는 사장도 좋아할 것이라 확신하고 제안했지만 거절당하고 말았다. 사장의 반대를 무릅쓰고 자신의 아이디어를 실현해 효과를 보았지만 결국에는 매장에서 쫓겨났다. 다른 사람들이라면 다시 일할 직장을 찾았겠지만 그는 스스로 회사를 창업하기로 했다. (오늘날까지도 마크는 그때의 사장을 '네거티브 멘토'라고 부르는데, 그에게 사장으로서 '하지 말아야 할 일들'에 대해 많은 것을 배웠기 때문이다.)

당시 마크는 자신이 회사를 창업할 완벽한 시기라고 생각했다며 이렇게 말했다. "사람들이 궁지에 몰렸거나 파산해서 무엇이든 해야만 할 때, 그때는 사실 아무것도 잃을 게 없잖아요. 시도했다가 실패하면 시작했던 곳으로 되돌아가는 것뿐이죠. 아무것도 잃을 게 없다면 시도하지 않을 이유가 없잖아요?"

마크는 사업을 펼칠 혁신적인 아이디어를 찾기 시작했다. 처음부터 억만장자가 되기 위한 거창한 아이디어를 찾았던 것은 아니다. 그저 월세를 밀리지 않고 낼 정도면 된다고 생각했다. 그는 먼저 "내가 아는 것이 무엇이지? 나는 누구를 알고 있지?"라고 자문했다. 계속해서 이런저런 책을 찾아 읽고 오랜 고객들과 대화를 나누던 마크에게 확실한 아이디어가 한 가지 떠올랐다. 바로 컴퓨터 네트워크에 관한 것이었다. 당시 기업에 데스크톱 PC 보급이 확대되는 것을 본 마크는 장차 기업 경영자들이 두 가지를 원하게 될 것으로 생각했다. 회사 내부의 모든 컴퓨터를 연결하여 파일과 메시지를 공유하는 것과 이 네트워크를 외부 시스템과 연결해 이를테면 사무용품 구매 주문을 대신하는 등의 일을 하는 것이었다.

마크는 이 두 아이디어를 바탕으로 마이크로솔루션스MicroSolutions를 설립했다. 그는 자신이 어떤 분야에서 '최초'가 되길 원한다는 것을 잘 알았고, 그런 자기 인식이 컴퓨터 네트워크라는 미지의 분야에 뛰어드는 강한 원동력이 되어주었다.

"우리는 최초로 근거리통신망 통합 서비스를 제공했으며, 또 최초로 다중사용자 네트워크와 광역통신망 소프트웨어를 개발했습니다. 월마트Walmart가 사용한 구매주문 시스템과 보석 체인점 제일스 주얼러스Zales Jewelers의 비디오 통합 시스템도 모두 저희가 최초로 개발한 것이었습니다."

물론 사업을 성공적으로 영위하려면 좋은 아이디어를 가지고 최초가 되는 것만으로는 부족하다. 오히려 개척해야 할 것이 너무 많아 힘이 들 수도 있다. 미지의 영역을 다루기 위해 마크는 제대로 된 팀이 필요하다는 것을 알았다. 그렇지 않으면 고도의 기술집약적이면서 동시에 노동집약적인 그의 아이디어는 제대로 빛을 보기 전에 사멸할 것이었다. 마크가 가장 먼저 해야 할 일은 스스로 균형을 잡는 것이었다. 그는 자신에게 끝까지 해내는 힘인 '그릿grit'이 부족하다는 점을 잘 알고 있었다.

"기업가에게는 비전이 필요하고 추진력과 냉정한 판단력도 필요합니다. 하지만 무엇보다 자기 자신이 무엇을 잘하고 무엇을 못하는지 알아야 합니다. 운 좋게도 저는 이것을 일찍 깨달았어요. 저는 직감에 따라서 빠르게 의사결정을 하는 사람이었지만, 정리를 잘하는 사람은 아니었죠. 제게는 없는 능력을 보완해줄 사람이 필요했습니다. 그래서 공동창업자를 물색하고 그에게 CEO 자리를 맡겼습니다. 초창기에 영입한 파트너나 새로 채용한 직원들은 모두 엄청나게 꼼꼼했습니다. 제가 미처 조준도 하기 전에 발사부터 하는 유형이었기 때문에 조준을 잘한 다음 정확하게 발사하는 유형의 사람이 보완해주길 바랐거든요. 기업가는 잔인할 정도로 솔직해져야 합니다."

마크와 그의 공동창업자들은 컴퓨터 네트워크의 첫 물결을 선도하는 데 일조했다. 소프트웨어 매장에서 해고된 무일푼의 영업사원이 불과 7년 만에 한 해 매출이 3000만 달러에 이르는 기업의 창업자가 된 것이다. 마이크로솔루션스는 1990년대 초 컴퓨서브CompuServe에 인수되었고, 마크는 거액의 인수대금을 받고 서른 살에 조기 퇴직할 수 있었다. (당분간은 그랬다. 하지만 지금 우리가 알고 있듯이 그는 현실에 안주하지 않았다.)

아이디어를 실현하는 것은 기업가정신이다

마크는 훌륭한 아이디어를 성공시키기 위해서는 막대한 자본이나 경영학 석사학위가 필요하지 않다는 것을 스스로 증명해 보였다. 그는 새로운 사업을 시작하는 창업자에게 가장 중요한 것은 '기업가정신'이라고 강조했다. 〈샤크 탱크〉를 통해서 전설적인 투자자로 이름을 날리기 훨씬 전부터, 그리고 인터넷 미디어 기업인 브로드캐스트닷컴Broadcast.com을 설립하고 매각하기 훨씬 전부터 마크는 파괴적 혁신을 즐기는 기업가정신을 지니고 있었다. 단순히 물건이나 서비스를 파는 사업가 마인드가 아니라 획기적인 아이디어를 찾아서 실현하는 기업가 마인드 말이다.

그렇다면 기업가정신이란 무엇일까? 첫 번째는 왕성한 호기심이다. "이게 먹힐까?", "이게 사업이 될 수 있을까?"와 같은 질문을 끊임없이 던진다. 두 번째는 행동력이다. 잠재력 있는 아이디어를 찾으면 앉아서 고민하기보다 일단 행동에 옮긴다. 세 번째는 협력이다. 다른 사람들의 생각과 강점을 활용해서 자신의 아이디어를 개선하고 실현한다. 마지막은 '그릿'이다. 기업가로서 겪게 될 실패를 딛고 집요하게 계속한다. 기업가에게 실패는 필연적인 것이기 때문이다.

"우리는 모두 실패를 경험했습니다. 기업가로서 해야 할 일을 모두 했을 때조차 여전히 실패와 실수를 합니다. 저는 '얼마나 많이 실패했는가'는 중요하지 않으며, 그저 딱 한 번만 옳으면 된다고 생각합니다. 그러면 하룻밤 만에 성공한 '행운아'라는 소리를 듣게 될 거예요."

3장에서는 위대한 기업가들이 어떻게 혁신적인 아이디어를 발견했는지에 대한 이야기들을 소개한다. 많은 사람이 감탄하며 바라보는 기업가들의 뒷이야기에는 언제나 '영웅의 서사'가 포함되어 있다. 그 이야기의 세부적인 내용은 모두 다르지만 주요 플롯은 비슷하다. 즉 아이디어라는 불꽃이 일어 사업을 시작하고 끝없는 노력과 극적인 좌절이 이어지다가 절묘한 순간에 마법처럼 도움을 받고 회사를 스케일업으로 이끄는 혁신이 일어나는 것이다. 중요한 점은 영웅의 서사가 언제나 '아이디어'에서 시작한다는 점이다. 그리고 아이디어를 세상에 선보일 기업가정신을 지닌 영웅은 적절한 타이밍에 적절한 장소에서 가슴 뛰는 이야기를 계속 이어나간다.

'미친 생각'이 떠올랐다면 즉시 실행하라

스팽스 창업자 사라 블레이클리 이야기

스물여섯 살의 사라 블레이클리는 팩스기기 외판원으로 일했다. 그날은 되는 일이라곤 없는 최악의 날이었다. 세일즈를 나갔다가 건물에서 쫓겨났고 눈앞에서 명함이 갈기갈기 찢겼다. 그녀는 길가에 차를 세우고 "나는 지금 나쁜 영화 속에 있는 거다. 이것은 내 인생이 아니다"라고 스스로 주문을 걸었다. 그리고 바로 절망에서 빠져나와 새로운 목표를 세웠다. 그날 밤 일기장에는 "수백만 명에게 팔 수 있고 그들을 기분 좋게 만들 상품을 발명하고 싶다"라고 써놓았다. 그날 이후로 사라는 자기 자신에게 "이것이 내가 사업을 시작할 혁신적인 아이디어인가?"로 시작하는 일련의 흥미로운 질문들을 계속해서 던졌고, 어느 순간에 마침내 '예스'라는 답을 얻었다.

그 순간은 사라가 파티에 갈 준비를 할 때 찾아왔다. 얇은 크림색 바지를 입으려는데 속이 약간 비쳐서 입을 속옷이 마땅치 않았다. 그녀는 직접 문제를 해결했다. 팬티스타킹의 발 부분을 잘라내 속옷 대신 입은 것이다. 속이 비치지도 않고 끈 달린 멋진 하이힐 샌들도 신을 수 있었다. 잘라낸 밑단이 계속해서 돌돌 말려 올라간 것만 빼곤 꽤 괜찮은 해결책이었다. 사라는 그날 밤 집에 돌아와 "여자들한텐 이런 속옷이 정말 필요해"라고 생각했다.

세상에 아직 없는 어떤 것이 '꼭 있어야 한다'는 생각이 든다는 것은 커다란 잠재력을 지닌 무언가를 발견했다는 신호이다. 당신이 그것을 만들었을 때 열렬하게 환영할 사람들을 상상할 수 있다면 그것이 바로 사업을 시작할 혁신적인 아이디어다. 사라는 수년에 걸쳐 획기적인 아이디어를 물색했고 '이거다!'라는 확신이 들자 곧장 앞으로 나아갔다.

"제가 그랬던 것처럼 적당한 속옷을 대신하기 위해 팬티스타킹의 발 부분을 잘라봤다는 여성들을 정말 많이 만납니다. 그녀들은 '나는 왜 그걸로 사업할 생각은 하지 못했을까?'라고 아쉬워합니다. 그런데 제 생각에는 어떤 아이디어를 사업으로 이어지게 하려면 준비가 필요해요. 저는 늘 아이디어를 탐색하면서 확신이 드는 아이디어가 나타나면 곧바로 사업을 시작하겠다는 마음의 준비를 하고 있었거든요."

어떤 아이디어가 사업이 되려면 아이디어를 실행할 준비가 돼 있어야 한다. 아이디어가 떠올랐을 때 사라는 이미 준비가 돼 있었다. 똑같은 생각을 했지만 준비가 안 되었던 다른 여성들은 파티에 갔다가 다음 날 아침에 다시 직장에 출근했을 것이다.

사라의 이야기는 사람들이 혁신적인 아이디어에 대해 가진 중대한 오해가 사실이 아니란 점을 말해준다. 가만히 있었는데 하늘에서 아이디어가 뚝 떨어져서 그다음 날 억만장자가 되었다고? 말도 안 되는 소리다. 물론 영감이 떠오르는 순간은 중요하다. 하지만 더 중요한 것은 영감이 떠오르기 전에 무엇을 하고 있었는가이다.

사라가 다른 여성들과 달랐던 것은 영감이 떠오르기 전에 "사람들을 기분 좋게 해줄 상품을 발명하고 싶다"라는 목표를 세우고 준비를 해왔다는 점이다. 영감이 떠오른 다음에 어떻게 하는가도 중요하다. 사라는 "저 스스로 '이런 속옷이 필요해'라는 확신이 들었을 때 스팽스가 태어났어요"라고 말했다. 하지만 정확히 말하자면 사라가 '아이디어를 떠올렸기 때문에' 스팽스가 태어난 것이 아니다. 그녀가 '아이디어를 실행하기로 했기 때문에' 태어난 것이다.

아이디어는 실행함으로써 태어난다

사라는 파티에 참석할 때마다 매번 팬티스타킹을 자를 수도 있었다. 잘라낸 끝부분이 밤새도록 말려 올라가는 것을 그냥 참을 수도 있었다. 그러나 자신의 경험에서 기회를 발견했고 그 기회를 행동으로 옮겼다. 사라는 가장 먼저 자신이 만들고자 하는 것이 무엇인지 보고 느끼고 설명할 수 있도록 시제품을 만드는 작업에 착수했다. 패션 디자인이나 의류 제작 분야에서 아무런 경험이 없다는 것이 멈춰야 할 이유가 되지는 않았다.

"직접 시제품을 만들어보려고 했어요. 원단 가게에 가서 신축성 있는 옷감을 산 뒤 끝부분을 핀으로 고정하고 바느질을 해봤죠. 여러 번의 시행착오를 거듭했지만 결국에는 제가 원하는 형태의 결과물을 얻을 수 있었어요."

시제품을 완성하고 나자 이제는 다른 사람들의 도움이 필요하다는 점을 깨달았다. (1장에서 이야기했던 것처럼) 오히려 해가 될 것 같아서 가족과 친구들에게는 말하지 않고, 대신 아이디어를 실현하는 데 도움을 줄 사람들을 찾아 이야기를 나누고 기꺼이 그들의 피드백에 귀를 기울였다.

"제 아이디어에 동참해줄 공장을 찾아 무작정 전화를 걸었어요. 하지만 모두가 말도 안 되는 아이디어라며 거절했어요. 거의 애원하다시피 매달리며 수백 통의 전화를 돌렸죠. 마침내 노스캐롤라이나에 있는 한 공장에서 도와주겠다는 답을 줬어요. 아이디어가 좋아서가 아니라 저의 열정 때문에 기회를 주기로 했다면서요."

사라는 경쟁자에 대해서도 잘 알아야 한다고 생각했고 그들을 찾아가 질문을 던졌다. "백화점의 속옷 매장 몇 군데에 가서 '이런 하얀

바지 속에는 뭘 입어야 하나요?'라고 물어봤어요. 매장의 직원들은 '우리도 잘 모르겠다'며 고개를 젓거나 건너편에 있는 보정속옷을 파는 매장을 가리켰어요. 하지만 보정속옷은 정말 두껍고 끔찍했죠."

특허에 대해서도 배워야 했다. 하지만 특허 변호사의 수임료가 너무 비쌌기 때문에 대신 조지아공과대학교 도서관에 가서 책을 읽으며 공부했다. 그러곤 직접 특허 출원을 신청했다. 사라의 인내와 끈기를 보여주는 이야기는 여기서 끝나지 않는다. 오프라 윈프리Oprah Winfrey에게 피칭을 하고 쇼에도 출연했다. 리얼리티 프로그램 〈괴짜 억만장자The Rebel Billionair〉•에도 리처드 브랜슨Richard Branson과 함께 출연했다.

현재 4억 달러 규모에 이르는 스팽스의 이야기는 "여자들한텐 이런 속옷이 정말 필요해"라는 단순한 문장으로 시작되었다. 하지만 그 이전에 썼다가 지운 무수히 많은 문장이 있었다는 것을 아는가. 사라는 이야기를 시작할 첫 문장을 찾기 위해 매일매일의 일상에서 15가지의 아이디어를 찾아내 종이에 직접 적어보고 그 아이디어를 어떻게 발전시킬지 고민해보라고 제안했다. 그런 다음에는 아이디어를 행동으로 옮겨야 한다. 인데버의 린다 로텐버그는 이렇게 말했다.

"최고의 아이디어는 시장이나 실험실에서 죽는 것이 아니라 화장

• 〈괴짜 억만장자〉는 2004년 폭스방송사의 리얼리티 프로그램으로 2005년까지 12개 에피소드를 방영했다. 16명의 참가자는 버진그룹의 창업자인 리처드 브랜슨과 함께 여러 비즈니스 과제에 도전하는 내용이었다. 마지막 남은 우승자는 약 1억 원의 상금과 함께 버진그룹의 회사 중 한 곳의 회장으로 잠시 활동하는 조건으로 벌이는 경쟁이었다.

실에서 죽는 경우가 많아요. 샤워하다가 불쑥 획기적인 아이디어가 떠올라도 그것을 세상에 가지고 나갈 생각조차 하지 않는 사람들이 많은 거죠. 다른 사람들이 어떻게 생각할까, 혹시 '미친 생각'이라고 하지 않을까 두려워하기 때문입니다."

린다는 "기업가는 자신이 미쳤음을 받아들여야 한다"고 말하면서 "새로운 것을 시도하는데 사람들이 미쳤다고 하지 않는다면 그것은 충분히 혁신적인 생각이 아니다"라고 강조했다.

단순하고 불완전한 아이디어의 힘

인스타그램 창업자 케빈 시스트롬 이야기

스탠퍼드대학교에 다니던 케빈 시스트롬Kevin Systrom은 3학년 때 이탈리아 피렌체로 건너가 사진 공부를 하기로 결심했다. 피렌체에 막 도착한 케빈은 커피와 예술에 푹 빠져 지낼 생각에 한껏 들떠 있었다. 새로운 도시에서 마주치는 모든 것을 사진으로 남기기 위해 최신 카메라도 장만한 터였다.

"카메라는 완벽함을 추구하는 제 성격을 닮은 정교한 기계입니다. 저의 카메라에는 그때까지 나온 어떤 카메라보다 섬세한 렌즈가 달려 있었죠. 하지만 사진과 교수님은 저랑 생각이 다르셨어요. 제 카메라를 보시더니 완벽함을 배우기 위해 여기에 와 있는 게 아니라고 말씀하셨죠. 결국에 교수님은 제게 홀가Holga라는 값싼 플라스틱 카메라를 주시면서 앞으로 3개월간 제 카메라를 쓰지 말라고 하셨어요. 그 카메라를 사려고 얼마나 열심히 돈을 모았는데요! 하지만 교수님이 카메라를 가져가시는 걸 그냥 바라보고 있어야 했어요. 홀가는 장난감 카메라 같았어요. 렌즈가 플라스틱이거든요. 그리고 조심하지 않으면 옆으로 빛이 새어 들어와요."

케빈은 충격을 받았지만 "불완전함을 사랑하는 법을 배워야 한다"는 교수의 말을 이해해보기로 했다. 장난감처럼 보이는 필름 카메라를 들고서 피렌체 곳곳을 돌면서 카페와 미술을 열정적으로 탐닉했다. 그리고 놀랍게도 얼마 지나지 않아 홀가의 단순함을 받아들이게 되었다.

"저는 쉴 새 없이 사진을 찍어서 교수님께 가져갔어요. 그러면 교수님은 필름을 현상하는 법에 대해 알려주셨어요. 네모난 사진들은 약간 흐릿하고 불완전하지만 예술적이기도 했어요. 그다음에 교수님은 현상액에 화학약품을 첨가해 흑백 사진에 컬러를 입히는 과정도 보여주셨어요."

네모난 사진, 불완전한 이미지, 컬러 필터……. 케빈은 나중에 인스타그램Instagram을 만들 때 이때의 경험들을 다시 떠올렸고, 자신의 아이디어를 다듬는 데 도움을 받았다. 케빈은 예술가에게 주어진 어떤 '제약'이 오히려 최고의 작품을 만들어내는 비밀 열쇠가 될 수 있다는 점을 서서히 이해했다. 제약과 불완전함이라는 개념은 기업가로서의 케빈에게도 매우 유용했다.

대학을 졸업하고 구글에서 잠깐 일한 뒤 케빈은 버븐Burbn이라는 앱을 만들었다. 버븐은 단순한 앱이었다. 단순함은 의도적일 때도 있지만, 어떤 경우에는 시간이나 자원에 대한 제약이 단순함을 강요하기도 한다. 케빈의 경우에는 기술적인 역량의 부족이 제약으로 작용했다.

"처음에는 위치기반 게임 앱을 만들려고 했지만, 도중에 체크인 서비스 앱으로 방향을 바꿨죠. 알고 보니 제게는 모든 게임 기능을 만들 만큼 충분한 실력이 없었거든요. 그래서 단순한 체크인 서비스 앱을 만들어서 친구들에게 줬더니 다들 앱을 사용하기 시작했죠."

제품을 정의하는 핵심 기능에 집중하라

케빈은 버븐을 중심으로 회사를 설립하기로 하고 투자자를 찾기 시작했다. 벤처캐피털 중 한 곳에서 투자 제안을 받았는데, 공동창업자를 찾아야 한다는 당혹스러운 조건이 붙었다. "처음엔 거절했어요. 저 혼자서도 할 수 있다고 주장했죠. 하지만 투자자는 '내가 투자하는 회사는 공동창업자가 있어야 해'라고 단호하게 말했습니다." 창업자가 한 명일 때보다 두 명일 때 더 낫다는 것은 이미 확실하게 증명된 사실이다. 투자자는 정말 훌륭한 조언을 해준 셈이었다.

케빈은 곧 마이크 크리거Mike Krieger라는 완벽한 파트너를 찾았다. 마이크는 케빈의 오랜 대학 친구로 기술 분야를 보완해줌으로써 앱 개발의 균형을 맞춰주었다. 두 사람은 버븐을 연착륙시키기 위해 많은 애를 썼지만 좀처럼 성과를 얻지 못했다. 몇 명의 친구를 제외한 다른 사람들은 버븐을 별로 좋아하지 않았다. 케빈과 마이크는 버븐을 좀 더 단순한 앱으로 만들기로 했다. 버븐의 주요 기능인 체크인 서비스, 여행 일정 짜기, 사진 업로드 중에서 가장 좋은 기능 한 가지에 집중하기로 한 것이다.

"마이크와 저는 앱의 모든 기능을 자세히 검토하고 '마음을 울리는 것은 무엇이고, 그렇지 않은 것은 무엇이지?'라고 물었어요. 원하는 모든 것을 하지 말고 정말 잘하는 한 가지가 중요하다고 판단했어요. 저희는 결국 다른 기능은 모두 없애고 사진공유 기능에 집중하기로 했습니다. 체크인 서비스 기능은 선택할 수 있게 하고요. 그렇게 해서 인스타그램이 시작되었습니다."

일단 초점을 '사진공유'에 맞추고 난 다음에는 그것을 특별하게 만드는 방법을 찾아내야 했다. 앱 출시를 며칠 앞둔 어느 날 케빈은 가까운 조언자인 아내로부터 대단히 중요한 통찰을 얻었다. 앱 개발 과정을 옆에서 지켜본 아내 니콜은 멕시코를 여행하던 어느 날 케빈에게 "나는 그 앱을 쓸 것 같지 않아"라고 솔직하게 털어놓았다. 사진 실력이 별로라서 자기 사진이 친구들 사진과 비교되는 게 마음에 걸린다고 했다. 케빈은 그들이 필터 앱을 쓰기 때문에 잘 찍은 것처럼 보일 뿐이라고 아내를 위로하려 했다. 그러자 니콜은 "그러면 당신도 그 앱에 필터를 추가해야겠네"라고 말했다.

케빈은 그 순간 두 가지 중요한 가르침을 얻었다. 한 가지는 솔직한 파트너나 배우자가 최고의 피드백을 줄 수 있다는 것이었고, 다른 한 가지는 어떤 하나의 통찰이 해당 서비스의 핵심적이고 대표적인 기능을 만들어낼 수 있다는 것이었다. 쉽고 편하게 사진에 컬러를 입히거나 개성과 분위기를 더할 수 있는 필터 기능은 인스타그램의 본질적인 특성과 의미를 가장 잘 설명해주는 대표 기능이면서 동시에 가장 독특하고 인기가 높은 핵심 기능이 되었다.

"앱을 보여줬을 때 '내 사진이 이제 훨씬 더 좋아 보이네요'라는 반응이 제일 많았어요. 그때 비로소 우리가 뭔가 해냈을지도 모른다는 사실을 깨달았죠. 실제로 출시하고 10주가 채 되지 않아 인스타그램의 사용자는 100만 명이 되었습니다."

혁신적인 아이디어는 종종 과거의 중요한 경험을 바탕으로 한다. 그러나 케빈이 지적했듯이 "정확히 과거의 어떤 부분이 모여서 퍼즐을 완성하고 세상을 위해 만들고 싶은 제품이나 서비스가 될지는 전혀 알 수 없다."

'이것이 사업이 될 수 있을까?'라는 생각

렌트더런웨이 공동창업자 제니퍼 하이먼 이야기

하버드 경영대학원에서 공부하던 제니퍼 하이먼Jennifer Hyman이 의류 대여업체 렌트더런웨이Rent the Runway에 대한 아이디어를 얻은 것은 여동생의 옷장이었다. 제니퍼는 이미 옷장에 많은 옷이 있는데도 값비싼 옷을 계속 사들이는 여동생을 보곤 한심하다는 생각이 들었다. 방금 산 옷을 환불하고 옷장에 있는 옷부터 입으라고 나무라자 여동생은 "옷장 안에 있는 옷은 내겐 다 죽은 옷이야. 저기 있는 옷들은 다 한 번씩 입고 사진을 찍었고 사진은 페이스북에 올라가 있어. 나는 새로운 옷을 입어야 해"라며 불평했다.

여동생을 비롯해 많은 사람의 옷장은 '옛날에 입었던 옷'이라는 유물로 가득 차 있다는 것을 깨달은 순간 제니퍼의 머릿속에서 전구가 깜박이기 시작했다. 제니퍼는 옷장이 '한때 우리가 누구였는지를 보여주는 박물관'이라고 생각했다. 그것은 제니퍼의 여동생과 같은 젊은 여성들에게는 엄연한 진실이었으며 해결해야 할 문제이기도 했다. 제니퍼는 스스로 "옷과 옷장이 살아 있게 하려면 어떻게 해야 할까? 날씨를 비롯해 기분, 라이프스타일, 사이즈의 변화에 따라 그때그때 옷장을 바꿀 수 있다면 어떨까? 옷을 소유하지 않고 모든 옷을 빌릴 수 있다면 어떨까?"와 같은 질문들을 던지기 시작했다. 그리고 학교로 돌아가 친구 제니 플레이스Jenny Fleiss에게 '살아 있는 옷장'에 대한 생각을 말했다.

제니퍼는 예비 기업가들이 잘 하지 않는 두 가지 일을 했다. 한 가지는 아이디어가 떠올랐을 때 그냥 흘려버리지 않고 "이것이 사업이 될 수 있을까?"라고 질문한 것이다. 다른 한 가지는 그 아이디어를 다른 사람에게 말하고 조언을 구한 것이다. 어떤 예비 기업가는 혁신적인 아이디어를 발견했다는 생각이 들면 그 아이디어를 보호해야겠다는 생각에 혼자서만 간직하려고 한다. 하지만 머릿속에 있는 아이디어는 스케일업으로 이어질 수 없다. 엄밀히는 그것이 스케일업이 가능한 아이디어인지조차 확실히 알 수 없다. 아이디어를 가진 예비 기업가에게는 경험이 있든 없든 그 아이디어의 개선을 도울 특별한 사람의 조언이 필요하다.

나중에 공동창업자가 될 제니퍼와 제니는 패션업계에서 일하는 사람의 관점을 들어보는 것이 좋겠다는 데에 동의하고 적임자로 가장 유명한 디자이너 중 한 명이면서 미국패션디자이너협회의 회장이기도 했던 다이앤 폰 퍼스텐버그Diane von Furstenberg를 선택했다. 문제는 그녀의 전화번호도 이메일 주소도 알지 못한다는 것이었다. 승산 없는 시도라는 것을 알면서도 두 사람은 다이앤 폰 퍼스텐버그의 이름을 12가지로 변형해 dvf.com을 붙인 주소로 이메일을 보냈다. 운 좋게도 그중 하나의 이메일 주소가 들어맞았다.

다이앤은 젊은 여성들에게 '대여'라는 새로운 방식으로 자신의 브랜드를 소개할 수 있다는 점에 관심을 보였다. 그러면서도 다른 브랜드들이 참여해야 자신도 동참할 수 있다는 조건을 달았다. 다른 기업가라면 거절로 받아들일 수도 있는 피드백을 제니퍼는 좋은 결과를 가져올 가능성이 있다는 의미로 받아들였다. 다이앤과의 미팅은 새로운 비즈니스 모델도 제공해주었다. 제니퍼는 렌트더런웨이에 수십 개의 브랜드가 참여한다면 사용자들에게 큰 매력 요소가 되리라 확신했다. "다이앤이 의도한 것은 아니었지만 우리는 그 미팅을 통해 렌트더런웨이 사이트를 개설하고 패션 리테일 회사를 시작해도 좋다는 동의를 받았다는 생각이 들었어요."

제니퍼와 제니는 사업을 시작하기로 결정하고 외부의 다른 지원자를 찾는 대신 렌트더런웨이 아이디어에 이의를 제기할 사람부터 찾아갔다. 바로 전통적인 백화점인 니먼마커스Neiman Marcus의 사장이었다. 제니퍼는 니먼마커스의 사장실에서 "니먼마커스에서 판매하고 있는 디자이너 의상을 대여해주는 사업을 시작할 계획이고, 대여비는 백화점 구매 가격의 10퍼센트도 되지 않을 것"이라고 설명했다. 제니퍼의 설명을 다 듣고 사장이 해준 이야기는 뜻밖이었지만 한편으로는 매우 중요한 정보였다.

"사실 여성 고객들은 이미 수십 년간 우리 백화점에서 '렌트 더 런웨이'를 해왔습니다. '드레스를 사서 가격 상표를 떼지 않고 한 번 입고는 환불받기'라는 방법으로요. 저희가 그런 일을 묵인한 이유는 '렌트 더 런웨이'를 한 여성들은 아래층에 가서 구두도 구입하는 경향이 있거든요. 후자를 취하기 위해 전자를 기꺼이 용인한 겁니다."

다른 백화점에서도 이른바 '드레스 빌리기'가 만연하다는 이야기를 들은 제니퍼는 자신이 올바른 방향으로 간다는 것을 확실히 깨달았다. 디자이너 의상을 입고는 싶지만 비싼 가격을 치르고 구매하기엔 부담스러운 여성들이 이미 커다란 '의류 대여' 시장을 형성하고 있었던 것이다. 그런 여성들이 백화점에 오지 않고도 더 저렴하고 편리하게 디자이너 의상을 빌려 입을 방법이 분명히 필요해 보였다. 그것이 바로 렌트더런웨이를 시작해야 할 이유였다.

아이디어는 진화하고 분화한다

렌트더런웨이는 2009년에 론칭했고 10년 만인 2019년에 10억 달러 가치의 기업으로 성장했다. 옷장에 아무리 많은 옷이 쌓여 있어도 계속해서 새로운 옷이 필요한 사용자들에게 "디자이너 의상을 대여해 준다"라는 아이디어는 회사의 성장과 더불어 다른 여러 가지 아이디어와 비즈니스 모델로 진화했다. 그중 하나가 '클라우드 옷장'이라는 구독 서비스이다. 이 구독 서비스 모델을 지원하기 위해 제니퍼는 회사 내부의 운영 역량을 강화하는 한편 사업 부문도 추가했다. 트렌드를 분석하고 투자를 극대화하기 위해 데이터분석팀을 구성했고, 더 많은 의상을 확보하기 위해 디자이너들과 제휴를 맺었다.

가장 놀라운 일은 최고의 사용자 경험을 위해 세계 최대 규모의 드라이클리닝 서비스센터를 만든 것이다. "클라우드 옷장의 사용자 경험은 웹사이트나 앱에서 이루어지지 않아요. 수백만 벌의 옷을 되돌려 받아 데이터를 입력하고 드라이클리닝과 수선 등을 해서 완벽한 상태로 복구한 다음 새로운 유닛으로 재조합해 배송하는 과정에서 진정한 사용자 경험이 이루어집니다. 최고의 사용자 경험을 위해 우리는 모든 기초적인 물류 시스템을 새로 구축해야 했어요. 일부 기능은 아웃소싱할 수 있지 않을까 생각했어요. 아주 초기에는 어쩌면 드라이클리닝도 아웃소싱할 수 있겠다고 생각했고요. 그러다가 드라이클리닝을 회사 내부의 기능으로 두거나 하나의 독립된 비즈니스로 가져가면 되겠다는 생각을 했죠."

첫 번째 아이디어는 그저 불꽃일 뿐이다. 진정으로 스케일업이 가능한 비즈니스 모델은 아이디어가 진화하고 분화한 후에 그 모습을 드러낼 것이다.

일상의 문제를 해결하기 위해 태어난다

드롭박스 공동창업자 드류 휴스턴 이야기

드류 휴스턴Drew Houston이 드롭박스Dropbox를 창업해야겠다고 생각한 동기는 단순했다. 그저 USB를 그만 가지고 다니고 싶었다. 처음부터 데이터 스토리지업계에서 거물이 되겠다는 야망을 품었던 것은 아니었다. 전형적인 일상의 귀찮음이 기업가의 뇌에 '이건 꼭 필요해'라는 네온사인을 밝히기도 하는 것이다.

당시 드류는 애컬레이드Accolade라는 온라인 'SAT 준비 코스' 프로그램을 개발하는 중이었다. 컴퓨터에서 컴퓨터로 파일을 이동하기 위해 자주 USB를 사용해야 했다. 그런데 한창 개발 중인 애컬레이드 소스 코드가 든 USB는 조금만 소홀히 관리해도 대재앙을 불러올 불씨를 안고 있었다. USB는 경고도 없이 갑자기 파일을 날려버리는 등 문제를 일으켰고, USB 드라이브는 민감한 작업을 하기에는 다소 불안정했다. 드류가 가장 두려워한 것은 USB를 분실하는 것이었다. 주머니에서 USB를 꺼내지 않고 바지를 세탁기에 돌려버리는 아찔한 상상을 하며 식은땀을 흘리기도 했다.

2006년 당시 온라인 공간에서 데이터를 보관하는 스토리지 서비스가 없었던 것은 아니다. 하지만 데이터 분실이나 손상이 많아 사용자들의 불만이 끊이지 않았다.

"기존 회사들의 사용자 게시판을 살펴보니 마치 야전병원을 걸어가는 것 같았어요. 게시판에는 '당신네가 내 엑셀 파일을 완전히 날려버렸어, 세금 환급받으려고 모아둔 서류를 몽땅 잃어버렸다, 결혼사진을 더 이상은 볼 수 없게 됐어요. 사진 복구를 도와줄 수 있나요?'와 같은 불평 섞인 하소연들로 가득했어요."

온라인 스토리지 회사에 데이터를 안전하게 저장해달라고 부탁하는 것이 지나친 요구였을까? 드류는 그렇게 생각하지 않았다. 그는 데이터와 파일을 거의 영구적으로 안전하게 보관하기 위해서는 클라우드 방식의 스토리지 시스템이 좋겠다고 생각했다.

드류와 그의 공동창업자인 아라시 페르도시Arash Ferdowsi는 잃을 것이 없다고 생각했다. 뭔가 멋진 것을 만들고 흥미로운 문제를 해결하고 나면 관심을 보이는 누군가에게 회사를 팔고 다른 것을 또 만들면 된다고 생각했다. 친구 네 명과 한 아파트에서 생활하는 스물네 살의 청년에게는 상당히 괜찮은 도전이었다. 그렇게 해서 드롭박스가 탄생했다.

드류는 드롭박스를 매각하지 않고 성공적으로 스케일업해서 온라인 스토리지 시장을 정복했다. 그리고 마침내 USB를 세탁기에 돌리는 걱정에서 벗어났다.

이미 성공한 공식을 비틀기

범블 창업자 휘트니 울프 허드 이야기

마음에 드는 상대를 오른쪽으로 밀기만 하면 되는 단순한 시스템으로 유명한 데이팅 앱 틴더Tinder는 의심할 여지없이 커다란 성공을 거뒀다. 하지만 이내 틴더는 무의미한 성관계의 동의어가 되었고 플랫폼에서는 여성 혐오와 괴롭힘이 만연했다. 틴더의 공동창업자 휘트니 울프 허드Whitney Wolfe Herd는 처음 틴더를 개발할 때는 "아무도 그런 결과를 염두에 두거나 생각해보지 않았다"라고 말했다. 틴더가 직면한 문제는 휘트니가 새로운 길로 가기로 한 결정적인 이유였다. 과거를 돌이켜보며 그녀는 "제가 틴더에서 배운 것은 누군가에게 기술을 사용하게 하는 순간 반드시 책임이 따른다는 것입니다. 틴더를 떠나면서도 이 생각은 계속 남아 있었어요."

가상공간에서의 친밀한 교류 이면에 존재하는 어두운 그늘에 대한 걱정과 고민은 휘트니가 틴더와 험악하게 결별했다는 소식이 알려지고 무차별적인 사이버 테러를 받은 후에 더욱 깊어졌다. 그녀는 비슷한 유형의 사이버 폭력에 노출되는 세상의 모든 어린 소녀들과 여성들에 대해 생각하면서 "내가 '다음에 해야 할 일'을 구상하게 됐다"라고 말했다. 휘트니는 사람들이 온라인에서 서로에게 말하는 방식을 바꾸고 싶었다. 그녀의 말로 표현하자면 "소셜미디어를 '친절'이라는 맥락에서 다시 생각해보기로 했다." 휘트니가 틴더를 떠나 처음 시도했던 메르시Merci라는 소셜네트워크에는 이전의 다른 소셜네트워크와 작지만 중요한 차이점이 하나 있었다. 즉 사용자는 서로에게 친절해야 하며 칭찬하는 댓글만 남기도록 허용되었다.

메르시에 대한 아이디어를 구체화할 무렵 다른 기회가 찾아왔다. 틴더에서 일했던 경험을 살려 새로운 데이팅 앱의 론칭을 도와달라는 제안이었다. 휘트니는 그 제안을 곧장 왼쪽으로 밀어버렸다. 그런데 어떻게 그 제안을 정중하게 거절할까 고민하던 중에 흥미로운 아이디어가 머릿속에 떠올랐다. "여성에게 더 안전하고 친절한 데이트 경험을 제공할 수 있는 데이팅 앱을 만들 방법이 있을까?" 휘트니는 소녀와 여성 들에게 안전한 온라인 생태계를 만들겠다는 자신의 비전을 실현할 수 있다면 새로운 데이팅 앱에 합류하는 것을 고려하겠다는 답변을 보냈다.

"저는 온라인 데이트 세계에서 여성들이 충분한 통제권을 가져야 한다고 생각했습니다. 여기까지 생각이 미치자 갑자기 머릿속에 허리

케인이 불어오는 것 같았어요. '여성들만 대화를 시작할 수 있게 한다면 어떨까?'라는 아이디어가 떠올랐거든요. 수백 년 동안 이어진 데이트 역사를 보면 여성이 먼저 말을 건다는 건 일반적인 기대와 어긋나는 것이었지요. 여성들은 먼저 대화를 시작하거나 메시지를 보내서는 안 된다고 배웁니다. 반면에 남성들은 여성들이 '예스'라고 말할 때까지 공격적으로 벽을 무너뜨려야 한다고 배우죠. 이것이 불균형을 초래합니다. 그래서 안전하고 친절한 네트워크를 만들려면 남성들로부터 그런 압박감과 공격적인 특성을 덜어내고 여성이 주도적으로 상황을 통제하도록 일으켜 세우는 것에 초점을 맞춤으로써 균형을 잡아줘야 했어요."

이렇게 기존 통념에서 벗어나 '한 번 더 비틀기'를 함으로써 데이팅 앱의 흐름을 바꾼 범블Bumble은 선풍적인 인기를 끌며 성공을 거두었다. 휘트니는 "우리는 바퀴를 처음부터 다시 만들려고 하지 않았어요. 단지 기존의 것을 뒤집으려고 했을 뿐이지요"라고 말했다.

어떤 아이디어는 소명의식에서 비롯된다

엘레베스트 창업자 샐리 크로첵 이야기

월스트리트에서 20년간 애널리스트로 일한 샐리 크로첵Sallie Krawcheck은 성별에 따른 '투자 격차' 문제를 고민하고 있었다. 성별에 따른 임금 격차는 모두가 아는 문제지만 성별에 따른 투자 격차는 완전히 다른 문제였다. 샐리는 오랫동안 여성 애널리스트로 일해온 자신이 그것을 해결할 무언가를 만들어야만 한다고 생각했다. 여성을 위한 온라인 투자 플랫폼 엘레베스트Ellevest는 그렇게 시작되었다.

"여성들은 소득 수준이 비슷한 남성에 비해 훨씬 적은 돈을 투자합니다. 수입의 상당 금액을 아무 데도 투자하지 않고 현금으로 보관해요. 대략 계산해보면 전 생애에 걸쳐 100만 달러가량의 기회비용을 그냥 날려버리는 거죠. 100만 달러는 자기 사업을 시작할 수도, 꿈꾸던 집을 살 수도, 혹은 싫어하는 일을 그만둘 자유를 얻을 수도 있는 돈이에요. 저는 투자업계가 접근하지 못한 이런 틈이 있다는 것을 깨달았어요."

샐리의 첫 직장은 살로몬브라더스Salomon Brothers였는데, 이곳은 월스트리트 내에서도 남성 중심의 보수적이고 배타적인 조직 문화로 악명이 높았다. "당연히 직장 내 성희롱도 있었죠. 어느날엔 사무실 제 책상 위에 남성의 성기 사진이 붙어 있었어요. 이제 막 대도시로 일하러 온 젊은 여성에게는 좀 소름 끼치는 일이었죠. 그들은 재미로 저를 내쫓으려고 한 것 같았지만 물러서지 않았죠."

샐리는 나중에 번스타인Bernstein의 리서치 부문 책임자로 이직했는데, 그곳에서 매우 인상적인 투자자 리포트를 썼다. 그녀가 기억하기로 번스타인에서 쓴 첫 번째 리포트는 특정 종목, 즉 서브프라임 모기지론을 취급하는 금융기관에 투자하지 말라고 권고하는 부정적인 내용이었다. 회사의 몇몇 사람이 말렸지만 그녀는 굴하지 않고 매도 리포트를 내보냈다. 결국에 샐리의 매도 권고는 옳은 것으로 판명되었고 그녀는 스타로 떠올랐다.

5년 후 번스타인의 CEO가 된 샐리는 또 한 번 월스트리트의 관행을 비판하고 나섰다. 당시에는 대부분의 애널리스트가 투자 업무와 리서치 업무를 병행했는데, 이는 자주 명백한 이해충돌을 일으켰다. 가령 애널리스트는 고객에게 어떤 투자 조언을 하고는 뒤돌아서서 그 조언과 반대로 베팅할 수 있었다. 샐리는 고객에게 올바르고 정직한 투자 자문을 제공하려면 애널리스트의 투자 업무가 리서치 업무에 영향을 미치지 않도록 해야 한다고 생각했다.

샐리는 번스타인의 투자 업무를 중단함으로써 그런 관행을 끝내기로 했다. 설사 수백만 달러의 이익을 희생해야 하더라도 말이다. 샐리가 결정을 내리고 불과 몇 달 만에 닷컴버블이 붕괴하면서 나스닥지수가 폭락했다. 정말 기막힌 타이밍이었다. 곤란을 겪는 다른 투자은행과 달리 이해충돌 문제를 이미 해결했던 번스타인은 단번에 주목을 받았다. 샐리는 '마지막 남은 정직한 애널리스트를 찾아서'라는《포천》의 헤드라인 주인공이 되었다.

씨티그룹 계열사인 스미스바니Smith Barney의 CEO로 영입된 후에도 전통적인 관행에 도전하는 것을 멈추지 않았다. 회사에서 고객에게 잘못된 투자 조언을 했다는 것이 밝혀졌을 때 샐리는 손해를 입은 고객들에게 배상해야 한다고 의견을 밝혔지만, 그룹 총괄 CEO는 이에 동의하지 않았다. 그녀는 이 일로 해고를 당했고 '마지막 남은 정직한 애널리스트'가 씨티그룹을 떠난다는 소식은 다시 뉴스 헤드라인을 장식했다. 좋은 소식은 자유로워진 샐리가 월스트리트의 또 다른 잘못된 관행인 성별에 따른 투자 격차를 바로 잡는 일을 할 수 있게 된 것이었다. 그녀는 "내 안에 이 일을 해야 한다는 불꽃이 일어났어요. 여성들이 투자 격차를 줄이도록 돕지 않는다면 죽을 때 눈을 감을 수 없을 것 같았죠"라고 말했다.

모든 여성이 관리하는 투자 가능 자산은 약 7조 달러에 이른다. 그리고 모든 여성의 90퍼센트가 인생의 어느 지점에 이르면 혼자서 돈을 관리한다. 이 두 가지 사실은 여성을 위한 투자 상품과 서비스가 필요하며 여기에 시장 창출의 기회가 있음을 의미했다. 물론 모두가 동의한 것은 아니었다. 월스트리트에서 수년간 여성 혐오의 피해자였던 샐리는 이 아이디어에 대한 사람들의 반응에 여전히 충격을 받았다. 끊임없이 반복되는 주제의 변형이었다. 사람들은 "근데 남편들이 여자들의 돈을 대신 관리하지 않아?"라고 반응했다. 샐리는 아이디어가 있었지만 자신이 직접 스타트업을 할 계획은 없었다. 기존의 금융회사들이 그 아이디어를 실현해주길 바랐다. 하지만 주류 금융계의 무관심과 싸늘한 반응을 보며 자신이 그 일을 하는 수밖에 없다고 생각을 굳히게 되었다.

월스트리트에서의 경험은 엘레베스트가 무엇을 차별화해야 하는지, 무엇을 하면 안 되는지 알려주었다. 샐리는 기존의 모든 투자 상품과 근본적으로 다른 상품을 설계했다. 모든 상품은 금융업계가 간과해온 여성들, 즉 스스로 돈을 벌고 당당하며 주도적인 삶을 살면서도 투자에 있어서만 예외적이었던 여성들을 위해 설계되었다. 이제 엘레베스트는 그들에게만 상품을 판매하는 온라인 투자 플랫폼으로 자리 잡았다.

역경에서 피어난 획기적인 아이디어

——— 플리커 공동창업자 스튜어트 버터필드 이야기

온라인 롤플레잉게임 게임네버엔딩Game Neverending은 소수의 충성도 높은 사용자를 확보했을 뿐 계속해서 답보 상태에 머물렀다. 카테리나 페이크와 스튜어트 버터필드Stewart Butterfield는 기대만큼 성과가 나지 않아 걱정이 많았다. 당연히 투자자를 찾기도 어려웠다. 2002년은 닷컴 버블이 붕괴한 직후로 금융업계가 전반적으로 암울한 시점이기도 했다. 스튜어트는 "저축한 돈을 모두 쏟아붓고 가족과 친구에게 돈을 빌리며 버텼지만 결국 소액의 엔젤투자를 받는 데 그쳤다"고 회상했다.

스튜어트에게는 기적 같은 승부수가 필요했지만 상황은 오히려 최악으로 치달았다. 콘퍼런스 참석차 뉴욕행 비행기에 탄 스튜어트는 식중독에 걸려서 밤새 앓았다. 그렇게 아픈 와중에 몽롱한 의식을 뚫고 어떤 아이디어가 떠오르는 것을 감지했다. 바로 최초의 사진공유 플랫폼 플리커에 대한 것이었다. 스튜어트는 플리커에 대한 아이디어가 게임네버엔딩에 있던 기능들, 가령 실시간 댓글 달기나 아이템 공유 같은 기능들을 응용한 덕분에 더 풍성해졌다고 설명했다.

혁신적인 사진공유 커뮤니티인 플리커는 사실상 현대 소셜미디어의 '테스트 베드test bed'●와 같은 역할을 했다. 해시태그 달기, 공유하기, 팔로잉, 짤 영상 만들기 등 소셜미디어 특유의 문화들이 유행하는 토대를 마련했다. 또 사이버 세계에서의 사적 교류와 커뮤니티 패러다임을 바꾸는 데에도 커다란 공헌을 했다.

플리커가 게임 기능에서 중요한 아이디어를 얻은 것은 사실이지만 그것이 다는 아니다. 게임을 개발하던 카테리나와 스튜어트가 플리커 아이디어를 떠올리고 끝까지 전념해서 성공시킬 수 있었던 진짜 이유는 '절박함'에 있었다.

"플리커의 아이디어는 우리가 사진으로 뭘 할 수 있는지, 사진을 좀 더 쉽게 검색하도록 하려면 어떻게 해야 하는지, 사진을 중심으로 한 온라인에서의 사회적 상호작용을 어떻게 해나갈 수 있는지, 뭐 그런 원대한 비전에서 나온 것이 아니었습니다. 그 모든 것은 나중에 왔어요. 당시에는 어떻게 하면 '사업을 접지 않고 계속할 수 있을까?' 하는 생각뿐이었습니다."

● 테스트 베드는 새로운 제품이나 서비스의 효능을 시험할 수 있는 환경 혹은 시스템을 가리킨다. 새로 개발한 제품이나 서비스의 성공 가능성을 가늠하기 위해 가장 먼저 출시하는 시장이나 지역을 가리키는 용어로도 사용된다.

콘크리트에서 자란 장미

이 책에 등장하는 여러 기업가는 모두 창업 초창기에 비슷한 경험을 했다. 사라 블레이클리는 스팽스에 대한 아이디어가 떠오르기 직전에 건물 밖으로 쫓겨나 눈앞에서 명함이 갈기갈기 찢기는 모욕을 경험했다. 샐리 크로첵은 씨티그룹에서 공개적으로 굴욕적인 해고를 당한 후에 엘레베스트에 대한 아이디어를 떠올렸다. 케빈 시스트롬은 거의 망해가는 체크인 서비스 앱을 어떻게든 살려보려다가 인스타그램을 탄생시켰다. 휘트니 울프 허드는 사이버 세계에서 성차별과 무차별한 폭력을 경험한 뒤에 범블에 대한 아이디어를 떠올렸다. 마크 큐번은 싸구려 양복을 입은 무일푼의 소프트웨어 판매원이었다.

때로 획기적인 아이디어는 '콘크리트에서 자란 장미'처럼 역경으로 가득한 환경에서 비로소 싹을 틔운다. 기업가들은 그 역경을 직접 몸으로 부딪히며 고통스럽게 경험하고 난 후에야 그에 대한 해결책으로서 획기적인 아이디어를 찾아내곤 한다. 말하자면, 저항이 마찰을 일으키고 마찰이 불꽃을 일으키는 것이다. 더구나 위기는 집중력을 높이고 성공을 향한 의지를 다지게 해준다.

획기적인 아이디어가 있다 해도 그것을 바탕으로 성공하는 비즈니스 모델을 구축하기란 쉽지 않다. 위기는 기업가를 절박하게 만들고 절박함은 최후의 승부수를 띄울 에너지를 끌어낸다. 마치 미식축구 선수들이 경기 막판에 역전을 노리고 '헤일 메리hail mary'● 패스를 던지는 것처럼 말이다. 기업가는 여러 장애물에 부딪히면서도 포기하지 않고 계속해서 다운필드로 전진하는 미식축구 선수와 닮았다.

나쁜 아이디어를 찾아라

워커앤드컴퍼니 창업자 트리스탄 워커 이야기

2012년에 트리스탄 워커는 '회사를 나가서 스스로 야심 찬 사업을 시작할' 준비가 돼 있었다. 필요한 것은 아이디어뿐이었다. 아이디어를 찾으려면 아이디어가 자신을 찾아낼 수 있는 곳으로 가야 한다. 자신에게 맞는 가장 획기적이고 탁월한 아이디어를 찾으려면 올바른 방식으로 이의를 제기할 사람들과 대화를 나눠야 한다. 그래서 트리스탄이 찾아간 곳이 바로 벤처투자기업 앤드리슨호로위츠였다. 이곳의 공동창업자 벤 호로위츠는 화이트 스페이스를 알아보는 트리스탄의 안목을 높게 평가했으며, 그에게 "사무실에 나와서 혁신적인 아이디어를 찾아보라"며 사내벤처 자리를 내주었다.

트리스탄은 혁신적인 아이디어를 찾아다니던 기간에 운 좋게도 벤과 여러 차례 깊은 대화를 나눌 수 있었다. 트리스탄은 그 대화를

● 헤일 메리는 미식축구에서 경기 종료 직전 패스 한 번으로 승부를 역전시키거나 경기를 끝내기 위해 사용하는 전술이다. 경기 종료 휘슬이 울리기 직전에 쿼터백이 상대편 엔드존을 향해 아주 긴 패스를 한다. 농구 경기에서 막판에 버저가 울리는 직전 득점을 노리고 먼 거리에서 던지는 슛 역시 '헤일 메리'라고 한다. 비즈니스 세계에서는 전망이 불투명한 절망적인 상황에서 아주 낮은 성공률에 기대를 걸고 마지막으로 시도하는 전술을 가리킨다.

통해 자신이 트위터를 보고 직감했던 대로 때로는 많은 사람이 반대하는 나쁜 아이디어가 큰 성공을 거두며, 반대로 여러 사람이 동의하는 좋은 아이디어가 쉽게 실패하기도 한다는 점을 더 분명히 확인할 수 있었다.

벤이 말했듯이 사람들은 통념에 비추어 타당한 것으로 보이는 '좋은 아이디어'를 추구하는 경향이 있었다. 하지만 그렇게 당연한 아이디어는 뻔한 데다 별 가치가 없는 경우가 많다. 빠른 성장이 힘든 아이디어일 수도 있다. 그렇지 않으면 이미 세상에 존재하는 아이디어거나 실현될 수 없는 타당한 이유가 있는 아이디어일지도 모른다. 누구나 좋다고 하는 그런 뻔한 아이디어 말고 많은 사람이 '별로다'라고 하는 나쁜 아이디어에 커다란 황금이 숨겨져 있다. 에어비앤비? 누가 낯선 사람들을 자기 집에서 재우겠어? 우버? 누가 아무 표식도 없는 모르는 사람의 차를 얻어타고 싶겠어? 지금 에어비앤비와 우버는 글로벌 시장의 선두주자이다.

벤과 대화를 나눈 트리스탄은 사람들이 반대할 만한 '나쁜 아이디어'를 찾아야겠다고 결심했다. 거칠고 곱슬곱슬한 수염을 가진 남성을 위한 단일날 면도기 아이디어는 어땠을까? 사람들은 틈새시장이 너무 작다고 했다. 트리스탄이 들어가려는 시장에는 이미 공룡 같은 거대기업이 떡하니 버티고 있었다. 또 기존의 통념은 면도날이 많을수록 좋다는 것이었다. 한마디로 트리스탄이 찾던 '나쁜 아이디어'였다. 이 아이디어로 사업을 시작하겠다는 트리스탄의 결정에 벤 역시 동의했다.

트리스탄은 그 '틈새'에 대한 일반적인 추측과 달리 큰 기회가 있으리란 점을 감지했다. 또 마음속으로 자신이 그 아이디어를 추진할 적임자라는 것을 알았다. "나에게 맞는 제품을 찾을 수 없었던 경험과 이 일을 위해 자금을 모을 수 있는 능력을 생각했을 때 이 일을 하는 데 저보다 더 적합한 사람은 없다고 생각했습니다. 드디어 하고 싶은 일을 마음껏 할 수 있겠다는 자유로움을 느꼈습니다."

워커앤드컴퍼니는 신제품을 꾸준히 개발하고 있는데, 트리스탄은 이때도 '나쁜 아이디어' 테스트를 즐겨한다며 이렇게 설명했다. "이제는 아이디어가 생각날 때마다 '이게 왜 끔찍한 생각일까?'라고 자문합니다. 이 질문에 답할 수 없다면 계속 가지고 갈 가치가 없는 아이디어일 가능성이 큽니다."

Reid's analysis

1. 아이디어의 신화를 버려라

기업가들 사이에는 아이디어를 둘러싼 신화가 한 가지 있다. 갑자기 하늘에서 아이디어가 뚝 떨어져서 다음날 억만장자가 되었다는 그런 이야기 말이다. 하지만 혁신적인 아이디어가 그냥 찾아온다거나, 아이디어가 벼락같이 떠올라 '아하!' 하는 깨달음을 얻는다거나 하는 일은 실제로는 거의 일어나지 않는다.

대부분의 성공한 기업가들은 언제나 아이디어를 사냥할 준비가 돼 있다. 그들은 혁신적인 아이디어를 목표로 집요한 추적을 계속한다. 단서를 찾기 위해 늘 눈을 부릅뜨고 다닌다. 스스로 영감이 가장 잘 떠오를 것 같은 환경에 있으려고 한다. 획기적인 아이디어가 수면으로 올라오는 데 도움이 되는 사람들을 주변에 두는 경우도 많다. 자신이 가진 네트워크를 통해 끊임없이 기회와 통찰을 찾는 것이다. 이처럼 혁신적인 아이디어를 구하려는 사람은 하늘에서 뚝 떨어지길 기다리기보다 적극적으로 찾아 나서야 한다.

한편으론 길을 잘못 들어섰거나 막다른 길로 들어섰다는 것을 알았을 때는 되돌아올 수도 있어야 한다. 기업가에게는 아이디어와 솔루션을 찾기 위해(그리고 비용이 많이 드는 치명적인 오류를 피하고자) 주변 네트워크를 잘 활용하는 지혜가 필요하다. 또 불가피한 실패와 좌절, 끊임없이 나타나는 비관론자들을 뚫고 나가기 위한 끈기와 근성도 필요하다.

위대한 기업가들은 모든 아이디어가 성공하진 않는다는 것을 잘 안다. 한편으론 어떤 아이디어는 그 자체로 로켓이 되진 못하더라도 그다음의 혁신적 아이디어로 향하는 문 앞에 데려다주기도 한다는 것 역시 잘 알고 있다.

2. 좋은 아이디어는 네트워크에서 나온다

벼락처럼 찾아오는 아이디어에 대한 신화 못지않게 기업가들 사이에서 자주 회자되면서 부작용이 많은 신화는 '외로운 천재'에 대한 신화이다. 성공한 기업 스토리에서 대개 창업자는 혼자 힘으로 발명을 하고 혁신을 일으킨 영웅으로 묘사된다. 이 천재적인 영웅의 아이디어를 실행하는 것은 다른 사람들이다. 그리고 모든 사람은 이 천재가 또 다른 아이디어를 떠올리길 기다린다.

이러한 외로운 영웅 스토리는 모두 거짓이다. 우리의 머릿속 아이디어는 지혜의 여신 아테나처럼 완벽한 자태로 태어나지 않는다. 아무리 그럴듯한 아이디어라도 뛰어난 제품이나 서비스로 만들기 위해서는 똑똑한 사람들에게 적절히 도움받아야 한다.

모든 훌륭한 아이디어는 개인이 아닌 네트워크에서 나온다. 우리가 정보를 얻는 원천들 가운데 무엇보다 가치 있음에도 충분히 활용되지 않는 것이 바로 '네트워크'이다. 기업가 개인의 네트워크와 회사를 중심으로 모인 그룹 네트워크 모두 올바른 방식으로 활용할 경우 빠른 피드백과 통찰력을 제공해준다.

예비 기업가들이 저지르는 가장 큰 실수 중 하나는 아이디어를 너무 오랫동안 꼭 쥐고만 있는 것이다. 어두운 방에 혼자 앉아서 천재적인 아이디어가 떠오르길 기다리기보다는 주변의 네트워크에서 제대로 된 피드백을 줄 사람을 찾아 그들에게 이야기해야 한다. 이것이 당신의 아이디어를 '천재적으로' 만들기 위한 가장 중요한 일이다.

그저 지원이나 격려를 바라는 대신 건설적인 비판을 적극적으로 요청해야 한다. 그렇지 않으면 당신의 기분을 상하게 하지 않으려 정중한 칭찬만 할 것이다. 칭찬은 기분을 좋게 만들지만 성공하는 데는 별 도움이 되지 않는다.

최고의 아이디어는 항상 나에게 이의를 제기하고, 내 아이디어의 허점을 찾아내고, 지뢰가 어디에 있는지 말해줄 사람들과 함께 있을 때 나온다. 그런 점에서 투자 피칭은 귀중한 피드백을 들을 절호의 기회이기도 하다. 심지어 '아니오'라는 거절에서도, 아니 거절의 피드백일수록 중요한 정보를 알려준다.

내 경우에는 피드백을 구할 때 "실패할 만한 이유가 있으면 뭐든지 말해달라"고 부탁한다. 그러한 피드백이 갓 싹을 틔운 아이디어에서 성공의 기회와 가능성을 발견하도록 해주며, 지뢰와 장애물을 재빨리 찾아내 제거하고 경쟁우위를 갖도록 도와준다.

그렇기에 나는 늘 기업가들에게 "내 아이디어에 대해 어떻게 생각해?"라고 묻지 말고 "내 아이디어에서 뭐가 잘못됐어?"라고 물어야 한다고 조언한다.

3. 패턴과 트렌드를 아이디어로 연결하라

최고의 기업가들은 저마다의 방식으로 아이디어를 찾아내고 비즈니스로 발전시킨다. 그들의 방식에서 좋은 아이디어를 찾아내기 위한 유용한 팁을 얻을 수 있다.

실리콘밸리에는 엔지니어 사고방식을 가진 기업가가 많다. 그들은 대개 어떤 '패턴'을 찾는 데 집중한다. 다른 기업은 어떻게 성공했는지, 새로운 기술이 어떻게 시장을 창출했는지, 다른 세계로 금세 퍼져나가는 문화는 어떤 특성을 가졌는지 관찰하고 분석해서 일정하게 반복되는 규칙을 찾아내는 것이다.

어떤 기업가들은 주변의 혁신적이고 진보적인 변화에서 "이걸로 어떤 비즈니스를 할 수 있을까?"라고 자문함으로써 최초의 아이디어를 찾기도 한다. 이제 많은 사람이 스마트폰을 갖게 됐는데 이로써 어떤 비즈니스 기회가 창출될까? 클라우드 스토리지로는 다른 어떤 비즈니스가 가능할까? 인공지능 기술이 엄청나게 발전했는데 다음에는 어떤 비즈니스로 이어질 수 있을까? 등등.

오랫동안 지속할 트렌드를 파악해 그것이 창출할 미래를 상상하는 기업가도 있다. 가령 멜라니 퍼킨스는 스스로 창의적이지 않다고 생각하는 사람들도 쉽게 디자인 작업에 도전할 수 있는 세상을 상상했다. 멜라니는 미래에 대한 자신의 그림을 현재 60억 달러의 가치가 있는 기업과 바꿨다.

에반 윌리엄스는 《와이어드》라는 잡지에서 〈기술이 결국 지구상의 모든 두뇌를 연결할 것이다〉라는 기사를 읽었고, 이 하나의 미래 비전을 블로거Blogger, 트위터, 미디엄Medium이라는 세 개의 기업으로 현실화했다.

훨씬 불투명한 패턴이나 트렌드를 좇는 기업가들도 있다. 그들은 "이 몇 가지 트렌드가 결합해서 새로운 비즈니스 모델을 만들어낼 수 있다. 아직 뚜렷한 수요는 없지만 내가 그것을 만들어낼 수 있다"라고 말한다.

에어비앤비도 그런 경우이다. 더 저렴하게 자주 여행을 하고 싶고 남의 집 소파에서 자는 것을 꺼리지 않는 젊은이들이 이미 존재하고 있었다. 여행자들을 위한 온라인 커뮤니티도 있었고, 구독 형태로 렌터카를 빌릴 수 있는 공유경제 모델도 있었다. 브라이언 체스키는 이러한 트렌드들에서 '다른 사람의 방을 하룻밤 빌려 쓰는' 세상에 없던 비즈니스 모델을 생각해낸 것이다.

모든 기업가의 방식에서 핵심은 의미 있는 패턴과 트렌드를 발견하고 이를 비즈니스 아이디어로 전환하는 것이다. 더 나아가 속도가 관건이 될 때가 있다. 다른 사람들도 비슷한 아이디어를 생각해낼 가능성이 크기 때문이다.

이때 경쟁자를 이기는 방법은 빠르고 단호하게 행동하는 것이다. 즉 기꺼이 리스크를 감수하면서 속도에 초점을 맞추는 것이다(속도의 중요성과 경쟁자를 앞지르기 위해 할 수 있는 일에 대해 더 자세히 알고 싶다면 《블리츠스케일링》을 참조하기 바란다).

4. 아이디어가 나를 찾게 하라

기업가들은 자신이 어떤 환경에서 좋은 아이디어가 떠오르는지 알고 있으며 스스로 그런 환경에 있으려고 노력한다. 나는 팟캐스트 〈마스터스 오브 스케일〉의 초대 손님에게 좋은 아이디어를 떠올리기 위해 자주 가는 장소가 있냐고 항상 묻는다. 모두 제각기 다른 대답을 했다. 단 하나의 완벽한 장소나 방법은 없다는 뜻이다.

넷플릭스의 리드 헤이스팅스Reed Hastings에게는 자기 집 거실이, 에어비앤비의 브라이언 체스키에게는 월트디즈니 가족박물관이 그런 장소이다. 빌 게이츠Bill Gates는 사라처럼 자동차를 운전하고, 징가의 마크 핑커스는 서핑보드를 타고, 클래스패스ClassPass의 파얄 카다키아Payal Kadakia는 댄스 스튜디오에 간다. 플리커의 공동창업자인 카테리나 페이크는 새벽 2시부터 5시까지의 시간에 주로 생각을 다듬는다. 카테리나에게 최고의 아이디어를 끌어내는 데 중요한 것은 '장소'가 아니라 '시간'인 셈이다.

혼자서 깊은 생각에 잠길 수 있는 장소를 좋아한다는 기업가가 있는가 하면, 창의성이 넘치는 팀원들과 함께 일할 때 혹은 주변 사람들의 적극적인 지지를 받고 고무되었을 때 아이디어가 잘 떠오른다는 기업가도 있었다.

어떤 기업가는 정해진 시간에 익숙한 장소에 가는 루틴이 필요하다고 했던 반면에 또 다른 기업가는 가슴이 설렐 만한 참신한 경험을 자주 해야 한다고 말했다. 자연을 좋아하는 기업가가 있는가 하면 도시의 거리를 좋아하는 기업가도 있었다.

사라 블레이클리는 '스팽스'라는 이름도 차 안에서 떠올랐다며 운전할 때 생각이 잘 떠오른다고 말했다. 그래서 회사에 걸어서 갈 수 있는 거리에 살면서도 일부러 출근하기 전에 주변을 드라이브하며 생각하는 시간을 갖는다.

일정한 시간에 일정한 장소에서 무언가를 꾸준히 하는 것, 즉 루틴은 아이디어가 떠오르는 환경에 자주 있기 위한 매우 중요하고 유효한 방법이다.

내 경우엔 적극적으로 아이디어의 허점을 찾아내고 이의를 제기하는 사람들과 함께할 때 최고의 생각을 해낸다. 샤워실이나 좋아하는 달리기 코스처럼 익숙한 장소에서 더 생각을 잘하는 사람들도 있지만, 나는 새로운 장소에서 생각하는 것을 좋아한다. 그리고 조용한 곳보다는 카페처럼 약간 북적거리는 곳에서 머릿속을 비우고 고도의 집중력을 발휘한다.

아이디어는 개인의 고유한 능력과 더불어 미래에 대한 생각, 그리고 주변의 시장들이 보여주는 트렌드 등이 합쳐진 결과물이다. 무엇보다 주변 사람과의 네트워크가 중요하다. 아무리 내향적인 사람이라 할지라도 네트워크를 등한시해서는 안 된다.

도전적인 사람들, 창의적인 사람들, 회의적인 사람들, 그리고 당신과 다른 생각을 하는 기업가들과 아이디어에 대해 끝까지 이야기를 나눠라. 이런 대화가 다음번에 늦지 않게 혁신적인 아이디어를 찾도록 속도를 높여줄 것이다.

Reid's theories

혁신적인 아이디어에 관한 조언들

나쁜 아이디어를 좇아라

모두가 좋은 아이디어라고 한다면 다른 사람들도 이미 그것을 좇고 있을 가능성이 크다는 의미다. 대신 나쁜 아이디어로 가장한 탁월한 아이디어, 즉 잠재적 가치가 크지만 사람들이 아직 제대로 이해하지 못한 아이디어를 찾아야 한다.

내가 아니라면 누가?

당신의 지난 역사에 운명의 아이디어가 있다. 당신이 걸어온 길과 그동안 해왔던 선택들을 예리하게 살펴보면 그 안에서 당신이 소명의식을 갖고 해야 할 일을 찾을 수 있다.

반짝이는 네온사인에 주의를 기울여라

당신이 '이건 꼭 필요해'라고 생각하는 대상을 만나는 순간 뇌에서는 반짝이는 네온사인이 켜진다. 당신이 꼭 있어야 한다고 생각한 것을 말했을 때 다른 사람들이 동의하며 고개를 끄덕이는 모습을 상상할 수 있다면 그 아이디어는 추구할 가치가 있는 것이다.

'약간 비틀기'를 무시하지 마라

새로운 아이디어를 좇느라 시간을 낭비하는 대신 '약간 비틀기'를 함으로써 기존의 아이디어에서 획기적인 변화와 기회를 만들어낼 수 있다.

최후의 승부수를 던져라

당신 앞에 주어진 위기를 낭비하지 말아야 한다. 아이디어가 막다른 길에 들어섰을 때는 미식축구 선수들이 헤일 메리 패스를 하는 것처럼 최후의 승부수를 던질 수 있어야 한다. 위기를 이겨내려는 절박함은 집중력을 높이고 강한 근성을 북돋우며 빠르게 행동으로 옮기는 추진력을 더해준다.

4장

빈틈없는 문화를 만들면 바보들의 문화가 된다

기업이 문화를
구축해야 하는 이유

Bill Gates

Mark Zuckerberg

Eric Schmidt

Arianna Huffington

Danny Meyer

Payal Kadakia

Kevin Systrom

Aneel Bhusri

David Duffield

Joyce Nethery

Sallie Krawcheck

Wences Casares

Shellye Archambeau

Robert Smith

Caterina Fake

실패를 통해 만들어진 넷플릭스의 문화

——— 넷플릭스 CEO 리드 헤이스팅스 이야기

1985년 창업한 블록버스터Blockbuster는 DVD를 우편으로 배달해주는 혁신적인 서비스를 제공함으로써 미국 최대의 비디오 대여업체로 성장했다. 하지만 1998년 넷플릭스라는 경쟁자가 나타나 비디오 대여 시장을 혁신하면서 판도가 뒤집혔다. 빨간 봉투를 트레이드마크로 하던 DVD 대여업체를 세계 1위의 비디오 스트리밍업체로 탈바꿈시키고 할리우드까지 정복한 것은 현재 넷플릭스의 CEO 리드 헤이스팅스였다.

넷플릭스를 창업하기 전 리드 헤이스팅스는 뛰어난 프로그래머이자 개발자였다. 그는 두 명의 친구와 함께 프로그래머들을 위한 디버깅 툴을 만들었다. 퓨리파이Purify라는 디버깅 툴은 성공을 거두었지만 막상 회사는 엉망이 되었다. 지금은 퓨어소프트웨어Pure Software가 된 당시 리드의 회사는 18개월 동안 무려 세 개의 기업을 인수했다. 아직 노련한 경영자가 아니었지만 리드는 너무나 많은 직원을 관리해야 했다. 회사가 너무 빠르게 성장해서 새로운 직원들을 기존의 회사 문화에 적응하도록 도울 겨를조차 없었다.

"밤새도록 코딩을 하고 낮에는 CEO가 되려고 노력했습니다. 당시에는 내가 일을 많이 하면 할수록 회사가 더 잘될 거라고 믿었어요. 그래서 출장도 더 많이 가고 거래처도 더 많이 만나고 코딩도 더 많이 했습니다."

리드는 모든 일을 혼자서 하려 했다. 그것이 문제였다. 이는 기업가들이 흔히 저지르는 실수로 회사가 성장함에 따라 더 많은 문제를 일으킨다. 리드는 직원들의 능력을 활용하는 대신 피해 다니며 일했다. 직원들이 스스로 문제를 해결하도록 기회를 주지 않고 늘 자신이 직접 앞에 나섰다. 프로그램에 버그가 생기면 해결이 어렵다는 것을 아는 그는 심각한 문제가 발생하기 전에 모든 업무 프로세스와 시스템을 통제하려고 했다.

이러한 경영 방식은 지나치게 많은 안전장치를 만듦으로써 직원들의 사고 능력과 위기에 대한 면역력을 떨어트렸다. 회사 문화와 시스템도 전반적으로 하향 평준화되었다. 그 결과 변화가 생겼을 때 회사와 직원들은 빠르게 도태되었다.

"저 자신도 모르게 직원들이 프로세스는 잘 따르지만 스스로 생각하는 데는 서투른 문화를 만들었어요. 회사의 전반적인 지적 수준이 떨어졌지요. 원래 그렇듯이 시장은 변했습니다. 변화가 생기자 우리는 적응할 수가 없었어요."

리드는 뒤늦게 회사 문화를 바꿔보려고 했지만 그럴 수 없었다. 초창기에 형성된 문화는 소급해서 고치는 것이 거의 불가능하다. 처음부터 회사의 문화를 잘 구축해야 하는 이유이다. 리드는 퓨어소프트웨어를 매각했다. 그리고 다음에 창업하는 회사에서는 다르게 해보겠다고 결심했다.

4장에서는 다소 모호하게 여겨지기도 하는 조직 문화의 비밀에 대해 자세히 살펴볼 것이다. 문화란 무엇일까? 문화는 왜 중요할까? 문화는 스스로 발전하는가, 아니면 리더가 이끌어야 하는가? 등등의 질문에 대한 답을 살펴보려고 한다. 기업을 성공으로 이끄는 문화를 구축하는 단순명쾌한 공식은 존재하지 않을지도 모른다. 하지만 모든 탁월한 기업 문화에는 분명 일정한 특징과 요소 들이 있다는 점은 확실하다.

문화는 모든 구성원이 최고 역량을 발휘하며 일하도록 기업가가 만들어주는 배경으로 끊임없이 변화하며 살아 움직인다. 문화는 기업이 실제로 달성하려는 목표, 즉 모든 구성원이 공유한 미션에 근거해야 한다. 구성원들이 문화에 대해 다르게 인식하고 있어서는 안 되며, 문화를 구축할 때는 모두가 함께 참여해야 한다. 사실 문화는 모든 구성원이 헌신하고 주인의식을 느낄 때 비로소 완전히 구축된다.

기업가는 신중하게 문화를 구축하되 이는 사업의 초기 단계부터 시작해야 하는 일이다. 물론 쉬운 일은 아니다. '포용과 다양성'을 고려해 직원들을 채용하면서 그들 모두가 공통된 가치관을 공유하도록 하려면 섬세한 균형 잡기가 필요하다. 중요한 건 조직의 규모가 커지고 인력이 늘어나면 모두가 공통된 가치관을 가지도록 보호하고 강화하는 것이 더욱 어려워진다는 점이다. 그렇다면 '내일' 당신에게 도움이 될 '오늘'의 문화를 어떻게 만들어야 할까? 몇 년 뒤에 일어날 변화를 어떻게 예측하고 준비해서 주도할 수 있을까?

제1원칙 사고를 바탕으로 문화를 구축하다

1997년에 리드는 퓨어소프트웨어를 매각하고 받은 7억 5000만 달러 중 일부를 투자해 넷플릭스를 만들었다. 사업 모델은 단순명쾌했다. 우편으로 DVD를 배송해주는 것이다. 연체료도 없고 반송비도 없다. 차를 타고 대여점에 갈 필요도 없다. DVD를 잃어버렸다면? 아무 질문도 하지 않고 우편함에는 새로운 DVD가 들어 있을 것이다. 블록버스터는 넷플릭스와 비슷한 서비스를 제공하며 어떻게든 따라잡으려고 했지만 결국 실패하고 2010년에 파산을 신청했다.

리드는 기존의 비디오 대여업계를 혁신하는 것에 머무르지 않고 계속해서 미래를 주시했다. 그리고 자신이 세운 스타트업을 위협하는 것은 오래된 공룡 블록버스터가 아니라 온라인 스트리밍이라는 이제 막 깜박이기 시작하는 작은 불빛임을 깨달았다. 리드는 미국 전역에 초고속 인터넷망이 깔리면 영화를 온라인 스트리밍으로 볼 수 있을 것이고, DVD 시장은 곧 사라질 것이라고 확신했다. 당시는 초고속 인터넷이 미국 가정의 열 가구 중 한 가구에도 채 보급되지 않았던 1990년대였지만, 리드는 이미 저 너머의 미래가 다가오고 있음을 알아챘다.

리드는 DVD를 배송하기 위해 최고의 물류 시스템을 개발하는 한편 비디오 스트리밍 서비스를 개발하는 데 집중할 새로운 팀도 꾸렸다. 당시 선도적인 비디오 스트리밍 서비스를 개발할 엔지니어를 찾는 일은 쉽지 않았다. 리드는 '제1원칙 사고first principle thinking'●를 하는 사람을 원했다.

제1원칙 사고란 세계를 바라보는 창의적이고 탐구적인 사고방식으로 가장 근본적인 진리에 충실하고 그곳에서 모든 것을 시작하라는 주문이기도 하다. 제1원칙 사고를 하는 사람들은 복잡한 문제를 기본적인 요소들로 쪼갠 다음 원점에서 다시 조립하기 시작한다. 그들은 맹목적으로 지시를 따르거나 기존 프로세스를 고수하지 않는다. 아무리 복잡한 문제라 해도 가장 기본적인 가설만 남을 때까지 분해한 다음 질문을 던져 가설들을 검증하고 처음부터 다시 논리를 만든다. 또 그들은 습관대로 일하기보다 "다른 방법으로 할 수는 없을까?"라고 질문한다.

리드는 제1원칙 사고를 하는 사람들을 모으기 위해 '컬처덱Culture Deck'●●이라는 효과적인 도구를 고안했다. 컬처덱은 넷플릭스의 문화

● 제1원칙 사고는 말 그대로 제1원칙에서 출발하는 사고법을 가리킨다. 제1원칙은 더 이상 쪼개어지지 않는 기본 가정이며 다른 가설로부터 유추될 수 없는 기초적이고 근원적인 가설이다. 제1원칙의 라틴어 어원 'ab initio'을 영어로 번역하면 'from the beginning'이다. '처음으로 되돌아간다'라는 의미는 기존의 통념이나 경험에 의한 유추를 하는 것이 아니라 가장 기초적이고 근원적인 가설에서 출발하는 것이다.

에 내포된 가치체계가 무엇인지, 어떤 사람을 고용하려고 하는지, 넷플릭스에서 일할 때 무엇을 기대해야 하는지 설명하는 약 100장의 파워포인트 슬라이드로 구성된 유명한 문서이다. 리드도 인정한 것처럼 그 슬라이드들은 "별로 예쁘지도 않고 세련되게 디자인된 것도 아니며 외부 마케팅 자료처럼 보이지도 않는다."

사실 컬처덱은 내부용 문서로 처음 만들어진 것으로 이후 "단지 입사 지원자들에게 링크를 보내기 위해" 슬라이드쉐어 사이트에 게시하면서 널리 퍼져나갔다. 넷플릭스의 컬처덱은 얼마 지나지 않아 슬라이드쉐어에서 1000만 이상의 조회 수를 기록했다.

오늘날까지도 기업가들은 넷플릭스의 문화를 이해할 수 있는(그리고 아마도 모방할 수 있는) 단서를 찾기 위해 컬처덱을 분석하고 연구한다. 컬처덱은 넷플릭스처럼 자유와 책임의 균형을 약속하는 문화에서 일하고자 하는 사람들, 제1원칙 사고를 하는 사람들을 끌어들이는 자석이 되었다. 가령 컬처덱에는 휴가 정책에 관한 설명이 따로 없다. "우리는 '원하는 만큼 휴가를 가라'고 합니다. 그리고 9시부터 5시까지 일해야 한다는 규정도 없어요. 직원들은 자기가 적정하다고 생각하는 만큼 일합니다."

컬처덱은 회사의 투명성과 정직성을 강조한다. 가령 직원들에게 "내가 회사를 떠나려고 한다면 당신은 내 마음을 돌리기 위해 얼마나

●● 덱Deck은 원래 '배의 갑판'을 의미하는 단어지만, 여기에서는 '파워포인트 슬라이드 묶음'을 가리킨다.

노력하겠습니까?"라는 질문을 자신의 상사에게 자주 해보라고 권장한다. 리드는 이것을 '키퍼 테스트keeper test'라고 부르는데, 회사에서 자신이 어떤 위치에 있는지를 직원들이 정확히 알게 하려고 고안한 방법이다.

리드는 '모든 직원은 가족과 같다'라는 식의 가식적인 발언은 하지 않는다. 넷플릭스는 직원을 가족이 아닌 스포츠팀에 비유한다. "결국에 중요한 건 성과거든요. 조건 없는 사랑이 핵심인 가족과는 다르죠. 우리가 하려는 일은 인터넷 텔레비전 분야에서 커다란 변화를 일으키는 것이고, 그러려면 모든 단계에서 탁월한 성과를 내야 합니다. 넷플릭스에서는 누구나 솔직한 피드백을 통해 배울 수 있으며, 노력하는 만큼 최고가 될 수 있습니다."

오늘날 넷플릭스는 제1원칙 사고를 하는 사람들이 가득하며, 이들의 사고방식은 그들이 다루는 콘텐츠부터 출장비에 이르기까지 회사에서 이뤄지는 모든 의사결정에 스며들어 있다. 그들은 '무엇이 회사를 위한 최선인지'를 기준으로 결정하라는 권고를 받으며, 더 자세한 지침은 받지 못한다. 스스로 생각하기보다 지시를 받아 일하는 것을 더 좋아하는 사람들에게는 이런 방식이 잘 맞지 않을 것이다.

넷플릭스는 자유와 책임이 균형을 이루고 제1원칙 사고가 바탕이 되는 문화를 구축함으로써 경쟁자들보다 훨씬 빠르고 역동적으로 성장했다. 우편으로 DVD를 발송하던 회사에서 각종 영상 콘텐츠를 큐레이팅하거나 직접 투자를 통해 콘텐츠를 제작해서 전 세계에 스트리밍 서비스를 제공하는 회사로 거듭났다. 놀라운 재창조이다.

리드는 퓨어소프트웨어가 넷플릭스처럼 커다란 변화를 만들어내려고 했다면 아마도 실패했을 것이라고 확신했다. 왜냐하면 넷플릭스의 문화는 스케일업에 초점이 맞춰졌던 반면에 퓨어소프트웨어의 문화는 프로세스 중심이었기 때문이다.

"우리는 직원들이 문화를 보존하는 것이 아니라 개선하는 방법을 찾도록 장려합니다. 넷플릭스가 발전하면서 문화도 계속 진화할 겁니다. 컬처덱은 박제된 황금 태블릿이 아니라 끊임없이 진화하며 살아 움직이는 기록입니다."

기업가의 생각은 어떻게 문화가 되는가

쉐이크쉑 창업자 대니 메이어 이야기

유명한 레스토랑 경영자 대니 메이어Danny Meyer는 아버지가 여행사를 운영한 덕분에 어렸을 때부터 자주 유럽 여행을 했다. "어린 시절의 여행은 즐거움으로 가득했죠. 뭔가를 발견하는 것이 가장 즐거웠어요. 로마의 음식은 내 인생 최고의 발견이었죠. 그런 발견의 기쁨이 맛있는 음식만큼이나 만족스러운 경험이 된다는 걸 알게 되었어요. 로마의 작은 이탈리아 레스토랑에 갔을 때도 전체적인 분위기가 음식의 맛을 바꾸기도 한다는 점을 발견하고 깜짝 놀랐죠. 흙으로 된 테라코타 바닥, 체크무늬 테이블보, 돔형의 벽돌 천장, 테이블 랜턴의 따뜻한 빛 등등. 테이블은 세인트루이스에서 본 것보다 더 가깝게 붙어 있었어요. 덕분에 어디에 앉든 활기찬 에너지가 느껴졌습니다."

여러 국가의 레스토랑을 체험해본 덕분에 대니는 자신의 첫 번째 레스토랑인 유니언스퀘어카페Union Square Cafe를 열었을 때 그곳이 어떤 느낌이면 좋겠는지 스스로 원하는 바를 정확하게 설명할 수 있었다. 그리고 훌륭한 레스토랑을 만들 자신만의 아이디어도 있었다. 대니는 음식 자체보다 '경험'이 더 중요하다고 생각했다.

"저는 제가 어떻게 대접받고 싶은지 알았어요. 그게 가장 중요한 문제였죠. 레스토랑에서 잘 대접받지 못할 때의 느낌도 알았기 때문에 해야 할 일만큼이나 하지 말아야 할 일에 대해서도 잘 알았죠. 유니언스퀘어카페는 제가 좋아하는 레스토랑의 요소들, 그러니까 공간 디자인, 음식, 와인, 가치, 무엇보다도 배려를 한데 담은 가방과 같았어요."

대니가 가장 중요하게 여긴 것은 음식이 아닌 '느낌'을 만드는 것이었다. 레스토랑을 개업하고 초기에 내린 모든 결정은 '사람들을 어떻게 대접할 것인가'에 대한 그의 신념이 토대가 되었다.

"사람들을 대접하는 방법 외에는 아무것도 몰랐습니다. 처음 고용한 회계 담당자는 자기 수표를 결산하는 방법도 몰랐습니다. 처음 고용한 웨이터는 일을 시작한 첫날밤에 코르크스크루로 샴페인 병을 따려고 했어요. 가장 중요한 건 주방에서 음식이 안 나왔다는 거예요.

다행히 저는 손님들이 뭘 원하는지 파악하고 공감하는 능력이 있었죠. 레스토랑에 온 손님들이 더 행복해져서 돌아가도록 하는 방법을 알아내려는 열망과 능력이 있었습니다. 그리고 그것이 레스토랑을 지켜주는 방어벽이 되었죠."

개업 초기의 삐걱거림에도 불구하고 대니는 매일 '손님에게 최고의 대접을 한다'라는 자신의 비전을 실현하고자 했다. 얼마 지나지 않아 유니언스퀘어카페는 뉴욕에서 가장 사랑받는 혁신적인 식당이 되었다. 꽤 영향력 있었던 레스토랑 안내서 《저갯 서베이》 순위에서 1위를 차지했고, 모든 음식평론가가 꼭 가봐야 할 레스토랑 목록에도 올랐다. 대니를 제외한 모든 사람이 대니가 두 번째 레스토랑을 열기를 바랐다.

조직이 두 배 성장할 때 겪는 성장통

아버지가 두 번이나 사업을 키웠다가 파산하는 것을 지켜본 대니는 회사를 키우는 것에 대한 깊은 불안감이 있었다. 그는 자기 자신과 거래를 했다. "세 가지를 충족시킬 수 있다면 두 번째 식당을 열겠다고 결심했어요. 첫 번째 식당보다 훨씬 나을 것, 첫 번째 식당이 그 과정에서 더 나아질 것, 두 번째 식당을 여는 과정에서 더 균형 잡힌 삶을 살게 될 것. 이 세 가지였어요."

대니는 10년이 지나서야 두 번째 레스토랑 그래머시태번Gramercy Tavern을 오픈했다. 하지만 사업을 크게 키워본 경험이 있는 기업가라면 대니의 바람대로 되기 어렵다는 점을 이미 알고 있을 것이다. 사용자 수를 100만에서 200만으로 만들든, 대니처럼 회사를 하나에서 둘로 만들든 어떤 것이 두 배가 될 때는 반드시 성장통을 겪게 된다.

"그래머시태번을 열고 첫해에는 끔찍한 평을 들었습니다. 유니언스퀘어카페는 처음으로 저갯 순위에서 떨어졌고, 내 삶은 엉망이 되었어요. 정말 힘들었어요. 제가 두 곳에 동시에 있을 방법을 모르겠더군요."

그래머시태번을 열면서 대니는 사업을 키우면 모든 것이 무너져 내릴지도 모른다는 두려움을 힘겹게 이겨내야 했다. 이제는 그 두려움이 정당화되는 것처럼 보였다. 대니는 어느 날 두 가지 분명한 신호를 받았다. 첫 번째 신호는 회계 담당자의 열쇠 꾸러미에서 발견했다.

"회계 담당자 책상 위에 열쇠 두 개가 놓여 있었어요. 두 열쇠에는 노란색의 작은 인형이 달려 있었는데, 하나는 웃는 얼굴이고 다른 하나는 찡그린 얼굴이었어요. 회계 담당자에게 '이게 뭐냐?'고 물었어요. 그러자 그가 '아실 것 같은데요'라고 하는 거예요. 제가 '아니, 모르겠는데요. 무슨 말이에요?'라고 다시 묻자 '웃는 얼굴은 유니언스퀘어카페고 찡그린 얼굴은 그래머시태번이에요'라고 대답하더군요. 이유를 묻자 '그래머시태번은 사장님의 식당처럼 느껴지지 않거든요'라고 설명했어요."

두 번째 신호는 유니언스퀘어의 오랜 단골로부터 받았다. 그녀는 그래머시태번에서 점심을 먹은 어느 날 오후 대니에게 연어가 너무 익었다며 한바탕 긴 잔소리를 했다. 설상가상으로 그녀가 얼굴을 찡그린 채 연어를 깨작거리며 먹는 동안 직원 중 아무도 그것을 눈치채지 못했다. 오히려 직원들은 남은 연어를 포장하겠냐고 물었다.

"그녀는 유니언스퀘어카페에서는 그런 걸 바로 알아채고 다시 요리해줄지 물어본 후에 다른 서비스까지 제공했을 거라며 그래머시태번은 왜 그렇게 하지 않느냐고 묻더군요. 바로 그날 매니저를 해임했어요. 그러곤 제가 정말 중요하게 생각하던 것을 뭐라고 불러야 할지 생각해냈습니다. 바로 '합리적 배려'였지요."

핵심가치에 이름을 붙이고 직원들에게 직접 설명하라

대니는 사업을 시작할 때부터 몇 년 동안 합리적 배려를 실천해왔다. 하지만 직원들이 자신을 보고 배우기를 바랐지 그것을 직접 설명하거나 지침을 준 적이 없었다. 점점 더 늘어나는 직원들이 대니가 원하는 대로 행동하게 하려면 이름이 필요했다. 그래야 쉽고 정확하게 전달할 수 있기 때문이다.

"곧바로 그래머시태번에 전 직원을 모이도록 했어요. 그러곤 '내가 중요하다고 생각하는 것을 여러분이 막연히 추측하게 하는 대신 지금 정확하게 말해줄게요'라고 설명했어요. 이전에는 합리적 배려에 대해 한 번도 말해준 적이 없었습니다. 스스로 실천은 했지만 가르쳐주진 않았어요."

대니는 자신이 이름 붙인 새로운 도구를 설명하기 위해 직원들을 한자리에 모이게 했다. "여러분에게 최고의 레시피를 알려드리겠습니다. 재료는 딱 두 가지예요. 49퍼센트는 음식의 탁월함이고 51퍼센트는 배려입니다. 여러분은 오직 이것으로 평가받고, 이 평가에 따라 인센티브도 받을 겁니다." 그다음 대니는 "레스토랑 사업에서 고객은 두 번째입니다"라는 폭탄선언을 했다.

직원들은 깜짝 놀라서 다시 확인했다. 정말로 고객이 먹이사슬의 꼭대기에 있지 않다고요? 대니는 "우리 식당에서는 오늘부터 직원이 가장 우선입니다"라고 분명히 말했다. "직원이 우선이다"라는 말은 직원들이 "대니가 우리를 위해 무엇을 해줄까?"라는 기대를 하게 했다. 이런 오해를 풀기 위해 대니는 자신의 메시지를 사람들이 충분히 이해할 때까지 여러 번 반복해서 "여러분을 잘 돌보는 것은 내 일이 아닙니다. 여러분이 서로를 돌봐야 합니다"라고 말했다.

대니가 직장 문화를 무엇보다 중요시하는 데는 이유가 있었다. 제대로 된 문화를 만든다면 고객들이 이전보다 훨씬 더 좋은 서비스를 받으리란 것을 알았기 때문이다. 대니는 '합리적 배려'를 가장 잘 실천한 직원에게는 포상도 했다. 네 가지 핵심가치인 탁월함, 배려, 기업가 정신, 진실성이 인쇄된 작은 포스트잇도 만들었다. 어떤 직원이 핵심가치를 행동으로 보여주면 그걸 발견한 다른 직원이 포스트잇의 해당 칸에 동그라미를 치고 해당 직원의 이름을 적어서 공개적으로 게시하도록 했다.

직원들이 합리적 배려를 잘 실천한 결과는 어땠을까? 현재 대니 메이어의 유니언스퀘어호스피탤리티그룹Union Square Hospitality Group은 20개의 성공적인 레스토랑을 운영하고 있다. 한때는 뉴욕 10대 레스토랑 중 절반이 유니언스퀘어호스피탤리티그룹의 레스토랑이었다. 그중에는 많은 이들의 사랑을 받으며 빠르게 성장하고 있는 패스트푸드 프랜차이즈 쉐이크쉑Shake Shack도 있다. 쉐이크쉑은 2015년 상장해 2020년 코로나19 팬데믹 전까지 275개 지점을 냈다. 더 중요한 사실은 모든 식당에서 '합리적 배려'라는 가치가 잘 지켜지고 있다는 점이다. 이 모든 것은 대니가 자신의 비전과 가치에 이름을 붙이고 직원들에게 직접 설명하고 가르치면서 시작되었다.

기업가의 열정을 공동의 신념으로

클래스패스 창업자 파얄 카다키아 이야기

통합 스포츠 멤버십 서비스를 제공하는 클래스패스의 창업자 파얄 카다키아는 세 살 때부터 춤을 추기 시작했다. 인도 문화에서는 춤이 아주 큰 부분을 차지하고 인도 아이들 대부분은 아주 어린 나이에 춤에 입문한다. 파얄 카다키아는 이렇게 회상했다. "저의 가장 어릴 적 기억 중 하나는 토요일 아침에 일어나서 친구 집에 놀러 간 거예요. 열 명의 친구들과 함께 춤을 췄어요. 인도의 민속춤도 배웠어요. 춤은 우리에게 문화적 정체성과 같았어요."

파얄의 가족은 어린 그녀에게 자주 춤을 추라고 부추겼다. 그녀는 "어렸을 때부터 미니 순회공연을 다녔다고 볼 수 있죠"라고 말했다. 춤은 파얄에게 책임감을 가르쳐줬고(의상과 카세트를 직접 챙겨야 했으므로) 자존감도 심어주었다. "어렸을 때 저는 조용하고 얌전한 아이였어요. 하지만 춤을 출 때면 활기가 넘쳤죠. 춤은 내 안의 무엇을 세상과 공유하는 나만의 방식이었습니다."

파얄은 계속 춤을 추었다. 학교를 졸업하고 하버드 경영대학원에서 경영학 석사학위를 따고 컨설턴트가 되었을 때도 인도 전통춤에 대한 사랑을 버리진 않았다. "춤은 제게 평생의 열정이에요. 하지만 사회에 나와서도 계속 춤을 추려면 스스로 싸워야 할 것이 많았어요. 나이가 들고 다른 의무와 책임들이 생기면 자신에게 이유와 자신감을 주는 일, 열정을 느끼는 일을 중심에 두는 것이 쉽지 않습니다."

인도 전통춤에 대한 열정이 자극제가 된 클래스패스의 설립 비전은 모든 사람이 지루함을 느끼지 않는 피트니스 루틴을 발견해야 한다는 것이었다. 파얄은 건강을 위해 억지로 피트니스 강좌를 들어서는 안 된다고 생각했다. "저는 다른 사람들도 그들의 삶에서 제가 춤에서 느끼는 감정을 느꼈으면 좋겠다는 생각으로 클래스패스를 만들었습니다."

파얄의 비전은 결국 시리즈 A 라운드에서 1200만 달러의 투자금을 확보했고, 클래스패스는 이후 몇 달 만에 규모가 두 배로 늘어나며 폭발적으로 성장했다. 그때까지는 좋았다. 하지만 파얄은 새로 들어온 직원들에게 클래스패스 설립의 이유가 된 비전과 열정이 공유되지 않고 있다는 사실을 알아챘다. 아마도 숨 막히게 빠른 성장 속도 때문이었을 것이다.

"공간이 모자라 어떤 직원은 복도에 서서 회의를 했어요. 옆 사무실에서 '당신들 복도에서 전화 좀 그만할 수 없냐?'고 항의를 할 정도였죠. 어느 순간 저는 멈춰서 생각했어요. '이 사람들이 모두 우리의 비전과 미션을 알까?' 갑자기 많은 직원이 입사하면서 생긴 문제들을 너무 늦기 전에 바로잡아야 한다는 것을 깨달았습니다."

파얄은 클래스패스의 비전과 미션을 직원들에게 제대로 설명한 적이 한 번도 없다는 사실을 깨달았다. 파얄의 마음과 머릿속에는 '이유'가 분명히 존재했지만, 직원들까지 그런 것은 아니었다. 그녀는 직원들에게 어떤 목표를 갖고 어떤 자세로 일해야 하는지 직접 알려줘야겠다고 생각했다. 그러곤 클래스패스의 미션과 다섯 가지 핵심가치를 정리한 선언문을 작성했다. 그 핵심가치는 성장, 효율성, 긍정, 열정, 권한위임이었다. 직원들에게는 "이것이 내가 믿는 것입니다. 클래스패스가 존재하는 이유이며, 우리가 창조하고자 하는 미래입니다"라고 설명했다.

아무리 강력한 비전이라 해도 모두의 가슴속에 저절로 그냥 심어지지는 않는다. 그것은 기업가가 해야 할 일이다. 기업가는 왜 비전이 중요한지, 왜 비전을 이해하고 존중하는 사람만 회사에 머물러야 하는지에 대해 충분한 대화를 나누어야 한다. 파얄이 깨달은 것처럼 비전은 협상 가능한 부분이 아니다. 기업 문화의 근간이다.

스타트업은 어떤 면에서 문화 운동과 비슷하다. 기업가는 조직 구성원들이 비전을 이해하고 존중하고 계속 실천하게 하려는 여러 노력을 기울인다. 가장 중요한 것은 기업가 스스로 자신이 누구이고 어떤 가치를 중요하게 생각하는지 명확히 함으로써 구성원들이 스스로 어떤 신념을 갖고 어떤 일을 하고 있는지 알게 하는 것이다.

일하는 공간에서 문화를 경험하라

인스타그램 창업자 케빈 시스트롬 이야기

모든 기업의 역사에는 중요한 이정표가 되는 어떤 순간이 있다. 인스타그램의 창업자 케빈 시스트롬에게는 앨 고어Al Gore 전 미국 부통령이 그들의 사무실에 들렀던 날이 바로 그런 순간이었다. 그날 케빈은 인스타그램의 성장 비결이라 해도 좋을 만한 중요한 것을 배웠다. "그분은 우리 사무실을 방문한 첫 번째 유명인사였어요. 그리고 저는 그분을 정말 존경하거든요."

당시 인스타그램은 페이스북에 인수되어 페이스북 본사로 이사한 지 얼마 안 됐을 때였다. "그분은 사무실을 둘러보더니 '그러니까 이게 인스타그램이군요?'라고 말씀하셨어요. 그때 저는 사무실 전체를 처음 제대로 본 것 같아요. 당시 사무실에는 '이것이 인스타그램이다'

라고 할 만한 것들이 아무것도 없었죠. 저는 사무실의 전체적인 모습과 느낌을 바꾸기로 했습니다."

인스타그램은 그들만의 고유한 상징과 문화가 드러나도록 사무실 인테리어를 새로 했다. 가령 각 회의실의 이름을 해시태그처럼 지어서 문에 붙였다.

"그 모든 것이 문화를 경험하도록 해줍니다. 우리의 가치를 반영해 공간을 우리답게 꾸미자 직원들이 더 행복하게 일했습니다. 물리적인 환경을 조성하는 것은 기업 문화를 강화하는 중요한 방법입니다. 게다가 사무실을 둘러본 방문객이 저를 이상하게 쳐다보지도 않더군요. 괜찮은 부수 효과였죠."

리드는 페이팔PayPal에서 다섯 명의 핵심 경영진 중 한 명이었을 때 모든 회의실 이름을 주요국 통화의 이름을 따서 짓고 주제에 맞게 꾸몄다. 또 에어비앤비의 이사였을 때는 모든 회의실을 우수 호스트의 집과 비슷하게 꾸미고 이름을 붙였다.

올바른 사람들의 올바른 문화

워크데이 공동창업자 애닐 부스리 이야기

애닐 부스리Aneel Bhusri는 첫 직장에서 일할 때만 해도 기업 문화에 대한 경험이 많지 않았다. 경영대학원을 졸업하고 피플소프트PeopleSoft라는 회사에 첫 출근을 해서야 비로소 좋은 문화란 어떤 것인지 어렴풋이 깨달았다. 애닐이 문을 열고 들어서자 모두가 너무나 친절하게 챙겨주며 업무를 알려줬다. 따뜻한 환영을 베풀어준 이들 가운데는 피플소프트의 창업자이자 후에 워크데이Workday의 공동창업자가 되는 데이비드 더필드David Duffield 사장도 있었다.

"출근 첫날 데이브가 제게 맥주를 마시러 가자고 했어요. 저는 '우와 CEO가 나를 데리고 맥줏집에 가다니! 나는 스물여섯 살밖에 안 됐는데, CEO가 왜 이러는지 모르겠네. 하지만 이 사람을 위해 일하고 싶다'라고 생각했습니다."

데이브는 경영대학원을 막 졸업한 애닐을 고용하면서 그가 가진 능력 중 어떤 것을 사용하게 될지는 몰랐으나 그가 피플소프트와 잘 어울리는 인재라는 점은 분명히 알았다. 실제로도 애닐은 그랬다. 그는 아주 빠르게 조직의 상층부로 올라갔다. 오라클Oracle이 피플소프트를 인수하고 나서 애닐과 데이비드는 회사를 떠나 워크데이를 설립했다. 두 사람의 사업 아이디어는 클라우드 기반으로 인사관리 및 회계 업무 솔루션을 제공하는 것이었다. 당시에는 급진적이고 역발상적인 비즈니스 모델이었다. 이 아이디어를 실현하기 위해서는 강한 팀이 필요했다.

이때부터 애닐은 피플소프트에서 일할 때부터 가졌던 믿음, 즉 올바른 사람들과 올바른 문화를 만드는 것이 위대한 기업을 세우는 데 가장 중요하다는 믿음을 행동으로 옮기기로 했다. 그래서 직원을 채용할 때 자신이 직접 면접을 봤다. 창업자나 CEO가 모든 면접을 직접 보는 것은 흔한 일이 아니었다. 하지만 애닐은 직원이 500명이 될 때까지도 모든 채용 면접에 직접 참여했다. 면접에서 탈락한 사람들의 수까지 고려하면 급성장하는 회사의 CEO가 하기에는 엄청난 업무량이었다. 그러나 애닐과 데이브는 사업 초창기에 채용하는 직원들은 '문화의 공동설립자'로서 매우 중요한 역할을 하므로 시간을 투자할 가치가 충분하다고 생각했다. 직원들의 모든 행동은 문화를 만들기도 하고 망치기도 한다. 새로운 사람들을 끌어당기기도 하고 도망가게도 만든다. 사업도 마찬가지다.

그렇다면 애닐은 면접을 보면서 어떤 사람을 찾으려 했던 걸까? 기술과 경력 부분은 1차 면접에서 평가했다. 애닐과 데이브가 보는 2차 면접에서는 무형의 자질을 평가했다. 그것을 애닐은 '문화적 적합성'이라고 표현했다. 사실 문화적 적합성은 파악하기 힘든 개념이다. 회사마다 다른 문화와 가치를 내세우므로 어떤 회사에서 '10점 만점'이 다른 회사에서는 '0점'이 되기도 한다. 능동적이고 자율적인 태도를 중시하는 회사도 있지만, 지시에 잘 따르는 직원을 선호하는 회사도 있다. 추구하는 문화와 가치가 무엇이든 결국에 그런 사람을 찾아내는 것은 기업가의 몫이다.

기업 문화의 성장에 도움이 될 자질을 파악하라

다만 기업가들이 초창기에 직원을 채용할 때 주의해야 할 점이 한 가지 있다. 어떤 사람이 기존 문화에 잘 적응하고 '조화'를 이룰 것인가 하는 측면에만 초점을 맞춰서는 안 된다는 것이다. 더 중요하게 봐야 할 것은 문화를 '성장'시키는 데 도움이 될 것인가 하는 점이다. 따라서 기업가는 어떤 자질이 문화를 성장시키는 데 도움이 될지 판단하고 이런 기준에 따라 직원을 채용해야 기업 문화의 일부인 포용과 다양성도 강화할 수 있다. 물론 어떤 자질은 측정하기 어렵고 가르칠 수도 없다. 그레이트플레이스투워크Great Place to Work의 CEO인 마이클 부시Michael Bush는 이렇게 설명했다.

"기술적인 능력은 훈련을 통해 향상할 수 있지만, 누군가에게 그가 믿어야 할 것과 믿지 말아야 할 것을 가르치는 것은 매우 어렵습니다. 직원들은 어떤 일이 중요하고 중요하지 않은지, 고객을 어떻게 만족하게 해야 하는지 등에 대해 동일한 기준과 믿음을 가져야 합니다. 그리고 직원들이 서로 다른 기준과 믿음을 가졌을 때 어떤 일이 일어날지도 알고 있어야 합니다."

기업가들은 면접을 볼 때 먼저 회사의 성장 목표와 비전을 명확하게 밝히고 그에 따라 직원들이 가졌으면 하는 자질에 대해서도 자세히 설명해야 한다. 그런 다음에는 그런 자질을 발견하기 위해 세심하게 고안한 질문들을 던지고 그들의 이야기를 경청해야 한다. 애닐은 자신이 어떤 회사를 만들고자 하는지, 그 회사가 어떤 분위기이면 좋겠는지에 대해 명확한 그림을 가지고 있었다. 그는 피플소프트에서 첫날 느꼈던 것과 같은 친근함과 포용성을 원했다. 그것은 고객을 끌어들이고 만족하게 하는 기업의 특성이기도 했다. 이러한 문화에 적응하고 발전시켜 나가는 데 도움이 되려면 팀플레이를 잘하는 자질이 필요하다고 생각했다. 그리고 이러한 자질과 특성을 가려낼 질문들을 찾아냈다.

"팀플레이를 잘하는 사람은 '내'가 아니라 '우리' 위주로 생각하고 행동합니다. 저는 지원자들에게 먼저 그동안의 자기 성과와 업적에 대해 말해달라고 했어요. '나는 이렇게 했다'가 아니라 '우리는 이렇게 했다'라고 말하는 지원자가 우리 회사에 잘 맞는 사람이었어요."

데이비드와 애닐은 '우리 위주'의 사고방식이 기업 문화뿐 아니라 고객을 대하는 직원들의 태도에도 직접적인 영향을 미칠 거라고 강하게 믿었다. 그리고 이들의 생각은 맞았다. 지난 10년 동안 워크데이의 고객만족도는 95퍼센트 이상이었고, 최근에는 98퍼센트에 달했다. 이유는 간단하다. 애닐의 말에 따르면 "우리는 훌륭한 직원들을 뽑았습니다. 훌륭한 직원들은 고객을 만족하게 하는 일에 책임을 집니다."

기업 문화의 본질은 사람이다

젭타크리드양조장 창업자 조이스 네더리 이야기

조이스 네더리Joyce Nethery는 켄터키에서 가족과 함께 증류주 회사인 젭타크리드양조장Jeptha Creed Distillery을 운영한다. 조이스는 버번위스키에서 비즈니스 리더들이 배워야 할 것이 많다며, 사업과 인생의 많은 것처럼 증류주인 버번위스키도 어떤 재료를 어떻게 혼합하느냐에 따라 결과물이 달라진다고 설명했다.

젭타크리드양조장은 '흙에서 유리잔까지' 책임을 지며 세계적 수준의 증류주를 제조하기 위해 전체 사업 생태계를 세심하게 감독한다. 버번위스키를 만드는 과정은 그들의 땅에서 직접 재배되는 옥수수에서 시작한다. 버번위스키는 원료 중 최소 51퍼센트가 옥수수여야 한다. 옥수수는 버번위스키의 품질에 큰 영향을 미치기 때문에 조이스는 집안 대대로 전해지는 최상의 옥수수 품종만을 고집한다. 직접 씨앗을 뿌리고 땅에 거름을 주어서 옥수수를 기른다.

하지만 옥수수가 버번위스키 혼합물에 들어가는 유일한 곡물은 아니므로 다른 재료들을 섞었을 때 어떤 결과가 나올지도 신중히 고려해야 한다. 가령 스파이시한 맛을 내려면 호밀을 섞어야 하고, 더 부드럽고 차분한 맛을 원하면 밀을 섞어야 한다. 어떤 물을 사용하는지도 중요하다. 조이스는 석회질이 여과된 철분이 없는 물을 사용한다. 버번위스키를 담는 통은 말 그대로 불에 한 번 들어갔다 나오는 과정을 거친다. 버번위스키는 이 통에서 2~3년의 숙성 과정을 거쳐 병에 담긴다. 버번위스키의 풍미는 바로 이러한 과정들이 모여 완성된다.

하지만 버번위스키의 궁극적인 성공을 결정짓는 것은 가장 먼저 선택하는 핵심 재료에 달려 있다. 그 핵심 재료는 대대로 내려오는 옥수수 품종이 아니라 바로 사람이다. 증류주 회사가 아닌 다른 업계의 기업가에게도 회사를 스케일업으로 이끌기 위해서는 적절한 재료의 조합을 선택해야 할 책임이 있다. 다만 어떤 회사이든 핵심 재료는 사람이다. 기업 문화의 본질을 형성하는 것은 다름 아닌 사람들이기 때문이다.

어떻게 하면 능력이 있으면서 잘 '섞이기'도 하는 다양한 사람들을 찾을 수 있을까? 이에 대한 답은 기업가가 어떤 회사를 만들고자 하는지, 목표로 하는 최종적인 규모는 어느 정도인지에 따라 달라진다. 다만 그 운명이 기업가가 초창기에 채용한 사람들의 조합에 달려 있다는 점은 변함이 없다.

기업가들이 채용 면접에서 던지는 질문들

기업가는 기업 문화에서 가장 중요한 자질을 말로 표현하고 그것을 채용 면접에서 확인할 방법을 찾아야 한다. 그 방법은 기업가마다 다르다. 가령 구글의 CEO였던 에릭 슈미트Eric Schmidt은 오늘날 지식경제 중심의 기업에서 성공하려는 사람들이 갖춰야 할 가장 중요한 자질은 '끈기와 호기심'이라고 말했다.

허프포스트HuffPost의 창업자이자 헬스케어 플랫폼인 스라이브글로벌Thrive Global의 창업자 아리아나 허핑턴Arianna Huffington이 가장 중요하게 여기는 문화적 가치는 '공감하는 단순명쾌함'이다. 아리아나는 이것을 '불편한 대화를 기꺼이 나눌 수 있고, 다른 의견 내는 것을 두려워하지 않으며, 화가 나거나 불만이 있을 때 목소리를 낼 수 있는 것'

이라고 정의한다. 아리아나는 채용 면접에서 지원자들이 불만스러운 상황에 어떻게 대처하는지 보기 위해 최근 동료나 상사와 나눴던 불편한 대화를 말해달라고 요청한다. "언제나 행복할 수 있는 직장은 없기 때문이죠. 에덴동산은 없답니다."

쉐이크쉑의 대니 메이어가 중요하게 생각하는 자질 가운데 맨 위에 있는 것은 '친절'이다. 그가 구축하려는 문화가 '합리적 배려'라는 점을 생각하면 충분히 이해가 된다. 그가 찾는 자질은 여기서 끝이 아니다. 대니는 자기 인식이 뛰어나고 호기심이 풍부한 사람, 공감력이 뛰어난 사람, 투철한 직업윤리를 가진 사람, 그리고 진정성을 지닌 사람을 찾는다.

"간혹 정말 실력은 정말 좋은데 기업 문화에는 형편없이 안 맞는 사람들이 있어서 안타까워요. 또 가끔은 엄청나게 멋진 사람인데 할 일을 제대로 못 해내는 사람들도 있죠."

빌 게이츠는 자신이 잘 아는 기술 분야가 아닌 다른 경영 분야에서 '심층적인 지식'을 가졌는지를 중요하게 본다고 말했다. 그는 마이크로소프트를 이끌던 젊은 시절에는 이 자질을 크게 중시하지 않았고 엔지니어들만 존중했다고 말했다.

"경영에 전문성이 필요하다는 생각은 하지 못했어요. 세일즈를 배우기 위해 경영대학원에 갈 필요는 없다고 생각했죠. 기술이 가장 중요하다고 생각했고 경영에도 심층적인 지식이 필요하다는 생각은 하지 못했습니다."

성장하는 기업에서 관리해야 할 중요한 전환에는 두 가지가 있다. 한 가지는 '제너럴리스트에서 스페셜리스트로의 전환'이고 다른 한 가지는 '실무자에서 관리자로의 전환'이다. 사업 초창기에는 소매를 걷어붙이고 그날 필요한 일은 무엇이든 할 수 있는 사람들, 즉 실무자이면서 제너럴리스트인 팀원이 가장 많이 필요하다. 하지만 회사가 스케일업으로 가면 한 가지 일을 확실하게 잘하는 스페셜리스트와 팀을 이끌면서 실무자를 더 생산적으로 일하게 만드는 관리자가 더 많이 필요해진다.

채용하고 싶지 않은 사람에 대해서도 생각하라

기업가에게는 어떤 자질을 가진 사람을 채용할지 정하는 것 못지않게 어떤 사람을 채용하지 말아야 할지 정하는 것도 중요하다. 기업 문화에 대한 다양한 글을 쓴 심리학자이자 와튼스쿨의 교수인 애덤 그랜트Adam Grant는 이렇게 말한다.

"기업 문화를 구축하려는 기업가가 처음 해야 할 일은 '버스에 적합한 사람들을 태우는 것도 좋지만 맞지 않는 사람들을 태우지 않는 것이 훨씬 더 중요하다'라고 말하는 것입니다. 모든 기업가는 신규 인력을 채용하기에 앞서 '나는 어떤 특성을 가진 사람을 절대 채용하지 않을 것인가?'라는 질문에 답해야 합니다."

또 CEO이자 컨설턴트인 마거릿 헤퍼넌Margaret Heffernan은 이렇게 조언한다. "자신을 도와줬던 사람의 이름을 하나도 대지 못하는 사람은 채용하지 마세요. 지원자에게 지금까지 일하면서 누구에게 가장 큰 도움을 받았는지 물어보면 간단히 알 수 있죠. 누구에게 도움받았는지 한 명도 기억하지 못한다면 그건 매우 나쁜 징조입니다. 어떤 콘퍼런스에서 청중이 연사에게 '경력을 쌓으시는 동안 누가 도움을 주었나요?'라고 물었어요. 그 사람은 아무도 생각해내지 못했어요. 그러자 모두가 놀라고 충격받은 듯한 침묵이 흘렀습니다."

페이스북의 마크 저커버그Mark Zuckerberg는 기업가에게 그 사람 부하 직원으로 일하고 싶은지 생각해보고 그렇지 않다면 채용하지 말라고 말한다. "이 말이 당신의 자리를 그 사람에게 줘야 한다는 뜻은 아니에요. 상황이 바뀌어 당신이 일자리를 구하고 있다면 그 사람 밑에서 일하는 게 어떨지 상상해보라는 의미입니다."

기업가들 사이에서 회자하는 말 중에 "오케스트라와 연주하는 법을 전혀 배우지 못한 독주자를 조심하라"는 것이 있다. 특히 사업 초창기에는 팀플레이를 하지 못하는 사람이 심각한 문제를 일으킬 수 있다. 페이팔 초기에 리드와 다른 경영진은 채용 면접에서 지원자들의 팀플레이, 협력, 우리 중심의 생각과 태도에 대해 어떻게 이해하고 있는지 확인하기 위한 질문들을 추가했다.

마지막으로 하지 말아야 할 일은 아리아나가 말한 것이다. 그녀는 피곤할 때 면접을 하거나 채용 결정을 내려서는 안 된다고 하면서 이렇게 말했다.

"저의 채용 실수는 전부 피곤한 상태에서 비롯됐습니다. 피곤할 때는 올바른 결정을 내리는 데 필요한 인지능력이 떨어질 뿐 아니라 무의식적으로 '예스'라고 말하고 싶어집니다. 제가 경험에서 배운 교훈을 바탕으로 피곤할 때는 아무도 채용 면접을 진행해선 안 된다는 규칙을 만들었어요."

모든 차원의 다양성을 생각한다

엘레베스트 창업자 샐리 크로첵 이야기

기업의 핵심가치와 문화를 토대로 해야 할 일과 하지 말아야 할 일, 그리고 구성원이 갖춰야 할 중요한 자질을 정해서 그런 사람들을 채용하기 위해 기업가가 모든 채용 면접에 직접 나서다 보면 자칫 군대 조직처럼 비슷비슷한 사람들만 앉아 있는 사무실 풍경을 보게 될지도 모른다. 만약 그렇게 된다면 그것은 재앙에 가까운 일이 될 것이다. 기업 문화를 중심에 놓고 새로운 인력을 채용해야 한다고 해서 비슷하게 생각하고 행동하는 사람들만 모아놓으란 의미는 절대 아니다. 기업이 한 가지 유형의 사람들로만 운영된다면 전반적인 시야가 터널처럼 좁아지는 부정적 결과를 낳는다.

샐리 크로첵은 이러한 사실을 잘 알았기에 엘레베스트를 설립할 때 다양성을 중요하게 생각했으며 그 과정에서 여성과 돈에 대한 뿌리 깊은 편견을 없애는 데 주력했다.

"저는 월스트리트에서 오랫동안 일했는데, 그곳은 늘 성과주의를 강조하면서도 오랫동안 고객에게 형편없는 수익을 안겨주었습니다. 월스트리트에서는 백인 남성들이 일을 더 잘한다고 믿습니다. 그래서 트레이더의 90퍼센트가 백인 남성이고, 자산관리사의 86퍼센트가 백인 남성이죠. 그것이 그들의 성과주의입니다."

샐리는 성별과 인종뿐만 아니라 관점의 다양성도 중요하다고 강조했다. 기업가에게는 서로 정보를 주고받으며 더 깊은 통찰을 이끌어낼 다양한 관점이 필요하기 때문이다. 샐리는 관점의 다양성이 가장 부족한 조직에서 일했기 때문에 그 중요성을 누구보다 잘 알았다. 사실 획일화된 문화에 순응하느라 힘들었던 그녀의 기억은 훨씬 더 이전으로 거슬러 올라간다. 사우스캐롤라이나 찰스턴에 있는 여학교에 다니던 시절 샐리는 겉도는 학생이었다.

"안경과 교정기를 끼고 다녔어요. 매일 점심을 혼자 먹는 기분이 어땠는지 생생하게 기억이 나요. 이런 상황을 잘 헤쳐 나가려면 갑옷을 입고 전쟁터로 들어가야 합니다. 나중에 월스트리트에서 일할 때는 누가 어떤 해코지를 해도 물러서지 않을 자신이 있었어요."

샐리는 엘레베스트의 문화가 월스트리트나 찰스턴의 여학교와는 완전히 다르기를 바랐다. 그래서 그녀가 가장 먼저 한 일은 가능한 한 자기 자신과 '다른' 공동창업자를 찾는 것이었다. 그래서 여성을 위한 사업을 하기로 했으면서도 찰리 크롤Charlie Kroll이라는 남성을 공동창업자로 선택했다. 샐리가 금융업계 경험이 풍부한 데 반해 그는 기술 분야에서 강점을 지니고 있었다. 일하는 스타일과 성격도 그녀와 전혀 달랐다. 당연히 그럴 것으로 예상했지만 의견이 일치하는 경우도 거의 없다고 말했다.

샐리는 엘레베스트가 다른 방면으로도 포용적이길 바랐기 때문에 인종, 민족, 성별의 다양성이 강력하게 유지되도록 시스템을 마련했다. 현재 엘레베스트의 3분의 2가 여성이고, 40퍼센트가 유색인종이며, 엔지니어링팀 절반이 여성이다. 그녀는 회사의 다양성이 적정 수준 이하가 될 때마다 다시 균형을 잡기 위해 신규 채용을 중단한다.

다양성은 단지 성별이나 인종의 문제에 국한되지 않는다. 그것은 나이, 키, 언어, 종교, 교육, 성격, 성장배경 등 인간의 경험과 성격의 모든 차원에 관한 것이다. 외향적인 사람과 내향적인 사람, 융통성이 많은 사람과 매사에 치밀한 사람, 낙천주의자와 비관주의자 등의 균형에 대해서도 생각해야 한다. 마치 루빅큐브를 푸는 것과 비슷하다.

다양성 확보를 위해 중요한 것들

예스브이씨Yes VC의 공동창업자인 카테리나 페이크는 사업 초창기부터 다양성을 확보하는 것이 중요하다고 말한다. “만약 창업 초기 회사에 여성, 아프리카계 미국인, 라틴계 직원들이 있다면 이런 문화는 계속 그렇게 진화할 겁니다. 다양한 사람들은 또 다른 다양한 사람들을 데려오기 쉽죠. 문화가 한번 형성되면 그 과정은 더욱 유기적으로 이뤄질 겁니다. 하지만 사업 초창기가 지난 후에야 기존 문화에서 다양성을 '접목'하려고 하면 그것은 매우 어려운 일이 됩니다. 문화는 한번 확립되면 바꾸기가 매우 어렵기 때문입니다."

한편 소프트웨어회사인 메트릭스트림MetricStream의 전 CEO였고 실리콘밸리 최초의 흑인 여성 CEO 가운데 한 명이었던 셸리 아르샹보Shellye Archambeau는 회사 내의 누구 한 사람에게 '다양성을 위임'하고 이 문제가 해결됐다고 여겨서는 안 된다는 점을 강조한다. 문화에 다양성을 확보하는 문제는 단순히 누구를 채용하느냐의 문제가 아니라 우리가 누구와 함께 일할 것인지, 우리가 만족하게 해야 할 대상은 누구인지에 대한 문제이기 때문이다. 주요 사용자층이나 회사 사무실의 위치까지도 모두 다양성 문제와 연관되어 있다. 다양성의 문제에 먹으면 바로 낫는 즉효약 같은 것은 없다. 진정한 다양성을 위해서는 오랫동안 꾸준히 노력을 기울여야 한다. 중요한 열쇠는 신규 인력을 채용할 때 더 넓은 그물을 던지는 것이다.

비스타에쿼티파트너스Vista Equity Partners의 CEO 로버트 스미스Robert Smith는 신입직원을 뽑을 때 어떤 학교를 나왔고 어떤 회사에서 경력을 쌓았는지 따위가 적힌 이력서에는 별로 관심을 기울이지 않는다. 대신 소질, 역량, 성격 유형에 집중한다. 이런 방식은 다양한 배경의 사람들을 모으는 데 유리하다. 비스타에서는 새로운 직원이 들어오면 먼저 인내심이나 적극성 등 성격 유형을 파악하는 '적성 검사'를 실시한다. 그리고 그 결과를 비스타의 다양한 조직 중 어디에 직원들을 배치하고 어떻게 성장시킬 것인지 결정하는 데 활용한다.

“우리는 지난 20년 이상 축적된 자료와 함께 성격 유형에 따라 업무 수행방식이 어떻게 다른지에 관한 다양한 데이터를 갖고 있습니다. 그래서 ‘당신은 영업팀이나 개발팀보다는 서비스팀에 더 잘 맞을 것 같아요. 서비스팀에서 한번 일해보는 게 어때요?’라고 말해줄 수 있죠. 우리는 더 높은 성과를 내는 조직을 만들기 위해 개개인의 적성을 우선시해서 직무를 배치하고 있습니다.”

로버트는 개인의 자질과 성격 유형을 인력 채용 및 직무 배치의 가장 중요한 기준으로 삼는 접근법을 통해 다양성을 크게 높일 수 있다고 말한다. 다만 여기에는 자신에게 친숙하지 않은 사람들도 적극적으로 채용할 수 있는 기업가의 용기가 필요하다고 설명했다.

다양성 확보를 위한 마지막 조언은 회사 사무실 위치를 한곳에 고정하지 말라는 것이다. 최근에는 코로나19 팬데믹으로 인해 원격 근무와 ‘분산 오피스’가 크게 확대되었다. 비트코인 지갑을 개발하는 스타트업 자포Xapo의 공동창업자인 웬스 카사레스Wences Casares는 이런 트렌드가 관점의 다양성을 확보하는 데 도움이 된다고 생각한다. 자포에는 약 300명의 직원이 있는데 이들은 전 세계 62곳의 사무실에 분산되어 일한다. 이는 회사의 핵심 인물들이 서로 다른 문화적 배경을 가지고 있다는 것을 의미한다. 기업을 전 세계적으로 스케일업하기 위해서는 이와 같은 지리적·문화적 다양성을 가지고 있어야 한다. 그래야 훨씬 더 큰 세계 시장과 연결될 수 있다.

Reid's analysis

1. 기업 문화 구축은 현재진행형의 과제이다

많은 기업가가 기업 문화를 오해하고 있으며, 특히 두 가지 중대한 실수를 되풀이한다. 기업가들이 저지르는 첫 번째 실수이자 가장 흔한 실수는 기업 문화를 무시하거나 그것에 관해 생각하기를 미루는 것이다.

이런 유형의 기업가들은 제품이나 매출과 관련된 문제를 해결하는 것이 가장 중대한 문제라고 생각한다. 나만 해도 젊은 시절 문화보다는 전략을 우선시했다. 당시의 나처럼 이런 유형의 기업가들은 문화란 질퍽거리는 것이고 이차적인 것이며 자연적으로 발생하는 것으로 볼 것이다.

그러나 실제로 문화는 기업이 성취할 모든 것의 기저를 이룬다. 기업가는 직원 수가 많지 않은 초창기에 반드시 기업 문화 문제에 대해 생각해야 한다. 기업 문화는 개인에서 개인으로 빠르게 확산될 뿐만 아니라 때로는 눈에 띄지 않게 굳어버린다.

따라서 기업가는 자신이 중요하다고 생각하는 가치와 그것을 실현하는 방법에 대해, 그리고 회사를 어떻게 성장시켜 나갈지에 대해 깊이 고민하고 이것이 문화로 자리 잡도록 해야 한다. 초창기에 직원들에게 이것을 잘 설명하고 문화로 만들지 않으면 그다음에는 기회가 없을지도 모른다.

잘못된 문화가 한번 뿌리를 내리면 그것을 바로잡을 마땅한 방법이 없다. 잘못을 바로잡는다 해도 시장 상황과 경쟁자들이 허용하는 것보다 훨씬 더 오래 걸릴지 모른다.

문화가 어떻게 잘못되었느냐에 따라 새로운 문화를 확립하는 일이 불가능에 가까울 만큼 어려울 수도 있다. 가령 조직에 실수나 잘못을 허용하는 문화가 정립되어 있지 않으면 구성원에게 제1원칙 사고를 하도록 권장할 수가 없다. 또는 (주로 '성과가 좋은' 직원들에 의한) 언어적 폭력을 용인하는 문화가 있는 회사라면 친절하고 협력적인 문화를 구축하는 것은 거의 불가능할 것이다.

다시 말해 학점 C를 받은 문화를 B⁺ 문화로 고칠 수는 있다. 그러나 C학점의 문화를 A학점의 문화로 만드는 것은 절대 불가능하다. A학점의 기업 문화를 갖는 유일한 방법은 사업 초창기부터 A학점을 받을 만한 문화를 만들고 잘 유지하는 것뿐이다.

기업 문화에 관한 기업가들의 두 번째 오해 역시 매우 일반적이다. 많은 기업가가 문화를 돌에 새겨진 십계명처럼 여긴다. 하지만 기업 문화는 명령으로 만들어지지 않으며, 고정된 것도 아니다.

인간 세상의 대부분이 그렇듯 문화도 늘 진화한다. 문화는 조직의 구성원들에 의해 형성되고 다듬어지며 기업이 성장함에 따라 필연적으로 변화한다. 다만 기업가가 분명한 의도를 갖고 제도적으로 탄탄하게 만들어진 문화적 토대는 기업이 성장해도 변치 않고 그대로 유지된다.

오해하지 말아야 할 것은 탄탄한 문화적 토대를 구축한다 해도 돌에 새겨진 십계명처럼 불변하는 것은 아니란 점이다. 문화는 계속 성장하고 진화하며 그 과정에서 얼마든지 문제점이 나타날 수 있다. 사실은 그런 문제를 인정하고 개선하는 것이 문화가 성장하고 진화하는 과정의 일부이기도 하다. 더구나 그런 개선 과정은 구성원들의 관계를 훨씬 돈독하게 만든다.

나 역시 기업가로 경력을 쌓던 초기에는 기업 문화를 급격히 바꿀 수 있다고 생각했다. '새로운 보안관'이 마을에 와서 새로 법을 정하고 모든 것을 바꾸는 것처럼 말이다. 하지만 문화는 이런 식으로 만들어지지 않는다. 기업을 설립하는 단계에 있든 전환 국면에 있든 문화는 계속 진화해야 한다.

문화에 대해 이해해야 할 또 한 가지는 우리는 모두 미션을 위해 일하며, 문화는 미션을 달성하기 위해 함께 일하는 방법을 정의한다는 것이다. 다시 말해 문화는 조직의 모든 구성원에 의해 소유되고 만들어지고 개선된다. 따라서 공동 프로젝트이자 결코 끝나지 않는 진행형 프로젝트이다. 문화는 인재 채용, 전략 수립 및 실행, 고객 관리 등 기업가가 하는 모든 일의 기초가 된다. 기업가에게 주어진 어떤 과제보다 시급한 과제인 것이다.

2. 기업의 문화는 첫 직원들에 의해 결정된다

나는 지름길을 아주 좋아한다. 《블리츠스케일링》에서도 속도의 중요성을 강조했고, 이 책의 핵심 내용 역시 회사를 빠르게 성장시키는 데 도움이 되는 조언들이다. 하지만 내가 기업가들에게 속도가 늦춰지더라도 반드시 주의를 기울이도록 권하는 몇 가지가 있다. 그중 하나가 사업 초창기의 직원 채용 문제이다.

여기에는 몇 가지 이유가 있는데, 우선 기업가가 사업 초창기에 가장 먼저 채용하는 사람들은 단순한 직원이 아니기 때문이다. 그들은 기업 문화의 공동설립자이다. 그들의 기술과 능력은 기업이 어떤 일을 할 수 있는지 결정할 뿐만 아니라 기업이 어떤 정체성을 가질지도 결정한다. 기업의 유전적 특징, 즉 문화는 첫 직원들에 의해 결정되는 것이다.

탁월한 기업으로 스케일업하기 위해서는 그 첫 직원들이 무엇이 정말 중요하고 어떻게 일을 처리해야 하는지 명확히 알 수 있는 강력한 문화를 구축해야 한다. 여기에서 강력함의 정도는 문화가 직원의 행동에 얼마나 영향을 미치는가를 나타내는 척도이다. 물론 강력한 문화가 반드시 '좋은' 문화는 아니다. 강력하지만 나쁜 문화가 있는 기업에서 일하고 싶은 사람은 없을 것이다.

두 번째 이유는 초창기의 잘못된 채용을 만회하는 것이 정말 어렵기 때문이다. 아폴로퓨전Apollo Fusion의 CEO 마이크 캐시디Mike Cassidy는 "처음 15명을 잘못 채용하면 기업에 치명적일 수 있다"라고 말했는데, 그의 말은 대부분 옳다. 다만 문화의 공동설립자 역할을 하는 첫 직원은 15명보다 훨씬 많을 수 있다.

정확한 숫자는 기업의 성격과 업종에 따라 다르다. 시간이 좀 더 흘러 나중에 중요한 새 프로젝트를 시작할 때 문화의 공동설립자를 데려올 수도 있다. 어쨌든 그들이 버스에 오를 때마다 올바른 선택을 하는 것은 기업가인 당신에게 달려 있다.

이것이 의미하는 바는 기업가인 당신이 채용 면접에 직접 참여해 지원자들이 기업 문화와 잘 맞는지 확인해야 한다는 것이다. 혹은 다른 방법으로 문화적 적합성을 확립하기 위한 강력한 시스템을 개발해야 한다.

사업 초창기에 합류한 직원들은 문화적 규범을 세울 뿐만 아니라 문화를 추가하거나 개선함으로써 기업 문화의 성장과 진화에 커다란 영향을 미친다. 한편 그들은 창업자인 당신이 어떤 직원을 채용하고 채용하지 않을지에 관한 기준을 제공하며, 그 밖에 다른 기업 운영에 관한 여러 문제에 있어서 당신의 의사결정에도 중대한 영향을 미친다. 이렇듯 초창기에 처음 채용한 직원들은 문화의 공동설립자로서 기업의 운명에도 커다란 영향을 미친다.

Reid's theories

기업 문화 구축에 관한 조언들

발전시킬 수 있을 만큼 똑똑한 문화를 구축하라

점점 더 IT기업이 되어가는 대기업을 포함해 모든 IT기업에서는 '제1원칙 사고'를 하는 사람들을 뽑아 문화를 구축해야 한다. 이들은 맹목적으로 지시를 따르거나 유효성이 증명된 프로세스를 고수하는 대신 끊임없이 "회사를 위해 무엇이 최선인가?", "다른 방법으로 할 수 없을까?"를 고민할 것이다.

고객을 두 번째에 둬라

직원들에게 일을 어떻게 해야 하는지 정확하게 알려주어야 한다. 직원들이 올바르게 일을 함으로써 서로에게 모범이 되는 '직원 우선' 문화를 만들 수 있다면, 이는 결국 고객이 점점 더 나은 제품과 서비스를 얻는 결과로 이어질 것이다.

문화를 표현할 방법을 찾아라

기업 문화를 정의하는 것은 결국 기업가의 비전과 가치관이다. 직원들이 당신의 마음과 머릿속을 알 수 있다고 생각하지 말고, 당신이 생각하는 문화가 어떤 것인지 이름을 붙여 구체적으로 표현한다.

초창기 직원들을 공동설립자로 여겨라

초창기 직원들이 회사의 문화와 분위기를 만든다. 기업 문화에서 가장 중심이 되는 자질과 원하지 않는 자질을 정의하고 이를 채용 면접에서 지원자의 문화적 적합성을 판단할 때 가이드로 활용한다.

관점의 다양성을 고려하라

사업 초창기부터 관점의 다양성을 고려해 직원들을 채용하지 않는다면 나중에는 그럴 기회가 없을지도 모른다. 관점의 다양성이 없는 조직을 만든다면 당신의 시야는 좁아질 것이고 변화가 없는 안개 속에서 길을 잃게 될 것이다.

5장

성장에도 속도가 중요하다

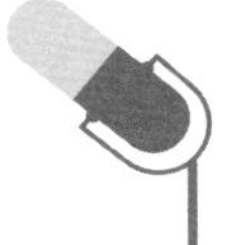

빠름과 느림의 균형이 필요한
전략적 성장

Eric Schmidt

Tory Burch

Lehua Kamalu

Peter Thiel

Susan Wojcicki

Selina Tobaccowala

Al Lieb

Hadi Partovi

Ryan Finley

Mariam Naficy

Varsha Rao

Rana el Kaliouby

Rosalind Picard

스타트업의 성장에 속도가 중요한 이유

토리버치 창업자 토리 버치 이야기

그날은 토리버치Tory Burch가 매장을 열고 스타트업으로 출발하는 날이었다. 뉴욕패션위크 기간에 자신의 이름을 딴 브랜드를 론칭하는 대단한 기회였다. 토리는 준비를 마친 상태였다. 다운타운에서 찾은 적당한 매장에 직접 디자인한 옷들이 멋지게 걸려 있었다. 가족과 친구들, 기자들도 와 있었다. 그리고 가장 중요한 것은, 그날 아침부터 고객들이 모여들기 시작했다는 것이다. 다만 한 가지 문제가 있었는데, 출입문이 말썽이었다.

사정은 이랬다. 토리는 자신의 트레이드마크인 밝은 주황색의 아름다운 문을 주문 제작했다. 하지만 매장을 오픈하는 날이 되어서도 문은 도착하지 않았다. 심지어 그날은 몹시 추운 2월이었는데 말이다. 그녀는 자신이 상상했던 멋진 출입문으로(그리고 적정한 온도로) 손님을 맞이할 수 있을 때까지 일시정지 버튼을 누르고 오픈을 미룰 수도 있었다. 그러나 대다수의 기업가처럼 토리도 먼저 행동하는 사람이었다. 패션위크 기간에 매장을 오픈해야 확실히 관심을 끌 수 있었다. 망설인다면 그 순간은 영원히 사라져버릴지도 몰랐다. 토리는 밀어붙이기로 했다. 출입문 없이 고객을 맞이하기로 했고, 결과는 폭발적이었다. "엄청났어요. 사람들이 매장 한복판에서 옷을 갈아입기 시작했어요. 그날 재고의 대부분을 팔아치웠습니다. 뭔가 대단한 일을 하고 있다는 것을 깨달았죠."

희망을 안고 기도하는 마음으로 서비스를 론칭했지만 버그가 잘 해결되지 않았다거나, 전화 받을 사람도 없는데 사업을 시작했다는 이야기, 쉽게 과부하가 걸리는 형편없는 서버 하나로 웹사이트를 론칭했다는 사연은 기업가들의 흔한 레퍼토리이다.

어째서 나머지 몇 개의 조각이 준비될 때까지 조금 더 기다리면 안 되는 걸까? 그것은 스타트업에는 '속도'가 가장 중요하기 때문이다. 스타트업은 경쟁자들보다 앞서서 혹은 자금이 다 떨어지기 전에 고객을 확보하고 비즈니스 모델을 구축해야 한다. 그러려면 시간 싸움을 할 수밖에 없다. 물론 투자금이 넉넉하고 경쟁자도 없다면 시간을 천천히 쓸 수도 있을 것이다. 그러나 대개의 스타트업은 느리게 성장할 수 있는 조건에서 출발하지 않는다.

실리콘밸리의 인터넷 비지니스 업계에서 리드 호프먼의 매우 유명한 격언이 있다. "첫 번째 제품이나 서비스를 론칭하고 나서 당황스러운 일이 생기지 않는다면 당신은 너무 늦게 론칭한 것이다." 이 격언의 요점은 스타트업에는 속도가 중요하며 제품이나 서비스를 서둘러 시장에 내놓고 실질적인 고객 반응을 통해 학습 곡선을 가속해야 한다는 것이다. 다만 속도를 내는 것과 서두르는 것은 구분되어야 한다. 또 빠르게 행동하는 것이 중요한 만큼 인내해야 할 때와 그 이유를 정확히 아는 것도 중요하다. 인내하는 것과 느린 것은 다르다. 인내는 전략적으로 적절한 타이밍을 선택하기 위한 것이다.

토리에게 2004년 뉴욕패션위크는 자신의 이름을 딴 의류 브랜드를 론칭하기에 딱 알맞은 타이밍이었다. 그런데 사실 토리는 전형적인 기업가적 목표를 갖고 패션회사를 시작하지 않았다. 그녀는 영리와 비영리가 상호 보완되는 형태의 조직을 상상했다. 즉 돈을 버는 일과 사회에 환원하는 일이 처음부터 밀접하게 엮여 있었다. 특히 소규모 사업체를 운영하는 여성들을 위한 비영리재단을 설립하고 싶었다. 그러나 영리성 비즈니스를 하면서 동시에 비영리재단을 세우고자 하는 그녀의 계획에 대한 사람들 반응은 썩 좋지 않았다. "대개는 코웃음을 쳤어요. '비즈니스'와 '사회적 책임'을 절대 한 문장에 넣지 말라는 이야기도 들었고요."

토리는 양쪽 아이디어 모두에 확신을 지녔고 열정적이었지만, 투자자들로부터 한결같은 피드백을 들은 후에는 전략을 수정했다. 독특하고 캐주얼하지만 세련된 옷을 합리적 가격에 소비자에게 직접 판매하겠다는 사업 아이디어를 전속력으로 추진하기로 한 것이다. 재단에 대한 생각은 잠시 접어둔 채 말이다.

그렇다고 해서 원래 아이디어에 포함되었던 목표를 포기한 것은 아니었다. 토리는 적당한 타이밍을 기다렸다. 이런 결단력이 모든 인내심 있는 전략의 핵심이다. 출입문도 없이 매장을 오픈했던 날로부터 5년이 지난 2009년에 토리는 드디어 재단을 출범시켰다. 10년 뒤에는 뱅크오브아메리카Bank of America에서 1억 달러를 위탁받아 캐피털 프로그램을 운영했다. 이 프로그램은 여성 기업가들에게 저렴한 대출을 연결해주는 한편 토리버치 사업과도 선순환을 만들어냈다.

빠른 성장과 전략적 인내 사이에서 균형 잡기

토리버치라는 패션 브랜드가 익숙하지 않은 사람들을 위해 설명하자면, 이 브랜드는 모던과 클래식을 결합한 스타일이다. 그렇다 보니 토리가 세 명의 남자 형제들과 도시에서 멀리 떨어진 농장에서 자랐다는 사실을 대부분의 사람이 의외로 받아들인다. 사실 그녀는 아주 우연히 패션계에 발을 들여놓았다. 대학을 졸업했을 때 토리는 무엇을 하고 싶은지 잘 몰랐지만, 직장생활을 다른 곳이 아닌 뉴욕에서 하고 싶다는 생각은 확실했다. 그래서 다음 주부터 일을 시작할 수 있다면 일자리를 주겠다던 디자이너에게 무작정 전화를 걸었다(토리가 스스로에 대해 표현한 것처럼 '말도 안 되게 수줍음이 많은' 사람에게는 쉽지 않은 일이었다). 토리는 금요일에 학교를 졸업하고 주말에 뉴욕으로 이사해 월요일부터 일을 시작했다.

토리는 디자이너들 밑에서 몇 년간 일하고 전업주부로도 지내다가 마침내 자기 사업을 시작할 계획을 세웠다. 리테일 매장과 웹사이트를 통해 소비자에게 직접 의류를 판매하는 등 시대를 앞선 아이디어가 여럿 포함된 역발상의 계획이었다(당시는 대부분의 패션 브랜드가 백화점에 매장을 내는 것에서 시작하던 때였다). 그러나 상대적으로 '인내심이 필요한 계획'이기도 했다. 보수적으로 처음 5년 동안 세 곳의 매장을 여는 것을 목표로 했다. 이 목표는 지극히 합리적으로 보였는데, 첫해에 예기치 않은 기회가 나타났다. 오프라 윈프리가 토리버치를 발견하곤 자신의 쇼에서 소개한 것이었다. 토리는 3개가 아니라 17개의 매장을 열게 되었다.

해외시장에 진출할 기회도 비교적 빨리 찾아왔다. 토리는 특히 중국 시장에 진출할 때 한 번 더 목적의식을 가지고 인내심을 발휘했다. "절대로 새로운 시장에 요란하게 진출하고 싶지 않았어요. 우리는 항상 시장을 배우고 존중하며 문화를 이해하길 원합니다. 그래서 새로운 나라에 진출할 때는 그 시장을 잘 아는 누군가와 협력했습니다."

토리는 매우 신중하게 접근하는 한편 적절한 타이밍이 되면 공격적으로 움직였다. 토리버치는 현재 중국에 30개의 매장을 가지고 있다. 지난 수년간 이렇게 빠른 성장을 하면서 토리는 자신의 직감에 의지해서 밀고 나가야 할 때와 속도를 늦춰야 할 때를 알았다. 이것은 때에 따라 성장의 기회를 거절하거나 적어도 그 기회를 더 느린 궤도에 올려놓는다는 의미였다. 일례로 토리는 아웃렛 매장이 쉬운 해결책은 될지 몰라도 장기적인 해결책은 아니라고 보았다. 그래서 브랜드 가격과 이미지를 보호할 수 있는 속도로 시기와 장소가 적절해 보일 때만 아웃렛 매장을 열었다.

토리는 주요 백화점에도 마찬가지로 신중하게 접근했다. 자신의 브랜드가 어떻게 취급되는지 주의 깊게 살펴보면서 전략적인 선택을 했다. 한번은 주요 백화점 매장에서 자신의 브랜드를 통째로 철수하기도 했다. 디자이너 브랜드에서는 상상하기 어려운 극단적인 선택이었다. "자기 브랜드가 올바른 대우를 받지 못하는 상태에서 판매를 시작하면 안 됩니다. 먼저 대화를 나누거나 행동을 취해야죠."

핵심가치를 최우선에 두면서 단기적인 매출을 두 번째에 놓는 토리의 접근방식은 외부에서 들여다보는 사람들에게는 혼란스러울 수도 있다. 토리는 웃으면서 이렇게 말했다. "어제 기자 한 분과 점심을 먹었는데 그분이 '당신은 투자자들이 짜증 낼 만큼 너무 심하게 브랜드를 보호한다고 알려져 있습니다'라고 말씀하시더군요."

사실 토리의 투자자들은 그러한 보수적인 결정을 좋아한다. 개인회사로서 연간 15억 달러 이상의 매출을 올리고 있기 때문이다. 그녀는 여성 기업가들이 성장에 대해 상대적으로 더 균형 잡힌 접근을 할 수 있다고 생각한다. 자신의 선택과 결정이 5년, 10년 동안 사업에 어떤 영향을 미칠지 생각할 만큼 장기적인 시각을 가진 경우가 많다는 것이 그 이유였다. 토리의 표현을 빌리자면 "여성들은 인내심을 가져야 할 때와 속도를 높여 나아갈 때를 본능적으로 알고 있다."

5장에서는 공격적이고 빠른 성장과 전략적이고 신중한 인내 사이에서 균형을 맞추는 것이 왜 그렇게 중요한지 알아볼 것이다. 이 균형은 기업가가 초창기에 누구로부터 얼마나 많은 투자를 받을지, 어떤 성장 기회를 추구하고 어떤 파트너십을 맺을지와도 연관이 있다. 또 조직을 구성하고 문화를 발전시키는 방법에도 영향을 미칠 수 있다.

우리가 말하는 특정한 인내심을 상상하기 위해 왜가리 한 마리를 그려보자. 이 새는 말도 안 되게 긴 다리와 단도 같은 부리를 가진 우아하고 위엄 있는 새이다. 왜가리는 습지에 고요히 서 있다. 너무 오랫동안 움직이지 않고 서 있어서 풍경화의 한 장면처럼 보일 수 있다. 꽤 게을러 보일지도 모른다. 하지만 일단 물고기를 발견한 순간 왜가리는 믿을 수 없는 속도와 정확성으로 먹이를 낚아챈다.

빠름과 느림 사이의 균형을 유지하는 것은 까다로운 일이다. 너무 빨리 가는 것도 위험하지만 느리게 가는 것 역시 성장에 필요한 자원을 고갈시킬 수 있다는 점에서 훨씬 더 위험할 수 있다. 특히 경쟁이 매우 치열할 때는 성장 속도를 최대한 높이기 위해 이례적인 위험을 감수해야 할 때도 있다.

다시 움직이기 위해 준비하는 시간

——— 항해사 레후아 카말루 이야기

2017년 5월, 레후아 카말루Lehua Kamalu는 전통적인 폴리네시아식 이중 선체 카누를 타고 타히티에서 하와이로 출항했다. 이는 레후아가 단독 항해사로 나선 첫 항해였으며, 선원들을 이끌고 4,023킬로미터에 달하는 망망대해를 건너는 대단히 위험한 여정이었다. 레후아의 배는 그녀 말에 따르면 "선조들이 항해했던 것과 동일하게 설계되었다." 백업 엔진이나 전기도 없고, 등유와 컴퓨터를 비롯해 어떤 현대식 장비도 없었다. 심지어 나침반도 없었다.

레후아는 폴리네시안항해협회의 첫 여성 항해사이다. 이들은 배를 타고 나갈 때마다 위험한 항로를 항해할 뿐만 아니라 선조들의 살아 있는 지혜와 경험을 다시 체험한다. 수세기 동안 타히티에서 하와이로 향하는 항로는 현대적인 장비 없이는 절대 항해할 수 없다고 여겨졌다. 하지만 레후아와 그녀의 선원들이 항해를 마치고 무사히 귀항했을 때 그러한 생각이 틀렸음이 증명되었다.

항해를 시작한 첫 주는 순조로웠다. 그러다가 무풍대에 들어섰다. 무풍대란 '죽음의 고요'라고도 알려진 적도 근처의 바람 없이 잔잔하고 고요한 지대이다. 이곳에서는 가끔 격렬하고 예측 불가능한 폭풍이 몰아친다. 레후아의 배가 무풍대에 도착했을 때는 완전히 고요한 상태였다. 바람과 해류가 약해졌고 하늘은 구름으로 덮여 있었다. 그녀의 배는 엔진이 없는 범선 종류였으며, 식량 공급도 제한적이었다. 이런 배에서는 선원들이 항로를 유지하기 위해 바람과 해류에 의존한다. 이 지점이 바로 인내심이 필요한 곳이다. 레후아는 "하지만 게으른 인내심은 아닙니다. 경계를 늦추지 않는 주의 깊은 인내심이죠"라고 설명했다.

"선원들은 현재 위치를 확인하고 예기치 않은 기후변화의 징후를 발견하기 위해 해류, 바람, 햇빛, 달, 별 등을 주의 깊게 관찰합니다. 무풍대에 들어선 이틀째에 구름층이 너무 두꺼워 햇빛이 전혀 비치지 않았어요. 완전히 캄캄했죠. 파도는 눈에 보이지 않았지만 배의 측면에 반복적으로 와서 부딪히는 것은 느낄 수 있었죠."

완전한 어둠과 파도는 이후 5일 동안 계속되었다. 그들이 할 수 있는 일이라고는 '지켜보고 기다리고, 지켜보고 또 기다리는 것'뿐이었다. 레후아의 설명처럼 "항해사의 일은 가능한 멀리 미래를 보고 선원들과 배를 보호하고 올바른 길로 가는 것이다." 그녀는 순간적으로 나타날지 모를 징후를 찾는 한편 언제든 움직일 수 있도록 만반의 준비를 했다. 마침내 어둠이 계속된 지 5일째 되던 날 순간적으로 태양이 어둠을 뚫고 '용의 눈'처럼 붉고 강렬한 한 줄기 빛을 비췄다. 그것이 레후아가 기다렸던 징후였다. 그 빛이 석양의 정확한 위치와 해가 지는 방향을 알려주었다. 일단 해가 지는 방향을 알면 배의 현재 위치를 계산할 수 있고 항해를 재개하는 데 필요한 모든 것을 알아낼 수 있었다. 선원들은 항로를 조정해서 하와이 빅아일랜드 동쪽 위도로 진입했다.

"그때 저는 확신이 있었고 계속해서 옳은 길로 가고 있다는 신호를 받았습니다. 우리는 불확실성이 가득한 바다에서 인내심을 가지고 꿋꿋이 버텼어요. 하지만 이제는 다시 속도를 내야 할 때였죠."

레후아의 이야기는 리더십이 어때야 하는가를 보여주는 완벽한 비유이다. 위대한 선장과 위대한 CEO는 항해의 모든 여정에서 빠르게만 움직일 수 없다는 것을 알고 있다. 멀리 가려는 기업가는 늘 주변 조건이 변화한다는 사실을 알아야만 한다. 전략적인 인내심을 가져야 하지만 그렇다고 가만히 앉아서 기다리기만 해서는 안 된다. 때가 되었을 때 전속력으로 질주할 수 있도록 준비를 해야 한다. 도약의 순간이 도래하면 출발선을 넘어가는 첫걸음은 아주 빨라야 한다. 더 정확히 말하자면, 폭발적이어야 한다. 즉 다른 사람들이 훔쳐가거나 따라잡기 전에 자신의 아이디어에 엄청난 추진장치를 달아야 한다.

경쟁에서 이기기보다 경쟁에서 빠르게 벗어나라

페이팔 공동창업자 피터 틸 이야기

출발 지점에서 충분히 빨리 시작한다면 경쟁자들을 앞지를 수 있을 뿐만 아니라 그들을 완전히 뒤처지게 할 수도 있다. 그것이 페이팔의 공동창업자인 피터 틸Peter Thiel의 철학이다. 피터는 실리콘밸리에서 논란이 많은 인물로 도발적인 발언과 예측 불가의 엉뚱한 발상으로 유명하다. 그러나 기업가와 투자자로서 그의 업적은 부인할 수 없으며, 그 업적들은 '확실하게 주도권을 확보한다'라는 접근방식에 뿌리를 두고 있다.

피터는 경쟁에서 이기려고 하는 대신 경쟁에서 완전히 벗어나는 전략을 택한다. 경쟁자가 없는 새로운 분야로 진입하거나 경쟁자가 따라잡을 가능성이 아예 없을 만큼 빠르고 단호하게 행동함으로써 그렇게 한다. 페이팔 초창기에 피터는 경쟁에서 벗어나려면 가능한 한 많은 사용자를 빠르게 확보해야 한다고 판단했다. 그래서 값비싼 실험을 했다.

대부분의 기업은 새로운 고객을 찾기 위해 광고비 예산을 책정한다. 하지만 페이팔은 더 직접적인 방법을 택했다. 사용자에게 직접 돈을 준 것이다. 기존 사용자가 친구에게 페이팔을 추천하면 추천인과 친구는 각각 10달러를 사이버 머니로 받는 식이다. 피터는 이 방법이 빨리 출발할 수 있는 최적의 전략이라고 생각했다. 그의 판단 근거는 확실했다. 첫째, 사용자들에게 직접 돈을 지급함으로써 페이팔을 이용하면 쉽게 송금할 수 있다는 것을 보여준다. 둘째, 이러한 방식은 소비자 인터넷 분야의 다른 기업이 쓰는 광고비보다 더 적은 예산으로 가능하다.

"우리는 가능한 한 빨리 사용자 수를 확보하고 규모를 키워야 했습니다. 그렇지 않으면 경쟁에서 벗어나지 못했거나 다른 누군가가 우리를 앞질렀을 겁니다." 천체의 중력을 벗어나는 가장 작은 속도를 '탈출 속도'라고 하는데, 피터는 경쟁에서 벗어나기 위한 속도를 여기에 비유했다. "빠르게 스케일업하기 위해서는 정말 열심히 경주해야 합니다. 그래야 초창기 엄청난 경쟁의 블랙홀에서 빠져나올 수 있는 탈출 속도를 얻게 되죠."

이 시점에서 페이팔은 완전한 비즈니스 모델조차 없었다. 피터는 먼저 스케일업을 하고 비즈니스 모델에 대해서는 나중에 걱정하기로 했다. 페이팔은 사용자를 기하급수적으로 늘리는 한편 투자금을 빠르게 소진했다. 절대 만만한 상황은 아니었다. 하지만 많은 기업이 때로는 수년 동안 수익성을 지연시킨다. 아마존은 거의 20년 동안이나 월스트리트 투자자들의 불만을 무시한 채 그들의 비즈니스 영역에서 경쟁자들을 떨쳐내는 데 집중했다.

페이팔은 빠르게 출발선을 통과해 급성장했음에도 계속 긴장을 늦출 수 없었다. 탈출 속도는 고정된 속도가 아니다. 경쟁자에 따라 늘 상대적이다. 얼마나 세게 가속페달을 밟아야 하는지는 가장 빠른 경쟁자가 결정한다. 페이팔의 가장 위협적인 경쟁자는 새로운 자체 온라인 결제 시스템을 개발하던 이베이eBay였다. 하지만 속도 면에 있어서 스타트업은 기존 대기업들과 비교해 상대적으로 유리하다. 이에 대해 페이팔의 창립 멤버이자 COO였던 리드 호프먼은 이렇게 설명한다.

"현실적으로 봤을 때 스타트업의 가장 위험한 경쟁자가 이베이 같은 거물인 경우는 거의 없습니다. 대기업은 전장을 급습하는 데 따르는 위험을 감수하길 주저합니다. 당시 페이팔은 일을 망치면 수천 명의 사용자들에게 역풍을 맞을 위험을 감내해야 했습니다. 하지만 이베이는 잘못하면 수백만 명의 사용자들을 분노케 하고 규제 당국의 주의를 끌 수도 있었죠. 또 우리는 설사 이베이가 그런 위험을 감수한다고 해도 온라인 결제 시스템을 개발하는 데 그렇게 많은 창조적인 에너지를 쓰지 않으리란 걸 알았습니다. 그들은 이미 글로벌 시장에서 완벽한 이커머스 시스템을 가지고 있었으니까요. 우리는 그들이 온라인 결제 시스템을 구축하는 데 1년 이상 걸리는 것을 보고 용기를 얻었습니다."

탈출 속도와 기하급수적인 성장의 힘

그동안 페이팔은 광범위한 사용자 기반을 확보하며 성장했다. 피터는 비록 초창기에는 경쟁이 심하더라도 탈출 속도가 높으면 시간이 지남에 따라 도전자들이 적어진다는 사실도 알게 되었다. 그렇다면 속도가 어느 정도여야 경쟁에서 벗어날 수 있을지는 어떻게 알 수 있을까? 피터에게는 공식이 하나 있었다. "그 공식은 $u_t = u_0e^{xt}$입니다. 여기서 u_0은 최초의 사용자이고 u_t는 시간 t의 사용자입니다. e^{xt}는 지수적 성장 요인입니다. x값이 커지면 지수가 훨씬 더 빠르게 상승하겠죠."

이해가 되는가? 이해가 잘 안 된다고 해도 걱정하지 마라. 그저 페이팔의 x값이 커서 "사용자 기반이 매일 최대 7퍼센트씩 확대되었고, 사용자 그리고/또는 매출이 지속해서 두 배가 될 때 나올 수 있는 성장률로 이어졌다"라고만 말해도 충분할 것이다. 페이팔은 24명의 사용자로 시작해 매우 빠르게 1,000명에 도달했다. 그로부터 한 달 뒤에는 1만 3000명이 되었고, 다시 한 달 뒤에는 10만 명이 되었으며, 론칭 후 3개월 만에 100만 명의 사용자를 확보했다. 결국에 초창기에 사용자에게 직접 돈을 주는 방식으로 스케일업이 가능할 것이라던 피터의 선택은 옳았다.

사업 초창기에 경쟁에서 벗어날 만큼 속도를 높임으로써 많은 스타트업이 기하급수적인 성장에 성공한다. 실리콘밸리에 '하룻밤 성공 신화'가 많아 보이는 것도 바로 이러한 기하급수적인 성장의 힘 때문이다. 리드는 "이것이 투자자들이 작은 회사에 수억 달러를 쏟아붓는 이유입니다. 스타트업이 탈출 속도에 도달하기만 한다면 기하급수적 성장의 힘을 이해하는 사람은 누구나 그 회사에 계속 자금을 지원할 것입니다."

결국 페이팔은 온라인 결제 서비스 영역에서 지배적인 위치를 확보했으며, 게다가 눈 깜작할 사이라고 느껴질 만큼 빠른 속도로 성과를 이뤄냈다. 더 크고 느린 이베이는 선택의 여지가 없어졌다. 이베이는 페이팔과 경쟁을 중단하고 2002년에 15억 달러라는 엄청난 금액으로 페이팔을 인수했다.

비행기 조종사처럼 빠르게 결정하라

전 구글 CEO 에릭 슈미트 이야기

선마이크로시스템스Sun Microsystems에서 14년간 성공적으로 경력을 쌓은 에릭 슈미트는 "이제 변화해야 할 때다. 다른 곳에서 CEO를 해야겠다"라고 결심했다. 그는 노벨Novell이라는 네트워킹 소프트웨어 회사의

CEO 자리를 제안받았다. 서류상으로는 완벽했다. 하지만 슈미트는 평소 하던 대로 충분히 사전조사를 하지 않은 것을 후회해야 했다.

"출근 첫날에 실수했다는 사실을 깨달았습니다. 분기 매출액이 인터뷰할 때 들었던 것과 달랐거든요. 출근 사흘째인 수요일에는 심각한 위기에 처했습니다. 그해 늦여름 우리는 모든 것에 실패하는 '최악의 달'을 보냈어요. 동료에게 '그저 온전한 상태로 여기서 나갈 수만 있으면 좋겠다'라고 말하기도 했습니다."

위기를 헤쳐가는 와중에 슈미트는 회사 일과는 완전히 동떨어진 것을 배우기 시작했다. 한 친구가 슈미트에게 "너는 머리를 좀 식혀야 해. 비행기라도 조종하면 다른 일은 생각할 수도 없을 거야"라고 말했다. 엉뚱한 조언 같았지만, 결과적으로는 최고의 조언이 되었다. 비행기 조종사는 계속해서 빠른 결정을 내려야 한다. 결정하고, 결정하고, 또 결정해야 한다. 결정을 내리고 결과를 받아들여야 한다. 이러한 비행기 조종 훈련은 슈미트가 노벨에서 힘든 전환기를 겪을 때 많은 도움이 되었다.

이러한 빠른 의사결정 습관은 구글 CEO를 맡았을 때도 많은 도움이 되었다. 빠른 의사결정은 적어도 두 가지 이유로 구글의 폭발적인 성장에 열쇠가 되었다. 첫째, 급변하는 온라인 검색 생태계에서 경쟁자들을 앞지를 수 있었다. 둘째, 빠른 결정이 혁신을 부채질했다. 관료적인 형식주의처럼 창의성을 죽이는 것은 없다. 대기업에는 변호사, 의사결정권자, 불명확한 소유주들이 많다. 그들은 의사결정이 느려지게 만드는 요인이 되기도 한다. 이러한 상황을 피하고자 슈미트는 구글 초창기에 빠른 의사결정 시스템을 구축했고, 덕분에 규모가 훨씬 커진 다음에도 구글에서는 모든 의사결정이 매우 신속하게 이뤄졌다. 유튜브 인수 결정이 단적인 예이다. "열흘 만에 유튜브를 인수하기로 결정했습니다. 역사적인 결정이었지만 우리는 준비가 돼 있었죠. 모두 여기에 집중했습니다. 이 일을 해내고 싶었거든요."

수잔 보이치키Susan Wojcicki도 그때 얼마나 빨리 일이 진행됐는지 기억한다. 현재 수잔은 유튜브의 CEO이지만 인수 당시에는 구글에서 유튜브의 직접적인 경쟁자였던 구글비디오라는 새로운 프로젝트를 맡고 있었다. "몇 달 늦게 출발한 유튜브는 아주 빠르게 성장해서 금세 구글비디오보다 커졌어요. 정말 멋진 비즈니스를 새롭게 발견하곤 엄청나게 흥분했는데, 얼마 지나지 않아 우리가 지고 있다는 것을 깨달았어요. 저는 얼마나 많은 사람이 유튜브나 구글비디오에 동영상을 업로드하는지 추적하고 있었거든요. 그런데 유튜브가 이미 우리보다 훨씬 더 크더라고요. 우리가 변화를 꾀해봤자 뒷북만 치는 셈이었습니다. 그래서 깨달았죠. 우리가 따라잡으려면 정말 힘들겠구나.

반면에 당시 유튜브는 훨씬 더 많은 투자가 필요하다는 것을 깨달았습니다. 시장은 아직 유튜브의 비즈니스를 제대로 이해하지 못한 상태였어요. 상당한 투자금을 확보하지 못한다면 다른 곳에 매각하는 수밖에 없었죠. 회사를 매각해야 한다는 사실을 깨달은 유튜브는 인수자를 찾아 나섰어요. 저는 유튜브의 가능성을 확신하고 있었기 때문에 전임 CEO였던 살라 카만가Salar Kamangar와 함께 인수를 전폭 지지했습니다. 우리는 구글의 두 공동창업자와 함께 의논을 시작했어요. 유튜브가 조회 수만 많이 나오는 게 아니라 수익 측면에서도 엄청난 잠재력을 가졌다는 것을 보여주기 위해 서둘러 시뮬레이션 자료를 만들었습니다. 우리에게는 시간이 많지 않았거든요."

슈미트는 유튜브를 6억 달러에 사자는 수잔의 제안을 받아들이지 않고 기다렸다. 시간이 지날수록 인수 비용이 높아질 것이란 점을 알았지만, 아직 그 정도 가치는 아니라고 판단했기 때문이다. 이후 유튜브가 야후Yahoo와 인수 협상 중이라는 소식이 들려왔다. 이미 대화할 준비가 돼 있던 슈미트는 곧장 유튜브 사람들을 만났다. 며칠 만에 가격이 정해졌다. 이사회 투표가 진행되었고, 마침내 유튜브는 구글의 일부가 되었다. 인수 금액은 16억 5000만 달러에 달했다. 수잔이 유튜브의 CEO를 맡으면서 구글의 경영진에게 들은 첫 번째 지시는 '망치지 마라'는 것이었다.

구글의 경영 역사에서도 볼 수 있듯이 구글이 내린 대부분의 전략적 결정들은 '빠르게 행동한다'라는 것으로 요약된다. 이것이 아마도 구글 전략에서 가장 잘 이해되지 않는 측면일 것이다. 또 이것은 구글이 시장 지배력을 얻기 위해 경쟁하는 대신 작은 기업들을 사들이는 이유이기도 하다. 이에 대해 슈미트는 이렇게 설명했다.

"구글 내부의 엔지니어들에게 1년 동안 신제품을 개발하도록 하는 것과 동일한 제품을 이미 만들고 있는 작은 회사를 인수하는 것을 비교해서 생각해봅시다. 제품을 론칭하면 빠르게 수익이 발생할 것이라는 가정하에 선택 A는 '우리가 직접 만든다, 제대로 해'이고, 선택 B는 '회사를 사들인다, 지금 해'입니다. 여러분은 항상 '지금 해'를 선택해야 합니다."

스케일업을 고려하지 않고 출발했을 때의 문제들

이바이트 공동창업자 셀리나 토바코발라

셀리나 토바코발라Selina Tobaccowala는 업계를 크게 뒤흔든 인상적인 경력을 가지고 있다. 그녀가 이끄는 혁신적인 기업들 가운데는 티켓마스터Ticketmaster, 서베이몽키SurveyMonkey, 피트니스 앱인 직소Gixo와 같은 업계의 교란자들이 있다. 역사를 거슬러 올라가면 1990년대 초 스탠퍼드 대학교 기숙사에서 장차 소셜플래닝 비즈니스를 완전히 뒤흔들어버릴 온라인 초대장 웹사이트 이바이트Evite의 코딩 작업을 하는 셀리나를 발견할 수 있다.

셀리나와 그녀의 공동창업자인 알 리브Al Lieb는 이바이트가 인기를 얻었으면 좋겠다는 막연한 기대는 했지만, 온라인 초대장 분야의 지배적인 플랫폼이 될 거라고는 상상도 하지 못했다. 셀리나에게 이바이트의 거대한 잠재력을 알아채도록 단서를 준 것은 정말 사소한 사건이었다. "저는 아주 덜렁이인데, 하루는 책상 밑에 있던 컴퓨터 케이블에 걸려 넘어졌어요. 이건 별일이 아니지만, 그다음에 일어난 일이 별일이었어요. 누군가 전화를 해서는 '이바이트에 무슨 일이 있나요?'라고 묻는 거예요."

셀리나는 케이블에 걸려 넘어지면서 컴퓨터 전원만 끊은 게 아니라 사이트에 들어온 사용자들까지 차단해버린 것이었다. 셀리나는 전원을 연결한 뒤에 데이터베이스를 살펴보곤 사용자가 빠르게 늘어난 것에 놀랐다. 이바이트는 링크드인처럼 자연스럽게 '바이럴 루프'가 형성되는 구조였다. 신규 회원이 온라인 초대장을 보내면 초대장을 받은 사람이 또 다른 사람들에게 초대장을 보냄으로써 빠른 속도로 사용자가 늘어났다.

스타트업에는 사용자의 클레임 자체가 좋은 신호일 수 있다. 그것은 실제로 사용자가 존재하고, 일부러 전화해서 불평할 만큼 관심을 보인다는 증거이기 때문이다. 하지만 반대급부도 존재한다. 열정적인 초기 사용자들은 빠르게 사랑을 쏟아부은 만큼 빠르게 등을 돌려버릴 수 있다. 화가 난 고객의 전화를 받았을 때 셀리나는 다른 경영진만큼이나 엄청난 책임을 져야 하는 상황이었다(당시 그녀가 겨우 술을 마실 수 있는 나이가 되었다는 점은 중요하지 않았다).

당시 셀리나는 온라인 초대장 사업을 스케일업할 생각은 해보지 못했다. 이는 그녀가 서비스를 개발하면서 "데이터베이스 백업을 어떻게 해결할 것인가?" 등과 같은 핵심적인 문제들을 생각해보지 않았다는 뜻이기도 하다. 그래서 실제로 여러 차례 사이트가 다운되곤 했다. 셀리나와 동료들은 문제를 해결하는 한편 빠르게 배워야 했다.

초창기부터 빠른 성장에 대비해야 하는 이유

기업가들은 종종 '하룻밤의 신화'를 꿈꾸면서도 다음 날 아침에 무슨 일이 일어날 것인가에 대해서는 충분히 생각하지 않는다. 그러다가 잠에서 깨어나 격렬하게 타오르는 불길을 발견하기도 한다. 비영리 교육 단체인 코드닷오알지Code.org의 공동창업자 하디 파르토비Hadi Partovi를 예로 들어보자. 2007년 아이라이크iLike라는 음악 검색 앱을 론칭했을 때 하디는 당시 월간 사용자 수가 2000만 명 이상이었던 페이스북에서 라이브를 진행했다. 그런데 그는 그 라이브가 이제 막 론칭한 신생 앱에 대단한 기회가 되리란 것을 알지 못했고, 입소문의 파급력도 과소평가했다.

"그저 관심도가 어느 정도인지 보려고 서버 두 대를 돌리기로 했어요. 그런데 한 시간도 채 지나기 전에 서버 두 대로는 어림없겠다는 걸 깨달았죠. 즉시 서버를 두 배로 늘렸는데, 거기서 또다시 두 배를 늘려야 했죠. 그러곤 다시 또 두 배를 늘렸습니다. 얼마 지나지 않아 서버가 30대는 있어야 로드를 감당할 정도가 되었고, 주말이 끝날 때쯤이면 다시 서버가 부족해질 것 같았어요."

하디와 그의 파트너는 먼저 이삿짐 트럭을 빌린 다음 사람들에게 서버를 빌리러 다녔다. 두 사람은 주말 내내 서버를 빌리고 설치하면서 아이라이크가 계속 잘 돌아가기만 기도했다.

이런 이야기는 스타트업 성공 신화에도 자주 등장하는 단골 소재다. 새로운 제품이나 서비스가 한번 입소문을 타기 시작하면 무방비 상태에 있던 기업가와 그의 직원들은 대단히 비효율적인 무질서 상태에 빠져버린다. 실리콘밸리의 창업자들은 제품이나 서비스를 개발하는 것도 힘든데 어떻게 비상 대책까지 미리 마련하느냐고 말한다. 하지만 기업가는 스케일업에 성공해 새로운 시장의 선도자가 되기 위해서 때로 감당하기 어렵더라도 모든 성장 기회를 미리 포착하고 그에 대비해야 한다.

전략적 성장을 선택한다는 것의 의미

빠른 성장에는 늘 재고 부족, 서버 장애, 고객 응대 지연 등 여러 문제가 따라다닌다. 어떤 불을 먼저 꺼야 할지 항상 알 수 있는 것도 아니다. 게다가 모든 불을 한꺼번에 끄려고 했다가 결국에 기업가 자신만 태워버릴 수도 있다. 따라서 때로는 불이 나더라도 그냥 놔두는 법을 배워야 한다. 그것이 아주 큰불일 때도 말이다.

빠른 성장 단계에 들어서면 어떻게든 앞으로 나아가는 데 초점을 맞춰야 한다. 산발적으로 발생하는 폭발을 다루는 데 시간을 허비해 버리면 그럴 수가 없다. 모든 불을 진압하다 보면 정작 사업을 발전시킬 중요한 기회를 놓치게 된다. 대응만 하느라 행동을 하지 못하는 것이다. 중요한 것은 순식간에 불길이 퍼져 회사를 집어삼킬 큰불과 불길이 웬만큼 치솟아도 괜찮은 큰불을 구별하는 것이다. 전자는 무시해서는 안 되며, 후자는 그냥 불타게 놔두어야 한다. 물론 여기에는 신중함과 용기, 반복 훈련이 필요하다.

셀리나가 서베이몽키라는 작지만 파격적인 설문조사 웹사이트와 함께하게 됐을 때는 이미 많은 불을 꺼본 후였다. 서베이몽키의 창업자인 라이언 핀레이Ryan Finley는 스케일업을 할 때 필요한 모든 요소가 극심하게 부족한 상태였음에도 어떻게든 앞으로 나아가고 있었다. "라이언은 1페니도 투자받지 않고 회사를 세웠어요. 개발자 두 명에 고객 서비스 담당자가 열 명 있었어요. 제가 합류했을 때는 코딩 작업을 하는 사람이 세 사람뿐이었어요. 그 정도 매출을 내는 회사로선 놀라운 상황이었죠."

셀리나는 서베이몽키가 스케일업을 하는 과정에서 여러 가지 문제가 발생할 수 있으리란 것을 짐작할 수 있었다. 더 걱정스러웠던 것은 서베이몽키에 백업 시스템이 없다는 점이었다. 시스템이 한 번이라도 손상되거나 다운되면 서베이몽키의 비즈니스 근간이자 가장 중요한 자산인 설문조사 데이터가 흔적도 없이 사라질 수 있었다. 셀리나는 데이터 손실의 가능성을 진단하고는 그것이 무시할 수 없는 심각한 문제라고 판단했다. 경험 많은 소방수였던 셀리나가 일단 불길을 잡자 많은 문제가 해결되었다.

빠르게 성장하는 모든 스타트업이 그렇듯이 서베이몽키는 이렇다 할 마케팅 계획이나 해외 사용자 전략이 없었으며 프로그램 코딩까지 엉망진창이었다. 커스터마이징이 필요한 상황이었지만 장애물이 너무 많았다. 셀리나는 서둘러 엔지니어, 마케터, UI 디자이너, 데이터 분석가 등 전문가 그룹을 고용해 장애물들을 제거하도록 했다.

셀리나가 합류했을 때의 서베이몽키 상황이 혼란스럽고 문제가 많다고 생각하는 사람들이 있을 텐데, 그렇다면 스케일업 방법을 잘 모르거나 깊이 오해하는 것이다. 모든 성공한 스타트업은 계속해서 '트리아지triage'● 작업을 해야 한다. 문제가 동시다발적으로 발생하기 때문에 우선순위를 정해서 신속하게 해결해야만 하는 것이다. 빠르게 성장하는 기업들은 '장기적 안정성'보다 '전략적 성장'을 우선시하기 때문에 여러 가지 문제가 발생하고 취약점이 드러나게 마련이다.

전략적 성장을 우선시한다는 것은 나중에 다시 보완하게 되더라도 일단은 빠르게 제품, 인력, 공간을 세팅하기 위한 지름길을 택해야 한다는 의미이다. 당신은 단기적으로 약간의 자원을 잃을 수 있고, 또 당신의 직원들은 이것을 잘 이해하기 어려울 수도 있다. 하지만 셀리나가 말한 것처럼 "기업가가 지름길을 선택해야 하는 이유를 잘 설명한다면 직원들도 상황을 이해할 수 있을 것이다."

불길을 타오르도록 놔둘 때는 당신이 문제를 인지하고 있으며 의도적으로 진압을 미루고 있다는 점을 직원들이 분명히 알고 있어야

● 트리아지(부상자 분류)는 병원이나 재난 현장 등 부상자가 많은 상황에서 치료 우선순위를 정하기 위해 부상자를 중증과 경증 등으로 나누는 것을 말한다. '환자 분류' 혹은 '중증도 분류'라고도 한다. 스타트업은 대개 크로 작은 문제들이 연이어 발생하므로 어떤 문제를 먼저 해결하고 어떤 문제를 일단 보류할지 결정하는 의사결정 역시 계속 이어질 수밖에 없다.

한다. 직원들이 이를 받아들인다면 딱 알맞은 사람들, 즉 문제 대처 능력이 뛰어날 뿐 아니라 빨리 꺼야 하는 불과 잠시 그냥 둬야 하는 불을 구분하는 분별력이 있는 사람들을 잘 채용했다는 신호이다.

투자금은 많을수록 좋다

민티드 창업자 마리암 나피시 이야기

인터넷 분야가 빠르게 성장하던 1998년의 실리콘밸리에서 마리암 나피시Mariam Naficy는 친구이자 전 룸메이트였던 바르샤 라오Varsha Rao와 함께 뷰티 분야 이커머스 플랫폼인 이브Eve를 공동 설립했다. 하지만 미처 해결하지 못한 문제가 한 가지 있었는데 'Eve.com'이라는 도메인을 확보하는 것이었다. 이미 그 도메인을 소유한 사람을 설득해 사와야 했다. 마리암은 협상을 위해 도메인 소유주에게 전화를 걸었다. 문제는 도메인 주인이 '이브 로저스'라는 이름의 다섯 살짜리 여자아이라는 것이었다.

"다섯 살 여자아이가 전화를 받았어요. 저는 '도대체 무슨 말을 해야 하는 거지?'라고 생각했어요. 옆에서 이브의 엄마가 키득대며 웃고 있었을 거예요. 멍청한 캘리포니아 출신 기업가가 다섯 살짜리 아이를 어떻게 대하는지 지켜보면서요."

결국에 마리암은 이 협상을 주요 투자자인 빌 그로스Bill Gross에게 넘겼다. 빌은 이브의 엄마와 직접 통화해서 구매 협상을 진행했다. 계약 내용에는 회사 지분과 이브를 위한 이사회 자리, 1년에 몇 차례 캘리포니아로 여행 오는 것이 포함되었다. "아이는 실제로 이사회에 참석하진 않았는데 회사를 방문한 적은 있어요." 아이가 왔을 때는 회사에서 모든 비용을 지불하고 디즈니랜드로 여행을 보내줬다. 결국에 마리암은 다섯 살 어린이로부터 도메인 이름을 얻는 데 5만 달러 이상을 써야 했다. (마리암은 뒤늦게나마 디즈니랜드 무료 여행을 조건으로 협상해야 했을지 모르겠다고 말했다.)

스타트업에서는 깜짝 사건이 비일비재하게 일어나며, 그런 사건들은 대개 값을 치르게 된다. 예산 계획에는 없었던 온갖 종류의 갑작스러운 비용이 발생한다. 아주 간혹 즐거운 깜짝 사건도 있지만, 대개는 마리암의 경우처럼 생각보다 훨씬 큰 비용이 들어간다.

도메인 이름을 확보하고 영업을 시작하자 예상보다 빠르게 주문이 들어왔다. 그녀는 분별 있는 기업가라면 누구나 했을 일을 정확히 했다. 당시 열기가 뜨거웠던 시장에서 가능한 한 많은 자금을 모집해 첫해에 2600만 달러를 모았다.

"6개월 만에 직원 수를 120명으로 늘려 정말 빠르게 스케일업했습니다. 우리가 그렇게 많은 투자금을 모집하고 이익을 낸 것은 다행이었죠. 결국에 우리가 1위 자리에 올랐거든요. 우리 뒤를 이어 다섯 개의 뷰티 이커머스 플랫폼이 벤처투자를 받아 론칭했습니다."

새로운 경쟁자들이 추격하는 온라인 뷰티 시장의 선두주자로서 마리암은 맹렬히 일했다. 매일 밤 10시까지 일주일에 7일간 일했다. 텔레비전 광고, 라디오 광고, 옥외 광고를 하며 비용도 아주 많이 썼다. 집중포화를 퍼부은 덕분에 이브는 결국 시장을 완전히 선점할 수 있었다.

마리암은 당시 필요한 것보다 더 많은 투자를 받은 상태였다. 그러다가 닷컴버블이 터졌다. 주식시장은 폭락했고 기업들은 매일 파산했다. 실리콘밸리에서 직접 닷컴버블을 겪은 사람들에게는 매우 극적인 시간들이었다.

"파산한 회사들을 보도하는 웹사이트가 있었어요. 《월스트리트 저널》과 《뉴욕 타임스》도 기사를 냈어요. 당시 스물아홉 살이었던 제게는 온 세상이 무너지는 것처럼 보였습니다. 인터넷도 끝난 것처럼 보였죠."

'인터넷도 끝난 것처럼 보였다'라는 말에 주목해야 한다. 당시에는 대부분의 사람이 이 말을 믿었고 '빨리 탈출해야 한다'라고 생각했다. 마리암 역시 회사를 매각했다. 재빠르게 움직인 덕분에 아슬아슬하게 때를 맞출 수 있었다.

"투자자들을 전부 모았어요. 투자자들은 모두 돈을 벌었습니다. 저도 돈을 벌었고요. 당시 저는 제가 경험했던 그 모든 롤러코스터 같은 상황에 안도감을 느끼는 동시에 탈진 상태였어요."

마리암은 경쟁자들을 아주 빠르게 앞질렀기 때문에 경제 상황이 좋지 않은데도 구매자들에게 좋은 조건을 제안받았다. 이 이야기의 교훈은 필요하다고 생각했던 것보다 더 많은 투자를 받고 그 돈을 사용해서 신속히 스케일업에 성공한 것이 당시 다른 스타트업들과 달리 마리암이 파산하지 않고 성공적으로 회사를 매각할 수 있었던 이유라는 것이다.

직원 고용, 마케팅, 제품 개발 등 스케일업과 관련된 모든 것에는 돈이 든다. 빠른 성장에는 현금뿐만 아니라 전문적인 지식과 지지자도 필요하다. 얼마나 많은 돈이 필요할지 미리 알기란 거의 불가능하다. 그저 생각보다 많이 필요할 것이라고 생각하는 편이 안전하다. 이런 이유로 리드 호프먼이 말한 스케일업의 원칙 중 하나가 "투자금을 필요하다고 생각하는 것보다 더 많이 확보하라"이다. 기업가로서 확신할 수 있는 유일한 한 가지는 스케일업 과정에서 예상치 못한 문제와 비용 지출에 맞닥뜨릴 것이란 사실뿐이다.

돌발성 기회를 잡기 위한 여윳돈을 확보하라

마리암은 닷컴버블에서 비교적 안전하게 빠져나왔지만, 막대한 투자를 받아서 아낌없이 쓰고 화려하게 실패한 기업가들로부터 얻은 교훈은 잊지 않았다. "그 일이 있고 얼마 후에 저보다 한참 나이가 많은 한 은행가를 만났는데 그분이 그러더군요. '지금부터 당신의 인생에서 가장 큰 문제는 지나치게 보수적인 사람이 될 거라는 사실입니다. 영원히 매우 보수적인 사람이 될 거라는 게 당신의 저주예요'라고요."

그 저주가 맞았던 걸까. 마리암은 두 번째 회사를 론칭할 때 많은 위험을 감수하고 싶지 않았다. 그녀는 '라이프스타일 비즈니스'를 하고 싶었다. 라이프스타일 비즈니스란 창업자가 편안한 라이프스타일을 유지할 수 있도록 꾸준한 수익 흐름을 내는 예측 가능하고 상당히 안정적인 비즈니스를 말한다. 라이프스타일 비즈니스에는 큰 위험이 없고 극적인 드라마도 없다. 적어도 마리암은 그렇게 생각했다.

"처음에는 벤처캐피털도 참여시키지 말자고 생각했어요. 공동창업자도 없었고요. 지속가능한 라이프스타일 비즈니스, 즉 현금흐름이 좋은 비즈니스를 찾아보자는 것이 제 생각이었어요."

마리암은 그녀를 지지하기 위해 수백만 달러를 기꺼이 내놓을 가까운 지인들, 소위 '엔젤 친구들'에게 투자받은 자금으로 온라인 디자인 마켓플레이스인 민티드Minted를 론칭했다. 그러면서 부수적으로 대담하지만 소소한 실험을 한 가지 시작했다. 무명의 아티스트들을 대상으로 온라인 디자인 공모전을 한 것이다. 누구나 참여할 수 있고 누구나 투표할 수 있었다. 우승자들의 디자인은 민티드에서 제품으로 제작했고 수익도 배분받았다.

2008년 마리암은 조금 색다른 문구류를 세상에 선보일 준비를 마쳤지만, 사업을 시작하고 한 달 내내 판매가 없었다. 문구용품 업계의 최고 브랜드들과 경쟁하기 위해 지인들에게 모은 투자금으로 만든 제품에 대한 사용자들의 반응은 싸늘했다. 반면에 디자인 공모전에서 나온 제품들은 서서히 반응이 오면서 팔려나가기 시작했다. 디자인 공모전을 통해 어느새 60개의 독창적인 제품을 공급받았고, 이는 민티드의 핵심 비즈니스가 되었다. 기술이 새로운 기회를 만들어준 덕분에 누구나 문구용품 디자이너가 될 수 있었다. 또 디자인만 좋다면 충성도 높은 사용자를 빠르게 확보할 수 있었다.

마리암은 평범한 사람이 여럿 모이면 전문가에게만 맡겨졌던 일도 할 수 있다는 생각, 즉 클라우드 소싱의 힘을 알게 되었다. 의도했던 것은 아니지만 그런 변수가 언제든 생길 수 있다는 점은 잘 알고 있었다. 그런데 한 가지 문제가 생겼다. 클라우드 소싱 디자인 제품을 홍보할 자금이 부족했다. 라이프스타일 비즈니스를 시작하겠다는 계획은 잘 풀리지 않았고, 플랜 B를 뒷받침할 자금은 모자란 상황이었다. 스타트업에서 예상치 못한 기회(예기치 않은 문제가 가진 행복한 이면이지만 역시 비용은 많이 든다)는 기업가가 바라거나 계획한 것보다 나중에 발생할 수 있고, 기업가는 그 기회를 붙잡을 자금을 확보해야 한다.

마리암은 마지못해 벤처캐피털 투자를 받기로 했다. 단지 기회를 잡기 위한 목적만은 아니었고 자신의 엔젤 친구들에게 돈을 돌려줘야 한다는 일종의 의무감도 있었다. 그녀는 "디자인을 클라우드 소싱한다"라는 아이디어를 피칭하고 추가 투자를 받았다. 이때 역시 운이 좋았던지 타이밍을 딱 맞출 수 있었다. 투자자인 한 친구가 시장이 점점 불안해지고 있다는 경고를 해주었고, 그녀는 가능한 한 빨리 투자금을 모집했다. 2008년 8월이었다. 그로부터 2주 뒤에 리먼브라더스가 파산했고, 시장은 곤두박질쳤다. 단 몇 주만 망설였더라도 마리암은 추가 투자를 받기 어려웠을 것이다. 이것이 언제 어디서든 가능할 때 자금을 최대한 확보해야 하는 또 다른 이유이다. 언제 자금이 말라버릴지 전혀 알 수 없기 때문이다.

마리암은 벤처캐피털을 통해 8900만 달러를 투자받았다. 민티드는 현재 직원 350명이 전 세계 7000만 가정에 제품을 보내 수억 달러의 매출을 올리는 회사이다. 마리암은 민티드를 시작할 당시로 돌아갈 수 있다면 훨씬 더 많은 투자금을 모아서 더 빨리 스케일업을 했을 것이라고 말한다. 그 이유는 "모든 문제에 생각보다 더 많은 돈을 넣어야 하고, 언제나 시간도 더 소요되기 때문"이다. 마리암이 자신의 경험을 바탕으로 들려준 조언은 이랬다.

"아무리 많은 투자를 받아도 그 돈이 반만 있는 것처럼 행동하세요. 기업가는 모든 실패와 더불어 모든 최적화 조건을 고려해야 합니다. 저는 좋은 아이디어를 갖고 올바른 방향으로 나아갔던 기업가들이 단지 현금이 모자라서 로켓이 발사되기도 전에 활주로에서 멈춰버리는 상황을 많이 봐왔습니다."

핵심가치에 위배되는 투자는 거절한다

어펙티바 공동창업자 라나 엘 칼리우비 이야기

스케일업에 자금이 핵심 요인이라는 점은 의심할 여지가 없다. 다만 모든 돈이 똑같지는 않다는 점을 분명히 알아둬야 한다. 투자자가 전망이 좋지 않은 스타트업에 '아니오'라고 말할 때를 알아야 하듯 기업가도 자기 사업에 맞지 않는 투자자에게 '아니오'라고 말할 때를 알아야 한다. 돈이 필요해지기 전에 어디에 선을 그을지 명확히 해두는 것이 좋다.

라나 엘 칼리우비Rana el Kaliouby는 감성 인공지능 시장의 선두주자인 어펙티바Affectiva의 공동창업자이다. 그녀가 개발한 소프트웨어는 사람의 표정을 읽고 감정을 인식할 수 있다. 라나의 설명처럼 안면 인식 기술은 건강, 교육, 교통 안전 등 여러 분야에서 다양하게 활용할 수 있다. 다만 남용될 경우 큰 문제가 발생하기도 한다. 가령 안면 인식 기술은 사람들을 차별하거나 사생활을 침해하는 데 사용될 수 있다. 따라서 초창기 어펙티바의 창업자들은 안면 인식 기술이 데이터가 어떻게 수집되고 사용되는지 명확하게 이해되고 사람들로부터 명시적인 동의를 받을 수 있는 산업에만 적용되기를 원했다.

라나는 공동창업자인 로절린드 피카드Rosalind Picard 교수와 '어디에 선을 그을지' 논의해야 했다. 가령 보안과 감시는 아주 많은 돈을 벌어다 줄 분야지만 뛰어들지 않기로 했다. 하지만 그 결정은 시험대에 올랐다. 기업가들은 특히 자금이 빠듯해질 때 온갖 난제로 인해 시험대에 오르게 된다.

"2011년에 우리는 말 그대로 몇 달 후면 문을 닫을 판이었어요. 돈이 바닥나고 있었거든요. 그런데 정보기관의 벤처 부서가 접근해왔어요. 당시 우리에게는 큰돈이었던 4000만 달러를 투자하겠다고 하면서요. 그런데 핵심 비즈니스 모델을 보안, 감시, 거짓말 탐지 분야로 전환해야 한다는 조건을 달았습니다."

라나는 어떻게 해야 할지 결정이 쉽지 않았다고 고백했다. 그 돈을 받으면 회사를 계속 유지할 수 있었지만 그렇게 되면 회사의 핵심가치이자 존재 이유를 저버려야 했다. 결국에 리나는 그 투자를 거절했다.

"자신이 사업을 시작한 이유, 회사의 핵심가치가 무엇인지 분명히 하는 것이 중요합니다. 인간의 역사에서 모든 기술은 중립적이고 우리가 그것을 어떻게 사용하기로 했느냐에 따라 달라집니다. 저는 대중에게 안면 인식 기술을 올바로 사용하는 방법을 알려줄 책임이 있다고 생각했습니다. 우리가 누구인지, 그리고 우리가 무엇을 지지하는지 명확하게 하고 그것을 지키기 위해 전략적 인내심을 갖는 것, 그것이 우리의 원칙이 되었습니다."

시간이 더 걸리기는 했지만 결국 라나는 어펙티바의 비전을 믿고 핵심가치를 지지하는 투자자들로부터 자금을 조달할 수 있었다.

Reid's analysis

1. 성공적인 스케일업을 위한 공식

기업은 스케일업으로 가는 과정에서 지속적인 확장 상태에 놓인다. 시작할 땐 단일 제품에 초점을 맞추지만 머잖아 복수의 제품, 복수의 제품 라인, 심지어는 복수의 사업 부문으로 전환이 일어난다.

즉 싱글스레딩single-threading에서 멀티스레딩multi-threading●으로의 전환이 일어나는 것이다. 멀티스레딩으로 전환해야 한다는 것은 더 이상 단일 제품이나 시장에 머물러서는 안 된다는 것을 의미한다.

따라서 모든 스타트업은 확장하고자 하는 영역을 파악해야 하고, 기존 주력 사업과 새로운 확장 사업에 각각 자원을 어떻게 배분할지 고민해야 한다. 간단한 70/20/10 공식이 도움이 될 수 있다.

이 공식은 자원의 70퍼센트는 주력 사업에 할당하고, 20퍼센트는 주력 사업과 인접한 확장에, 10퍼센트는 상당한 위험을 안고 있는 새로운 모험에 할당하라는 것이다. 이 공식을 적용하는 방법, 이 공식이 얼마나 신뢰할 만한 법칙이고 경험적 지식인지는 당신이 하는 비즈니스의 성격에 따라 다르다.

공식에 접근하는 방법도 제각기 다르다. 가령 당신은 "총 여섯 명의 직원 중

● 스레드thread는 컴퓨팅 분야의 용어로 어떤 프로세스 내에서 실행되는 흐름의 단위이며 프로세스가 할당받은 자원을 이용해 실제 작업을 수행하는 단위이다. 멀티스레딩은 한 프로세스에 두 개 이상의 스레드가 있다는 의미이다. 리드 호프먼은 《블리츠스케일링》에서 모든 스타트업은 싱글스레딩으로 시작하지만 직원 수가 1,000명 이상이 넘어가고 조직이 분권화되어 여러 사업 부문이 생기면 각 부문에서 특정 스레드에 집중하는 멀티스레딩 방식이 도움이 된다고 설명한다.

한두 명에게 근무 시간의 10~20퍼센트를 할애해 새로운 제품을 개발하기 위한 실험을 진행하도록 하겠다"라고 할 수도 있다.

확장할 영역을 고를 때는 먼저 "내가 실험하고 싶은 것은 무엇인가?"라고 질문해볼 수 있다. 그다음 여기에서 더 깊이 들어가 "현재 하는 일과 인접한 영역, 또는 우리 제품과 서비스가 제공되는 곳을 크게 확장하기 위해 모험적인 베팅을 할 영역은 무엇인가?"라고 묻는다.

아니면 이렇게 질문할 수도 있다. "경쟁자가 하기 전에 내가 먼저 하고 싶은 것은 무엇인가?" 심지어 "어떤 회사가 우리와 경쟁하려 한다면 그들은 무엇부터 어떻게 할까?"라고 물어볼 수도 있다.

자원의 20퍼센트와 10퍼센트를 어디에 쓸 것인지 파악하기 위한 질문에는 여러 가지 변형이 있다. 당신은 먼저 "업계에 어떤 일이 일어나고 있는가?"라고 질문할 수 있다.

예를 들어 "기술 플랫폼의 변화가 있는가?"라는 질문에는 클라우드, 인공지능, 보편화되는 센서, 사물인터넷, 드론으로의 이동이 그 답이 될 수 있다. 이런 것들이 자원의 20퍼센트는 어디에 써야 하고, 10퍼센트는 어디에 써야 하는지에 관한 아이디어를 제공할 것이다.

전략적 성장을 견인할 수 있는 단 하나의 방법은 없다. 다만 이런 질문들을 던지고 공식을 적용함으로써 생산적인 방식으로 성장을 이끌어갈 수 있다.

2. 그냥 타오르도록 놔둬야 하는 불길을 알아보는 방법

우리는 어렸을 때부터 화재를 예방하고 불이 나면 즉시 진화해야 한다고 배웠다. 하지만 기업가로 성공하려면 어떤 불은 그냥 둬야 한다. 때로는 아주 큰불일 때도 그렇게 해야 한다. 당신의 해야 할 일 목록에는 늘 그날 완수할 수 있는 것보다 더 많은 일이 적혀 있을 것이다.

파트너와 고객의 요구도 당신이 충족시킬 수 있는 것보다 더 많을 것이다. 바로 지금 회사를 무너뜨릴 수 있는 일은 많다. 어떤 불을 얼마나 오래 타게 놔둘지를 올바르게 결정하는 것이 성패를 가름하게 될 것이다.

빠르게 성장하는 기업의 경우 고객 서비스 부문에서 자주 심각한 문제가 발생한다. 원칙은 "속도를 늦추지 않는다면 가능한 한 모든 서비스를 제공하라"이다. '속도를 늦추지 않는다면'이라는 단서가 붙는 것에 주의하라. 이 원칙은 고객 서비스를 전혀 제공하지 않는다는 의미가 될 수도 있다.

페이팔 초창기에 사용자가 기하급수적으로 증가했고 그들의 불만 역시 기하급수적으로 많아졌다. 고객 서비스 담당 부서가 있었지만, 사용자들이 보내는 이메일 양과 비교해 담당 직원 수가 터무니없이 적어 처리 속도가 금세 뒤처졌다. 답을 하지 못한 새로운 이메일이 순식간에 1만 개가 쌓이기도 했다.

당연히 고객들은 매우 실망했다. 일주일 동안 모든 전화가 24시간 내내 울렸다. 그래서 우리는 어떻게 했을까? 사무실 전화기의 벨 소리를 무음으로 설정하고는 각자의 휴대전화를 업무용으로 사용했다. 물론 올바른 대처는 아니었다. 모든 기업은 고객의 말에 귀를 기울여야 한다. 하지만 중요한 것은 당시의 페이팔은 현재의 고객만큼 미래의 고객도 고려해야 했다는 점이다.

현재의 고객에게만 집중한다면 미래의 고객은 전혀 없을지도 몰랐다. 그래서 문제를 해결할 수 있을 때까지 그런 불평들이 계속되도록 놔두었다. 우리는 두 달 만에 고객서비스센터를 세우고 직원 200명을 배치했다. 문제는 곧 해결되었다.

이렇듯 선택에 직면하게 되면 나는 확률을 따져보기 시작한다. "문제가 일어날 확률이 높아지고 있는가, 낮아지고 있는가? 문제가 생겼을 경우 실제 피해는 무엇인가? 문제가 터진 후 고칠 수 있는가?" 등의 질문을 던지면서 말이다.

두 번째 질문에 대한 답이 치명적인 피해, 즉 문제가 터진다면 사업이 끝장날 가능성이 큰 것이더라도 당황하지 마라. 왜냐면 수많은 스타트업이 초기에 이런 위험에 직면했기 때문이다. 링크드인은 사업을 시작하고 몇 년 후에야 백업 데이터베이스를 갖추었다. 따라서 관건이 되는 것은 확률이다.

문제가 터질 확률이 0.1퍼센트일까, 아니면 0.01퍼센트일까? 이렇게 확률이 낮다면 3개월이나 6개월쯤 기다렸다가 해결해도 괜찮을 것이다. 하지만 하루에 1퍼센트 정도의 확률이라면 꽤 빨리 15퍼센트에 도달하게 된다.

이 말은 회사가 30일 안에 망할 가능성이 상당히 크다는 뜻이다. 재난이 일어날 확률이 그 정도가 되면 문제해결을 위한 행동에 나서야 한다. 그때는 더 이상 무시해도 되는 불이 아니니까 말이다.

3. 더 많은 자금을 확보하되, 모든 투자를 받지는 마라

나는 일반적으로 블리츠스케일링이나 초고속 성장을 선호한다. 전면적이고 공격적인 성장 프로그램인 블리츠스케일링은 기업가의 아이디어가 폭발적인 추진력을 얻을 수 있는 검증된 방법이다.

미래에 위대한 기술기업이 더 많아지려면 불확실성에도 불구하고 효율보다 속도를 우선시해 초고속 성장을 추구하는 것, 또는 블리츠스케일링을 해야 한다. 승자독식 시장에서 이기려고 할 때 올바른 전략은 '결정적인 규모'에 먼저 도달해 어떤 경쟁자든 추월하지 못할 만큼의 장기적 경쟁우위를 창출하는 것이다.

블리츠스케일링을 하기 위해서는 경쟁자를 앞설 수 있을 만큼 최대한 빨리 충분한 자금을 확보해야 한다. 속도에 대한 필요성 때문에 나는 기업가들에게 자금을 필요하다고 생각하는 것보다 더 많이 확보해야 한다고 강조한다.

모든 사람이 블리츠스케일링을 편하게 느끼는 것은 아니다. 속도를 효율보다 우선시하는 것은 위험하게 느껴질 수 있다. 실제로도 위험할 수 있다. 하지만 효율을 더 중시하면 지나치게 조심하게 되고 투자를 받는 문제에 보수적이 될 위험도 있다.

자금을 최대한 효율적으로 사용하는 것이 투자자에게도 좋을 것으로 생각하겠지만, 그것은 진실이 아니다. 투자자에게 진정한 보상은 기업의 성공이다. 당신은 부족한 자금 때문에 경쟁자를 제치지 못하고 실패할 수 있다.

일부 스타트업은 처음부터 혼자 힘으로 시작하는 '부트스트랩bootstrap'●을 선호할 수 있다. 게다가 이메일 뉴스레터 서비스를 제공하는 메일침프Mailchimp처럼 이것을 잘 해내는 기업들도 있다. 하지만 나는 메일침프처럼 성공적인 스타트업조차도 투자를 받았다면 더 빨리 성장했을 것이라 주장한다.

초창기에 투자를 받는 것이 불편했다면 나중에 받을 수도 있었다. 벤처캐피털에서 쓰는 용어로는 시리즈 B, 시리즈 C, 시리즈 D 라운드가 될 것이다. 이미 성공한 스타트업이라도 추가 투자를 받으면 하나의 시장을 완전히 장악하고 다른 시장으로 확장하는 것까지 가능하다.

메일침프는 운, 끈기, 기술의 흔치 않은 조합을 통해 시장을 장악했다. 하지만 이들이 잘 맞는 벤처투자자를 찾았더라면 더 빨리 성공하고 더 빨리 스케일업을 해냈을 것이라 생각한다.

내가 '잘 맞는' 벤처투자자를 강조했다는 점을 주목하라. '잘 맞는' 벤처투자

● 부트스트랩은 '부츠boot 뒤에 달린 고리strap'를 의미하는 단어로 컴퓨팅에서는 '한 번 시작되면 알아서 진행되는 일련의 과정'을 의미하는 용어로 사용된다. 또 복잡한 소프트웨어를 쉽게 만들도록 지원하기 위해 제공하는 단순한 프로그램 툴도 부트스트랩이라고 부른다. 관용적으로는 "도움을 받지 않고 스스로 일을 시작하거나 상황을 개선한다"라는 의미로 사용된다.

자를 만나기란 쉽지 않다. 나는 기업가들에게 조언할 때 "벤처투자자의 대다수(4분의 3 정도)는 부정적인 가치와 자금을 제공하고, 중립적인 벤처투자자는 그보다 훨씬 적은 비중을 차지하며, 벤처투자자의 약 10퍼센트만이 긍정적 가치와 자금을 제공한다"라고 말한다. 가끔은 돈만 필요할 때도 있을 것이다. 그래도 여전히 벤처투자자를 신중하게 골라야 한다.

투자자를 후기 단계의 재정적 공동창업자, 즉 전략 및 자금 조달을 위한 파트너로 간주해야 한다. 공동창업자라고 해서 오해하지 말기 바란다. 여전히 당신이 창업자이자 CEO이며, 사업을 운영한다. 다만 투자자와의 관계가 '파트너십'이 바탕이 되어야 한다는 점을 강조하기 위한 것이다.

당신의 비전과 가치를 이해하지 못하거나 악의적으로 이용하려는 파트너는 당신의 기업이 성장하는 데 가장 큰 장애물로 작용할 수 있다. 이것이 내가 투자자를 찾는 창업자들에게 시간을 들여 여러 투자자를 만나보라고 조언하는 이유 중 하나이다.

Reid's theories

전략적 성장을 위한 조언들

편히 기대앉은 동안에도 기회를 잡아라

기업가가 되는 순간 주변 환경이 항상 변한다는 사실을 인식해야 한다. 멀리 가고 싶다면 때로는 전략적 인내심이 필요하다. 그렇다고 가만히 앉아서 기다려야 한다는 뜻은 아니다. 기회를 잡고 상황을 벗어나 빠르게 행동할 순간을 기다려야 한다. 간혹 미래의 기회를 잡기 위해 미리 역량을 개발해야 한다는 의미일 때도 있다.

빠르게 시작하되 자신을 너무 소진하지 마라

폭발적인 시작은 기업가가 자신이 만들어내는 추진력을 유지할 수 있을 때만 효과가 있다. 요점은 첫걸음을 내딛는 과정에서 새까맣게 타버리지 않고 그 걸음을 얼마나 폭발적으로 만들 수 있는지 알아내는 것이다. 스타트업은 전력 질주하는 마라톤이다.

결정하고, 결정하고, 결정하라

빠른 의사결정은 폭발적인 성장의 열쇠이다. 빠르게 움직이다 보면 실수를 저지를 수도 있다. 하지만 가장 큰 실수는 의사결정을 빠르게 내리지 않는 것이다. 중요한 것은 시간이다.

어떤 불길은 타오르도록 놔둬라

빠르게 스케일업을 하고 있다면 앞으로 나아가는 데 초점을 맞춰야 한다. 불을 끄는 데 너무 많은 시간을 쏟으면 그럴 수가 없다. 무시할 수 없는 심각한 불도 있지만, 그렇지 않은 불이라면 일정 기간은 그냥 두는 것이 더 낫다.

자금은 아무리 많이 확보해도 충분하지 않다

기회는 가장 기대하지 않을 때 찾아올 수 있으며 기업가는 이러한 돌발성 기회에 대비해 여유자금을 갖고 있어야 한다. 새로운 기회 혹은 플랜 B를 적절히 뒷받침할 수 있는 충분한 자금을 남겨둬야 한다. 새로운 실험을 하기에 충분한 자금을 확보한다.

벤처투자자를 신중하게 선택하라

벤처투자자를 당신의 비전과 가치를 이해하는 파트너 혹은 공동창업자라고 생각한다. 당신의 비전과 가치를 희생해야 한다면 투자를 받지 말아야 한다.

6장

성공의 공식이란 없다

게임의 새로운 규칙을
학습하는 방법

Phil Knight
Bill Gates
Kelly Johnson
Eric Ries
Barry Diller
Melanie Perkins
Cliff Obrecht
Tobi Lütke
Drew Houston
Reid Hoffman

자신의 성공 공식까지도 버려야 한다

나이키 공동창업자 필 나이트 이야기

나이키Nike의 창업자 필 나이트Phil Knight는 육상선수였다. 오리건대학교에 다닐 때 필 나이트는 코치인 빌 바우어먼Bill Bowerman과 함께 매일 훈련을 했다. 육상 선수들에게는 가벼운 신발을 신는 것이 중요하다고 생각한 코치는 직접 만든 운동화를 필에게 신겨서 성능을 테스트하기도 했다.

"당시에는 모든 사람이, 정말 위대한 달리기 선수들까지 모두 아디다스Adidas나 퓨마Puma 운동화를 신었어요. 그런데 오티스 데이비스Otis Davis가 바우어먼이 집에서 만든 운동화를 신고 퍼시픽 코스트 콘퍼런스 챔피언십 400미터 경기에서 우승했을 때 정말 깜짝 놀랐습니다. 그전부터 제가 신고 테스트했던 바로 그 운동화였거든요."

필은 바우어먼이 제작한 가벼운 수제작 운동화를 유명한 육상 대회에서 우승한 선수가 신었을 뿐만 아니라 그로 인해 아마추어 선수들이 그 운동화의 존재를 알게 되었다는 사실에 놀라움을 금치 못했다. 모두가 그 운동화를 원했다. "그 일이 씨앗이 되었습니다." 1964년에 필과 빌은 각각 500달러의 자본금을 내서 나이키(당시 이름은 '블루 리본스포츠Blue Ribbon Sports'였다)를 설립했다. 두 공동창업자는 고기능성 운동화를 만드는 것에 초점을 맞추었다. "세상에는 더 나은 운동화가 있어야 합니다." 이것이 필이 나이키를 창업한 이유이자 배경이었다.

사업을 시작하면서도 필은 브랜딩이나 광고 등에는 별로 신경 쓰지 않았다. 스스로 자신이 '마케팅에 적합한 성격'이라고 생각하지도 않았다. "우승을 견인할 수 있는 운동화를 만들면 나머지는 저절로 따라온다고 생각했습니다." 이것이 필의 성공 공식이었다. 실제로도 그렇게 되었다. 미국의 육상 코치들과 선수들은 스타일보다는 기능에 초점을 맞춘 나이키의 가벼운 운동화에 열광적인 관심을 보이기 시작했다. 전설적인 장거리 육상선수 스티브 프리폰테인Steve Prefontaine을 비롯해 다른 뛰어난 육상선수들도 나이키를 지지하면서 더욱 폭발적인 반응이 일어났다.

"우리는 디자인에는 별로 신경 쓰지 않았어요. 더 빠른 속도를 원하는 뛰어난 선수들이 신는다면 분명히 잘 팔릴 것으로 생각했죠." 이러한 전략은 얼마간 잘 들어맞았다. 하지만 시장 상황이 변하면서 필은 실패를 맛보게 되었다. 오늘날 우리가 아는 나이키, 즉 스포츠용품 시장의 스타일을 정립하며 문화를 선도하는 나이키는 그렇게 한 번 '발을 헛디뎠기 때문에' 존재하게 되었다.

고기능성 운동화의 열풍은 '하이패션' 운동화라는 또 다른 열풍에 추월당했다. 나이키는 전혀 따라갈 수 없었다. 필은 "1980년대에 리복Reebok이라는 신생 회사 때문에 골머리를 앓아야 했습니다"라고 설명했다. 리복의 '하이탑' 라인은 새로운 운동 트렌드인 에어로빅을 위해 만들어진 운동화였지만, 어느 날부턴가 정장을 입은 스타일리시한 커리어우먼들이 신기 시작하면서 하이패션이 되었다.

정체성을 유지하면서 기존의 지식을 버리다

필은 거의 20년 동안 자신이 아는 방식, 즉 고기능성 운동화를 디자인하고 테스트해서 운동선수들에게 판매하는 방식으로 시장 지배력을 높이며 사업을 해왔다. 하지만 운동화 시장의 게임 규칙이 바뀌어버렸기 때문에 자신이 알던 성공 공식과 방법을 모두 잊어야 했다. 특히나 우울한 분기 판매 보고서가 나온 날 회사 내부에서는 이제라도 광고를 해야 한다는 이야기가 나왔다.

필은 결국 광고를 하기로 마음먹고 한 광고회사를 찾아갔다. 그곳에는 데이비드 케네디David Kennedy와 댄 위든Dan Wieden이 있었다. 위든+케네디Wieden+Kennedy의 공동창업자인 그들은 지금 전 세계에 수천 명의 직원과 사무실을 가진 광고계의 전설이다. 하지만 필이 방문했던 당시에는 아직 작은 광고 회사였다. "댄의 사무실에 들어가 앉자마자 '당신이 알아야 할 게 있는데, 나는 광고를 싫어합니다'라고 말했어요. 그러자 댄이 '참 흥미로운 시작이네요'라고 응수하더군요."

위든+케네디는 제1원칙에서 출발했다. 그들의 접근방식은 "우리는 고객에 대해 알아야 한다. 제품에 대해서도 알아야 한다. 고객이 누구이고 무엇인지 알아야 한다. 우리는 고객의 진짜 모습을 보여줘야 한다"라는 것이었다. 위든+케네디와의 작업을 통해 필은 그동안 나이키가 중요하게 생각한 것들, 즉 강인한 언더독 정신, 뛰어난 선수들과의 파트너십, 품질에 대한 집념과 끈기가 어떻게 단순한 제품 라인이 아닌 브랜드를 만들어내는지 이해하게 되었다. 그리고 자신이 싫어한 것은 광고가 아니라 지루한 광고라는 것을 깨달았다. 브랜딩 작업을 통해 나이키는 이전보다 서너 배 더 높은 매출을 올렸다.

필은 처음 광고를 하기로 마음먹으면서 나이키의 정체성에 집중했다. 위든+케네디는 나이키의 중요한 정체성인 강렬한 투지와 정신을 바탕으로 현재는 전설이 된 나이키의 첫 광고 캠페인 '레볼루션'을 만들어냈다. 그리고 이어서 하나의 문화가 된 나이키의 상징적인 슬로건인 '저스트 두 잇'까지 탄생시켰다.

그다음 나이키는 이전에는 중요하지 않았던 디자인에도 새로운 바람을 일으키기 시작했다. 디자이너 마크 파커Mark Parker가 크로스 트레이닝 운동화라는 새로운 카테고리를 포함해 1982년 에어포스1 농구화, 1985년 에어조던 등을 출시하면서 나이키의 디자인은 큰 주목을 받았다. 마크 파커는 점점 더 큰 역할을 맡았고 결국에는 CEO까지 되었다.

필은 나이키를 신발 회사에서 매력적인 브랜드로 전환하기 위해 20년 이상 쌓아왔던 자신의 전문 지식을 기꺼이 내다 버렸다. 그는 1980년대 초 운동화 시장에 급격한 변화가 일어나고 있으며 나이키가 그 변화에 적응해야만 살아남으리란 것을 잘 알았다.

6장에서는 기업가들이 중대한 전환을 맞이했을 때 어떻게 기존 지식을 버리고 새로운 지식을 학습할지에 관한 이야기를 나눌 것이다. 혁신적이고 빠르게 성장하는 조직의 리더는 여러 차례 변화의 순간에 직면하게 된다. 이럴 때는 몇 가지 요령을 배우는 것만으로는 충분하지 않다. 변화의 순간에 진정으로 스케일업을 하고자 한다면 기존의 지식을 버리는 법부터 배워야만 한다.

사실 이것은 쉽지 않은 일이다. 인간은 특히 나이가 들고 자리를 잡을수록 과거 자신을 성공으로 이끌었던 전략을 계속 고수하려는 경향이 있기 때문이다. 그 전략이 여전히 효과가 있는지와는 상관없이 말이다. 따라서 기업가는 자신이 가진 성공의 공식과 가설 들에 끊임없이 의문을 품어야 한다(그리고 종종 그것들을 던져버려야 한다). 특히 급성장하는 조직이나 산업에서는 "당신을 여기에 있게 한 것이 당신을 다른 곳으로 데려다주지는 않을 것이다"라는 옛 격언을 명심해야 한다. 혁신을 원하는 기업가라면 반드시 '이미 배운 지식을 버리는 법'을 배워야 한다.

낯선 세계로의 모험을 멈추지 마라

— 인터랙티브코프 회장 배리 딜러 이야기

1984년부터 폭스텔레비전네트워크Fox Television Network의 CEO였고 지금은 인터넷 미디어그룹 인터랙티브코프IAC/InterActiveCorp.의 회장인 배리 딜러Barry Diller의 첫 직장은 엔터테인먼트업계의 대형 에이전시 중 하나인 윌리엄모리스William Morris의 우편물실이었다. 배리는 당시의 상황을 이렇게 이야기했다.

“우편물실 직원 모두가 에이전트에게 아첨하느라 바빴지만, 저는 서류창고로 몰래 빠져나가 공부를 했습니다. 서류창고의 파일들에는 엔터테인먼트 사업의 모든 역사가 들어 있었죠. 그곳에서 일하는 3년 내내 엔터테인먼트 사업에 관한 A부터 Z까지 모두 읽었습니다. 그곳이 제 학교였던 셈이죠.”

배리가 창고에서 나왔을 땐 에이전시를 떠나 배운 것을 적용할 준비가 되어 있었다. 친구의 소개로 만난 ABC방송국의 임원은 비서 자리를 제안했다. 배리는 서류 복사나 전화 받는 일에는 딱히 관심이 없었지만 그 제안을 수락했다. “무슨 일이든 성공하려면 일단은 큰물로 가야 한다”라는 말 때문이었다. 엔터테인먼트 사업에 관심이 있던 배리에게 방송국은 분명 ‘큰물’이었다. 당시 업계 3위 방송국이었던 ABC는 사정이 별로 좋지 않았는데, 그것은 배리에게 좋은 기회였다. 3위에서 벗어나기 위해 거침없이 모든 것을 시도하려는 분위기 덕분에 획기적인 아이디어를 피칭할 기회를 잡았기 때문이다.

"당시에는 코미디나 드라마나 모두 시리즈 형태였어요. 시리즈는 7년 동안이나 계속되었는데, 주인공들은 계속 같은 아파트에 살았죠. 스토리는 시작도 끝도 없이 계속 현재진행형이었어요. 그래서 나는 '드라마도 영화처럼 분명한 결말이 있는 스토리로 만들어지면 어떨까?'라는 생각을 했습니다."

배리는 극장이 아닌 TV에서 방영하는 '금주의 영화'라는 새로운 포맷의 드라마에 대해 프레젠테이션을 했다. 그것은 당시로선 매우 파격적인 아이디어였다. 동료들은 주저했다. 반대론자들은 "그건 TV용 프로그램이 아니야. 우리는 그런 프로그램은 제작하지 않아"라고 말했다. 그러나 윌리엄모리스의 서류창고에서 75년간의 엔터테인먼트 역사를 공부한 배리는 수십 년 전의 드라마인 〈플레이하우스 90〉이나 〈스튜디오 원〉과 같은 영화적 스토리텔링의 선례를 알고 있었다. 그래서 프레젠테이션에서 반대자들을 설득하고 나중에는 아예 책임을 떠맡았다. 'TV에서 보는 영화' 콘셉트의 드라마는 하나의 새로운 장르가 되면서 큰 성공을 거두었다.

하지만 배리는 곧 포맷의 한계에 부딪혔다. 긴 소설을 90분짜리 드라마에 맞게 각색하기가 쉽지 않았다. 확실히 좀 더 긴 호흡이 필요했다. 결국 새로운 포맷을 통해 창의적인 해결책을 찾아냈다. 당시 배리가 'TV를 위한 소설'이라고 불렀던 새로운 포맷은 지금 우리가 '미니시리즈'라고 부르는 장르가 되었다. 한 편의 드라마에는 담기 어려운 다소 호흡이 긴 서사를 8일에서 10일에 걸쳐 방영했다. 기존의 드라마 시리즈와는 달리 미리 방영 횟수를 정하고 그 안에서 기승전결이 있는 플롯을 전개하는 것이 특징이었다. 미니시리즈는 매일 밤 엄청난 시청자들을 끌어모았다. 특히 노예제도를 다루며 미국의 모든 TV 시청률을 앞지른 8부작 미니시리즈 〈뿌리〉는 ABC에 엄청난 쾌거를 안겨주었다.

끊임없이 새로운 게임을 배우는 무한 학습자

배리가 ABC에서 이룬 초창기 성공은 실리콘밸리의 여러 성공적인 기업의 시작과 매우 유사하다. TV용 영화를 만들겠다는 그의 생각은 통념에 반하는 것이었으며 모두가 엄청난 실패를 예견했다. 배리는 당시 방송국 간부들이 자신이 프레젠테이션한 아이디어를 책임지고 해보라고 말한 이유는 그것이 분명 실패할 것으로 생각했기 때문이라고 말했다. 하지만 배리는 옳았다. 그는 다른 사람들이 놓친 것을 보았다. 배리가 본 것을 다른 사람들이 보지 못한 이유는 그들의 기존 지식을 버리려 하지 않았기 때문이다. 하지만 배리에게는 기존의 지식을 버리는 것이 자연스러웠다. 그랬기에 TV 프로그램 분야에서 새로운 장르를 두 개나 재창조할 수 있었다.

낯선 세계로의 모험은 여기서 끝이 아니었다. 배리는 할리우드의 영화사 파라마운트Paramount로 옮겨 동시대를 규정하는 상징적인 영화들을 제작하며 10년을 보냈다. 그러고는 또다시 새로운 일에 도전하고 싶어 방송업계로 돌아왔다. 1988년 폭스TV의 시사회실에서 배리는 무표정한 얼굴로 앉아 있는 경영진에게 시트콤 한 편을 소개했다. "사람들은 자신이 제작에 관여한 작품을 여러 사람에게 처음 발표할 때는 많이 웃습니다. 자부심 때문일 수도 있고 다른 사람들이 웃지 못하게 하려는 이유도 있죠." 배리가 새 시트콤을 발표했을 때는 단 한 사람도 웃지 않았다. 시사회실에 있던 모든 사람이 그 시트콤은 재앙이 될 것이라고 말했다. "이런 걸 방송에 내보낼 수 없다", "이걸 그냥 엎으려면 어떡해야 하느냐?" 등의 다양한 반대들이 쏟아졌다.

하지만 배리의 생각은 달랐다. 당시 폭스TV는 방송 3사가 터줏대감으로 자리를 잡은 방송계에 네 번째로 진입한 신생 방송국이었다. 배리는 신생 방송국이 기회를 잡으려면 시청자들에게 확실히 차별화되는 대안을 제공해야 한다고 생각했다. 배리가 소개한 시트콤은 고전적인 시트콤과는 확연히 달랐다. 아들은 골칫거리였고 엄마는 머리카락이 파란색이었다. 아빠는 도넛에 집착하는 게으름뱅이였다. 심지어 애니메이션이었다!

배리 딜러가 만들어낸 '재앙'은 TV 역사상 가장 성공적인 시리즈가 된 〈심슨 가족〉이었다. 요즘에는 성인 대상의 TV 애니메이션 시리즈가 상당히 흔하지만, 당시에는 비슷한 것조차 없었다. 바로 이 점이 배리의 마음을 끌었다. "저는 이전에는 없었던 것들에만 흥미를 느꼈습니다." 배리가 했던 이 말은 사실 자신만의 방식으로 일하고자 하는 기업가들이 자주 하는 말이다. 배리가 〈심슨 가족〉에 끌렸던 이유는 단순히 폭스TV를 위한 차별된 방안이라고 생각했기 때문이 아니다. 스스로 새로운 영역을 개척하는 일에 흥미를 느꼈기 때문에 새로운 형식이 눈에 띌 수밖에 없었다. "저는 아무것도 모를 때 가장 좋은 성과를 낸다는 사실을 진작에 깨달았습니다." 배리는 낯선 영역에서 배우고 적응하며 실험할 때 최고의 성과를 냈다.

배리는 끊임없이 배우는 사람, 즉 '무한 학습자infinite learner'이다. 그는 학습 곡선의 꼭짓점에 이를 때마다 그동안 배웠던 지식을 모두 던져 버리고 새로운 학습 곡선의 출발점에 섰다. 리드 호프먼의 프레임을 빌려 표현하자면 배리는 '영원한 베타버전permanent beta'이었다. 언제나 베타버전의 상태에 있는 사람들은 모든 것을 새로운 마음으로 접근하고 새로운 도전과 학습 기회를 찾는다. 그리고 새로운 게임을 접했을 때 자신이 그것에 대해 아무것도 모른다는 마음으로 접근한다.

배우기와 버리기 사이에서 균형 잡기

방송에서 영화로 갔다가 다시 방송으로 돌아오면서 배리는 언론계의 거물들 사이에서 확고한 입지를 다졌다. 하지만 지루했다. 더 이상 대본을 보는 것이 행복하지 않았다. 배리가 다음에 무엇을 할지 고민하고 있을 때 아내인 패션 디자이너 다이앤 폰 퍼스텐버그가 QVC라는 새로운 홈쇼핑 채널에 관해 이야기했다. "전에는 한 번도 보지 못했던 것이었습니다. 전화기, 텔레비전, 컴퓨터가 한데 융합된 초기 버전이었죠. 방송 진행자와 시청자가 상호작용할 수 있는 인터랙티브 포맷이 정말 놀라웠어요."

인터넷이 거의 존재하지 않았던 1992년에 인터랙티브 스크린이라는 아이디어에 매료된 배리는 QVC를 사들였다. 그는 홈쇼핑 방송이 유통 산업은 말할 것도 없고 미디어 산업을 어떻게 뒤흔들 수 있을지 지켜보았다. 배리는 새로운 영역으로 도약하기 위해 방송 프로그램과 관련해 자신이 이전에 배웠던 모든 것을 버렸다. 이제 매력적인 스토리나 대본을 찾는 대신 시청자들에게 모든 선택을 맡길 때였다.

배리는 훗날 인터랙티브코프가 되는 회사를 설립하고 빠른 속도로 다른 회사들을 사들였다. QVC를 중요한 시험 무대로 삼아 새로운 학습을 시작하면서 다양한 장르를 아우르기 위한 일련의 인수를 시작한 것이다. 가장 먼저 인수한 회사는 티켓마스터Ticketmaster였다. 티켓마스터는 얼마되지 않아 공연 티켓 예매 분야에서 대표적인 온라인 플랫폼이 되었다. 그다음에는 익스피디아닷컴Expedia.com을 인수해 온라인 여행 분야로 진출했다. 또 그다음에는 데이팅 앱 분야로 나아갔고, 다시 그다음에는 검색엔진 분야로 나아갔다. 인터랙티브코프는 순식간에 인터넷 대기업이 되었다.

배리는 이렇게 여러 분야의 사업을 하게 되었지만 대부분 사업에 대해 잘 알지 못했고 경험도 적었다. 그러면서도 그런 무지를 오히려 자산으로 여겼다. 배리는 자신이 안다고 생각하는 것에 의지하는 대신 복잡한 문제들을 해체하고 분석하기 위해 시간과 노력을 들인다. 그는 넷플릭스의 리드 헤이스팅스와 마찬가지로 제1원칙 사고를 하는 사람이다.

"저는 머리가 빨리 돌아가는 사람이 아닙니다. 상상력도 부족하죠. 이해가 안 되는 문제를 접하면 그것을 가장 작은 단위로 해체해야만 이해가 돼요. 하지만 이런 일은 즐겁습니다. 겹겹이 쌓인 층을 뚫고 아주 근원적인 부분까지 내려가는 것 말입니다."

배리는 새로운 사업에 대한 이해를 마치면 그 사업을 독립적인 주체로 분사하는 스핀오프를 시작했다. 인터랙티브코프는 다양한 회사들을 인수한 지 1년 만에 홈쇼핑네트워크Home Shopping Network, 티켓마스터, 렌딩트리닷컴LendingTree.com이라는 분사를 설립했다. 인터랙티브코프는 어떤 면에서 그의 아이디어를 부화시키는 인큐베이터와 같은 역할을 했다. 배리의 사업 포트폴리오는 배우고자 하는 욕구와 배운 것을 버리려는 욕구 사이에서 끊임없이 아슬아슬한 균형을 이루며 만들어졌다.

배리가 늘 새로운 분야에서 성공적으로 도약할 수 있었던 것은 학습하는 능력과 기존에 배운 것을 버리는 능력을 동시에 지닌 덕분이었다. 그리고 새로운 비즈니스에 진출할 때마다 자신이 아무것도 모른다는 전제로 외부인의 신선한 관점을 적극적으로 받아들일 줄 알았기 때문이다.

어려운 과제를 해결하기 위한 학습

마이크로소프트 창업자 빌 게이츠 이야기

마이크로소프트 초창기에 빌 게이츠는 자신이 어떤 문제든 해결할 수 있다고 확신했다. 엔지니어링이든 인사든 영업이든 상관없었다. 그는 "저는 모든 지식 분야를 독학할 수 있는 사람이라고 생각했습니다"라고 말했다. 빌은 늘 자기 자신을 다양한 학문 분야를 쉽게 넘나들 수 있는 무한 학습자라고 생각했다. 그리고 이것은 그가 소프트웨어, 엔지니어링, 경영 부문에서 도전을 계속해오던 몇 년 동안은 유효한 경쟁력이었다. 하지만 빌앤드멀린다게이츠재단Bill & Melinda Gates Foundation을 설립했을 때 예상하지 못한 문제들에 부딪혔다.

빌은 예방 가능한 수백만 가지 질병으로 죽어가는 아이들에 관한 충격적인 기사를 읽고 치료가 필요한 질병을 해결하는 일에 몰두하기 시작했다. "우리는 이 문제에 뛰어들어 해결하기로 했어요." 그것은 오만이 아니었다. 오히려 기술(그리고 뒤를 받쳐주는 충분한 돈)이 거의 모든 문제를 극복할 수 있다는 낙관적인 믿음을 보여주는 증거였다. 그는 과학이 여러 질병에 큰 진보를 가져왔으며 이제는 도움이 필요한 사람들에게 혜택이 도달되도록 진보의 범위를 확대해야 할 때라고 생각했다. "강점을 발휘할 수 있는 기회라고 생각했어요. 문제해결을 위한 팀을 만들기로 했죠."

빌 역시 대부분 기업가가 그런 것처럼 먼저 행동하는 쪽이었다. 하지만 이번에는 행동을 취하기 전에 관련 과학, 정부의 역할, 문화적 차이, 심지어 물자를 전달하는 물류 등 배워야 할 것이 너무나 많다는 사실을 금세 깨달았다. "새로운 백신이나 혁신적인 의약품만 있으면 문제가 해결될 줄 알았어요. 하지만 그러한 것들이 필요한 나라에는 물류 인프라가 없어서 의약품을 전달하기가 쉽지 않았고, 기본적인 의료 체계가 취약한 것도 문제였습니다."

빌은 물류 시스템처럼 기본적인 세부 사항에 초점을 맞춰야 한다는 것을 배우게 되었다. "1~2년 동안 '이 물류 문제를 해결할 누군가가 없는 거야?'라고 생각했습니다. 그러다가 결국 당장은 아무도 이 문제를 해결할 수 없다는 점을 깨달았죠. 전달되지 못할 새로운 백신을 개발하는 것은 아무 소용이 없었고요."

기존의 일하는 방법까지도 바꿔야 한다

빌은 제약회사의 의약품들과 그들의 업무 프로세스를 파고들며 공부하기 시작했다. 그러면서 누가 최고인지 알아내기 위해 애썼다. 사실상 제약회사가 되어 어떤 회사보다도 더 성공적인 의약품을 만들어야 했기 때문이다. 빌은 어떤 나라들이 질병과 잘 싸우고 있으며 어떻게 싸우고 있는지 기존 모델도 공부했다. 코스타리카나 스리랑카와 같은 역사적 모범 사례와 일부 아프리카 국가를 포함한 당대의 모범 사례를 집중해서 살펴보았다.

가장 복잡한 문제는 '물류'였다. "어떤 지역에서는 백신과 의약품이 효과적으로 전달될 수 있는데 왜 다른 지역에서는 그렇지 않을까?"라고 질문을 던지던 빌은 마침내 그 문제가 정부와의 관계로 귀결된다는 사실을 알아냈다.

"선진국은 물론이고 요즘에는 중진국 정부들도 굉장히 일을 잘합니다. 사람들은 수도, 전기, 교육, 사법 등 시스템이 잘 작동하는 것을 당연하게 생각하죠. 하지만 매우 가난한 국가들을 보면 임금도 제대로 못 받아요. 심지어 생명을 구하는 백신에는 예산이 할당되지 않고 도둑맞는 일까지 있죠. 정부가 이렇게 형편없을 수 있나 하는 생각이 들 만큼 정말 충격적이었습니다."

이렇게 거대한 문제를 해결하기 위해 빌은 정부와 일하는 법을 배워야 (어쩌면 오히려 잊어야) 했다. 마이크로소프트를 경영할 때는 정부를 동맹이 아닌 적으로 간주해야 했다. 하지만 빌은 도움이 필요한 나라의 정부에 대해서는 잘 알지 못했다. "정부에게 역할을 맡길 것인가, 아니면 정부를 우회할 것인가?" 이 질문에 빌은 "우리는 정부가 앞으로 나서게 해야 한다는 것을 깨달았습니다. 그것이 유일한 장기적 해결책이거든요"라는 결론을 얻었다.

다양한 정부를 앞으로 나서게 하려면 정말 배워야 할 것이 많았다. 나라마다 문제도 다르고 해결 방식도 달랐기 때문이다. 어떤 정부는 도움의 손길을 무척 환영했다. 가령 에티오피아 총리는 자국의 공공의료 서비스를 개선하고 싶어 했다. 빌의 재단은 에티오피아 정부와 파트너십을 맺고 의료 체계를 정비하는 한편 농업 체계를 개선하는 일에도 참여했다. 하지만 특히 문제가 많은 북부지역을 포함한 여러 나라에서는 상황이 매우 다르게 전개되었다. 백신이 안정적으로 전달되지 못해 한때 전 세계 소아마비 사례의 절반을 차지했던 나이지리아도 여기에 포함되었다. 이런 경우에는 정부와 직접 파트너십을 맺는 것이 아니라 뒤에서 지원하는 방법을 택했다. 정부가 주도적으로 나서서 20만 명의 자원봉사자들을 통해 4500만 명의 아이들에게 소아마비 예방접종을 했다. 이런 노력은 소아마비를 현격히 감소시켰다. 나이지리아에서는 3년 동안 새로운 소아마비 환자가 나오지 않았다.

빌은 어려운 도전일수록 장기적으로는 큰 보상을 얻게 된다고 말했다. 제대로 된 시스템과 관계를 만드는 데 얼마나 오랜 시간이 걸리는지 배운 덕분에 그러한 장기적인 관점을 가질 수 있었다. 새로운 백신을 개발하기 위한 연구를 지속하는 한편, 의약품들을 전달할 물류 시스템을 마련하기 위한 노력도 계속하고 있다. 지난 20년간 영유아기 사망은 매년 1000만 명에서 500만 명을 조금 넘는 수준으로 50퍼센트 감소했다. 빌앤드멀린다게이츠재단이 기울인 노력 덕분에 완전히 예방 가능한 질병으로 다섯 살이 되기 전에 사망할 수도 있었을 450만 명의 아이들이 여전히 살아 있다. 이것은 인류 최고의 업적으로 손꼽힐 만한 성취이다.

모든 비즈니스는 이렇게 해야 한다

록히드마틴 전투기 개발자 켈리 존슨 이야기

제2차 세계대전이 한창이던 1943년에 독일군은 메서슈미트 Me 262를 개발했다. 전투에 실전 배치된 최초의 제트 전투기로 독일군에 전술적 우위를 제공했다. 미군은 신속히 대응책을 마련해야 했지만, 제트 엔진 기술에서 독일에 뒤처져 있었다. 그때 기회가 생겼다. 영국의 항공기 회사 드하빌랜드De Havilland의 'H-1B 고블린 엔진' 설계가 정부를 통해 미군에 무상으로 제공된 것이다.

미국 공군은 이 엔진 설계도로 전투기를 만드는 임무를 항공우주 회사인 록히드마틴Lockheed Martin에 넘겼다. 하지만 록히드는 이미 생산 역량을 총동원하고 있었다. 공장에도 남는 자리가 없었고 여분의 기술자도 없었다. 완전히 소진 상태였다. 그런데도 수석 엔지니어인 켈리 존슨Kelly Johnson은 이 프로젝트의 책임자를 자청했다. 깃허브GitHub의 엔지니어링 디렉터이자 항공 역사에 대해서는 열정적인 학생인 닉 민스Nick Means는 당시 상황을 이렇게 설명했다. "록히드 이사회는 공군에서 맡긴 프로젝트를 켈리에게 떠맡기며 책임을 지도록 했어요. 그들은 프로젝트가 실패할 것으로 생각했거든요."

존슨은 전투기를 만들기 위한 매우 구체적인 계획을 세웠다. 그 계획은 자신이 알고 있던 비행기 만드는 법에 관한 모든 지식과 통념을 버리는 것으로 시작했다. 존슨은 플라스틱 공장 옆의 빈 부지에 커다란 서커스 텐트를 세웠다(이 프로젝트에 붙은 이름은 비밀 실험실을 의미하는 스컹크웍스Skunk Works였다). 그리고 분야별로 선별한 엔지니어, 제작기술자, 디자이너 등으로 팀을 구성하고 전투기 모형을 만들기 시작했다. 닉 민스의 설명에 따르면, 그것은 완전히 새로운 작업 방식이었다.

"일반적으로 비행기를 만들 때는 엄청나게 많은 도면을 그리고, 엄청나게 많은 부품을 테스트합니다. 하지만 켈리는 그러한 규칙을 버리고 엔지니어와 제작기술자 들에게 자유롭게 부품을 제작하라고 했습니다."

디자이너와 엔지니어, 제작자는 긴밀한 피드백을 주고받았다. 연필로 그린 아이디어는 몇 시간 만에 모형으로 제작되었다. 도면 그리는 시간을 줄이는 대신 일단 모형을 만들어 테스트한 다음 그 결과 데이터를 바탕으로 수정과 보완을 반복하는 데 많은 시간을 썼다. 이러한 유연성과 신속성 덕분에 존슨의 팀은 143일 만에 전투기 프로토타입을 제작할 수 있었다. 전투기를 만들기에는 매우 짧은 시간이었다.

항공기 산업에 있어서 비행기가 날지 않는다면 모든 계획과 제작은 분명히 아무 의미가 없다. 하지만 이 비행기는 날았다. 게다가 빠르게 날았다. 존슨의 팀이 만든 'P-80 슈팅스타'는 시속 800킬로미터로 비행한 최초의 미국 전투기였다. P-80은 제2차 세계대전에서는 한 번도 전투에 투입되지 않았지만 한국전쟁에서는 F-80으로 전투에 투입되었고, 나중에는 T-33으로 개조되어 훈련용 항공기로 광범위하게 사용되었다. 존슨의 팀이 143일 만에 개발한 디자인은 54년 동안 사용되었다.

존슨의 팀이 만든 전투기가 제대로 날지 못할 이유는 아주 많았다. 아마 켈리 존슨이 '모든 규칙을 무시한' 부분부터 시작할 수 있을 것이다. 이는 항공우주공학자가 내릴 만한 일반적인 결정이 아니었다. 하지만 당시 존슨에게는 주어진 시간이 매우 촉박했기 때문에 기존의 방식대로 수년간의 계획을 세워 일을 진행할 수 없었다. 그래서 일단 만들면서 수정하고 보완하기로 한 것이다.

오늘날 모든 비즈니스는 이렇게 해야 한다. 아무리 심사숙고를 거쳐 만들었을지라도 사업계획서는 대부분 기존의 성공 공식을 바탕으로 할 가능성이 크다. 그리고 일단 제품이나 서비스가 시장에 출시된 후에야 그 성공 공식이 틀렸다는 것으로 판명된다. 어떻게 보면 사업이란 것 자체가 '새로운 아이디어의 실험'이다. 그 실험이 성공하기 위해서는 원래 진실이라고 믿었던 것을 기꺼이 버려야 한다. 아니면 적어도 의심해봐야 한다.

불확실한 가설을 검증하라

임뷰 창업자 에릭 리스 이야기

장기증권거래소Long-Term Stock Exchange의 창업자 에릭 리스Eric Ries가 3D 아바타 소셜네트워킹 프로그램을 서비스하는 임뷰IMVU를 창업한 것은 스물다섯 살 때였다. 에릭은 스스로 흡족할 만큼 멋진 사업계획서를 가지고 출발했지만, 사용자들은 예상한 대로 행동하지 않았다. 에릭은 코딩 작업을 하며 밤을 새우면서도 혹여 너무 많은 사람이 소프트웨어를 다운로드해서 서버가 다운되면 어쩌나 하는 걱정을 했다. 다행히 에릭의 소프트웨어는 단 한 대의 컴퓨터도 다운시키지 않았다. 다운로드한 사람이 한 명도 없었기 때문이다. 심지어 무료로 시도해보려는 사람조차 없었다.

이 실패는 매우 쓰라렸지만 한편으론 중요한 통찰을 주었다. 에릭은 "어떻게 하면 우리의 계획이 틀렸다는 사실을 더 빨리 알 수 있을까?"라는 질문을 던졌다. 처음의 실패로 휘청거리면서도 사용자 테스트를 통해 어떤 실수를 했는지 알아내려 한 것이다. 결국에 시장을 제대로 이해한 에릭은 피벗 전략을 통해 성공할 수 있었다. 아바타는 인기를 끌었으며 임뷰는 빠른 속도로 사용자 수를 늘리며 성장했다. 성공 이후에도 에릭은 초창기의 잃어버린 6개월에 대해 생각했다. 그를 가장 괴롭혔던 사실은 소프트웨어를 잘못 만들었다는 것이 아니었다. 그것을 만드는 데 수많은 시간과 노력을 낭비했다는 사실이었다.

많은 기업가가 성공을 위해서는 천천히 조심해서 비밀스럽게 시작해야 한다고 믿는다. 시간을 들여 완벽한 제품이나 서비스를 만들 때까지는 세상에 공개하지 않는 것이다. "첫인상을 남길 기회는 단 한 번뿐이다"라는 격언을 신봉하는 탓이다. 홀로 컴퓨터 화면을 마주하며 쉼표를 어디에 넣을지 고민하는 시인들에게는 이 격언이 옳은 것일지도 모른다. 하지만 스타트업에는 잘못된 전략이다. 왜냐면 기업가들의 혁신적인 아이디어는 대개 확실하지 않은 가설을 토대로 하고 있기 때문이다.

해결책은 가능한 한 빨리 그 가설을 검증해보는 것이다. 그러기 위해서는 개발한 제품이나 서비스가 불완전하더라도 초창기부터 외부 세계에 공유해서 빠르게 피드백을 받아야 한다. 이것이 에릭이 '최소기능제품MVP'이라는 부르는 것으로, 시장에서 테스트하고 가설을 검증하는 데에 필요한 최소한의 실행 기능을 갖춘 제품을 의미한다. 귀에 쏙 들어오는 이 용어는 당시에는 새로운 것이었지만 에릭도 흔쾌히 인정하듯 수세기에 걸쳐 발전해온 과학적 방법에서 비롯된 이론이다. 에릭은 "우리는 새로운 지평을 열고 있는 게 아닙니다. 과학에서 얻은 가르침을 비즈니스에 적용하는 것뿐이죠"라고 말했다.

에릭의 접근법은 단순히 학습에 관한 것이 아니다. 결과에 어떤 식으로 반응해서 '반복을 통한 완벽함'을 달성하느냐에 관한 것이다. 과학자들이 그런 것처럼 당신은 "시장 테스트 결과가 내 가설을 증명하는가? 아니면 가설을 수정해야 하는가?"라고 질문해야 한다. 당신은 제품에 한 가지 기능만 추가하면 될 수도 있고 전체적인 전략을 재검토하고 새로운 국면으로 전환해야 할 수도 있다. 이러한 피벗 전략을 대중화한 사람도 바로 에릭이다.

에릭은 임뷰에서 자신의 이론을 빠르게 실행에 옮겼다. 엔지니어들은 부지런히 소프트웨어를 수정해서 사용자들이 자주 업데이트를 하게 했다. 그런 다음 사용자들이 어떻게 반응하는지 관찰하고 데이터로 만들었다. 얼마 지나지 않아 가설을 시험하고 그 데이터 결과를 받기까지의 주기가 점점 더 짧아졌다. 하지만 여전히 에릭을 괴롭히는 문제가 있었다. "일하는 방식을 바꾸자 분명히 효과가 있었습니다. 하지만 왜 그런지 그 원리에 대해서는 아무도 몰랐어요. 그것이 우리 직원들과 투자자들을 초조하게 했습니다."

에릭은 새로운 접근법의 이면에 있는 원리를 체계적으로 정리하고 명확하게 설명할 수 있어야 한다는 것을 깨달았다. 그래서 그는 스타트업계의 흐름을 이끄는 '기수'와 같은 역할을 하게 되었다. 새로운 제품을 만들고 사업을 시작하기 위해 실험에 기반을 둔 과학적 방법을 적용한다는 아이디어를 본격적으로 연구하기 시작한 것이다.

에릭은 각종 경영 이론과 군사 전략부터 도요타의 '린 방식'•에 이르기까지 다양한 분야에서 정보를 얻으며 학습했다. 그런 와중에 에릭은 임뷰를 떠나 다른 스타트업에 직접 자문을 제공하는 일을 시작했다. 또 익명으로 블로그에 글을 올리기 시작했다. 이때 쓴 글들이 《린 스타트업》이라는 명저로 재탄생했다. 책은 딱 맞는 타이밍에 출판되었다. 2008년 금융위기 이후로 많은 기업가가 막대한 자본이나 충분한 개발 기간을 확보하지 못한 채 서비스를 론칭해야 했기 때문이다. 《린 스타트업》은 100만 부 이상 판매되었다. 사실 그 숫자보다 더

• 린lean은 '낭비가 없다'는 뜻으로, 린 방식이란 낭비를 없애고 효율을 극대화는 것을 말한다.

중요한 것은 새로운 비즈니스 방식을 위한 안내서로 자리매김했다는 점이다.

완벽한 첫인상에 대한 신화를 버려라

실리콘밸리에서 가장 성공한 실험가 중 한 명은 마크 저커버그이다. "빠르게 실행하고 규칙을 깨라"는 페이스북의 초창기 모토는 결국에 성공의 토대가 되었다. 지금 페이스북의 모토는 "안정적인 구조에서 빠르게 실행하라"이지만, 그렇다고 해서 실험을 멈춘 것은 아니다. 마크는 "페이스북은 한 가지 버전만 있는 것이 아닙니다. 만 개쯤 있을 거예요. 페이스북의 모든 엔지니어는 자신의 아이디어를 언제든 테스트할 수 있습니다"라고 설명했다.

이 말은 엔지니어가 자신이 개발한 테스트 버전을 언제든 수천 명이나 수만 명을 대상으로 테스트해볼 수 있다는 의미이다. 그런 다음 "이 버전에 대한 사용자들의 반응은 어떠한가? 사용자는 새로운 버전에서 무엇을 어떻게 공유하는가?" 등의 질문을 던지고 그 결과를 데이터로 즉시 확인할 수 있다. 데이터가 괜찮다면 관리자에게 가져가서 그 버전을 계속 업데이트할지 묻는다. 결과가 좋지 않더라도 그러한 테스트는 여전히 가치 있는 학습 내용을 제공한다. 마크에 따르면 "모든 결과는 그동안 우리가 배운 모든 교훈을 기록한 문서"에 포함된다.

이러한 테스트 방법이 모든 기업이나 제품에 적합한 것은 아니다. 제한적인 사람들에게만 제공한다고 해도 불완전한 버전을 출시하는 것이 큰 위험을 초래하는 수도 있기 때문이다. 단순히 결함 있는 제품을 세상에 내놓는다는 아이디어 자체를 불편해하는 기업가도 있다. 예를 들어, 스팽스의 사라 블레이클리는 제품이 고객에게 첫인상을 줄 수 있는 '기회는 단 한 번밖에 없다'라는 격언을 믿는 쪽이다. 따라서 수준 이하 버전의 제품을 내보내 그 기회를 낭비하지 않는 것이 좋다고 말한다. 인터넷은 인상을 줄 기회가 여러 번 있는 데 반해 유통 매장에서 인상을 남길 기회는 단 한 번뿐이다. 이런 경우는 사라의 말이 옳다!

많은 사람이 불완전하다는 개념과 씨름한다. 하지만 실험가가 되려면 대학교 시절 배운 '완벽하게 작성된 리포트가 아니면 제출하지 않는 것이 낫다'는 가르침을 버려야 한다. 힌트워터의 창업자인 카라 골딘이 그랬던 것처럼 말이다. 과일 맛이 나는 생수에 설탕이나 방부제를 첨가하지 않기로 과감히 결정했을 때의 문제는 유통기한이 너무 짧아진다는 것이었다. 카라는 아직 해결되지 않은 문제가 있음에도 자신이 개발한 생수를 사람들이 어떻게 생각하는지 알고 싶었다. 그래서 유통기한을 연장할 수 있는 천연 재료를 찾으면서 동시에 힌트의 불완전한 버전을 판매하기 시작했다. 카라는 "대화를 나눴던 대다수 기업가는 완벽한 제품을 시장에 내놓아야 한다며 끈질기게 기다리더군요. 만일 비행기를 조립하면서 동시에 비행을 시도하는 것이 괜찮지 않고 불편하다면 당신은 다른 골치 아픈 문제를 해결해야 할 수 있습니다"라고 조언했다.

물론 카라의 말이 제대로 기능하지 않거나 품질이 떨어지는 제품을 출시해야 한다는 의미는 아니다. "저는 기업가들에게 '제품이 완벽하지는 않아도 꽤 괜찮다는 생각이 들고 그것이 환영을 받을지 알고 싶다면 일부를 매장에 내놓으라'고 조언합니다. 일단 밖으로 내보내면 그때부터 언제나 제품을 개선할 수 있습니다."

모든 가르침은 적시에 찾아온다

캔바 공동창업자 멜라니 퍼킨스 이야기

캔바의 공동창업자 멜라니 퍼킨스가 열다섯 살에 처음 손뜨개로 스카프를 만들어 팔기 시작하면서 기업가로 첫발을 내디뎠던 이야기를 기억하는가? 멜라니는 그때의 경험 덕분에 학교를 졸업한 뒤에도 다른 사람 밑에서 일하지 않고 자기 사업을 직접 할 수 있겠다는 생각을 했다. "그렇게 어린 나이에 배운 가르침들이 내가 어디로 가야 하는지를 정하는 데 큰 도움이 됐다".

손뜨개 스카프를 판매하는 일에서 시작해 5000만 명의 사용자를 보유한 글로벌 디자인 플랫폼인 캔바를 설립하고 운영하기까지의 과정에는 멜라니가 '적시 학습just-in-time-learning'●이라고 부르는 것이 동반되었다. 멜라니와 클리프는 처음 디자인 플랫폼을 론칭하기로 했을 때 '작게' 시작하는 것을 목표로 했다. "처음에는 전체 시장을 공략할 자원이나 경험이 없었기 때문에 의도적으로 학교 졸업앨범이라는 틈새 시장을 공략했습니다." 그들은 사용자 테스트, 피드백 수집, 고객 서비스에 대해 많은 것을 배웠다. 그리고 첫 번째 회사인 퓨전북스의 사용자 수가 늘어나자 이번에는 회사를 성장시키는 법을 배웠다. 이 시기를 돌아보며 멜라니는 "스타트업에서 배우는 모든 가르침은 적시에 오는 것 같아요. 간혹 알아야 할 직후에 찾아오기도 하지만요"라고 말했다.

멜라니는 자신이 원하는 새로운 플랫폼, 즉 안정적이고 믿을 수 있으며 완성도도 높은 글로벌 디자인 플랫폼을 만들려면 서비스를 전 세계로 확대하고 유능한 엔지니어를 채용하기 위한 벤처캐피털 자금이 필요하다는 것을 깨달았다. 하지만 투자의 세계는 그녀가 잘 아는 분야가 아니었다. "배우는 태도로 임했습니다. 솔직히 말해서 다른 선택지가 없었어요." 멜라니는 "당신에게 자금을 지원하겠습니다"라는 말이 회사의 존속 기간 내내 자금을 지원하겠다는 의미가 아니라는 점을 이해하지 못했다. 나중에야 그 말이 "당신 회사의 다른 더 큰 투자 라운드에 엔젤투자자로 참여하겠다"라는 의미라는 것을 알게 되

● 적시 학습은 도요타의 '적시생산시스템JIT'을 응용한 개념이다. 적시생산시스템이란 모든 낭비 요소가 최소화된 효율적인 생산 운영 및 통제 시스템을 말한다. 모든 제품을 필요한 때에 필요한 만큼 생산하며, 불필요한 재고를 최소화하고, 대기와 운반에 따르는 시간을 최소화하는 등의 일련의 활동이 포함된다. 마찬가지로 적시 학습은 필요한 내용을 필요할 때 필요한 양만큼 필요한 장소에서 학습하여 바로바로 소화하는 것이다. 적시 학습의 또 다른 핵심은 한꺼번에 모든 것을 완벽하게 배운 다음 무언가를 하는 게 아니라 무언가를 일단 하면서 동시에 배우는 것이다.

었다.

멜라니는 벤처캐피털을 찾아다니다가 콘퍼런스 참석차 호주에 온 빌 타이Bill Tai를 만났고 둘은 금세 친해졌다. 빌은 멜라니에게 다음에는 실리콘밸리에서 만나자며 특별한 행사에 초대했다. 빌은 매년 연례 콘퍼런스를 개최했는데 이 행사의 다소 특이한 점은 기업가들과 벤처투자자들을 모아 함께 카이트 서핑을 하러 간다는 것이었다. 멜라니는 카이트 서핑을 배워야 했는데 전신수트를 입는 것이 가장 끔찍했다고 고백했다. 하지만 그곳에서 또 다른 네트워크에 연결될 수 있었다. 카이트 서핑을 하는 기업가들의 콘퍼런스에 초대받은 것이다. 이번에는 갑자기 강연을 해야 했다. 멜라니는 자기 인생에서 가장 겁나는 강연이었지만 결국에는 훌륭한 사람을 많이 만나게 되었다고 설명했다. "제가 만나본 가장 성공한 투자자와 기업가 들에게 강연하는 것은 무서운 일이었어요. 그렇지만 많은 피드백을 받았기 때문에 큰 도움이 됐습니다."

피드백을 통해 배우고 이를 반복하라

적시 학습은 또 있었다. 멜라니는 첫 번째 피칭을 그리 멋지게 해내지 못했다. 캔바에 필요한 투자자들을 찾는 데는 상당한 시간이 걸렸다. 대신에 그녀는 매번의 피칭을 배우는 기회, 피칭을 더 잘할 기회로 만드는 법을 배웠다. "피칭이 끝날 무렵에는 투자자들이 몇 가지 질문을 던졌습니다. 만약 우리가 그 질문에 대해 미리 답해준다면 피칭이 끝난 후에 투자자들은 아무런 질문도 하지 않으리라고 생각했습니다. 그 다음에는 투자하거나 안 하거나 둘 중 하나겠지요. 우리는 한 번의 피칭이 끝날 때마다 투자자들의 질문에 미리 답을 하려고 노력했습니다. 결국에는 효과가 있었죠."

이것이 바로 적시 학습의 모범 사례다. 아이디어를 내놓고 좋든 나쁘든 돌아오는 피드백을 진심으로 경청한 다음 그것에 따라 행동하고 반복하고 다시 시도하는 것이다. 피칭에 대한 모든 반대 의견은 멜라니의 지식창고에 추가되었다. 피칭할 아이디어를 거듭 수정하고 보완하면서 멜라니는 어떤 투자자가 자신의 의견을 가장 잘 들어줄지 알게 되었고, 무엇보다 캔바의 정체성에 대해 더 깊이 이해할 수 있었다.

"우리의 미션과 목표지향적 사고는 린 스타트업의 접근방식과 상당한 괴리가 있는 것처럼 보였어요. 우리는 늘 장기적인 안목으로 사업하고자 했고 앞으로도 그럴 것이기 때문에 린 스타트업 접근방식을 원하는 투자자들은 우리의 아이디어에 동참하지 않으리란 것을 짐작할 수 있었죠."

멜라니는 알아야 할 모든 것을 배운 후에 기업가가 된 것이 아니었다. 그래서도 안 된다. 자신의 비전을 실현할 아이디어가 있다면 모든 것을 배우고 준비가 될 때까지 20년을 기다릴 필요가 없다. 그때쯤이면 이미 다른 누군가가 당신의 아이디어를 갖고 사업을 시작한 지 오래일 것이다. 그보다는 일단 사업을 하면서 복잡한 문제들을 해결하는 과정을 통해 학습해야 한다. 멜라니가 그랬던 것처럼 운이 좋다면 필요한 것들을 적시에 배우게 될 것이다.

엔지니어 출신의 CEO 학습법

쇼피파이 공동창업자 토비 뤼트케 이야기

토비 뤼트케Tobi Lütke에게는 스노보드와 프로그래밍이라는 두 가지 열정이 있었다. 그는 이 둘을 결합하기 위해 스노데빌Snowdevil이라는 스노보드 전문 온라인 쇼핑몰을 시작했다. 그런데 예상치 못한 일이 일어났다. 스노보드보다 그가 만든 이커머스 소프트웨어를 이용하는 사람들이 더 많아진 것이다. 일련의 우여곡절 끝에(이 내용은 8장에서 더 자세히 다룰 것이다) 토비는 스노데빌에서 스포츠용품의 뿌리를 걷어내고 클라우드 기반 이커머스 솔루션을 제공하는 플랫폼 쇼피파이Shopify를 탄생시켰다. 회사가 성장하기 시작하면서 경영관리를 책임지던 공동창업자는 회사를 떠나버렸다. 쇼피파이는 그가 원했던 회사가 아니었기 때문이다.

토비는 경영관리에 대해서는 거의 알지 못했기 때문에 무엇을 해야 할지도 몰랐다. 사실 기술 분야를 제외한 나머지는 거의 블랙박스나 다름없었다. "제가 보기에 경영자들은 모두 이상한 사람들이었습니다. 그 사람들이 뭘 하는지 몰랐어요. 진짜로 쇼를 이끄는 사람들은 엔지니어들인데 말이죠. 적어도 그때는 그렇게 생각했습니다."

토비는 2년 동안이나 CEO가 될 사람을 물색했지만 찾지 못했다. 마침내 한 엔젤투자자가 결정적인 조언을 해주었다. 그는 토비만큼 쇼피파이에 헌신할 사람은 찾을 수 없을 것이라고 말했다. 그래서 엔지니어였던 토비가 CEO 자리를 맡았다. 이제는 CEO가 해야 하는 일을 배우기만 하면 되었다. 토비는 다른 것을 배울 때와 마찬가지로 먼저 관련 책을 읽기로 했다. 그가 읽은 첫 번째 책은 앤드루 그로브Andrew Grove가 쓴《하이 아웃풋 매니지먼트》였다.

"앤드루는 기업을 발전시키는 것이 공학적인 문제와 아주 비슷하다고 가르쳐줬어요. 그 사실이 저에게 큰 희망을 줬죠. 소프트웨어를 설계할 때처럼 가지고 있는 모든 문제를 더 작은 문제들로 쪼갠 다음 한 번에 한 단계씩 처리해나갔습니다."

엔지니어 출신이 CEO가 되었을 때 겪는 혼란스러움은 그리 드문 일이 아니다. 드롭박스의 창업자 드류 휴스턴도 비슷한 이야기를 했다. 드류는 스물한 살 때 매사추세츠공과대학교를 휴학하고 온라인 SAT 강좌 프로그램 사업을 시작하면서 경영관리를 배워야겠다고 판단했다. 그가 택한 방법은 주로 독서를 통한 독학이었다. 드류는 시험 전날 벼락치기 공부하는 학생처럼 경영관리에 대해 배워보기로 했다. "아마존에 들어가서 '세일즈 마케팅 전략'이라고 치고 가장 인기 있는 책들을 사서 그냥 빠르게 읽어보았어요." 특히 유용하다고 생각되는 책을 발견하면 여백에 메모하고 교과서처럼 공부했다.

드류는 피터 드러커Peter Drucker의《자기경영노트》와 스티브 잡스의

《비커밍》을 비롯해 수십 권의 책을 읽었다. 더구나 책 제목을 대면 그 책에서 어떤 통찰력을 얻었는지, 회사가 성장하고 경험이 쌓임에 따라 어떤 내용을 어떻게 적용했는지까지 말할 수 있다. 드류는 "기업가는 스스로 체계적으로 공부하고 훈련해야 합니다. 아무도 나를 위해 대신 회사를 책임져주지 않거든요"라고 말했다.

Reid's analysis

1. 모든 것을 '배우는 사람'이 되어라

내가 팟캐스트의 이름을 〈마스터스 오브 스케일〉이라고 지은 것은 어떤 기업이든 엄청난 규모로 성장시킨 리더들을 존경하는 마음에서 그들을 '마스터master' 라고 불렀기 때문이다.

하지만 이 이름에는 오해의 소지가 있다. 마스터는 정점에 도달한 사람을 뜻한다. 어떤 일을 최고 수준으로 하는 방법을 아는 사람이라는 의미이기도 하다. 그러나 엄밀히 말해 우리는 누구도 마스터의 상태에 도달하지 못한다. 우리는 모두 끊임없이 배우고 있다. 아니, 배워야 한다. 우리는 '영원한 베타버전' 상태에 있다.

나는 "성공은 실패보다 더 강하게 각인된다"라는 말을 믿는다. 그렇게 되는 이유는 성공의 경험이 자신의 지식과 생각이 옳았다는 자부심을 느끼도록 해주기 때문이다. 그로 인해 우리는 자신이 배운 것이 효과가 있고 앞으로도 배운 것을 계속 활용할 수 있겠다는 생각을 한다. 이것이 기차가 선로에서 벗어나도 계속해서 같은 일을 반복하게 되는 이유이다.

하지만 똑같은 도구, 똑같은 지식, 똑같은 전술의 효과는 영원하지 않다. 해결하고자 하는 문제가 변하거나 시장이 변하거나 경쟁자가 변하거나 산업이 변하기 때문이다. 무엇보다 자기 자신이 변한다. 따라서 기업가는 오래된 가르침 중 무엇을 버려야 하는지, 무엇을 잊거나 처음부터 다시 배워야 하는지 생각해 봐야 한다.

아는 것을 버리기 위해서는 진실이라고 생각했던 것을 손에서 놓아야 한다.

나를 성공하게 만든 바로 그 지식이나 전문성을 버리는 것이 너무 어렵다는 생각도 버려야 한다.

예를 들어, 지금 내가 새로운 소셜미디어 회사를 창업하면서 예전에 링크드인을 창업할 때와 같은 방식을 적용한다면 분명 실패할 것이다. 모바일 기술이 달라졌다. 정보와 콘텐츠의 파급력이나 퍼져나가는 속도도 달라졌다. 구인구직 생태계 역시 달라졌으며, 인기 있는 플랫폼도 달라졌다. 모든 것이 다 달라졌다.

당신이 다음에 어떤 사업 혹은 도전을 새로 시작하려고 해도 마찬가지다. 성공하고 싶다면 다른 전술을 사용해야 한다. 기본적으로 "모든 게임의 규칙은 변한다. 게임의 규칙이 바뀌면 많은 것을 새로 배워야 한다"라는 마음가짐으로 접근해야 한다.

나는 모든 기업가에게 늘 학습하는 태도를 강조한다. 게임에서 이기는 전략을 짜려면 그 게임의 새로운 규칙을 알아야 한다. 기업가는 모든 것을 아는 사람이 아니라 모든 것을 배우는 사람이 되어야 한다.

2. 기업가는 당황할 준비가 되어 있어야 한다

나는 종종 "제품을 처음 출시하고 나서 당황스럽지 않다면 너무 늦게 출시한 것"이라고 말한다. 왜냐면 핵심 기능만 갖춰진 버전을 만들어내면 가능한 한 빨리 실제 사용자에게 내보내 테스트해야 하기 때문이다.

제품 출시를 앞당기는 것이 무조건 서두르라는 의미는 아니다. 제품을 빨리 출시하는 목적은 아직 시간이 있을 때 사용자 테스트에서 얻은 데이터를 활용해 제품을 개선하기 위한 것이다. 사용자 테스트를 한 다음 제품을 다시 개선하고 보완하고 다시 테스트해서 그 결과를 적용하는 것을 반복하는 피드백 루프를 만들어야 한다.

결함이 있는 제품을 시장에 내놓는 것을 두려워하지 마라. 그런 제품 때문에 기업이 어떻게 되지 않는다. 기업을 흥하게 할 수도 망하게 할 수도 있는 것은 오히려 '속도'다. 즉 사용자가 진짜 좋아하는 제품을 얼마나 빨리 만드느냐가 관건이다.

그러니 기업가는 혹시라도 바보처럼 보이면 어쩌나 하는 걱정을 접어두고 완벽하지 않은 제품을 공개할 수 있어야 한다. 그러고 나서 뭔가 부족한 것이 발견되면 좋은 기회를 얻었다고 생각해야 한다.

내가 "제품을 처음 출시하고 나서 당황스럽지 않다면"이라고 말했다는 점을 기억해두기 바란다. 나는 "크게 부끄럽지 않다면"이라든가 "기소되지 않는다면"이라고 말하지 않았다. 사용자들의 외면을 받을 만큼 엉망인 버전의 제품을 출시해선 안 된다. 법적 문제를 일으킬 만한 제품을 출시해서 자본만 낭비해서도 안 된다.

그저 아직 완벽하지 않을 뿐 썩 괜찮다고 판단되는 버전이 나왔을 때 완벽해지길 기다리느라 사실상 제품을 더 완벽하게 만들 시간과 기회를 낭비하지 말라는 의미이다. 차고에 틀어박혀 혼자 제품을 완벽하게 만들려고 노력하지 마라. 작업물을 일찍, 그리고 자주 공개해야 한다.

Reid's theories

기업가의 학습에 대한 조언들

모든 것을 아는 사람이 아닌 모든 것을 배우는 사람이 되어라

이전에 해보지 않은 일을 해야 할 때 자신이 완전한 무지 상태에 있다는 것을 알게 된다. 이런 상태에서 기업가가 성공할 수 있는 비결은 빠르게 학습하는 것뿐이다.

알고 있는 것에서 멀어져라

성공은 실패보다 훨씬 더 강하게 각인된다. 그래서 사람들은 자기가 경험으로 확인한 성공 노하우나 관련 지식을 꼭 움켜쥐려는 경향이 있다. 하지만 무한 학습자들은 과거처럼 행동하거나 아무것도 배우지 않고 가만히 있으면 세상이 나를 뒤에 남겨두고 가버리란 사실을 잘 알고 있다.

모든 경험에서 지혜를 배워라

비즈니스 리더와 기업가들은 목적지를 향해 가는 여정에서 종종 일부러 방향을 바꾸거나 잠시 멈춰서 지그재그로 된 길로 가기도 한다. 그들은 그렇게 방향을 바꾸거나 멈출 때마다 무언가를 배우고 그것을 세상을 바라보는 지혜와 안목을 키우는 재료로 사용한다.

스스로 체계적으로 학습하라

어떻게 창업해야 하는지는 알면서 기업을 경영하는 법은 모르는 기업가가 꽤 많다. 하지만 배우면 된다. 방법은 여러 가지다. 책을 읽거나 멘토와 상담하거나 혹은 스타트업 과정을 지나온 다른 CEO와 일해본 경험이 있는 투자자들과 협력하는 것도 좋은 방법이다.

배우기 위해 시험하고, 시험하기 위해 배워라

사용자의 니즈와 관련한 기업가들의 가설은 정확하지 않은 경우가 많다. 따라서 과학자들처럼 제품을 가능한 한 빨리 자주 테스트하고 그 결과를 통해서 배워야 한다. 테스트는 실제 제품으로 실제 사용자를 대상으로 해야 한다. 이것이 스케일업할 수 있는 제품을 만드는 가장 빠른 방법이다.

7장

말이 아닌 행동을 주목하라

사용자의 말과 행동이
다른 이유

Mark Zuckerberg

Marissa Mayer

Julia Hartz

Drew Houston

Jennifer Hyman

Payal Kadakia

Whitney Wolfe Herd

Dharmesh Sharh

Brian Halligan

Mariam Naficy

Robert Pasin

말과 행동이라는 두 가지 피드백

구글 전 부사장 마리사 메이어 이야기

이제 막 새로운 검색엔진을 론칭한 구글의 창업자들은 이른바 '검색의 탁월함'에 강박적으로 집중했다. 문제는 그들이 '검색의 탁월함'이 실제로 어떤 것인지 모른다는 점이었다. 사이트는 아주 간단명료했다. 검색 키워드를 입력하는 상자 하나와 두 개의 버튼만 있었다. 당시 인기 있었던 야후와 같은 포털 사이트가 몹시 어수선했던 것과는 매우 상반되는 출발이었다. 검색 결과를 보여주는 페이지 역시 통념과 다른 급진적인 모습이었다. 우선 광고가 없었다. 뉴스 헤드라인도 없었다. 정말 검색 결과만 보여줬다.

그들은 다음 단계에서 "검색 결과를 몇 개나 보여줘야 할까? 그것을 어떻게 보여줘야 할까?"라는 질문을 던졌다. 공동창업자인 래리 페이지는 구글의 디자인이 주관적인 디자인 감성이 아닌 객관적인 데이터에 기초하기를 바랐다. 그래서 그는 엔지니어들에게 실험용 '프레임워크'를 만들게 했다. 구글의 핵심 엔지니어인 마리사 메이어Marissa Mayer는 한 페이지에 보여주는 가장 이상적인 검색 결과의 개수를 알아내기 위해 실험을 했다. 첫 번째 단계로 마리사는 사용자들을 대상으로 페이지당 얼마나 많은 검색 결과를 보고 싶은지 설문조사를 했다. 20개? 25개? 답은 30개였다. 사용자들의 피드백은 분명했다. 페이지당 더 많은 결과를 보여줄수록 더 좋아했다. 적어도 사용자들은 그렇게 말했다.

하지만 다음 테스트에서 사용자들이 실제로 어떻게 행동하는지 관찰했을 때 예상치 못한 일이 일어났다. 실험을 위해 검색 결과 페이지를 여러 가지 버전으로 배포했는데 각각의 버전은 표시되는 검색 결과의 수가 다른 것을 제외하고는 모두 동일했다. 엔지니어들은 각각의 버전을 모두 살펴보았다. 한 사용자가 얼마나 여러 번 검색했는가? 사용자들은 검색 결과를 몇 페이지까지 보았는가? 사이트를 완전히 떠난 사용자는 얼마나 되는가? 사용자들의 행동을 직접 관찰하고 데이터를 분석한 결과에 따르면 실제로는 한 페이지에 나타나는 검색 결과의 수가 적을수록 사용자 만족도가 더 높았다. 마리사는 "사용자당 검색 건수를 살펴봤더니 검색 결과 페이지당 10개에서 20개 사이일 때 급격히 감소했고, 25개는 더 감소했으며 30개는 가장 많이 감소했다. 최적의 숫자는 10개였다"라고 말했다.

사용자의 말과 행동이 이렇게 다른 이유는 무엇일까? 페이지당 검색 결과 수를 더 많이 표시하려면 대가가 따랐다. 그것은 사용자들이 미처 의식하지 못하더라도 매우 중요한 것이었는데, 바로 속도였다. 검색 결과를 20~30개 보여주는 페이지는 10개를 보여주는 페이지보다

로드 속도가 더 느렸다. 시간의 차이는 거의 인지할 수 없는 정도였지만 그 영향을 완전히 무시할 수도 없었다.

"사람들은 대개 본인이 생각하는 것보다 훨씬 더 시간을 중요하게 생각합니다. 더 많은 검색 결과를 얻기 위해 눈 깜짝할 짧은 순간을 기다리는 것도 싫어하죠. 특히 처음 10개의 결과가 대체로 만족스러울 땐 더욱이요."

사용자와 관련한 이러한 발견은 구글에 커다란 영향을 미쳤다. 구글은 실험을 통해 "사용자들이 페이지당 몇 건의 검색 결과를 원하는가?"라는 구체적인 질문에 대한 답을 얻었을 뿐만 아니라 속도의 중요성과 사용자 피드백을 제대로 이해하는 과정에 대해서도 중요한 가르침을 얻었다. 설문조사는 미묘한 정서와 감정을 이해할 필요가 있을 때 유용하다. 그러나 사용자가 실제로 어떻게 행동할지 알고 싶다면 직접 그들의 행동을 관찰해야 한다.

7장에서는 사용자와 협력하여 제품과 서비스를 개발하고 기업을 발전시키는 방법에 대해 다룬다. 사용자가 원하는 것을 깊이 이해하고 그들의 만족도를 높이기 위해 제품과 서비스를 세심하게 다듬는 법을 살펴볼 것이다. 기업가들은 사용자를 이해하려면 그들의 말에 귀 기울여야 한다고 배워왔다. 사용자를 대상으로 설문조사를 하고 포커스그룹 인터뷰도 진행하라. 사용자들이 올린 리뷰와 게시물, 그들이 보낸 이메일을 읽어라. 이 모든 관찰과 실험을 통해 기업가는 사용자층에 더 가까이 다가갈 수 있다. 서비스가 사용자들에게 어떤 의미를 줄 수 있는지 파악함으로써 성장 기회를 포착할 수도 있다.

그러나 사용자들의 말만 경청하다가는 길을 잃기도 한다. 마리사는 검색 결과 실험을 하면서 사용자가 원한다고 말하는 것과 실제로 행동하는 것 사이에는 종종 커다란 차이가 있다는 점을 알게 되었다. 사용자들의 제안을 곧이곧대로 따라간다면 기업가는 충성도 높은 사용자를 모두 놓쳐버리게 될 것이다. 새로운 제품과 서비스를 세상에 내놓는 기업가들은 사용자의 말과 행동이라는 두 가지 다른 형태의 피드백 사이에서 균형을 잡아야 한다. 의심이 들 때는 사용자의 말이 아니라 행동을 관찰하라.

사용자들이 말하는 미래를 믿지 마라

페이스북 창업자 마크 저커버그 이야기

비슷한 일이 페이스북에서도 일어났다. 페이스북은 하버드 학생들을 위한 서비스로 시작해서 다른 대학으로 퍼져나갔고 그다음에는 더 넓은 세계로 퍼져나갔다. 하지만 창업자인 마크 저커버그가 초기 사용자들이 하는 말을 들었다면 이것은 다른 이야기가 되었을 것이다. 페이스북이 가진 배타성이 하버드대학교 학생들이 가장 좋아하는 요소 중 하나라는 사실은 분명해 보였다. 마크는 이렇게 말했다.

"페이스북이 예일대로 처음 진출했을 때 하버드 학생들은 모두 '오, 세상에. 걔들도?'라고 반응했습니다. 그리고 예일에서 컬럼비아대학교로 진출하자 예일대 학생들도 '정말? 걔들도?'라고 말했죠." 페이스북이 새로운 캠퍼스로 확장할 때마다 기존 사용자들은 불만을 토로했다. 하지만 아무도 프로필을 삭제하거나 사이트를 떠나지 않았다. 사실 이전보다 더 많이 사용했다.

네트워크가 성장하고 강해짐에 따라 사용자들 참여도 늘었다. 사진 태그 기능을 추가했을 때도 마찬가지였다. 사진 태그 기능은 네트워크에 있는 친구들이 나도 모르는 사진에서 나를 볼 수도 있다는 의미였다. 마크가 이 새로운 기능을 설명했을 때 "대부분의 사람은 '나는 그 기능을 원하지 않아! 안 돼, 안 돼, 안 돼! 싫어'라고 말했습니다." 하지만 사용자들의 행동은 또다시 다른 반응을 보였다. 마크가 배운 중요한 사실은 "사람들은 새로운 것에 대한 자신의 반응을 예측하는 데 매우 서투르다"는 것이었다.

마크가 관찰한 내용은 산업 전반에 걸쳐 여러 번 입증되었다. 사용자들은 항상 말하는 대로만 행동하지 않는다. 사람들은 설문조사에 응할 때도 사실에 근거해서 답하기보다 본인이 이상적이라고 생각하는 대로 답한다. 가령 대부분의 도시 거주자들은 도시에 오페라 하우스가 있어야 한다고 말하지만 실제로 오페라 티켓을 구매하는 사람은 거의 없다. 어떤 때는 검색 결과가 표시되는 속도처럼 자기 자신도 완전히 파악하지 못한 요소들에 의해 행동이 영향을 받을 때도 있다.

따라서 정말로 사용자들에게 배우고 싶다면 그들이 이끄는 곳으로 어디든 따라가야 하며, 사용자들이 당신이 의도하지 않았던 방식으로 제품과 서비스를 사용하도록 마음껏 허용해야 한다. 물론 언제든지 피드백은 요청할 수 있다. 다만 사용자의 말은 신경 쓰지 말고 그들의 행동을 지켜보아야 할 때가 있다는 점은 기억하기 바란다.

먼저 추종자가 되어라

이벤트브라이트 공동창업자 줄리아 하츠 이야기

이벤트 관리 및 티케팅 웹사이트 이벤트브라이트Eventbrite의 공동창업자인 줄리아 하츠Julia Hartz는 열네 살에 한 커피숍에서 바리스타로 일했다. “거기서 맛있는 라떼 만드는 법을 배웠어요.” 줄리아는 화가 난 손님과 처음으로 언쟁을 벌였던 기억을 떠올렸다. “그동안에도 사소한 다툼이야 몇 번 있었죠. 하지만 그 손님은 달랐어요. 오전 5시 55분에 나타나서는 커피가 별로라며 막무가내로 따졌어요. 족히 15분은 나를 향해 계속 큰 소리로 말했죠. 이게 몇 주 동안이나 계속됐어요. 그러던 어느 날 깨달았죠. 그녀는 이야기할 사람이 아무도 없었던 거예요. 나도 라떼도 문제가 아니었어요.”

줄리아가 말한 것처럼 “문제는 라떼가 아니다.” 고객 서비스에 대해 알아야 할 거의 모든 것이 이 문장에 담겨 있다. 종종 가장 열정적인 고객은 가장 까다로운 고객이기도 하다. 그리고 까다로운 피드백을 주는 고객이 기업의 성장 속도를 결정하는 플라이휠 역할을 한다. 줄리아는 "그것이 인생에서 배운 가장 중요한 교훈 중 하나였어요"라고 말했다. 그녀는 경청하는 법과 말 속에 숨겨진 의미를 알아듣는 법도 배웠다. 정말로 사용자 마음을 끄는 것이 무엇인지 파악하는 법을 알게 된 덕분에 이벤트브라이트는 큰 성공을 거두었다.

2006년, 온라인 티케팅 사이트는 이미 포화 상태였다. 하지만 줄리아와 그녀의 약혼자 케빈 하츠Kevin Hartz, 그리고 또 다른 동업자는 '소규모 이벤트 서비스'라는 아무도 관심을 보이지 않았던 영역에서 기회를 발견했다. 이벤트에 돈을 쓸 여력이 없는 사람이 아주 많았다. 이벤트브라이트는 처음부터 초기 사용자들과 함께 서비스를 만들기로 결심했다. 초기 사용자들은 주로 테크 블로거들로 모임을 열기 위해 이벤트브라이트 플랫폼을 사용하기 시작한 사람들이었다. 하지만 테크 블로거들에 대해 알아야 할 것이 있다. 그들은 거침없이 마구 의견을 말하는 사람들이다. 줄리아는 "서비스를 이용하는 사람들 가운데 말 그대로 가장 비판적인 사람들과 긴밀한 피드백 루프를 만들었습니다. 우리 모두 즐겁게 비판을 받았죠"라고 말했다. 말 많은 초기 사용자 중에 테크크런치TechCrunch가 있었다. 그들은 테크 평론가 그룹으로 날카로운 의견과 독설로 유명했다. 줄리아는 그들이 이상적인 파트너라고 생각했다.

"우리 서비스에 대한 훌륭한 피드백을 얻는 가장 좋은 방법 중 하나는 그런 서비스를 만드는 사람들이나 그러한 기술에 대해 글을 쓰는 사람들을 주요 사용자층으로 삼는 것입니다."

줄리아는 사업 초창기에 피드백 루프를 계속 돌리기 위해 극단적인 방법을 사용했다. 사용자 불만을 실시간으로 처리하기 위해 자신과 케빈의 휴대전화 번호를 공개한 것이다. 두 사람이 모든 사용자 피드백에 빠르게 대응한 덕분에 이벤트브라이트는 경쟁자들이 남겨둔 롱테일long tail●에 있던 틈새시장인 소규모 이벤트 서비스 영역에서 수익을 창출할 수 있었다.

줄리아는 사용자들의 말에 계속 귀를 기울이는 한편 그들이 실제로 이벤트브라이트를 이용하는 방법도 자세히 관찰했다. 그리고 어떤 사용자들은 전혀 예상치 못했던 방법으로 서비스를 이용하기도 한다는 것을 알게 되었다. 가령 동부 지역의 일부 사용자는 이벤트브라이트를 독신 남녀를 위한 '스피드 데이팅' 행사를 여는 데 이용했다. 또 자연환경에서 어린 염소와 함께 요가를 하는 '염소 요가'처럼 특이한 유행을 선도하는 사람들의 사업에도 활용되었다. 줄리아는 "다양한 카테고리에 속한 다양한 장소의 이벤트 개최자들이 우리 플랫폼을 조직적으로 채택하는 것을 확인했을 때 머릿속의 전구가 켜졌습니다"

● 롱테일은 판매 곡선에서 높이 솟아오른 머리 부분에 이어 낮고 길게 이어지는 꼬리 부분을 가리킨다. 사용자들이 인터넷 검색을 통해 스스로 원하는 제품에 접근하기 쉬워지면서 틈새시장이 중요해지는 새로운 경제 패러다임을 롱테일 법칙이라고 부른다. 롱테일 법칙에 따르면 인터넷 비즈니스에 성공한 기업들 상당수는 20퍼센트의 머리 부분이 아니라 80퍼센트의 꼬리 부분에 기반해 성공한다.

라고 말했다. 그녀는 이벤트브라이트를 어떻게 스케일업해야 할지 보이기 시작했다. 다만 먼저 각 사용자 그룹의 서로 다른 니즈와 우선순위를 명확하게 파악하고 이해하는 것이 선결 과제였다.

사용자 행동을 관찰할 때는 열린 마음을 유지하라

사용자 행동을 관찰할 때 핵심은 확인 또는 입증하고 싶은 가설에 얽매이거나 기울지 말아야 한다는 것이다. 열린 마음을 유지하고 사용자들의 행동이 증명하게 해야 한다. "처음에 행사를 주최하는 사람들이 우리에게 요청한 것은 안정적이고 신뢰할 수 있는 티케팅 서비스였어요. 그런데 행사 주최자들을 파악하고 그들이 무엇을 가장 필요로 하는지 관찰해보니 우리가 사용자를 위해 해야 할 일이 무엇인지 알겠더군요. 우리는 행사 주최자들이 직접 플랫폼에 행사 내용을 올려서 홍보하고 티케팅을 관리할 수 있도록 지원하기로 했어요."

이벤트 기획자들의 심리를 파고들면서 줄리아는 이벤트 주최가 늘 행복한 일은 아니라는 것을 알게 되었다. 그녀는 "이벤트 기획자들은 늘 불안감을 느끼면서 일합니다"라고 말했다. '이벤트 주최자'가 미국에서 가장 스트레스를 많이 받는 직업 5위 안에 꾸준히 드는 데는 이유가 있다. 걱정이 끝이 없다. "사람들이 올까? 이거 다 팔 수 있을까? 인기인들이 찾아올까? 장소는 문제가 없을까? 공급업체가 제대로 배송할까? 다른 문제가 생기지 않을까?" 하지만 이벤트 기획자는 줄리아가 함께 일했던 사람들 가운데 가장 창의적이면서 철저한 기업가정신을 가진 사람들이기도 했다.

대표적인 예가 채드 콜린스Chad Collins였다. 채드와 그의 딸은 레고 만드는 영상을 찍어서 유튜브 채널에 올리기 시작했고 1년 만에 수백 개의 영상을 올려 수백만 명의 팔로워를 모았다. 어느 날 채드의 딸이 아무렇지도 않게 "레고를 사랑하는 사람들과 이걸 하면 재미있을 것 같아요"라고 말했다. 그 말을 들은 채드는 이벤트브라이트에서 '브릭 페스트 라이브Brick Fest Live'라는 레고 마니아 이벤트를 열었고 티케팅을 시작하자마자 5,000장이 금세 매진되었다. 채드는 여기서 그치지 않았다. 그는 게이머를 위한 축제, 발명가를 위한 축제 등 자신이 기획할 수 있는 다른 종류의 이벤트에 대해서도 생각하기 시작했다.

"현재 채드는 전업 이벤트 사업가가 되었어요. 저는 그에게 완전히 빠져 있어요. 접근 금지 명령을 받아야 할 정도죠. 그렇지만 채드는 우리가 간절히 지원하고 싶은 기업가의 모습을 보여주고 있어서 늘 가까이에서 관찰하고 싶거든요."

사용자 불편을 해결하는 솔루션 제공자가 되기

시간이 지나면서 사용자들이 점점 더 성장함에 따라 이벤트브라이트도 콘퍼런스, 정상회담, 축제 등 더 크고 새로운 이벤트들을 맡게 되었다. 이벤트브라이트는 온라인에서뿐만 아니라 실제 현장에서도 사용자들을 계속 자세히 관찰했다. 그리고 대규모 이벤트와 축제에서 티켓을 확인하느라 입장이 늦어지는 병목현상이 자주 발생한다는 것을 파악했다.

이 문제를 해결하기 위해 이벤트브라이트는 무선인식으로 티켓을 스캔하는 RFID 리더기를 개발했다. 그들은 기술에 투자하고, 문제를 해결했다며 안심하지 않고 다시 이 새로운 기술을 어떻게 사용하는지 관찰했다. 병목현상은 더욱 심해진 상태였다. 거대한 RFID 리더기가 사람들이 입장하는 게이트 역할을 했는데 너무 좁고 움직일 수 없다는 것이 문제였다.

이벤트브라이트는 디지털 플랫폼이었지만 과감하게 하드웨어 쪽으로 접근해 다시 무엇인가를 만들어냈다. 그것은 특별히 설계된 작은 RFID 리더기로 모든 시설의 크고 넓은 출입구에 부착하면 되는 것이었다. 프로토타입을 만든 후에 실제로 사용되는 모습을 관찰하기 위해 또 한 번 현장으로 나갔다. 새로운 리더기는 다른 출입구에 옮겨 부착할 때마다 렌치가 필요하다는 점을 제외하고는 잘 작동했다. 이벤트브라이트는 죔쇠를 달아 렌치가 없어도 쉽게 탈부착이 가능한 또 다른 버전의 RFID 리더기를 제작했다. 마침내 문제가 해결되었다.

사용자의 불편을 해소하는 일은 골치 아픈 일이 분명하다. 하지만 그만큼 얻는 것도 많다. 사용자들이 미처 인식하지 못했던 문제까지도 적극적으로 해결하고 나면 그것을 다른 사용자에게도 광범위하게 적용할 수 있다. RFID 리더기라는 솔루션을 만들어내 모든 대규모 행사 주최자들에게 제공할 수 있었던 것처럼 말이다. 핵심은 가능한 보편적인 문제를 찾아야 광범위하게 적용 가능한 솔루션을 개발할 수 있다는 점이다.

사용자 불편을 선제적으로 해결한 덕분에 작은 스타트업이었던 이벤트브라이트는 11개국에 14개 사무소를 가진 직원 1,000명의 회사로 성장했다. 사용자를 늘 관찰하는 팔로워가 되니 시장을 선도하는 리더가 된 것이다.

사용자의 행동에는 언제나 이유가 있다

드롭박스 창업자 드류 휴스턴 이야기

드롭박스 창업 초기에 드류 휴스턴은 몹시 힘든 고비를 맞이했다. 드롭박스에 가입했던 사용자 가운데 60퍼센트가 떠나버렸기 때문이다. 더 큰 문제는 그 이유를 알지 못했다는 것이다. "엄청난 스트레스였어요. 우리는 크레이그리스트Craigslist라는 커뮤니티 사이트에서 30분 실험에 참여할 사람들을 모집했어요. 한 사람당 40달러씩 주기로 했고요. 가난한 회사가 할 수 있는 효율적인 '사용성 테스트'였죠."

드롭박스의 엔지니어팀은 지원자들을 컴퓨터 앞에 앉히고 다음과 같은 기본적인 지시를 내렸다. "이것은 당신의 이메일에 있는 드롭박스 초대장입니다. 초대장을 클릭해서 내용을 확인한 다음 다른 이메일 주소로 파일을 공유하십시오." 이 실험의 목적은 사용자가 과제를 완료하는 과정을 지켜보며 개선해야 할 점을 찾아내는 것이었다.

그들은 기대했던 것보다 훨씬 더 많은 것을 발견했다.

“다섯 명 중 한 명도 성공하지 못했어요. 대부분의 사람이 프로그램을 다운로드하는 법조차 알아내지 못했습니다. 그냥 충격적이었어요. 우리는 ‘이건 최악의 서비스야. 정말 어려워. 어떤 로켓 과학자가 이것을 알아낼 수 있겠어?’라고 말했죠.”

드롭박스의 사용성 테스트는 매우 효과적이었다. 그들은 계속해서 유료 사용자들이 실제로 서비스를 어떻게 사용하는지 더 주의 깊게 관찰했다. 그 결과 사용법이 어렵다는 것이 유일한 걸림돌이 아니라는 점을 발견했다. “드롭박스에 올린 파일을 다운로드할 때 시간이 오래 걸리자 사람들은 그동안 뉴스를 검색하거나 다른 일을 하더라고요. 그러곤 다운로드가 다 되었을 때 파일을 찾지 못해 한참을 헤매고요. 어떻게 보면 사소한 문제였지만, 사용자들이 드롭박스를 계속 사용할지 말지를 결정하는 데는 큰 영향을 미쳤습니다.”

드류와 엔지니어팀은 사용자 테스트와 서비스 개선을 반복하며 동시다발로 발견한 여러 문제를 진단하고 우선순위를 정해 신속하게 해결하는 ‘트리아지’ 모드에 돌입했다. 그리고 마침내 사용자 경험의 모든 거친 부분을 사포질로 제거했다. 이 경험은 드류가 수년간 가장 중요하게 생각하는 교훈이 되었다. 서비스를 개발하는 엔지니어에게 직관적이라고 해서 사용자들도 그럴 것이라 함부로 짐작하지 마라. 확신할 수 있는 유일한 방법은 사용자 행동을 직접 관찰하는 것뿐이다.

속이는 행동에 숨겨진 기회

렌트더런웨이 공동창업자 제니퍼 하이먼 이야기

렌트더런웨이는 여성들의 행동에서 영감을 얻은 기업이다. 3장에서 이야기했던 것처럼 제니퍼는 여동생이 옷으로 넘쳐나는 옷장을 보면서 그날 밤 파티에 입고 갈 옷이 없다며 울상이 되는 것을 지켜보았다. 동생은 가진 옷을 모두 한 번씩 입고 소셜미디어에 사진을 올린 상태였다. 모두 입어본 옷이었다!

그다음 제니퍼는 백화점의 사장에게서 '드레스를 사서 상표를 떼지 않고 한 번 입고는 환불받기'를 하는 여성 고객들이 꽤 많다는 이야기를 들었다. 디자이너 브랜드의 드레스와 다른 여러 종류의 드레스를 대여해주는 렌트더런웨이를 론칭했을 때 제니퍼는 고객들이 무도회, 갈라 파티, 칵테일 파티처럼 특별한 행사에 가기 위해서만 드레스를 빌릴 것으로 예상했다. 하지만 고객들은 본전을 뽑을 수 있는 영리한 방법을 찾아냈다. "토요일 밤 파티를 위해 빌린 칵테일 드레스를 가지고 있다가 그 위에 검은색 재킷을 입고 월요일에 출근하는 고객들이 많더라고요."

제니퍼는 그런 고객들의 행동에서 드레스 손상을 염려할 수 있었다. 착용 횟수나 대여일에 대한 조건을 더 구체적으로 분명하게 정할 수도 있었다. 하지만 제니퍼는 고객들의 '속이는 행동'에서 숨겨진 기회를 보았다. 그것은 고객의 삶에서 훨씬 더 큰 역할을 맡을 수 있다는 신호였다. 제니퍼는 즉각적이고 직관적으로 어떤 사실을 깨달았다. 고객들이 외모에 자신감을 얻기 바라는 마음은 특별한 이벤트가 있는 날로 한정되지 않았다. 그런 마음은 일주일에 5일 동안 계속되었다. 렌트더런웨이는 매일의 옷장이 되기로 했다. 한 번에 한 벌의 드레스를 빌리는 주문식 모델에서 정해진 기간에 필요할 때마다 여러 번 옷을 빌리는 구독 서비스 형태로 비즈니스 모델을 전환했다.

사용자들이 원하는 것을 계속 따라가기

클래스패스 창업자 파얄 카다키아 이야기

파얄 카다키아는 인도 전통춤을 추며 어린 시절을 보냈다. 성인이 되어서도 파얄은 여전히 댄스 강좌에서 가장 행복했고 가장 나답다고 느꼈다. "평생 춤을 췄어요. 춤은 저의 정체성을 이루는 핵심 부분이에요. 매사추세츠공과대학교에 다닐 때도 춤을 췄고, 베인앤드컴퍼니Bain&Comany에서 일할 때도 춤을 췄습니다. 제가 결코 놓아버릴 수 없는 일이죠."

4장에서 보았듯이 파얄과 춤의 깊은 관계는 운동을 귀찮은 일로 느끼지 않고 해방구처럼 느껴야 안정적인 피트니스 루틴으로 이어질 수 있다는 믿음으로 이어졌다. 피트니스 강좌는 운동에 대한 의욕을 불어 넣어줌으로써 자연스럽게 계속 운동을 하도록 만들어주는 것이어야 한다는 것이다. 파얄은 이러한 믿음을 바탕으로 2012년에 클래스비티Classtivity라는 회사를 설립했다. 피트니스뿐만 아니라 그림 수업, 도자기 수업 등 사용자가 배우고 싶은 모든 강좌에 등록할 수 있는 온라인 허브였다. 클래스비티의 비즈니스 모델은 사이트를 통해 예약한 강좌의 등록비 일부를 수수료로 가져가는 것이었다. 하지만 고객들은 사이트에서 예약보다는 검색을 더 많이 했다. 파얄은 이렇게 기억했다. "우리는 수천 개의 강좌를 등록해놨어요. 보기에도 정말 좋았죠. 그런데 한 달 동안 예약이 10건 정도밖에 안 됐어요. 끔찍했죠."

개막일에 텅텅 빈 경기장을 보는 기업가가 파얄이 처음은 아니었다. 그리고 마지막도 아닐 것이다. 이런 사태는 거의 항상 비즈니스 모델의 핵심 가정이 틀렸기 때문에 일어난다. "그때 저는 클래스비티가 우리가 만들고자 했던 행동 변화에 접근하는 적절한 방법이 아니었다는 사실을 깨달았습니다."

많은 피트니스 스튜디오에서 프로모션으로 일정 횟수의 무료 수업을 제공한다는 사실에서 힌트를 얻은 파얄은 "한 달간 10회의 다양한 강좌를 들어볼 수 있는 상품을 제공한다면 어떨까?"라는 질문을 해보았다. 여러 종류의 피트니스 강좌를 경험해보면 사람들이 운동을 평생 하고 싶은 욕구를 갖게 될 수 있고 그러면 사이트 사용자가 쉽게 늘어날 것이라는 생각이 들었다.

파얄은 여러 개의 피트니스 강좌를 묶어 '패스포트'라는 상품을 만들었다. 패스포트를 가지면 한 달간 여러 종류의 피트니스 강좌를 옮겨 다니면서 경험할 수 있었다. 패스포트는 즉각적인 성공을 거두었다. 너무 성공적이었던 나머지 사용 기간이 끝나면 다른 이메일 주소로 새로운 패스포트를 구매하는 사용자들이 나타났다. 사용자들이 그런 편법을 쓴 이유는 패스포트는 일종의 '그랜드 투어용'으로 한 사람이 한 번만 구매할 수 있기 때문이었다. 파얄은 패스포트를 이중으로 받은 사용자들을 엄격히 단속할 수도 있었다. 하지만 그러는 대신 "사용자들은 왜 여러 개의 패스포트를 원할까?"라고 질문해보았다.

파얄은 사람들이 다양한 피트니스를 경험해봄으로써 궁극적으로는 운동에 대한 열정을 갖길 바랐지만, 정작 사람들이 원한 건 '다양성'이었다. "사람들은 월요일에는 스피닝 강좌를, 목요일에는 댄스 강좌를, 토요일에는 요가 강좌를 듣고 싶었던 거예요." 이런 깨달음에서 고객이 원할 때 언제든 (이중 패스포트를 등록하는 대신) 패스포트를 갱신할 수 있는 구독 모델에 대한 아이디어가 떠올랐다. "그래서 설문조사를 했더니 사용자의 95퍼센트가 패스포트를 다시 구매할 거라고 응답하더군요."

다양한 경험을 원하는 사용자들에게 패스포트 하나로 여러 강좌에 원하는 만큼 참여할 수 있도록 한다는 아이디어를 바탕으로 2013년에 클래스비티는 클래스패스로 재탄생했다. 사용자들은 월 99달러의 수강료를 내면 한 달에 10개의 다양한 강좌를 수강할 수 있다. 클래스패스는 엄청난 인기를 끌었고 현재 전 세계 40여 개 도시에서 사용되고 있다.

가격 인상에 대한 사용자들의 이중적인 반응

클래스패스처럼 온라인에서 구독 모델의 서비스를 제공하는 기업은 기존 사용자가 구독을 중단하고 이탈하는 문제를 해결해야 한다. 그리고 사용자들이 이탈하는 이유를 알아내는 것이 기업가가 해야 할 일이다. 클래스패스 초창기에 사용자들의 중요한 이탈 원인은 무엇이었을까? 패스포트를 구매한 사용자들은 10개 강좌를 들을 수 있지만 실제로는 6~8개밖에 듣지 못했다. 그들은 돈을 낸 만큼 강좌를 듣지 못했기 때문에 패스포트를 갱신하지 않았다. 클래스패스는 사람들이 한 달 동안 참여할 수 있는 강좌의 수가 어느 정도인지 파악하기 위해 무제한 멤버십 프로모션을 해보았다. 그 결과 많은 사용자가 10개가 아닌 5개 강좌에만 참여하길 원한다는 사실을 알게 되었고, 그러한 니즈에 맞춰 새로운 저가 패스포트 상품을 내놓았다.

그런데 사용자들은 무제한 멤버십 역시 좋아했다. 실제로 인기가 너무 좋아서 모방 경쟁자까지 생겼다. 파얄은 경쟁자들과 겨루기 위해서는 무제한 멤버십을 유지해야 한다는 것을 알고 있었다. 문제는 여기에 높은 비용이 들어간다는 점이었다. 파얄에게는 선택의 여지가 거의 없었다. 그녀는 인기 있는 무제한 멤버십 가격을 인상해야 했다. 가격 인상은 위험한 선택이지만 그것이 무제한 멤버십을 유지할 유일한 방법이었다. 하지만 사용자들은 동의하지 않았다. 가격 인상을 두고 온라인에서 갑론을박이 벌어졌고 대체로 부정적이었다. 무제한 멤버십의 가격을 두 번째로 올렸을 때 한 사용자는 트위터에 "클래스패스에 개인적으로 속은 적이 있다면 손들어보세요"라고 올렸다. 또 다른 사용자는 "지금 멤버십을 해지합니다"라고 맞장구쳤다.

여기서 한 가지 짚고 넘어가야 할 점이 있다. 가격 인상에 불만을 품고 탈퇴를 하겠다는 위협이 많았지만, 실제로 그렇게 한 사용자는 극소수였다는 점이다. 만약 파얄이 불평하는 사람들의 말을 들었다면 가격을 낮게 유지하기 위해 무제한 멤버십 서비스를 축소했을지도 모른다. 하지만 그렇게 되면 클래스패스가 인기를 얻게 된 요인인 다양성을 일정 부분 포기해야 했다. 파얄은 사용자들이 트위터에 올리는 말이 아니라 그들의 행동에 주시했다. 사태가 어느 정도 진정되었을 때 보니 이탈한 사용자는 극소수였다.

가격 인상에 대한 반발은 불가피하다. 돈을 더 내고 싶어 하는 사람은 아무도 없다. 하지만 기업가의 비전과 비즈니스 모델이 정확히 일치하고 사람들이 좋아할 만한 제품과 서비스를 제공한다면 사용자들은 결국에 이탈을 선택하지 않을 것이다. 파얄은 이 일을 되돌아보며 이렇게 말했다.

"클래스패스에서 가장 중요한 것은 다양한 체험이고, 사용자들은 무제한일 때 가장 다양한 경험을 할 수 있다고 생각하죠. 그러니까 단지 가격만이 문제는 아니었던 겁니다. 우리는 여전히 사용자들이 다양한 경험을 할 수 있다고 느끼도록 하기 위한 여러 노력을 기울이고 있습니다. 그 방법을 알아내는 것은 우리에게 달려 있겠죠. 그것이 우리의 핵심 미션이니까요."

사용자들은 새로운 길을 개척한다

범블 창업자 휘트니 울프 허드 이야기

세상을 바꿀 데이팅 앱을 론칭한 후에는 무엇을 할까? 다시는 또 다른 앱을 론칭하지 않겠다고 맹세할지도 모른다. 틴더의 '오른쪽으로 밀기'는 혁신적이었지만 틴더의 공동창업자인 휘트니 울프 허드는 그것이 몇몇 심각한 문제를 불러온다는 사실을 알고 있었다. 그래서 사람들이 더 진실하고 의미 있는 관계를 맺도록 도울 방법이 없을까 계속해서 생각했다. 그것이 여성들이 먼저 행동을 취할 수 있는 데이팅 앱인 범블의 설립 목표가 됐다.

여성만 먼저 말을 걸 수 있다는 아이디어는 테스트 사용자들에게 좋은 반응을 얻었지만, 개발팀에서는 여성들이 먼저 대화를 시작하는 것을 꺼릴지도 모른다는 우려를 내놓았다. 그래서 여성들에게 약간의 동기를 부여하기 위해 잠재적 파트너들과 매칭되었을 때 24시간 동안만 첫 메시지를 보낼 수 있게 했다. 여성들이 메시지를 보내지 않으면 매칭은 취소되었다. 반면에 남성들에게는 반응에 대한 인센티브가 필요하지 않다고 판단해 제한 시간을 두지 않았다. 여성 사용자들은 이 부분에 불만을 느끼며 "왜 24시간 제한이 있는지 알겠어요. 그건 좋아요. 하지만 남자들이 나에게 대답할 필요가 없다는 건 좀 불공평하네요"라는 피드백을 했다.

휘트니는 빠르게 행동했다. 범블은 남성들이 24시간 이내에 응답하도록 조건을 추가했고, 의도하지 않은 이중 잣대에 대해 사과했으며, 사용자들에게 앱을 좋은 방향으로 수정하도록 도움을 주어 고맙다고 인사했다.

"여느 강박적인 창업자나 CEO처럼 처음 이삼 년은 깨어있는 시간 대부분을 서비스 개선에 매달렸어요. 이런저런 실험도 해보고 사람들과 대화도 나눴죠. '왜 우리 제품을 사용하시는 거예요? 우리 제품에 대해 어떻게 들었어요? 정확히 언제 어디서요?' 등등의 질문을 던졌어요. 사용자의 마음속에 들어가 보고 싶었습니다."

그러다가 휘트니는 무언가를 알아차렸다. "젊은 여성과 남성 모두 데이트 상대를 찾는 것과는 아무 상관이 없는 이야기를 하는 거예요. '남편이 새 직장을 구했어요'라든가 '새로운 삶을 찾고 있어요'라는 이야기 말이에요." 여성이 먼저 행동을 취할 수 있다는 소통 규칙은 데이트 상대를 찾는 것뿐만 아니라 친구를 찾는다는 측면에서도 매력적이었다. "사용자들은 서비스를 다른 방식으로 사용했어요. 어떤 사용자는 '방금 범블에서 룸메이트를 찾았어요'라고 말하더라고요."

범블의 사용자들은 새로운 길을 개척했고 휘트니는 그것을 따라잡기 위해 달려야 했다. 개발팀은 연인이 아닌 친구를 찾는 또 다른 기능인 '범블 BFF'를 빠르게 개발했다. "그랬더니 사용자들이 BFF를 이용해 네트워크를 형성하기 시작했어요. 이들은 룸메이트를 원하지 않아요. 친구를 사귀고 싶은 것도 아니었고요. 요가를 가고 싶은 것도 아니었습니다. BFF를 통해 비즈니스를 하고 싶었던 거예요. 이 사람들은 인사담당자를 만나고 싶어 했어요." 그래서 2017년 취업이나 이직에 도움이 될 만한 사람을 연결해주는 '범블 Bizz'가 추가된 새로운 버전을 선보였다.

모든 아이디어는 휘트니와 범블의 개발팀이 생각지도 못한 방식으로 앱을 사용한 사용자들에게서 비롯되었다. 경청하고 지켜봄으로써 휘트니는 성장을 위한 예상치 못한 기회를 발견했다.

"우리가 성공할 수 있었던 비결이라면 그저 사용자가 원하는 대로 사용할 수 있게 해주고 그들과 함께 가는 것뿐이었습니다. 그들이 무엇을 찾는지 기업가가 정확하게 알 수는 없습니다. 사용자들이 그것이 무엇인지 알려주도록 해야 합니다. 사람들이 원한 건 관계를 맺는 것이었습니다. 지금 우리는 사람들이 서로 연결될 수 있는 플랫폼을 구축하고자 노력하고 있습니다."

범블이 전 세계로 확장됨에 따라 휘트니는 다른 문화권의 사용자들이 어떻게 다른 방식으로 사용할지 파악하는 일에 긴장을 늦추지 않고 있다. 범블이 인도까지 진출하면서 특히 사용자 규범이 테스트를 거치게 될 것이다.

"현재 여성들은 그 어느 때보다 더 많은 권한을 가지고 목소리를 내고 있지만, 인도 문화권의 일부 여성들은 데이팅 앱에 접속해서 먼저 말을 거는 것은 고사하고 남성들과 대화조차 할 수 없습니다."

하지만 이런 상황도 빠르게 변하고 있다. 인도에 진출한 지 몇 주 만에 100만 명의 여성들이 '먼저' 행동하는 모습을 보여주었다. 휘트니는 "인도의 사용자들이 우리를 어디로 이끄는지 보면 재미있을 거예요"라고 말했다.

문화는 실제로 정의될 때 효과를 발휘한다

허브스팟 공동창업자 다르메시 샤 이야기

세계적인 디지털 마케팅 소프트웨어를 제공하는 허브스팟HubSpot의 공동창업자이자 CEO인 브라이언 할리건Brian Halligan은 창업자 모임에 가입해 여러 의견을 나누고 조언을 구했다. 허브스팟의 공동창업자이자 CTO인 다르메시 샤Dharmesh Shah는 이렇게 설명했다. "분기마다 한 번씩 모이는 스타트업 CEO들의 모임이었습니다. 둥그렇게 둘러앉아 이야기를 나눴는데 항상 이 모임이 CEO들을 위한 집단치료 세션 같다고 생각했어요."

이 특별한 모임은 허브스팟이 설립되고 얼마 지나지 않았을 때 생겨났다. 허브스팟의 CRM고객관계관리 플랫폼은 4년째를 맞았으며, 빠르게 스케일업하는 기업을 지원하는 데 초점을 맞추었다. 모임의 주제는 문화였고 브라이언은 별로 보탤 말이 없었다. "브라이언은 자기 차례가 되자 '문화는 우리가 그다지 신경을 쓰는 분야가 아니라서요. 우리는 서비스를 개발하고 판매하느라 바쁩니다. 나중에 언젠가는 문화도 살펴봐야겠지요'라고 말했어요."

다른 CEO들이 브라이언을 나무라기 시작했다. "그들은 '브라이언, 당신이 뭘 모르는 것 같은데 문화보다 더 신경 써야 할 중요한 것은 없습니다. 장기적으로 기업의 운명을 결정짓는 것이 바로 문화예요'라고 말했어요."

브라이언은 CEO들의 조언을 받아들였다. 다만 그 일은 다르메시가 해야 할 일인 것 같다고 말했다. 당황한 다르메시의 첫 번째 반응은 저항이었다. 다르메시는 그때 자신이 어떻게 대꾸했는지도 기억하고 있었다. "허브스폿의 문화를 재정비할 많은 사람 중에 가장 부적격자가 저예요. 문화에 대해 아는 게 하나도 없거든요. 내향적인 데다 반사회적이죠. 이건 말이 전혀 안 돼요." 하지만 공동창업자인 다르메시는 결국 자신에게 온 과제를 받아들이기로 했다. "브라이언에게 '좋아, 파고들어 볼게'라고 말했죠."

컴퓨터 과학자인 다르메시에게 문화는 낯설고 까다로운 문제였다. 그는 자신이 잘 아는 방법, 즉 데이터에 기반을 두고 질문하고 결과를 분석하는 접근법을 취했다. 다르메시는 허브스폿의 전 직원에게 두 가지 질문을 던졌다. 첫째는 "0에서 10까지 척도로 볼 때 당신은 허브스폿을 직장으로 추천할 가능성이 얼마나 됩니까?"였고, 둘째는 "왜 그렇게 답변하셨습니까?"였다.

첫 번째 질문은 브랜드의 순추천지수NPS를 측정하기 위한 질문이다. 자사의 브랜드 혹은 서비스를 타인에게 추천하고자 하는 의지의 정도를 나타내는 이 지수는 사용자 만족도와 충성도를 알아보기 위한 신뢰할 수 있는 지표이다. 다르메시는 회사에 대해 직원들에게 같은 질문을 던졌고, 그 결과에서 많은 것을 배웠다.

"우리는 두 가지를 배웠습니다. 첫째, 직원들은 허브스폿에서 일하는 것을 행복해한다. 이것은 좋은 소식이었습니다. 둘째, 직원들이 행복한 이유는 허브스폿에서 함께 일하는 동료들 때문이다. 역시 좋은 소식이었지만 마치 휴대전화 목록에 있는 모든 사람에게 단체 발송하는 새해 인사처럼 예의상 한 답변이라는 느낌이 많았죠." 다르메시는 "이 결과를 어떻게 실제 행동에 적용 가능한 것으로 바꿀 수 있을까?"를 고민했다.

직원들의 행복은 어느 정도는 늘 동료들에게 달려 있다. 좋아하는 동료들과 일하면 직장생활은 꽤 행복하다. 그런데 문제는 동료의 어떤 점을 좋아하는가 하는 점이다. 이 질문에 대한 답을 얻기 위해 엔지니어인 다르메시는 공식을 만들었다. 그는 "만약 모든 구성원의 성공 확률을 계산하는 함수를 쓴다면 그 함수의 계수는 무엇일까? 이 함수에 들어갈 입력 정보는 무엇일까?"라고 질문해보았다. 입력 정보를 모으기 위해서 다르메시는 "허브스폿에서 사람들과 잘 지내는 사람들의 특성은 무엇인가?"라는 질문에 대한 답을 찾아야 했다. 다시 한번 직원들을 대상으로 설문조사를 했다. 직원들은 다른 무엇보다도 '겸손함'을 꼽았다. "직원들은 허브스폿의 동료들이 자존심도 세지 않고 오만하지 않다는 사실을 좋아했습니다."

다르메시는 허브스폿에서 동료들과 잘 지내는 사람들의 특성을 파악하고 조사 결과를 '문화 코드'라는 이름으로 정의했다. 그렇게 이름 지은 이유는 그것이 윤리강령이 아닌 말 그대로 입력값에 따라 결과가 달라지는 컴퓨터 코드 같은 것이었기 때문이다. 다르메시와 브라이언은 문화에 대한 그들의 관점을 '문화 코드'라는 네 글자에 담아 파워포인트 슬라이드 128장으로 정리하고 사이트(CultureCode.com)에 올려 모든 구성원에게 공유했다. 이 문서는 사이트에서 허브스폿에 관심 있는 미래의 직원들과 파트너 회사들에 의해 500만 이상의 조회수를 기록했다.

기업가가 자사의 문화적 핵심 특성을 어떻게 정의하든 실질적인 효용은 그것을 기록하고 소통하는 단계에서 발생한다. 기업 문화를 핵심 키워드로 정의하고 슬라이드로 정리한 문서, 즉 컬처덱을 외부에 공표하는 것은 기존 구성원들이 문화에 대해 더 잘 이해하도록 도울 뿐만 아니라 기업가가 원하는 미래의 인재를 끌어들이는 데도 도움이 된다. 한편 문화를 기록하고 소통하는 것은 문화적 사각지대가 발생하는 것을 예방하는 효과도 있다.

"기업가들은 '인재를 채용할 때 우리의 조직 문화를 최우선으로 고려합니다'라고 말해요. 하지만 자사의 문화가 어떤 것인지 명확히 정의하거나 제대로 정리해서 공유하지 않았다면 그렇게 말해서는 안 됩니다. 기업가가 말하는 '우리의 조직 문화'가 다른 사람이 짐작하는 문화와 같으리란 보장이 없거든요. 결국에 그들은 자신과 비슷한 느낌의 사람을 채용하게 됩니다."

기업가가 문화를 겸손함, 호기심, 협력 등의 어떤 '자질'로 정의하면 어떤 사람이 우리 조직에 잘 맞을 것 같다는 '느낌' 이상의 문화적 적합성을 밝혀내는 렌즈가 만들어진다. 기업가의 행동이나 생각을 닮지 않은 신규 입사자들이 조직 문화에 동질감과 소속감을 느낄 수 있도록 해준다. 또 채용담당자들이 주관적인 편견을 내려놓고 지원자들을 객관적으로 평가할 수 있도록 해준다. 무엇보다 모든 직원이 비슷하게 행동하고 생각하는 어느 한쪽으로 치우친 문화가 자리 잡지 않도록 해준다.

다르메시는 왜 더 일찍 문화에 관심을 기울이지 않았는지 후회된다고 말했다. "우리의 문화를 정의하는 일을 좀 더 일찍 시작했더라면 다양성의 가치 역시 더 빨리 깨달았을 겁니다. 우리는 기술적인 결함에 대해 자주 이야기하지만, 사실 문화적 결함 또한 매우 현실적인 문제입니다. 다양성이 부족한 문화는 기업이 감당해야 할 가장 이자율 높은 부채입니다. 장기적으로 회사의 운명을 결정짓는 것도 문화입니다. 만약 허브스폿을 창업하기 이전으로 돌아가 모든 것을 다시 할 수 있다면 저는 파트너와 직원들에게 가장 먼저 문화에 관해 이야기할 겁니다."

사용자에 대한 공감을 데이터와 연결하라

이벤트브라이트 창업자 줄리아 하츠 이야기
렌트더런웨이 공동창업자 제니퍼 하이먼 이야기

이벤트브라이트가 성장함에 따라 줄리아 하츠는 사용자가 보내는 이메일 모두를 직접 확인하기가 어려워졌다. 결국에 회사 대표 이메일의 패스워드를 다른 사람에게 알려줘야 했다. 이제는 데이터분석팀과 고객지원팀에서 좀 더 체계적으로 사용자 반응을 관찰하고 체계적으로 분석한다. 엔지니어팀은 매일 사용량 데이터와 검색엔진 트래픽을 확인한다. 고객지원팀은 사용자의 이메일 내용을 검토하고 관련 부서에 전달한다. 이제 줄리아의 새로운 역할은 이 모든 피드백을 처리할 새로운 방법을 계속해서 찾는 것이다.

줄리아가 고안한 한 가지 방법은 하트투하츠Hearts to Hartz라고 이름 붙인 스탠딩 미팅이다. 데이터분석팀과 고객지원팀을 포함해 여러 부서가 함께 모인다. "직원들이 서로 어떻게 연결되고 그들의 경험이 어떻게 하나로 수렴되는지 지켜보는 것은 매우 흥미로워요. 사용자에 대한 진정한 공감이 사용량 데이터에 실제로 어떻게 반영되는지 그리고 그 데이터가 궁극적으로 우리에게 말해주는 바가 무엇인지 이해하게 되거든요."

데이터는 객관적이고 논리적이다. 사용자에 대한 공감은 열정적이고 인간적이다. 이 두 요소로부터 최고의 성과를 끌어내려면 둘을 함께 모아야 한다. 줄리아는 이렇게 말했다. "사실 우리 데이터분석팀은 데이터만 볼 뿐 사용자들과 어떤 대화도 나누지 않아요. 덕분에 사용자들의 말이 아니라 그들이 진짜 어떻게 행동하는지를 볼 수 있어요. 그런데 사용자가 그렇게 행동하는 이유를 알기 전까지는 데이터가 그린 그림은 불완전합니다. 그래서 고객지원팀이 함께 모여야 해요. 그들이 사용자와 인간적인 관계를 맺으며 알아낸 경험들이 데이터와 합쳐지고 연결고리가 만들어지면 그제야 매트릭스 같은 그림이 완성됩니다." 이 매트릭스는 어느 기업에나 필요하고 사용 가능한 도구이다. 데이터와 공감을 결합하면 사용자가 현재와 미래에 무엇을 원하고 필요로 하는지 더 크고 체계적인 매트릭스를 볼 수 있다.

이벤트브라이트와 같은 디지털 플랫폼이 사용자에 대한 인사이트를 얻기 위해 데이터에 의존하는 것은 그리 놀랄 일이 아니다. 하지만 제니퍼 하이먼의 렌트더런웨이와 같은 회사도 데이터에 상당히 의존해왔다는 사실을 알게 되면 놀랄지도 모르겠다. "우리 회사 직원의 80퍼센트는 엔지니어, 데이터 과학자, 제품 관리자입니다. MD와 마케팅에 종사하는 직원은 매우 적습니다. 제가 처음 채용한 임원은 CDO최고데이터책임자였고 그는 초창기 열 명의 직원 중 한 명이었어요."

제니퍼는 렌트더런웨이가 아주 초창기부터 데이터를 중요하게 생각했다면서 그 이유를 이렇게 설명했다. "우리는 1년에 100회 이상 사용자로부터 데이터를 받습니다. 사용자들은 우리에게 누가 언제 어떤 옷을 몇 번이나 입었고, 누가 어떤 옷을 좋아하고 또 누가 어떤 옷을 별로라고 여기는지 알려줍니다. 주로 어떤 때에 어떤 옷을 빌려 입는지도요. 이렇게 사용자들에게 얻은 모든 데이터는 우리가 어떤 옷을 얼마나 주문하고 생산할지 알려줍니다. 옷을 세탁하고 수선하는 방법을 비롯해 재고회전율과 투자수익률을 높이는 방법도 알려줍니다."

자신이 입을 옷을 선택하는 것은 주로 감정에 의존하는 문제이다. 그렇다고 해도 기업가가 사용자의 선택을 더 잘 이해하도록 돕는 데에 데이터가 아무런 역할도 하지 않는 것은 아니다.

"우리는 사용자에 대해 많은 것을 알고 있습니다. 사용자들이 자신이 좋아하는 스타일뿐 아니라 일상적인 삶에 대해서도 알려주기 때문이죠. 가령 사용자들은 임신 사실을 우리에게 거의 제일 먼저 알려줘요. 이번 주에 비즈니스 미팅이 있고, 다음 주말에 마이애미로 출장을 간다는 것도 알려주죠. 이렇게 우리는 사용자의 선택을 이해하는 데 도움이 되는 데이터를 많이 확보하고 있으며, 그들의 구매 목록도 가지고 있죠. 두 가지 데이터를 잘 연결하면 여성들이 어떤 옷을 입고 싶어 하는지 전 세계 어떤 의류판매업자들보다 많이 알 수 있습니다. 그러한 것들이 우리에게 유명 브랜드의 의상을 소싱하고 그들에게 새로운 컬렉션을 론칭하기 위한 협업을 제안할 수 있는 든든한 배경이 되어주었습니다."

렌트더런웨이는 실제로 젊은 디자이너 제이슨 우Jason Wu와 함께 새로운 의상 라인업을 론칭해서 크게 성공시킨 바 있다. 제이슨 우는 미셸 오바마Michelle Obama가 그의 디자인 의상을 좋아한다고 알려지면서 유명세를 얻고 있었다. 렌트더런웨이는 사용자들이 제이슨의 브랜드에 매우 관심이 많다는 것을 알았지만, 그의 기존 브랜드 스타일이 사용자들의 니즈에 잘 부합하지 않았다. 그래서 사용자 데이터를 토대로 제이슨에게 렌트더런웨이 사용자들을 위한 새로운 의상 라인업을 제안한 것이었다.

렌트더런웨이가 성장함에 따라 제니퍼와 데이터분석팀은 데이터를 예의주시하면서 사용자들의 행동을 관찰하고 학습해 얻은 통찰력을 모든 비즈니스 부문과 연결해 사용자와 더 많은 연결고리를 만들고 건강한 관계를 강화해나갈 것이다.

사용자의 말을 자세히 들어야 하는 이유

민티드 창업자 마리암 나피시 이야기

기업가는 사용자들의 행동을 관찰함으로써 더 많은 것을 배운다. 하지만 사용자들의 말에 귀를 기울이는 것 역시 중요하다. 기업가는 무엇을 경청해야 할지 알아야 한다. 매출만 수억 달러에 이르는 미술 및 디자인 전문 온라인 마켓인 민티드의 창업자이자 CEO인 마리암 나피시는 어떤 기업가보다 경청을 잘하는 것으로 정평이 나 있다. 마리암은 제품이나 회사의 방향에 의문이 생길 때마다 포커스그룹 인터뷰나 사용자 테스트를 위해 사용자들을 초대한다. 그리고 제품 개발자나 마케팅 담당자에게 위임하지 않고 직접 질문을 던진다.

"직접 포커스그룹 인터뷰를 많이 해요. 제가 사회를 보고 대본도 쓰죠. 사람들은 포커스그룹에 참가하려고 들어왔다가 CEO가 사회를 보고 있으면 깜짝 놀라더라고요."

사용자들이 전하는 직접적이고 솔직한 반응은 담당 직원들이 작성한 보고서가 전달하지 못하는 깨달음의 순간을 제공한다. 그것이 민티드가 크게 성장한 다음에도 마리암이 사용자들과 직접적인 관계를 계속 유지하는 이유이다. 그녀는 사람들의 머릿속에 들어가는 것이 대단히 흥미로운 일이라고 생각한다. 그곳에서 발견하는 것은 언제나 놀라움을 선사하기 때문이다. 가령 디자이너는 다르지만 같은 문구류일 때 가격까지 같으면 일종의 '분석 마비'를 초래한다는 사실을 알게 되었다. 그래서 사용자들이 구매 결정을 내릴 이유를 제공하기 위해서는 직관에 반하더라도 가격을 변경해야 했다.

사용자들의 이야기를 자세히 들어보니 그룹별로 니즈와 우선순위에서 놀라운 차이가 드러났다. 아름답게 디자인된 문구류를 살 때 엑스세대는 누가 디자인했는지는 별로 신경 쓰지 않았다. 하지만 밀레니얼 세대는 신경을 썼다. 마리암은 이렇게 말했다. "밀레니얼 세대는 '왜 이 예술가들에 관해 더 이야기해주지 않는 거예요? 이 사람들에 대해 더 알고 싶어요'라고 말해요." 요즘은 더 이상 여성 혼자 결혼식을 준비하지 않는다는 것도 알게 되었다. 밀레니얼 세대의 남성들은 결혼식과 관련된 결정에 깊이 관여하고 있었다.

"밀레니얼 세대 남성들은 양육에 더 많이 참여하는 아빠들이고,

더 적극적인 남편들이에요. 포커스그룹 인터뷰를 통해 민티드의 결혼식 관련 용품들 디자인이 너무 여성스럽다는 것을 깨달았죠."

마리암이 포커스그룹 인터뷰를 직접 진행하지 않았다면 그러한 세부적인 차이를 알아채지 못했을 것이다. 그런 내용은 포커스그룹 인터뷰의 본래 목적과는 거리가 먼 것들이어서 보고서에는 담기지 않았을 테니까 말이다. 하지만 마리암처럼 정해진 질문의 범위를 넘어서는 응답 하나하나에 온전히 주의를 기울이면 대단히 많은 것을 배울 수 있다.

가상의 제품을 현실의 제품으로

라디오플라이어 CEO 로버트 파신 이야기

1990년대 후반에 로버트 파신Robert Pasin은 라디오플라이어Radio Flyer의 CEO가 되었다. 빨간색 장난감 웨건과 동의어가 된 라디오플라이어는 1918년에 이탈리아 이민자였던 로버트의 할아버지가 설립한 회사로 오랫동안 미국의 상징적인 브랜드 중 하나로 사랑을 받았다. 하지만 로버트가 CEO를 맡았을 때 회사는 중대한 전환점을 맞이했다. 플라스틱 웨건을 만드는 더 민첩한 경쟁업체들에 시장점유율을 빼앗기고 있었기 때문이다. 로버트는 생존을 위한 근본적인 질문을 던졌다. "우리는 무엇인가? 우리는 제조업체인가 아니면 디자인 회사인가? 우리는 무엇에서 세계 최고가 될 수 있을까?"

로버트는 라디오플라이어가 사람들에게 어떤 의미인지 알고 싶었다. 그는 고객 대상 설문조사를 하면서 어릴 적에 라디오플라이어 제품을 갖고 놀았던 이야기를 해달라고 요청했다. 역시나 많은 사람이 빨간색 웨건에 대한 아련한 향수를 전해왔다. 개중에 어떤 사람은 라디오플라이어의 세발자전거에 대한 좋은 추억이 있다고 이야기했다. "우리는 사람들에게 세발자전거에 대해 말해달라고 부탁했어요. 그랬더니 '반짝이는 빨간색에 크롬 핸들이 달려 있고 그 위에 큰 벨이 있었어요'라고 대답했습니다."

여기에는 딱 한 가지 문제가 있었다. "우리 회사는 세발자전거를 만든 적이 없었어요." 로버트는 라디오플라이어가 한 번도 만든 적이 없는 제품에 대한 사람들의 숨겨진 향수를 발견했다. 그는 고객들이 떠올린 상상 속의 세발자전거 이야기를 그냥 웃어넘길 수도 있었다. 아니면 조사 결과 보고서가 엉터리라고 일축해버릴 수도 있었다. 그러나 그는 고객들의 애틋한 기억을 현실의 제품으로 만들어냈다. 라디오플라이어에서 진짜 세발자전거를 만든 것이다.

반짝이는 빨간색 세발자전거는 순식간에 회사의 대표 제품이 되었고, 라디오플라이어는 세발자전거 업계에서 일등 브랜드가 되었다. 여기에서 더 중요한 점은 라디오플라이어라는 브랜드에 대한 고객의 인식이 장난감 웨건에 국한되지 않고 빨간색의 탈것들과 야외에 뛰어놀던 어린 시절의 추억들과 긴밀하게 연관되었다는 점을 발견한 것이었다. 라디오플라이어는 이후로 작은 빨간색 스쿠터부터 작은 빨간색 테슬라까지 모든 탈것을 만들기 시작했다.

Reid's analysis

1. 사용자를 정찰병으로 여겨라

기업가는 야전사령관과 비슷하다. 타깃이 산발적으로 흩어져 있는 데다 시간과 다른 자원 모두 제한적이라는 점에서 그렇다. 따라서 기업가는 전략적으로 가장 중요한 목표를 확인한 다음 신속하게 자원을 쏟아부을 방법을 알고 있어야 한다. 다만 고객의 행동이 아닌 말에만 주의를 기울이면 총알이 엉뚱한 방향으로 날아갈 수 있다.

고객 의견에 편향되면 오히려 제품의 핵심 경쟁력을 놓쳐버릴 수 있다. 너무 많은 고객의 말에 귀를 기울이다가 이것저것 신경 써야 할 것이 많아져 어느 것 하나 제대로 하지 못할 위험도 있다.

고객의 말이 아니라 고객의 행동에서 힌트를 얻는 가장 좋은 방법은 고객을 '정찰병'으로 여기는 것이다. 초창기 시장의 정찰병은 미처 예측하지 못했던 새로운 니즈를 발견해주고, 중요한 통찰을 발견할 계기를 마련해준다. 기업가는 정찰병이 가져온 정보를 해석할 수 있어야 하고, 피드백을 가능한 한 빨리 행동에 옮기기 위한 만반의 준비를 해야 한다.

기업가가 초기 사용자들을 어떻게 이해하고 만족하게 하는가는 미래의 사용자 기반에 고스란히 반영된다. 제품이나 서비스가 미래의 더 큰 시장에서 경쟁력을 가지도록 발전시키는 데에 초기 사용자들의 역할이 매우 중요하다는 의미이다. 이것이 내가 초창기에 제품 출시를 빨리해서 테스트하고 개선하고 다시 테스트하고 개선하는 과정을 반복하라고 권장하는 이유이다.

이것은 단순히 속도에 관한 문제가 아니며 대충 서두르라는 의미도 아니다.

중요한 것은 초창기의 소규모 자원과 사용자 기반 확대 사이에서 정확한 균형을 잡으며 춤을 추는 것이다. 보통은 사용자가 춤을 리드하지만 언제나 그런 것은 아니다. 간혹 기업가가 정해진 안무에서 벗어나 사용자들을 빙글빙글 돌려야 할 때도 있다.

선견지명이 있는 기업가는 사용자가 원하는 것을 생생하게 그려내곤 한다. 하지만 기업가의 가설은 얼마든지 틀릴 수 있다. 그럴 땐 지나치게 상상력을 발휘했다는 점을 인지하고 사용자 피드백이라는 현실에 기초해 스스로 그려낸 미래를 수정할 줄도 알아야 한다.

2. 가격 인상에 따른 사용자 반발을 피하는 방법을 찾아라

사용자들이 가격 인상에 분노하는 것은 흔한 일이다. 그런 경험을 하는 기업이 클래스패스가 처음은 아니며 분명 마지막도 아닐 것이다. 넷플릭스가 구독료를 인상했을 때도 사용자들은 분노했다. 그들은 가격 인상 자체보다 가격 인상이 별로 도덕적이지 않다는 느낌 때문에 화를 냈다. 가격 인상에 항의하며 멤버십을 탈퇴한 어느 사용자는 "돈을 더 내는 건 문제가 아니지만 도덕적 차원에서 해지했다"라고 말했다.

좋든 싫든 빠르게 성장하는 기업에서 가격 인상은 피할 수 없는 문제다. 종종 기업가는 지속가능하지 않은 가격 구조로 사업을 시작하는데, 그것이 중요한 초기 사용자들을 끌어들일 유일한 방법이기 때문이다. 하지만 이런 비즈니스 모델을 너무 오래 유지하면 기업이 살아남지 못할 것이다.

이는 페이팔에도 그대로 적용되었다. 플랫폼에 친구를 초대하는 사용자에게 10달러를 인센티브로 지급하겠다는 약속은 초기 사용자 기반을 구축하는 쉽고 효과적인 방법이었다. 하지만 그 결과 매달 수천만 달러의 자금이 소진되었다. 결국에 비용이 너무 커져서 공동창업자인 피터 틸은 (애당초 10달러 지급이 자신의 아이디어였음에도) 인센티브 제도를 폐기하고 싶어 했다.

하지만 결국 페이팔은 사용자들의 눈길을 사로잡는 그 약속을 유지할 방법을 찾아냈다. 인센티브 제도를 그대로 유지하되 한 가지 조건을 추가한 것이었다. 즉 친구를 초대한 사용자와 그 친구가 인센티브를 받으려면 신용카드 정보를 입력하고 은행계좌를 인증한 다음 새로운 페이팔 계좌에 50달러를 넣어야 했다.

아무도 우리가 약속을 지키지 않았다고 비난할 수 없었다. 그러나 사용자들이 조금만 더 움직이도록 유도하자 실제로 돈을 지급해야 하는 사용자 수가 즉각 감소했다. 계속 돈을 까먹으며 출혈이 이어질 때 적자에서 벗어나면서도 사용자들의 반발을 피하고 싶다면 어떤 메시지로 그들을 설득할지 신중하게 고민해야 한다.

만일 "페이팔은 새로운 사용자들에게 약속한 돈을 지급하는 것을 중단한다!"라고 했다면 사용자들은 약속을 어기는 것은 비도덕적인 것이라며 흥분했을 것이다. 하지만 "페이팔은 새로운 사용자에게 조금 더 많은 정보를 요구하지만 약속한 돈은 계속해서 지급한다"고 말하자 훨씬 쉽게 수긍하고 받아들였다.

기업가는 사용자들이 가장 소중하게 생각하는 요소가 무엇인지 파악한 다음 그 요소는 반드시 보호해야 한다. 그것이 기업가가 지켜야 할 가장 중요한 약속이다. 사용자들이 기대하는 좋은 제품과 서비스를 변함없이 제공함으로써 약속을 지키고 있다면 가격 인상에 대한 반발은 결국에 사그라질 것이다.

3. 사용자들의 목소리를 무시해야 할 때도 있다

스케일업은 쉬운 유형과 힘든 유형의 두 가지 중 하나의 형태로 일어난다. 쉬운 유형의 스케일업은 사용자들이 사랑하고 본능적으로 공유하고 싶어 하는 제품이나 서비스를 만들었을 때이다. 이런 경우 초기 사용자가 계속해서 다른 사용자를 데려오는 루프가 형성되며 유기적인 스케일업이 일어난다.

힘든 유형의 스케일업은 사용자가 어느 정도 좋아하지만 높은 충성도를 보이거나 다른 사람들과 공유할 만큼은 아닌 절반만 괜찮은 제품이나 서비스를 만들었을 경우이다.

성공적인 제품이나 서비스에는 대부분 쉽게 스케일업이 일어나지만 예외도 있다. 링크드인도 그중 하나이다. 초기 사용자들은 링크드인을 사랑했다. 스스로를 '오픈 네트워크 사용자'라 칭하며 'LIONs(LinkedIn Open Networkers)'라는 문구를 소개글에 올리기도 했다. 다만 그들이 사랑했던 것은 실제 우리가 아니었다. 사용자들은 링크드인이 '모든 사람이 빌 게이츠와 연결되고 그 관계를 계속 유지할 수 있는' 소셜네트워크가 되기를 원했다.

하지만 이런 서비스는 당연히 비현실적이었고, 이것이 우리의 열정적인 초기 사용자들이 스케일업에 도움이 되지 않았던 이유이다. 초기 사용자들의 관심과 지지는 무척 감사한 것이었지만, 사실상 그들이 원한 것은 링크드인이 줄 수 있는 것이 아니었다. 이런 경우에는 사용자들의 목소리에 끌려가선 안 된다. 그랬다간 정작 목표로 하는 핵심 경쟁력을 잃을 수 있기 때문이다.

링크드인의 목표는 채용담당자가 '인문학 분야의 학위와 10년 이상의 경력을 가진 회계사'라는 구체적인 조건을 입력하면 클릭 한 번으로 적합한 인재를 찾도록 지원하는 것이었다. 하지만 우리가 상상한 이러한 놀라운 기능들이 구현되려면 실로 방대한 규모의 사용자 네트워크가 구축되어야 했다. 좋은 기능을 제공해야 사용자가 늘어나지만 한편으론 사용자가 늘어나야 좋은 기능을 제공할 수 있다는 것이 링크드인의 딜레마였다. 우리는 고민을 거듭하다 결국에 사용자 수를 늘리는 것 자체보다는 정말로 링크드인의 성장에 도움이 될 사용자를 확보하는 것이 더욱 중요하다는 결론에 이르렀다.

초기에 당신이 타깃으로 하는 사용자를 확보해야 그들이 기반이 되어 사용자를 계속 늘려갈 수 있다. 초기 사용자층의 사랑을 받는 것은 좋은 일이지만 진정한 스케일업은 당신이 목표로 하는 사람들에게 사랑받기 시작했을 때 비로소 가능하다.

Reid's theories

사용자 반응에서 통찰을 얻는 법에 대한 조언들

사용자의 말이 아닌 행동을 봐라

사용자가 제품을 가지고 무엇을 하는지 혹은 무엇을 하려고 하는지 관찰하면 앞으로 나아갈 길을 밝힐 수 있다. 사용자가 말하는 것뿐만 아니라 그들의 행동에 주의를 기울여야 한다.

인간 행동에 대한 이론을 학습하라

개인과 집단의 행동에 대한 이론이 기업의 전략, 제품 디자인, 인센티브 제도 등 모든 의사결정의 기초가 되어야 한다. 그러나 사용자가 이론과는 다른 방향을 제시하면 그것에 대해 열린 마음으로 주의를 기울여야 한다. 그것이 제품의 차별화 포인트가 될 수 있기 때문이다.

사용자를 따라가라

사업을 성장시키려면 통제권을 포기해야 할 수도 있다. 사용자가 다른 방식으로 제품을 사용한다면 그 이유를 살펴보고 그것에서 기회를 찾아야 한다.

데이터와 공감을 접목하라

데이터는 논리적이고 객관적인 데 반해 사용자에 대한 공감은 열정적이고 인간적이다. 사용자로부터 가치 있는 통찰과 기회를 얻기 위해서는 두 가지가 서로를 보완하도록 해야 한다.

8장

다양한 가능성을 모색하고 시도한다

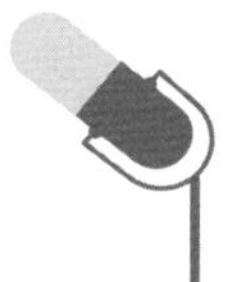

위기를 기회로 만드는
피벗의 기술

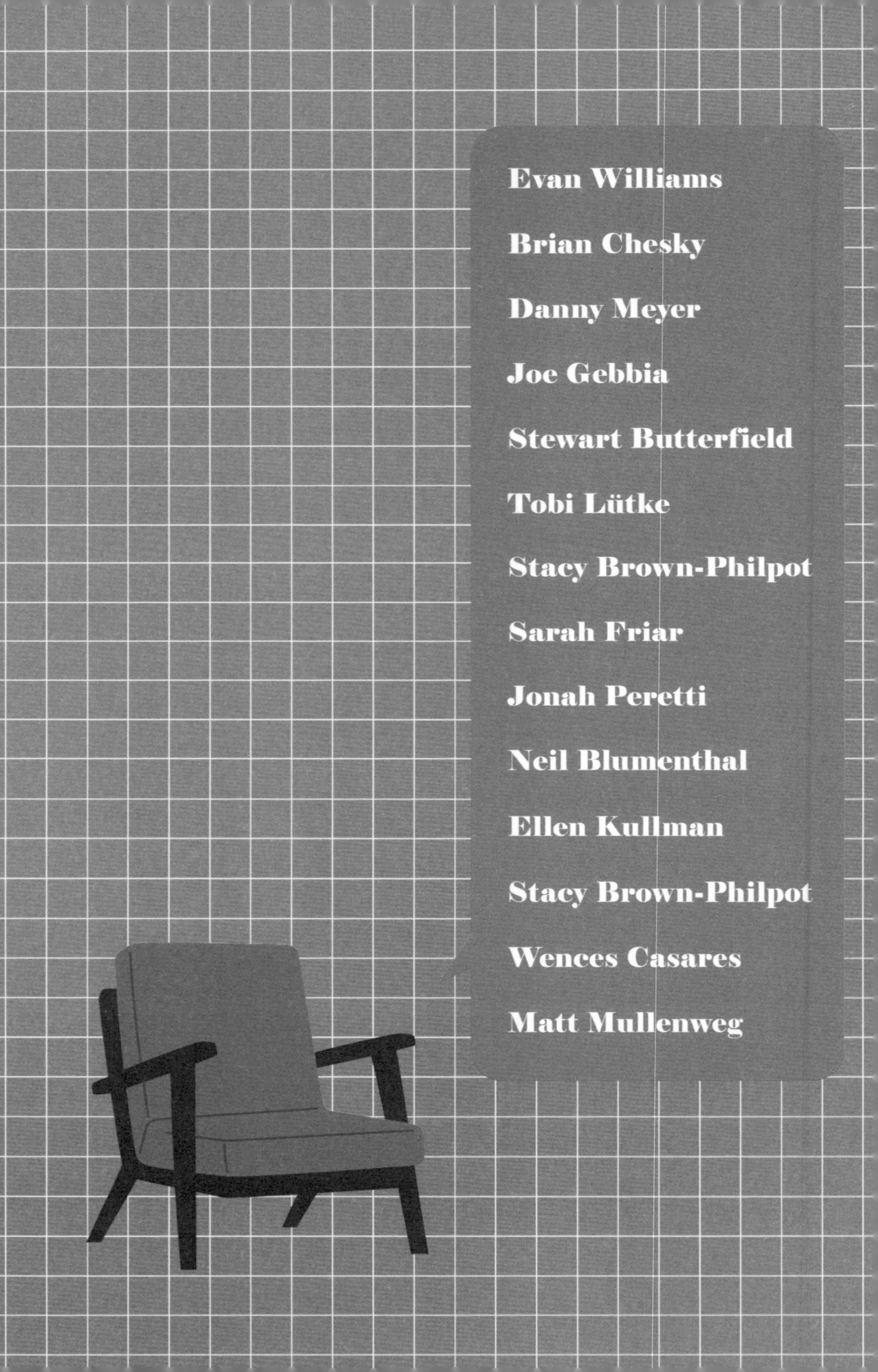
Evan Williams
Brian Chesky
Danny Meyer
Joe Gebbia
Stewart Butterfield
Tobi Lütke
Stacy Brown-Philpot
Sarah Friar
Jonah Peretti
Neil Blumenthal
Ellen Kullman
Stacy Brown-Philpot
Wences Casares
Matt Mullenweg

방향을 바꿀 가장 좋은 시점은 언제인가

트위터 창업자 에반 윌리엄스 이야기

2004년 당시 애플의 아이팟을 소유한 사람이라면 누구나 특별한 관심을 가졌던 새로운 종류의 미디어가 있었다. 바로 '팟캐스트'이다. 팟캐스트라는 새로운 포맷은 오디오 방송의 규칙을 영원히 바꿔놓으며 새로운 성장 동력으로 작용했다. 라디오의 방송 규칙이나 모니터링에 얽매이지 않고 누구나 자신의 콘텐츠를 녹음하고 배포할 수 있게 된 것이다. 팟캐스트는 아이팟뿐 아니라 컴퓨터에서도 들을 수 있었다. 새로운 미디어의 인상적인 새 이름은 얼리어답터와 오디오 방송 애호가 사이에서 큰 관심을 불러일으켰다. 에반 윌리엄스는 그 파도에 올라탈 계획이었다.

에반은 사용자들이 손쉽게 블로그를 만들도록 돕는 선구적인 서비스를 제공하는 블로거Blogger를 만들어 실리콘밸리에서는 이미 유명세를 얻고 있었다. 블로거는 당대의 문화적 트렌드를 잘 포착했지만 기업으로서는 어려움을 겪었다. 마지막 해에는 직원도 없이 혼자 일해야 했다. 그는 결국 블로거를 구글에 팔았다. 성공이었다!

이제 에반은 다른 형태의 커뮤니케이션을 시도할 준비가 돼 있었다. 에반의 열정은 기술을 통해 사람들, 아니 더 정확하게는 사람들의 생각을 연결하는 것에 주로 초점이 맞춰졌다. 작은 마을의 농장에서 자란 에반은 멀리 떨어진 사람들과 소통하는 방법으로 컴퓨터 프로그래밍과 온라인 게시판에 관심을 가졌다. 하지만 정말로 그의 상상력을 불타오르게 한 것은 기술이 문화와 사회에 미친 영향을 주로 다루는《와이어드》제1호에 실린 기사였다. 에반은 "기술이 지구상의 모든 뇌를 연결할 것이라는 내용에 관한 기사였어요"라고 기억을 떠올렸다. 이 비전이 그를 실리콘밸리로 이끌었고 블로거를 시작하게 했으며 이제는 팟캐스트에 대한 호기심을 자극했다.

에반은 사람들이 글로 자기 자신을 표현하는 것에 관심이 높은 만큼 온라인에서 말로 자기 생각을 공유하려는 사람들도 많을 것이라고 판단했다. 그는 500만 달러를 확보해 팟캐스터들이 쉽게 방송을 내보내고 청취자들이 편리하게 콘텐츠를 발견할 수 있는 플랫폼을 구축했다. 에반은 팟캐스팅을 위한 최고의 플랫폼을 목표로 오데오Odeo라는 새로운 회사를 설립했다. 에반은 플랫폼을 막 론칭하려고 할 시점에 막강한 경쟁자가 같은 분야에 진출하려는 것을 발견했다. 바로 애플이었다.

2005년에 애플은 이미 음악 플레이어로 인기가 높은 아이튠즈 프로그램에 팟캐스트를 통합해 아이팟 사용자들이 훨씬 더 쉽게 접근하도록 하겠다고 발표했다. 아이튠즈 사용자들은 오데오의 중요한 잠재 사용자층이었다. 그들을 초기 사용자로 확보하지 못한다면 오데오는 큰 타격을 받을 것이 분명했다. 에반은 어떻게 해야 할지 확신하지 못했다. 그래서 이사회에 가서 물었다. "문을 닫아야 할까요? 투자금을 돌려줘야 할까요?" 그런데 놀랍게도 이사진은 그에게 다른 아이디어가 있는지 물었다. "그래서 '당연히 아이디어가 있죠. 나는 늘 아이디어가 있어요'라고 말했습니다."

에반은 자신의 아이디어를 보완하기 위해 훨씬 더 많은 아이디어를 얻는 방법을 알고 있었다. 아이디어를 창출해내는 유효성이 검증된 방법인 '해커톤hackathon'●을 해보기로 했다. 해커톤은 종종 특정 제품을 개선하려는 목적으로 열리지만, 에반의 목적은 "다음엔 어떻게 하지?"라는 훨씬 근본적인 질문에 대한 답을 찾는 것이었다.

이 해커톤은 역사적인 성과를 냈다. 오데오의 공동창업자인 비즈 스톤Biz Stone과 웹디자이너인 잭 도시Jack Dorsey가 '그룹 문자 서비스'라는 매력적인 아이디어를 제시했다. 에반은 그 아이디어에서 블로거 시절에 자신이 했던 일을 떠올렸다. "블로거 시절에 저는 현재 상황을 알리는 '상태 업데이트'를 위한 블로그를 만든 적이 있어요. 가족 여행 중에도 블로그의 상태 업데이트에 메시지를 올렸죠. 그때의 경험이 무

● 해커톤은 해킹hacking과 마라톤marathon의 합성어로 기획자, 개발자, 디자이너 등이 팀을 구성해 일정한 장소에서 마라톤을 하듯 긴 시간 동안 쉼 없이 아이디어를 도출하고 이를 토대로 시제품 단계의 결과물을 만들어내는 행사를 말한다. 새로운 소프트웨어의 개발이나 기존 소프트웨어의 개선을 목표로 하는 경우가 많다. 페이스북에서 사내 행사로 해커톤을 활용하면서 알려졌고 지금은 실리콘밸리의 대표적인 행사로 개최된다.

척 흥미로웠던 것이 기억이 났어요." 이때의 '상태 업데이트'는 나중에 트위터의 핵심 기능인 '트윗'으로 발전했다.

에반은 트위터가 지닌 대단한 잠재력을 굉장히 빨리 감지했다. 다시 어려운 질문이 제기되었다. "지금이 오데오에서 트위터라는 새로운 서비스로 완전히 방향을 바꿀 때인가?" 쉽지 않은 결정이었다. 에반은 이사회에서 트위터의 최신 개발 상황과 아직은 접을 준비가 안 된 오데오의 업데이트 상황을 발표했다. 오데오는 크게 성장하는 것은 아니었지만 이미 팬을 가지고 있었다. 차라리 실패한 서비스라면 접는 것이 어렵지 않다. 하지만 스케일업할 잠재력은 부족하지만 그렇다고 실패한 것도 아닌 서비스를 접는 것은 훨씬 더 어렵다. "당시에는 다음으로 넘어갈 수 있게 그냥 실패하는 편이 더 나을 때가 있다고 생각했어요."

2007년 4월에 트위터는 오데오에서 분리되었다. 오데오는 서서히 사라지는 수순을 밟았고 트위터가 그 자리를 차지했다.

8장에서는 피벗의 기술에 대해 살펴볼 것이다. 피벗은 말 그대로 새로운 방향으로 선회한다는 뜻이다. 그렇다고 해서 원래의 전략이나 계획과 완전히 다른 방향으로 가는 것은 아니다. 애초에 그 사업을 하려고 했던 가장 중요한 미션과 비전을 움직이지 않는 왼발에 두고 오른발로 여러 방향의 다른 가능성을 모색하고 시도하는 것이 피벗이다. 에반 윌리엄스의 경우를 보더라도 그가 연속적인 피벗을 통해 설립한 네 개의 스타트업은 모두 에반이 줄곧 추구해온 단 하나의 미션에서 비롯되었다.

대부분의 기업가는 사업 환경이나 시장 상황이 변화했을 때의 대응으로 피벗을 한다. 새로운 기회나 예상치 못한 장애물이 나타났을 때에 피벗을 할 수 있다. 간혹 제품이나 서비스에 대한 새로운 가능성을 발견함으로써 피벗이 촉발되기도 한다. 피벗은 전략상 단계를 바꾸는 것부터 회사를 완전히 리부트하는 것까지 다양한 형태를 취할 수 있다.

어떤 기업가든 완전히 자리를 잡기 전까지 여러 차례 피벗을 하게 된다. 심지어는 사업이 이미 안정 궤도에 올라선 후에도 종종 피벗을 한다. 기업가는 새로운 기회를 향해 나아가야 하며, 기회가 명확해지기 전에 먼저 움직여야 할 때도 있다. 또 이전에 희망을 품고 의욕적으로 시간과 돈을 투자했던 아이디어를 버려야 하는 고통스러운 순간을 맞이하기도 한다. 사람은 대부분 기존의 생각을 쉽게 버리지 못한다. 따라서 피벗을 할 때는 공동창업자, 직원, 투자자, 사용자로부터 역풍을 맞을 수도 있다는 점을 고려해야 한다. 바로 그런 점에서 피벗은 기업가의 리더십 능력을 확인하는 시험대가 될 수 있다.

한때 사람들의 기대를 모았던 아이디어나 자신의 열정을 쏟아부은 전략을 버리는 것은 매우 어려운 일이지만, 기업가에게는 그렇게 해야만 하는 때가 종종 있다. 비록 기존의 사업 대부분을 버리거나 포기해야 하는 상황일지라도 피벗을 반드시 해야 하는 시점이 되면 기업가는 주저하지 말고 사람들을 결집해 새로운 방향으로 움직여야 한다. 실제로 성공한 스타트업들을 살펴보면 완전히 다른 사업으로 시작했다가 피벗을 통해 스케일업에 이른 사례가 적지 않다.

거의 모든 것을 리부트하는 피벗 전략

슬랙 창업자 스튜어트 버터필드 이야기

스튜어트 버터필드가 카테리나 페이크와 함께 공동창업한 사진공유 커뮤니티 사이트 플리커는 그들이 만들었던 게임네버엔딩이라는 온라인게임의 한 가지 기능에서 발전한 것이었다. 이 사례는 전형적인 피벗이었고 그의 다음 회사인 슬랙Slack의 복선이기도 했다. 플리커를 매각하고 몇 년 후에 스튜어트는 다시 한번 온라인게임에 도전했다. 새로운 게임의 이름은 글리치Glitch였다. 그는 이번에는 게임네버엔딩 때와는 다를 것이며 똑같은 어려움을 겪진 않겠다고 생각했다. "우리에게는 어느 정도 자금이 있었거든요. 좋은 인맥도 더 늘어났고요. 게다가 컴퓨터 하드웨어도 지난 몇 년 동안 더 좋아졌죠. 우리는 엔지니어와 디자이너로서 경험도 더 많아지고 실력도 향상했습니다. 그래서 '이번에는 절대 실패할 수 없다'라고 생각했어요."

새로운 게임에는 확실히 더 큰 판돈이 걸려 있었다. 스튜어트와 그의 개발팀은 게임 개발에 4년을 투자했고, 수만 명의 플레이어와 협업했으며, 1700만 달러의 자금을 유치했다. 그리고 소규모지만 충성도 높은 팬층도 확보했다. 하지만 그 게임은 또다시 실패했다.

"게임을 좋아하는 소수는 글리치에 열광했어요. 그들은 일주일에 20시간씩 게임을 했어요. 하지만 가입자의 97퍼센트에 해당하는 대부분 사람은 5분 안에 그만둬버렸죠." 스튜어트는 사용자를 유지하기 위해 이런저런 실험과 시도를 했다. "늘 다음 시도엔 게임을 살릴 수 있을 것만 같았어요." 스튜어트는 여전히 자신이 뭘 더 할 수 있었을지 자문한다. 이런 질문은 중대한 전환기에 있는 기업가 대부분의 자기성찰에서 비롯된다.

마침내 스튜어트는 이번에도 '게임 오버'라는 것을 깨달았다. "상황을 뒤집기 위해 우리가 생각해낼 수 있는 최고의 아이디어 15개를 모두 시도했습니다. 이 15개가 성공하지 못한다면 16번째 아이디어도 효과가 없으리라 생각했어요." 스튜어트는 모든 기업가가 가장 피하고 싶어 하는 힘든 순간에 직면했다. 자기 자신과 직원들에게 "이번에는 함께 꿈을 이룰 수 없게 되었다"라고 말해야 하는 날이 왔다. 직원들에게 글리치를 그만 접는다는 이야기를 전하면서 스튜어트는 울음을 참지 못했다.

"정말 힘들었어요. CEO로서 할 수 있는 이 세상에 뭔가 대단한 걸 내놓을 테니 함께하자고 사람들을 설득하는 것이었어요. 투자자, 언론, 사용자들까지 모두 설득해야 했죠. 그리고 많은 사람에게 전망이 불투명한 회사의 지분을 약속하는 대신 박봉을 받으며 일해달라고 설득해야 했습니다." 평정을 되찾은 다음 스튜어트는 모두에게 미안하고 안타까운 마음을 전했다. 그리고 책임을 지기 위해 할 수 있는 모든 일을 하겠다고 말했다.

스튜어트는 몇몇 개발자와 함께 글리치닷컴Glitch.com에 페이지를 만들었다. 이 페이지에는 글리치 전 직원의 링크드인 프로필, 사진, 포트폴리오가 올라가 있었다. 글리치가 문을 닫는다는 언론 보도가 나가자마자 "이 사람들이 일자리를 찾고 있다"라는 정보가 사이트에 올라갔다. 스튜어트와 그의 파트너들은 해고된 직원들을 위해 추천서를 써주고 이력서 쓰는 법에 관한 조언을 해주기도 했다. 스튜어트와 다른 경영진은 직원들이 다른 직장을 얻을 때까지 회사를 유지하며 계속 일하기로 했다. 게임이 중단된다는 소식에 슬퍼한 것은 회사 직원들뿐만이 아니었다. 일주일에 20시간씩 게임을 했던 충성스러운 팬들을 기억하는가? 스튜어트는 사용자들에게 선택권을 주고 돈을 환불받거나 자기 이름으로 기부할 수 있게 했다. 사용자들에게 돌려줘야 할 돈은 금세 청산했다.

마지막 승부수를 위한 헤일 메리 패스

스튜어트는 투자자들에게도 투자금을 돌려주겠다고 제안했지만, 그들은 새로운 방향을 찾기 위한 도전을 해보라고 요청했다. 그래서 은행에 500만 달러가 있었고 그 자금으로 뭐든 해볼 수 있었다. 글리치가 사실상 폐업 단계에 들어선 상태였음에도 스튜어트와 개발팀은 마지막으로 헤일 메리 패스를 할 기회를 찾기 시작했다. 그들은 게임 내부와 주변 소프트웨어를 하나하나 자세히 뜯어보았다. 몇 주가 걸리긴 했지만 결국에 뭔가를 찾아냈다. 게임을 개발하면서 내부적으로 필요해 만든 협업툴 시스템이었다.

협업툴은 프로젝트별로 관련 팀들이 온라인에 모여 의견을 나누고 업무를 공유하기 위한 것이었다. 채팅 기반 커뮤니케이션은 물론 실시간이 아닌 비동기식 커뮤니케이션도 가능했다. 대화 내용을 보관해주는 기능도 있었다. 스튜어트는 원래 개발하려고 했던 온라인 게임과는 거리가 멀지만, 협업툴에 잠재력이 있다고 생각했다. 그들이 이미 사용하면서 어느 정도 검증을 마친 시스템이었기 때문이다. 글리치 개발팀은 이 툴을 자신들 필요에 맞게 조금씩 조정해왔다. 덕분에 원활하고 효율적인 협업을 위한 썩 괜찮은 시스템으로 발전해왔다. 그들은 다른 회사에도 이런 협업툴이 필요하지 않을까 생각했다. 이것이 '슬랙'이다.

스튜어트는 슬랙으로 피벗하기 위해 여러 가지를 리부트해야 했다. 몇 년 전 플리커를 시작했을 때 그가 개발했던 온라인게임은 어쨌든 유지되었고, 기존 직원들 일부를 새로운 프로젝트로 이동시킬 수 있었다. 하지만 이번에는 게임은 이미 중단되고 직원들은 해고된 상태였다. 제품과 서비스, 사무실, 직원 등 모든 면에서 새로 시작해야 한다는 의미였다. 그래도 최대한 점잖게 폐업 과정을 밟은 덕분에 스튜어트는 글리치에 있던 몇몇 사람을 찾아가 도움을 청할 수 있었다. 그들 중 한 명이 엔지니어 팀 레플러Tim Lefler였다. "스튜어트는 무슨 일인지 간단히 설명하면서 '네가 돌아와서 우리와 함께 새로운 서비스를 개발했으면 좋겠다'라고 했습니다."

팀은 이미 다른 직장을 찾은 상태였는데 왜 자신을 해고한 사람과 다시 일하려고 결심했을까. 팀은 "직원들을 해고한 후에 스튜어트가 보여준 모습에서 감명을 받은 것도 있지만, 더 큰 이유는 그의 새로운 아이디어가 꽤 괜찮아 보여서였어요"라고 그 이유를 설명했다. 슬랙 사무실에 도착했을 때 팀은 자신 말고도 글리치의 전 직원들이 몇 명 더 합류한 것을 보고 깜짝 놀랐다. 팀은 "마치 일종의 재회 같았어요"라고 당시 상황을 떠올렸다.

많은 것을 리부트해야 하는 전면적인 피벗을 통해 탄생한 슬랙은 엄청난 인기를 끌어 2019년 상장에 성공했다. 2020년 말에는 세일즈포스닷컴Salesforce.com이 277억 달러에 슬랙을 인수했다.

온라인 쇼핑몰에서 이커머스 솔루션 플랫폼으로

스노데빌 공동창업자 토비 뤼트케 이야기

어떤 리더들은 장기적인 비전을 바탕으로 자신의 경력을 계획적으로 쌓아간다. 또 다른 리더들은 우연히 맡은 역할에서 자신의 소명을 발견하기도 한다. 토비 뤼트케는 두 번째에 해당하는 리더인데, 비슷한 사례를 찾아보기 어려운 독특한 피벗을 성공적으로 해내고 그 일에서 자신의 소명을 발견했다. 그는 온라인 스노보드 쇼핑몰을 하다가 클라우드 기반 이커머스 솔루션을 제공하는 플랫폼으로 피벗했다. 쇼피파이는 빠르게 스케일업에 성공했다.

독일의 작은 마을에서 자란 토비는 어린 시절부터 컴퓨터와 '사랑에 빠졌고' 취미는 '프로그래밍'이 되었다. 그는 프로그래머의 마음과 기질을 가지고 있었다. "저는 뭔가 흥미로운 것에 푹 빠지면 다른 것들은 거의 신경을 쓰지 않아요." 토비가 관심을 두지 않았던 것은 학교였다. "학교가 힘들었어요. 그냥 컴퓨터가 더 좋았고요."

다행히 토비는 학교를 일찍 졸업하고 컴퓨터 프로그래머로 일을 시작할 수 있었다. 하지만 얼마 지나지 않아 아무리 좋아하는 것이라도 일단 생계를 위한 본업이 되면 기쁨이 사라진다는 것을 알게 되었다. 그래서 '취미로서의 프로그래밍을 되찾기' 위해 새로운 직업으로 방향을 틀었다. 그러나 이번에도 취미가 그의 새로운 직업이 되었다. 캐나다로 이민을 온 후 열정적인 스노보더가 된 토비는 스노보드에 대한 사랑과 자신의 프로그래밍 능력을 결합할 수 있겠다는 생각이 들었다. "나 자신을 위해서 어떤 보드가 좋은지 엄청나게 조사를 했던 터라 꽤 많은 정보를 알게 되었어요. 그래서 '온라인으로 스노보드를 팔 수 있겠다'라는 생각을 했죠."

토비는 온라인 쇼핑몰을 구축하는 데 며칠이면 될 것이라고 예상했지만 곧 커다란 난관에 봉착하고 망연자실했다. "첫 번째 문제는 이커머스 소프트웨어를 처음부터 다시 만들어야 했다는 겁니다. 이커머스 소프트웨어가 없는 건 아니었는데 모두가 리테일 비즈니스를 경험해보지 않은 사람이 개발한 것 같았어요. 온라인 쇼핑몰 사업을 하려는 제게는 부적합했어요."

토비는 루비온레일스Ruby on Rails라는 오픈소스 웹 프레임워크를 발견하고는 뛸 듯이 기뻐했다. "새로운 기술이었는데 정말 마음에 들었어요. 아마 하루에 16시간씩 몇 달 동안 밤낮으로 들여다봤을 거예요." 토비는 자신이 직접 이커머스 소프트웨어를 개발하고 마침내 스노보드 전문 온라인 쇼핑몰을 오픈했다. "제가 직접 개발한 소프트웨어가 꽤 잘 작동했어요. 미국 전역과 캐나다, 일부 유럽에도 스노보드를 팔기 시작했죠." 그런데 전 세계에 있는 그의 고객들은 스노보드와 패딩 점퍼가 아닌 다른 것에 관심을 보이기 시작했다. 사람들은 토비에게 자신들의 쇼핑몰 사이트를 위한 백엔드(결제, 주문 처리, 업데이트 목록 작성 등) 소프트웨어를 개발해줄 수 있는지 묻기 시작했다.

사업을 하다 보면 여러 차례 갈림길에 서게 된다. 기업가들은 언제나 비전을 실현하는 과정에서 부수적인 문제들을 해결해야 한다. 그리고 종종 문제를 해결하기 위해 찾아낸 솔루션에서 원래의 아이디어보다 더 큰 가치를 발견하기도 한다. 토비는 눈앞에 나타난 갈림길 중 어느 길로 가야 할지 결정하고 전 세계 온라인 리테일 비즈니스를 하는 사람들에게 이커머스 솔루션을 제공하는 플랫폼을 구축하게 되었다. 목표는 누구나 쉽게 온라인 쇼핑몰을 만들도록 지원하는 것이었다. 사용자는 플랫폼에서 아주 간단하게 온라인 쇼핑몰 등록을 하고 스스로 웹사이트를 개설할 수 있었다.

기업가로서 새로운 미션을 발견하다

토비가 공식적으로 피벗을 결정하고 나서 공동창업자는 회사를 떠났다. 그는 스노데빌의 예상치 못한 전환에는 동참하고 싶지 않다는 뜻을 밝혔다. "그는 '사업이 점점 커지면서 완전히 다른 사업이 되고 있어'라고 말했습니다." 이렇게 토비는 공동창업자이자 CEO를 잃었다. 어떤 피벗은 간혹 이렇게 고통스럽지만 어쩔 수 없는 결과를 낳기도 한다. 창업 당시의 미션에 매료되어 함께하기로 했던 동료들 가운데 일부는 새로운 전환에 아무런 흥미를 느끼지 못하기도 한다. 하지만 토비는 새로운 미션이 마음에 들었다.

"기업가가 해야 할 일이 무엇인지 알게 되었습니다. 인터넷 기업가 정신이라는 개념에도 푹 빠져 있었죠. 인터넷은 참여적이어야 하고 기회의 민주화가 이뤄져야 합니다. 그래서 우리는 '정말 쉽게 기업가정신을 실현할 수 있다면 세상은 어떤 모습일까?'라는 생각과 질문을 따라왔습니다."

이렇게 해서 프로그래머였던 토비는 현재 온타리오주 오타와에 본사를 둔 다국적 이커머스 솔루션 플랫폼의 CEO가 되었다. 스노보드를 파는 온라인 쇼핑몰을 열기 위해 더 나은 디지털 쇼핑카트를 만들면서 시작된 아이디어는 전 세계의 온라인 쇼핑몰 사업자를 위한 솔루션으로 발전했다. 쇼피파이에서는 토비가 개발한 솔루션만 제공하는 것이 아니라 다른 개발자들의 앱도 구매할 수 있다. 쇼피파이를 폐쇄형으로 만들어 수익 전부를 자신이 가져가는 대신 플랫폼을 개방해 다른 앱 개발자들이 돈을 벌어갈 수 있도록 만든 것이었다. 덕분에 점점 더 많은 사용자가 빠르게 쇼피파이로 몰려들었다. 돌이켜보면 이런 결정들이 쇼피파이의 성공 비결이 되었지만, 당시로선 쉽지 않은 결정이었다.

"쉽게 얻을 수 있는 이익을 포기하는 것이었기 때문에, 더 정확하게는 다른 사람들에게 경제적 이익을 나눠줌으로써 나의 미래에 투자하는 것이었기 때문에 쉬운 결정은 아니었습니다. 대부분의 기업은 이렇게 하기가 정말 어려워요."

플랫폼에 입점한 다수의 앱 스토어와 개발자 커뮤니티가 결합해 긍정적인 피드백 루프를 형성함으로써 더 많은 사용자와 개발자를 끌어들였다. 그것은 쇼피파이를 경쟁으로부터 보호하고 혁신을 촉진하는 역할도 했다. 하지만 토비도 지적했듯이 그렇게 되기까지는 적잖은 시간이 필요했다.

"우리는 2009년에 플랫폼을 뒷받침하는 기술을 많이 개발했습니다. 그리고 거의 10년이 지난 2018년에야 '게이츠 라인Gates line'을 넘었죠. 게이츠 라인은 빌 게이츠가 정의한 플랫폼과 통합관리자의 차이를 나타내는 기준입니다. 저는 게이츠 라인이 의미하는 바를 '시스템을 이용하는 사람들이 당신보다 더 많은 돈을 벌기 전까지는 플랫폼이 아니다'라는 것으로 이해했습니다."

2018년 기준 100만 개 이상의 사업체가 쇼피파이를 통해 400억 달러 이상의 매출을 올렸고, 소프트웨어 개발자들은 9000만 달러 이상을 벌어들였다. 이 모든 것은 토비가 자신의 제품을 판매하는 것에서 다른 사람들의 판매를 돕는 것으로 사업을 전환한 덕분이었다.

피벗하기 전에 해야 할 일

태스크래빗 전 CEO 스테이시 브라운필폿 이야기

디트로이트 서부에서 자란 스테이시 브라운필폿Stacy Brown-Philpot은 스탠퍼드대학교에서 경영학 석사 학위를 받은 후 구글에 입사해 8년간 일했다. 2013년에 스테이시는 인도 근무를 마치고 돌아온 참이었다. 모든 것이 좋았다. "주위를 둘러봤어요. 저는 바닥부터 천장까지 통유리창이 있는 사무실에 있었습니다. 테이블과 소파도 있었어요. 비서도 있었고요. 대부분의 사람이 직장에서 꿈꾸는 모든 것을 가졌지만, 정작 해야 할 일은 아직 하지 않았다는 생각이 들었어요. 그래서 내 마음을 사로잡는 다른 일을 하기로 마음먹었죠."

구글을 떠난 지 얼마 되지 않아 스테이시는 우연히 태스크래빗TaskRabbit의 창업자인 레아 부스케Leah Busque를 만났다. 태스크래빗은 단기 아르바이트를 중개해주는 앱으로 많은 인기를 끌고 있었다. 태스크래빗을 사용해본 스테이시는 그들이 하려는 일이 마음에 들었다.

"실리콘밸리에서는 선교사와 용병에 대해 많이 이야기하는데, 용병은 돈을 벌려는 욕망에 충실한 데 반해 선교사는 돈의 중요성을 인식하면서도 근본적으로 의미를 만들고자 하는 욕망에 따라 움직이죠. 그런 점에서 저는 선교사에 가깝습니다. 일상의 일을 혁신한다는 태스크래빗의 미션이 저를 사로잡았고 디트로이트로 돌아오게 했습니다. 산업 전반이 망가지면서 일자리를 잃은 선량하고 근면한 사람들, 직장은 구하지 못했어도 올바른 직업윤리를 지닌 사람들에게 다시 돌아간 거죠."

2013년 태스크래빗에 CEO로 합류한 스테이시는 회사가 스케일업으로 가는 과정에서 근본적인 문제에 직면하게 되리란 사실을 깨달았다. 그녀는 숫자들을 자세히 조사한 끝에 "우리가 가고 싶은 곳에 도달하려면 몇 가지 부분에서 변화가 필요하다"라는 결론에 이르렀다. 스테이시가 특히 집중했던 분야는 일거리를 찾는 구직자와 사람을 찾는 구인 의뢰자를 연결하는 자유로운 경매 시스템이었다. 이는 태스크래빗의 주요 서비스이기도 했다. 기존 시스템에서 구직자들은 일거리를 얻기 위해 일종의 입찰에 응해야 했다. 이는 자신의 서비스를 가장 싼 가격에 제공하기 위해 경쟁해야 한다는 의미였다. 한편 의뢰인이 겪는 불편은 모든 입찰을 선별하고 낙찰자를 정하기까지 시간이 너무 많이 걸린다는 점이었다.

이러한 경매 형식의 일자리 중개 시스템은 아무 문제 없이 돌아가는 것처럼 보였지만, 사실 절반에 가까운 사람들은 부정적인 경험을 했다. 구직자는 지나치게 저가로 서비스를 제공해야 했고 구인 의뢰자들은 선택에 혼란을 겪었다. 이러한 문제점을 인식한 스테이시는 시스템을 바꾸기로 했다.

"불만족한 고객은 자신의 나쁜 경험을 다른 사람에게 더 많이 이야기합니다. 좋은 경험을 전하는 사람들보다 10배 더 많은 사람에게 전파합니다. 장기적으로 큰 손해이고 위험요소입니다. 우리는 이런 시스템을 바꿔야만 했습니다."

이를 위해서 태스크래빗은 상당한 피벗을 해야 했다. 선택과 혼돈을 줄이면서 더 구조화되고 안정성을 갖춘 방향으로 전환해야 했다. 스테이시는 더 나은 시스템에 대한 강력한 아이디어가 있었다. 다만 그 아이디어를 실현하려면 지금까지 태스크래빗이 해오던 대부분의 사업 방식을 재구성해야 했다.

가장 먼저 한 일은 일자리 유형을 잡역부, 홈클리닝, 이사, 개인 비서라는 네 가지의 인기 있고 이해하기 쉬운 카테고리로 간소화하는 것이었다. 기존에는 '유명인 흉내 내기'나 '생일파티 광대'와 같은 방식으로 일자리를 제안했는데, 이는 일자리를 고르는 구직자들에겐 너무 모호하고 복잡했다. 그다음에는 구직자들에게 더 많은 권한을 주기로 했다. 언제 일하고 싶은지, 어떻게 일하고 싶은지, 시간당 얼마의 요금을 부과하고 싶은지를 구직자가 결정할 수 있도록 한 것이다. 이제 구직자들은 너무 높은 가격으로 입찰해서 일을 맡지 못하면 어쩌나 걱정하지 않아도 되었다. 한편 의뢰인은 더 이상 긴 입찰 목록을 확인하지 않고 간단하게 구직자의 조건을 확인하고 마음에 드는 사람을 예약할 수 있었다. 의뢰인에게는 구직자의 평점, 리뷰 등의 정보를 제공했다.

커뮤니티 사용자의 주인의식을 간과하지 마라

이처럼 가장 핵심적인 사업 방식을 바꾸는 피벗을 고려하고 있다면 먼저 새로운 방식을 테스트해야 한다. 스테이시는 일자리 중개 플랫폼에 대한 어떤 고정관념도 없는 사용자를 대상으로 테스트를 진행하고 싶었다. 그들은 테스트마켓으로 런던을 선택했다. 런던에서는 태스크래빗이 어느 정도 알려지기만 했을 뿐 아직 서비스를 이용할 순 없었기 때문이다. 다행히 간소화된 새로운 버전의 테스트 결과는 좋았다. 더 많은 일자리가 제안되었고 매칭률은 50퍼센트에서 80퍼센트로 상승했다. 스테이시는 "우리는 뭔가 이뤄낼 가능성이 있다는 걸 알았고 그것을 미국으로 다시 가져왔어요"라고 말했다.

영국인들이 좋아한다면 미국인들도 그럴 것이다? 꼭 그렇지만은 않다. 시스템을 바꾸는 것은 새로운 시스템을 도입하는 것만큼 간단하지 않다. 그리고 이 경우에는 구직자들이 변화를 어떻게 받아들이느냐가 관건이었다. 구직자들에게 태스크래빗은 단순히 일자리를 찾기 위한 플랫폼이 아니라 커뮤니티로서의 의미도 컸다. 스테이시도 물론 이 사실을 잘 알았지만 크게 중요하게 생각하진 않았다. 새로운 변화가 그들에게 유리하기 때문에 분명 좋아할 것으로 확신했다.

"우리는 《테크크런치》와 《유에스에이 투데이》 등의 매체에 새로운 변화에 대해 발표하고, 그날 동시에 사용자들에게도 소식을 알렸습니다." 그런데 이것이 실수였다. 구직자들이 크게 저항했다. "그들은 화를 냈어요. 주된 이유는 우리가 시스템을 바꿀 거라고 미리 말하지 않았기 때문이었습니다."

객관적으로 보기에도 스테이시의 아이디어는 꽤 괜찮았다. 프로세스 간소화로 사용이 더 편리해질 뿐만 아니라 구직자들이 더 공정한 대우를 받을 수 있는 아이디어였으니까 말이다. 하지만 플랫폼 운영의 기본 규칙을 변경하는 것은 사소한 일이 아니다. 더구나 태스크래빗은 단순한 플랫폼이 아니라 사용자들이 주인의식을 느끼는 커뮤니티였다. 주인의식을 느끼는 사람들은 자기 의견을 제시하고 존중받기를 원한다. 적어도 온라인에서 뉴스를 읽기 전에 먼저 알게 되기를 바란다. 이 커뮤니티가 시스템 변화에 더 일찍 참여할 기회를 주지 않는 바람에 스테이시는 애초 의도와 달리 그들의 충성도에 타격을 입혔다.

스테이시는 시간이 지나고 나서야 태스크래빗이 어떻게 해야 했는지 분명히 알았다. "당시 플랫폼에 가입해서 일을 찾는 구직자가 2만 명이 넘었습니다. 그들을 의사결정에 참여하도록 해야 했어요. 하지만 우리는 구직자들을 그저 사용자로만 대했죠. 그래서 시스템 변화에 대한 소식을 먼저 알려야 한다는 생각을 하지 못한 거예요." 태스크래빗은 피벗을 해도 될지 확인하기 위해 테스트마켓이 아닌 실제 사용자들을 대상으로 테스트했어야 했다.

역풍에도 불구하고 스테이시는 굽히지 않고 밀고 나갔다. 처음에는 매출이 감소하고 사용자 수도 줄어들었다. 그러나 시간이 지나면서 새로운 시스템은 구직자와 의뢰인 모두의 만족도를 높였으며 태스크래빗에도 더 많은 수익을 안겨주었다. 피벗은 효과가 있었고 성공적이었다. 피벗을 하면서 태스크래빗의 문화도 개선되었다. 플랫폼의 변화와 관련한 의사결정에 커뮤니티를 참여하게 해야 한다는 교훈을 힘들게 배운 스테이시는 '태스커위원회Tasker Council'를 만들었다.

"위원회에는 태스크래빗에 매우 호의적인 사람들도 있고 늘 회의적인 사람들도 있어요. 우리는 그들에게 '진심으로 여러분의 의견을 듣고 싶다. 일단 우리와 함께하게 되었으니 우리가 커뮤니티의 나머지 사람들에게 이야기하는 것을 도와줬으면 좋겠다'라고 말했습니다." 스테이시가 피벗을 할 때 이 위원회가 있었더라면 사용자들의 저항 없이 좀 더 수월하게 변화가 받아들여졌을 것이다.

그리고 또 다른 의도치 않은 특별한 결과가 있었다. 태스크래빗이 구직자들 간의 경쟁 입찰을 없애자 그들 사이에 서로 돕고 나누는 커뮤니티가 생겨나기 시작한 것이다. 그들은 서로에게 새로운 기술과 수익창출 요령을 알려주기 위한 온라인 수업을 열고 동영상을 게시하며 모두에게 이익이 되는 협력의 선순환 구조를 만들었다. 이제 태스크래빗은 커뮤니티의 영향력을 구직자 훈련과 개발에 활용하고 있다.

"일부 사용자들이 수업 과정을 개설하면 우리가 비용을 지급하기도 합니다." 이렇게 함으로써 태스크래빗은 사용자들에게 일자리 중개 플랫폼 이상의 의미와 목적을 제공했다. 스테이시는 어떤 경험을 통해 그 의미와 목적을 직접 체감할 수 있었다. 어느 날 전등 스위치를 수리하기 위해 사람을 불렀는데 그는 이전에 생일 케이크를 배달했던 사람이었다. 스테이시는 케이크를 배달하다가 어떻게 전기 기술자로 일하게 되었는지 물었다. "태스크래빗 커뮤니티 덕분이죠. 몇 가지 수업을 들으면서 배웠고 지금은 플랫폼에서 예전보다 두 배 더 벌고 있습니다."

위기 상황에 대한 대응으로 피벗하기

넥스트도어 CEO 사라 프라이어 이야기

넥스트도어Nextdoor는 지역 커뮤니티 플랫폼으로 이곳에서 사람들은 물건뿐 아니라 여러 가지 정보를 교환한다. CEO인 사라 프라이어Sarah Friar는 코로나19 위기가 시작된 2020년 초에 플랫폼에서 무언가 흥미로운 일들이 일어나고 있다는 것을 알아챘다. 사용자 참여도가 80퍼센트가량 높아졌을 뿐만 아니라 사용자들 간의 상호작용 성격이 달라지고 있었다. 사용자들이 코로나19 위기 상황에서 도움이 필요한 이웃이 없는지 살피기 시작한 것이다. 많은 사람이 도움을 주겠다고 나셨고 심지어는 아주 열심히 도왔다.

사라는 "코로나19 사태가 터진 첫 달 동안 플랫폼에서 '도움'에 대한 대화가 262퍼센트 증가했습니다"라고 설명했다. 넥스트도어가 서비스되는 대부분의 지역사회에서 외출이 제한되었고 특히 감염 위험이 큰 사람들은 집 안에 머무를 수밖에 없었다. "갑자기 모든 사람이 '내가 식료품을 가져다줄 수 있어요, 내가 처방된 약을 가져다줄게요'라고 제안했어요." 심지어 몇몇 사람들은 스스로 봉사단을 조직했다.

사라는 그녀가 사는 동네에서 500명이 넘게 모인 넥스트도어 봉사단을 직접 목격했다. 봉사단의 리더는 도움이 필요한 이웃과 도움을 제공하는 이웃을 매칭하는 데 많은 시간을 쓰고 있었다. 사라도 자기 지역의 봉사단에 들어갔고 엘리자베스라는 이름의 나이 많은 여성과 매칭되었다. "그녀는 도움 청하는 것을 불편해했고 무척 방어적이었어요. 자신이 얼마나 건강한지 한참을 설명하더라고요." 엘리자베스는 기저질환 때문에 바이러스에 취약했고 집을 떠나는 위험을 감수할 수 없었다. 그래서 사라가 처방된 약과 베이글을 가져다줬다.

이 모든 일이 사라에게 피벗에 대한 목표의식과 아이디어를 주었다. 넥스트도어는 적극적인 봉사활동을 위한 정보센터로 빠르게 전환했다. 사라는 감염병에 대한 정확한 정보와 더불어 지역사회 자영업자들을 도울 방법을 알려주는 '코로나19 지원센터'를 만드는 일부터 시작했다. 그다음에는 도움을 주고자 하는 사람과 받는 사람이 거주지 근접성을 바탕으로 더 쉽게 매칭되도록 지원하는 '헬프 맵Help Map'

기능을 추가했다.

그리고 또 한 가지 추가한 기능은 '넥스트도어 그룹Nextdoor Groups'이라는 것이다. 이 서비스는 사용자들이 커뮤니티 그룹을 만들어 이웃 사람들과 더욱 원활하게 소통하고 교류하는 것을 지원한다. 사실 이 서비스는 갈수록 사회적 교류가 줄어드는 고령의 이웃들을 위한 것으로 코로나19가 전 세계를 강타했을 때 내부 직원들을 대상으로 알파 테스트를 진행하는 중이었다. 사라는 테스트를 중단하고 일단 론칭하기로 결정했다. "테스트를 반복하느라 서비스는 계속 묶여 있었어요. 우리는 '좋아, 충분해. 반창고를 떼버려'라고 말했죠."

넥스트도어 그룹 서비스가 제공하는 온라인 교류는 사회적 거리두기로 인한 여러 심리적 어려움을 완화하는 데 큰 도움이 되었다. "위기의 시기에는 완벽하지 않은 서비스나 제품에 대해 사용자들이 좀 더 너그럽게 생각하는 것 같아요. 선한 영향력을 위한 것이라는 의미를 이해하고 나면 조금 덜 익은 부분이 있더라도 이해하고 넘어가는 거죠."

넥스트도어는 외부 상황에 따라 계속 조정되었다. 사라는 한편으로 더 먼 미래에 대해 생각했다. 개발팀에도 "새롭게 떠오르는 주제가 있는가? 미래에는 상황이 어떻게 달라질까? 지역사회 협력과 소통을 지원하기 위한 더 새롭고 창의적인 방법이 있을까?"와 같은 질문에 생각해보라고 요청했다.

"코로나19 팬데믹으로 인해 좋은 점이 한 가지 있다면, 더 이상 사람들에게 넥스트도어를 홍보하지 않아도 되었다는 겁니다. 사람들은 가까운 곳에 사는 이웃이 위기 상황에서 도움을 주고받을 최전선이 되어야 한다는 것을 그냥 알게 됐어요. 이웃은 더 이상 우리가 피해야 할 대상이 아니에요."

위기를 극복하는 기업가의 지혜와 피벗 전략

버즈피드 창업자 조나 페레티 이야기
와비파커 창업자 닐 블루멘탈 이야기
카본 CEO 엘렌 쿨먼 이야기
에어비앤비 공동창업자 브라이언 체스키 이야기

만약 피벗을 예상치 못한 외부 상황의 변화나 장애물에 대응해 급선회하는 것이라고 정의한다면 2020년은 '피벗의 해'라고 부르는 것이 타당할 것이다. 2020년의 대규모 공황 사태는 이미 문화, 채용, 자금 조달, 제품 및 서비스 개선 등 일반적인 스케일업 과제를 처리하던 여러 스타트업에 더욱 복잡한 문제들을 안겨주었다. 전반적인 소비와 외부 활동이 줄어들면서 매출 감소라는 문제에 대응해야 하는 스타트업이 늘어났다.

종합 엔터테인먼트 온라인 매체인 버즈피드BuzzFeed의 창업자 조나 페레티Jonah Peretti는 "어떤 면에서 기업가는 어려운 시대와 환경에서 더 능력을 발휘하는 사람들이다"라고 하며 이렇게 설명을 덧붙였다. "창업자들은 대개 임기응변에 능합니다. 그래서 창업자가 직접 이끄는 기업은 위기 상황에서 더 유리합니다. 이 사람들은 제1원칙을 통해 사고하고 사업을 조정하고 변화시키는 데 거리낌이 없죠. 코로나19 팬데믹과 같은 위기의 시기에는 완전히 마음을 열어 지금까지 해오던 모든 것을 바꾸고 존재하는지도 몰랐던 기회를 쫓아야 합니다."

기업가들은 위기에 강하다. 심지어 고군분투하는 것을 즐긴다. 조나 역시 팬데믹으로 인해 무척 고군분투해야 했다. 잘나가던 버즈피드가 갑자기 손익분기점이라도 달성할 수 있을지 불투명한 상황이 된 것이다. 가장 큰 충격은 사이트의 광고주가 감소한 데서 비롯되었다. "수천만 달러가 그냥 증발해버렸어요." 그 결과 버즈피드는 사업을 재편성해 약 4000만 달러의 비용을 절감해야 했다. 조나는 해외 확장을 축소하는 대신 이커머스 사업과 프로그래매틱 광고programmatic advertising•에 집중했다. 그러면서 고객사들과의 관계를 강화하게 되었는데, 일부 고객사들이 이커머스로 전환하기 위해 버즈피드의 도움을 필요로 했기 때문이다.

위기 상황에서는 현명하고 빠른 결정을 내려야 하는 부담감이 커지는 동시에 실수가 허용되는 여지는 더 줄어든다. 기업가는 위기 상황에서 자신의 에너지를 포함해 제한된 자원을 보다 효율적이고 현명

• 프로그래매틱 광고는 인터넷 브라우저에서 정보를 수집하는 프로그램이 사용자들이 어떤 웹사이트에 접속하고 어떤 것을 검색하는지 등을 분석해서 사전에 만든 알고리즘에 따라 사용자가 필요로 할 것으로 예상되는 제품이나 서비스 광고를 자동으로 보여주는 형식으로 진행된다.

하게 사용해야 한다. 또 리더로서 전장에 뛰어들어 선두에 나섬으로써 구성원들이 결집하도록 해야 한다.

위기 상황에서 가장 중요한 것은 의사소통이다

혁신적인 안경 쇼핑몰 와비파커Warby Parker의 공동창업자인 닐 블루멘탈Neil Blumenthal은 여러 가지 방법으로 코로나19 위기에 대응했다. 닐은 오프라인 매장의 문을 닫는 한편 본사의 여러 부문을 축소했다. 그러면서 온라인 부문에서는 공급망이 안정적인지, 고객 주문을 처리하는 과정이 잘 돌아가고 있는지 확인해야 했다.

"그런 다음 직원들을 대규모로 해고할 경우 실업급여를 얼마나 지급해야 할지 계산해봤습니다. 영업을 중단했지만 아직 임대 기간이 남은 120개의 매장에서 뭘 할지도 생각해봤습니다." 오프라인 매장들을 다시 열면서 와비파커는 매장 내에서 고객의 이동 동선을 치밀하게 설정하고 안경테의 착용 전후 소독 관리도 철저하게 했다. 코로나19 시국에 적합한 고객 경험을 위해 닐은 오프라인 매장의 많은 부분을 재설계해야 했다.

닐은 위기가 찾아왔을 때 가장 중요한 것은 의사소통이라는 점을 배웠다고 말한다. "이전보다 두세 배 더 많이 소통해야 합니다. 그리고 소통을 단순화해야 하죠." 닐과 공동창업자 데이브 길보아Dave Gilboa는 매주 전체 회의를 열고 내용을 녹화해서 모든 구성원에게 공유하고 있다.

"팬데믹 기간 동안 일주일에 두 개의 전체 회의 영상을 올리고 그것을 짧게 줄여서 좀 더 소화하기 쉽게 만들었습니다. 영상은 화요일과 목요일에 올려서 직원들이 의사결정에 필요한 확실한 정보를 확인하고 무슨 일이 일어나고 있는지 알게 했죠. 복도에서 나누던 잡담 같은 비공식적인 의사소통을 더 이상 할 수 없기 때문에 더 체계적이고 공식적인 의사소통 방식으로 보완할 필요가 있었습니다."

새롭게 나아갈 방향을 세우고 구성원들과 공유하라

듀퐁DuPont의 CEO로서 여러 해에 걸쳐 위기 극복을 위한 노력을 해오다가 현재는 3D 프린팅 스타트업 카본Carbon의 CEO를 맡은 엘렌 쿨먼Ellen Kullman은 위기 상황에서 기업가가 해야 할 일에 대해 이렇게 말했다.

"대부분 리더는 미래의 발전 방향에 대한 계획을 이미 세우고 있지만, 위기 상황이 되면 기존 계획에서 새로운 플랜 B로 선회해야 합니다. 그다음에 계속 플랜 C, 플랜 D로 피벗해야 합니다. 피벗을 할 때도 상황에 끌려가기보다는 자신만의 확신을 갖고 원하는 방향으로 나아갈 수 있어야 합니다. 리더는 상황이 변했음을 인정하는 동시에 회사가 변화에 적응하고 있으며 새로운 환경에서 승리할 확고한 계획이 있음을 분명히 해야 합니다. 어떤 결과가 나올지에 대한 구체적인 가설도 세워야 합니다. 그렇지 않으면 자신이 잘하고 있는지 실패한 것인지 알 수 없을 테니까요. 직원들도 마찬가지고요."

위기 상황에서는 핵심 원칙에 집중해야 한다

에어비앤비는 코로나19로 대부분의 사람이 여행하지 못하게 되면서 커다란 타격을 입었다. 브라이언 체스키는 불확실성으로 인한 위험에 대해 뼈저리게 느꼈다며 이렇게 말했다. "우리는 2020년 봄까지 상장할 준비를 이미 마친 상태였어요. 정말 획기적인 서비스도 출시할 예정이었어요. 느낌도 좋았죠. 그런데 갑자기 어뢰에 맞아 엉망이 된 배의 함장이 된 기분이었어요. 처음에는 극심한 공포가 느껴졌어요. 스스로 숨을 쉬어야겠다고 마음먹으며 겨우 안정을 되찾았습니다."

어떤 상황에서도 기업가는 정신을 차리고 숨을 쉬어야 한다. 속도를 늦추고 방향을 다시 잡으면서 스스로 스트레스를 너무 많이 받지 않도록 주의해야 한다. 브라이언은 오랫동안 속도를 늦추지는 않았다. 그는 위기에 대처하기 위한 일련의 피벗에 착수했다. 우선 팬데믹 기간에 임시로 머물 곳을 찾는 사람들의 수요가 늘어나자 장기 임대와 한 달 단위로 월세를 내며 머무르는 숙소에 초점을 맞췄다. 또 다른 집 거실에서 열리는 콘서트를 비롯해 뉴질랜드 양떼목장과 살사댄스 파티와 같은 외국 현지 문화를 온라인에서 경험하는 기회를 제공하기 시작했다. 브라이언은 이 새로운 서비스가 팬데믹이 끝나고 사람들이 여행을 시작한 이후에도 계속 인기를 얻을 것으로 기대하고 있다.

브라이언은 위기에 대응해야 하는 기업가는 '핵심 원칙'에 집중해야 한다며 기업이 달성하고자 하는 목표와 반드시 지켜야 할 가치가 무엇인지, 기업가로서 자신에게 가장 중요한 비전이 무엇인지 다시 한

번 상기하라고 강조했다. “상황이 정말 안 좋을 때는 한 치 앞도 내다보기 어려우므로 사업상의 결정을 내리기가 어렵습니다. 하지만 기업가 스스로 ‘이 위기가 지나간 후에 어떤 기업가로 기억되고 싶은가?’라고 자문해볼 수는 있겠지요.”

업계의 협력을 통해 더 큰 힘을 만들어라

태스크래빗 전 CEO 스테이시 브라운필폿 이야기
쉐이크쉑 창업자 대니 메이어 이야기

태스크래빗의 스테이시 브라운필폿과 유니언스퀘어호스피탤리티그룹의 대니 메이어 두 사람은 “위기 상황에서 기업가는 자기 회사를 넘어서서 더 크게 생각해야 한다”고 입을 모았다. 먼저 스테이시는 이렇게 말했다. “여기 실리콘밸리에 있는 IT 기업들이 다 같이 협력해서 구호 활동을 했으면 좋겠어요. 우리는 위기 상황에서 필요한 기술이 무엇인지 그 기술을 어떻게 활용해야 하는지 잘 알고 있으니까요. 빠르고 효율적으로 의사소통하는 방법도 알고 있고요.” 스테이시의 목표는 필요할 때 태스크래빗이 바로 행동할 수 있도록 준비 해놓는 것, 그리고 다른 IT 기업들과 협력하는 것이다. “우리는 수백만 명에게 동시에 연락을 취해 위기 상황에 빠진 사람들을 도울 수 있습니다.”

대니는 어떻게 하면 코로나19 위기가 외식 산업에 오랫동안 필요했던 변화를 가져오는 불꽃이 될 수 있을지 고심하고 있다. “동료 중

한 명이 '외식업계는 기저질환이 있는 90대 코로나 환자 같다. 사실 우리를 무너뜨리기 위해 코로나19까지 필요하지도 않았다. 다른 어떤 것으로도 우리는 무너졌을 것이다. 하지만 코로나19로 인해 우리는 정말 완전히 무너졌다'라고 말했어요." 대니는 이번 위기가 과거에 기업가 개인으로서 누구도 성공하지 못했던 문제를 해결할 기회를 제공할 것이라고 내다보았다. 그는 업계 동료들과 많은 대화를 나누며 그 기회를 찾아내고 있다. 지금 그들은 레스토랑 직원들의 급여 지급 방식, 팁 제도, 근로소득세나 주류법과 관련된 문제들, 임대주와의 관계 등을 개선할 방법부터 살펴보고 있다.

위대한 스타트업은 가장 절망적인 상황에서 탄생한다

자포 창업자 웬스 카사레스 이야기
오토매틱 창업자 매트 멀런웨그 이야기

웹페이지 제작 및 관리 플랫폼인 워드프레스WordPress의 모기업 오토매틱Automattic 창업자 매트 멀런웨그Matt Mullenweg와 자포의 창업자 웬스 카사레스는 "위기 상황이 조직을 더 유연하게 만들기도 한다"라고 설명했다. 감염병인 코로나19 위기는 특히 일하는 방식을 더 유연하게 바꿔놓았다. 팬데믹이 불러일으킨 긍정적인 변화 중 한 가지는 크고 작은 많은 기업이 원격 근무의 장점을 알게 된 것이다. 웬스와 매트는 분산 오피스 모델이 불가피한 선택이 되기 이전부터 수년 동안 이 모델을 지지해왔다.

웬스는 "수백 명의 직원을 50여 개국에 흩어진 지역 오피스나 자택에서 근무하게 함으로써 전 세계 어느 곳에서나 최고의 인재를 더 쉽게 채용할 수 있게 되었다"라고 말한다. 그러면서 원격 근무를 할 때 유의해야 할 점에 대해서 덧붙였다. "사무실에 출근하는 것과 원격으로 일하는 것의 차이는 부모님과 함께 사는 것과 독립해서 혼자 사는 것의 차이와 같습니다. 의식적으로 노력하지 않으면 원격 근무는 세상과 단절되고 유리된 느낌이 들게 할 수 있습니다." 그래서 웬스는 자포의 신입직원들에게 원격 근무를 할 때는 일상의 루틴을 만들려는 노력을 더 기울여야 한다는 점과 일하는 장소와 일하지 않는 시간을 보내는 장소를 분리해야 한다는 점을 강조한다.

오토매틱 역시 분산 오피스 모델을 채택하고 있다. 매트는 "훌륭한 원격 근무 기업을 만드는 것은 훌륭한 개인 기업을 만드는 것과 거의 비슷하다. 신뢰, 소통, 투명성, 열린 마음, 반복이 중요하다"라고 말한다. 예기치 않게 사무실이 폐쇄됐거나 의도적으로 일주일에 하루는 재택근무를 하기로 하는 등 원격 근무를 해야 하는 상황이라면 매트는 이것을 "일하는 방식을 재고하는 개인적인 피벗의 기회로 삼으라"고 제안한다.

"대부분의 사람이 그냥 남들을 따라 살아요. 몇 걸음 물러나 초심자 마음이나 새로운 관점으로 다시 볼 수 있다면 일하는 상황에 상관없이 사람들의 삶이 크게 달라질 겁니다. 가령 '원격 근무를 하게 된다면 나는 어떤 기회를 얻게 될까?'라고 긍정적인 질문을 던져보는 겁니다. 근무 루틴의 변화는 일하는 방식과 기준을 재검토하고 개선할 좋은 기회가 될 겁니다."

위기는 하나의 피벗이 아니라 대대적인 피벗을 요구하기도 하며, 언제나 고통을 수반하고 때에 따라서는 파괴적이기도 하다. 하지만 앞선 사례들이 보여주듯 어려운 시기는 긍정적인 면도 있다. 위기는 집중력을 높이고 더 신속하게 행동하도록 기업가를 밀어붙인다. 위기를 극복하기 위해 기존 가설을 재조정하고 세상을 새로운 시각으로 바라볼 수밖에 없을 때 기업가의 창의성은 크게 폭발할 수 있다. 이 책에도 소개했지만, 오늘날 존재하는 가장 위대한 스타트업 가운데 몇 곳은 가장 절망적인 상황에서 탄생했다.

Reid's analysis

1. 피벗이 공동의 결정인 것처럼 느껴지게 하라

급격하게 방향을 튼다고 해서 피벗이 되는 것은 아니다. 먼저 피벗의 이유가 될 만한 기회가 주어져야 한다. 막연한 기회가 아니라 선명한 기회여야 한다. 함께 가자고 다른 이들을 설득할 수 있을 만큼 확실한 기회 말이다.

그다음에는 쉽지 않은 일이긴 하나 오래된 고정관념에서 벗어나야 한다. 인간은 특히 자신의 경험을 통해 얻은 지식을 쉽게 버리지 못하는 경향이 있다. 하지만 피벗을 할 때는 반드시 새로운 관점으로 접근해야 한다.

또 공동창업자, 직원, 투자자, 사용자의 반발을 감수해야 한다. 피벗을 할 때 기업가의 신뢰성과 리더십은 시험대 위에 오르게 된다. 스타트업을 이끄는 것은 함께 전쟁을 치르는 것과 같다. 기업가가 소대원들과 함께 벙커에 머무를 때 엄청난 신뢰를 형성하게 된다. 피벗에 성공하기 위한 비결은 이것이다. 당신이 직원들에게 신뢰와 애정을 보여주면 직원들도 그렇게 할 것이다.

기업가로서 피벗을 할 때 가장 중요한 것은 당신의 '팀과 함께하는 것'이다. 직원들이 스스로 피벗을 위한 결정에 참여했다고 느끼도록 해야 한다. 반드시 민주적일 필요는 없다. 그리고 사실 민주적이어서도 안 된다. 다만 기업가 혼자 단독으로 결정한 것이 아니라 가능성이 열린 상황에서 직원들이 발언권을 갖고 의사결정에 참여했다고 느끼는 것이 중요하다. 그렇게 함으로써 직원들은 회사가 개개인의 이익을 중요하게 생각한다고 믿게 된다.

그렇게 직원들을 의사결정에 참여하도록 할 때 의견이 나뉠 수 있다. 가령 이전 전략을 고수할지 아니면 새로운 전략으로 피벗할지 의견이 나뉠 때 기업가는 어떻게 해야 할까? 당신은 양다리를 걸쳐 두 가지 아이디어를 동시에 추구하는 것이 현명하다고 생각할지도 모르겠다. 평화를 유지하는 가장 민주적인 방법이니까 말이다.

하지만 그렇지 않다. 기업가는 "여러분이 두 가지 아이디어가 모두 좋다고 하니 두 가지 모두 추진합시다"라고 말해서는 안 된다. 그것은 편리한 해결책일 수 있지만 옳은 해결책은 아니다. 델마와 루이스처럼 손을 꼭 잡고 함께 절벽으로 차를 몰고 가는 것이나 마찬가지다. 기업가에게는 두 가지 중 한 가지를 고르고 최종적인 의사결정을 내려야 할 의무와 책임이 있다. 다만 그 과정을 팀과 함께하면 된다.

2. 피벗해야 할 타이밍을 놓치지 마라

기업가들은 대개 자신의 계획과 아이디어가 매우 크고 획기적이라고 생각한다. 하지만 그렇다 하더라도 계획은 바뀌게 마련이다. 때가 되면 피벗을 해야 한다. 가장 중요한 것은 피벗해야 하는 타이밍을 놓치지 않는 것이다.

그렇다고 해서 원래의 계획이나 아이디어를 반드시 버려야 한다는 의미는 아니다. 사업 환경이 변하거나 중대한 고비가 왔을 때 무조건 빠져나와야 한다는 의미도 아니다. 피벗은 마치 게임과 같고 따라서 게임의 규칙이 바뀌는 때를 알아야 게임에서 이길 수 있다는 의미다.

나는 중요한 피벗을 하려는 기업가에게 스스로 이렇게 질문하라고 조언한다. "여섯 번째 아이디어가 지금까지 시도한 다섯 가지 아이디어만큼 좋은가, 아니면 그보다 확실히 더 나은가?" 피벗은 이것저것 다 시도해보다가 도저히 방법이 없을 때 최후의 수단으로 하는 것이 아니다. 기업가들이 흔히 오해하듯이 "회사가 문을 닫아야 할 때" 하는 것도 아니다. 그때쯤이면 너무 늦다. 위기가 휘몰아치기 전에 서둘러 행동에 나서야 한다.

3. 위기 상황에서는 언제나 사람이 먼저다

기업가는 어떻게 기업을 위기에서 구하는가? 그 방법은 기업 내외부의 모든 사람에 대해 생각하는 것이다. 위기의 시기에는 잠깐 멈춰서 "그래, 사람이 먼저다. 직원들과 지역사회, 사회에 대한 책임을 확실히 지자. 내가 해야 할 일은 무엇이지?"라고 생각해보는 것이 그 어느 때보다 중요하다. 연민과 배려의 마음에서 출발하라. 회사와 직원들, 지역사회, 가족, 사회 전체에 이로운 것이 무엇일지 생각하라.

기업을 스케일업하는 과정에는 엄청난 몰입이 필요하다. 이것은 정말 힘든 일이며 두려운 일이기도 하다. 실패의 위험도 있다. 무에서 유를 창조하는 것은 말 그대로 커다란 도전이다. 그렇다 보니 스케일업에 몰두하다 보면 그것을 하려던 본래의 이유를 잊어버리기 쉽다.

따라서 지금 하는 일의 이유가 새로운 사업, 새로운 일자리, 새로운 제품, 새로운 서비스를 만들 수 있게 해주기 때문이라고 스스로 자주 상기해보는 것이 중요하다. 자신이 하는 일이 미래를 창조하기 위한 것임을 잊지 말아야 한다는 의미다. 미래를 창조하기 위한 과정에서 늘 잊지 말아야 할 질문이 있다. 바로 "내가 직원들, 커뮤니티, 지역사회의 사람들을 위해서 무엇을 해야 할까?"라는 질문이다.

Reid's theories

여러 가지 피벗에 관한 조언들

변화에 대한 대응

특정한 비전을 추구하는 데 집중하는 기업가라 할지라도 기술, 시장, 세계의 변화에 끊임없이 변화하고 적응해야 한다. 변화에 적응하기 위한 피벗을 한다고 해서 비전을 포기해야 하는 것은 아니다. 사실 비전을 중심에 두고 피벗을 할수록 더 성공적인 경우가 많다.

스위치 켜기

피벗은 기존의 사업 안에서 이루어지기도 한다. 기존 제품을 변경하지 않으면서 새로운 니즈를 만들어내거나 마케팅 전략만 변경하는 경우를 예로 들 수 있다. 이런 피벗을 할 때 중요한 점은 변화하는 내용에 관해 가능한 한 많은 이해관계자와 사전에 공유하고 피드백을 받는 것이다.

갑작스러운 선회

어떤 피벗은 새로운 문제나 기회가 나타나는 등의 예기치 않은 상황에 대한 반응으로 일어나기도 한다. 가령 불쑥 나타난 걸림돌이 앞을 가로막고 있다면 충돌을 피해서 플랜 B로 우회해야 한다. 또 길가에서 어떤 매력적인 것이 갑작스레 튀어나와 그것을 플랜 B로 받아들이게 될 수도 있다. 이때 기업가는 갑작스럽게 튀어나온 것을 놓치지 않고 호기심을 바탕으로 조사하는 과정에서 그것을 추구할 가치가 있다는 사실을 발견하곤 한다.

리부트

자주는 아니더라도 어떤 피벗은 기업의 원래 미션에서 완전히 벗어나기도 한다. 이와 같은 전면적인 전환에 해당하는 리부트는 성공을 거두기도 하지만 그 과정에서 크고 작은 충돌을 피하기는 어렵다.

리바운드

리바운드는 위기 상황에서의 피벗을 말한다. 위기는 몇몇 원치 않는 피벗을 유발할 수 있다. 한편으론 새로운 것을 배우고 실험함으로써 기존의 사업을 개선할 기회를 제공하기도 한다. 위기를 헤쳐가는 동안에도 미래를 생각하며 "이런 제약 조건을 딛고 도약할 수 있는 새롭고 창의적인 기회는 어디에 있을까? 어떻게 하면 사업과 조직을 장기적으로 더 유연하고 강하게 만들 수 있을까?"라고 질문해야 한다.

9장

리드하고
또다시 리드하라

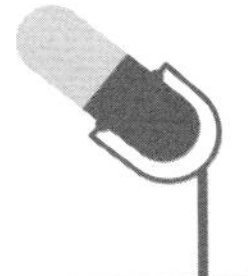

기업의 성장과
리더십의 진화

Ray Dalio
Angela Ahrendts
Jeff Weiner
Sheryl Sandberg
Dara Khosrowshahi
Ben Chestnut
Marissa Mayer
Reid Hoffman

변화를 이끄는 리더십의 조건

애플 전 수석부사장 앤절라 애런츠 이야기

영국의 헤리티지 브랜드 버버리Burberry의 CEO 앤절라 애런츠Angela Ahrendts는 불과 8년 만에 큰 폭으로 회사 실적을 개선하며 세간의 주목을 받았다. 주가는 200퍼센트 상승했다. 매출과 영업이익은 모두 두 배가 되었다. 변화는 매우 극적이었고 영국 언론은 앤절라를 영국에서 가장 높은 연봉을 받는 경영자라고 보도했다. 앤절라와 그녀의 가족은 영국에서의 삶에 행복하게 정착했다.

애플에서 전화가 온 것은 마침 앤절라가 이사회에서 향후 5년간 매출을 두 배 더 높이겠다는 발표를 마친 직후였다. 애플의 CEO인 팀 쿡Tim Cook은 앤절라를 애플의 리테일 부문 총괄책임자로 영입하고 싶다고 했다. "그래서 '저를 그 자리에 생각해주셔서 정말 영광입니다. 하지만 저는 이미 멋진 자리에서 즐거운 임무를 수행 중이에요. 그러니 감사하지만 거절하겠습니다'라고 대답했어요." 그런데 6개월 뒤에 애플에서 또 전화가 왔다. 앤절라는 이번에도 거절했다. 애플은 앤절라에게 또 전화했다(인재를 영입하려는 리더라면 알아두기 바란다. 끈기는 언제든 결실을 보게 마련이다). 이번에는 커피나 한잔하자는 제안이었다. 직접 대면한 팀 쿡은 설득력이 있었지만, 앤절라는 이번에도 그의 제안을 거절했다.

"팀에게 '나는 직관적이고 창의적인 사람입니다. 애플의 스토어들을 운영할 만한 적임자가 아니에요'라고 말했어요. 그러자 팀이 '훌륭한 운영자는 이미 충분히 있습니다'라고 하더군요. 그때 깨달았죠. 팀이 찾고 있는 것은 운영책임자가 아니라 리더라는 것을요."

앤절라는 결정을 내렸다. 그녀는 성공한 패션 브랜드의 CEO 자리를 떠나 실리콘밸리에 소재한 거대 모함의 리테일 부문을 지휘하기로 했다. 애플은 10년 동안 전 세계에 스토어를 네 배로 늘릴 만큼 크게 성장했다. 성장에는 성장통이 따랐다. 앤절라의 도전 과제는 슬로어답터와 얼리어답터를 모두 아우르면서 애플의 아이코닉한 특별함을 유지하는 것이었다. 이것을 해내려면 큰 비전이 필요했다. 전 세계의 모든 팀을 결집할 변화의 촉매제도 필요했다.

앤절라의 도전은 어땠을까? 그녀는 "정말 힘들었어요. 화성에 가는 것 같았어요. 다른 언어를 쓰는 것 같았다니까요"라고 대답했다. 버버리와 애플처럼 완전히 다른 조직으로 자리를 옮기는 것에는 어려움이 따를 수밖에 없다. 규칙, 목표, 가설, 의사소통 등 모든 게 다르기 때문이다.

"처음 6개월은 모든 게 어려웠어요. 그러다가 내 방식대로 해야 한다는 것, 애플이 저를 영입한 이유도 그렇게 하길 바라서라는 것을 깨달았죠." 앤절라는 군대를 새로 결집하기 전에 자기 자신부터 다잡아야 했다.

빠르게 스케일업하는 기업의 리더라면 앤절라가 느꼈던 혼란과 충격을 이해할 것이다. 스케일업을 하는 기업의 리더는 끊임없이 적응하고 발전해야 한다. 한 가지 방식이나 접근법만 고집해서는 안 된다는 의미이다. 언제나 앞에 서서 변화를 이끌어야 한다. 탄력적인 리더십을 바탕으로 유연한 조직을 만들어야 한다.

새로운 관계를 맺는 방법

앤절라가 애플의 리테일 부문 책임자로 취임한 지 3개월쯤 되었을 때 누군가가 7만 명의 직원들에게 자기소개 이메일을 보내는 것이 어떻겠냐고 제안했다. 하지만 앤절라에게는 다른 생각이 있었다. 세 명의 십 대 자녀를 둔 엄마로서 앤절라는 장황한 이메일이 애플의 젊은 직원들과 소통할 수 있는 최고의 방법이 아니라는 것을 알았다.

"십 대인 제 아이들이 애플 스토어에 있다고 상상해보면 그 애들은 이메일을 읽지 않을 거란 말이죠. 그래서 대신 동영상을 찍어야겠다고 말했어요. 회사에서는 '우리는 동영상 촬영은 하지 않습니다'라고 말하더군요. 그래서 '스튜디오도 필요 없고 메이크업도 필요 없다. 3분 이내에 세 가지 생각을 말할 것이다. 아이폰으로 촬영하면 되고 편집도 필요하지 않다'라고 말했죠."

그렇게 앤절라는 자신의 책상에서 아이폰으로 애플 직원들에게 보내는 첫 번째 영상을 녹화했다. "그냥 '안녕하세요, 먼저 인사드리지 못해 죄송합니다. 하지만 앞으로 계속 이렇게 동영상을 찍을 거예요. 일주일에 한 번씩 보낼 건데 여러분이 우리의 계획이 무엇인지, 우리가 어디로 가는지 알았으면 좋겠거든요. 우리의 마음이 통했으면 좋겠네요'라고 말했어요."

앤절라가 이야기를 시작한 지 1분쯤 지났을 때 딸에게 전화가 왔다. 앤절라는 양해를 구하고 딸에게 오는 전화를 받아 "앤절리나, 엄마가 2분 후에 다시 전화할게"라고 말했다. 그러고 나서 애플 직원들에게 전하는 영상 메시지를 이어갔다. 다른 사람이 딸과 통화하는 부분을 편집하자고 했지만 앤절라는 그럴 필요가 없다고 생각했다.

"애플은 완벽해야 하기 때문이래요. 그래서 말했죠. '완벽하지 않아도 돼요. 직원들이 내 진정성을 봐야 해요. 그리고 내가 아이들을 최우선으로 생각한다는 것도 알아야 합니다.' 다음 날 딸의 전화를 받아주는 모습이 좋았다는 메시지를 500통은 받았어요."

앤절라는 이렇게 애플의 새로운 팀과 관계를 만들기 시작했다. 앤절라는 성공 여부가 혁신성과 민첩성을 유지하는 일에 달린 사업에 변화를 가져오려면 이런 방식이 필요하다고 생각했다. 지금 앤절라의 영상 메시지는 정기적인 관행이 되었다. 앤절라는 4년 동안 세계 어디에 있든 매주 영상 메시지를 녹화했다. 그리고 응집력 있는 팀이라는 느낌을 형성하기 위해 정기적으로 전 세계 애플 사무실의 여러 임원을 교대로 출연시켰다. 직원이 7만 명이든 7명이든 강력한 조직을 만들려는 리더에게는 두 가지가 필요하다. 한 가지는 더 높은 차원의 미션을 공유하는 것이고 다른 한 가지는 구성원들과의 일상적인 접촉을 늘리는 것이다. 앤절라는 3분짜리 동영상에 이 둘을 모두 조금씩 끼워 넣었다.

성과 개선과 변화를 위한 리더십

리즈클레이본Liz Claiborne에서 부사장으로 일하며 높은 성과를 쌓고 버버리로 이직했을 때 앤절라는 자기 일에 그다지 열정적이지 않은 1만 1000명의 사람을 책임져야 했다. 버버리의 브랜드 명성도 바닥에 떨어진 상태였다. 앤절라와 수석 디자이너 크리스토퍼 베일리Christopher Bailey는 버버리의 '영국스러움'을 강화하는 데 초점을 맞추기로 의견을 모았다. '영국스러움'은 버버리의 핵심 요소가 되었다. 광고모델에서부터 매장의 음악까지 모두 그 핵심 요소를 중심으로 결정되었다.

직원들에게도 변화가 필요했다. 그저 업무를 수행하는 것이 아니라 하나의 목표를 향해 함께 간다는 느낌이 들도록 의미를 부여해줘야 했다. 앤절라는 '사회적 영향력'이라는 새로운 미션을 추가했다. 그리고 판매 수익금의 일부를 버버리재단에 전달했다. 앤절라는 한 가지 일을 더 했다. 회사의 간부와 경영진에 변화를 위한 행동을 직접 권고하고 촉구했다. 전 세계의 200명에 이르는 간부와 경영진이 회의에 참석했다.

"어떤 분들은 지금까지 해오던 방식이 최선이라고 생각할 겁니다.

하지만 예전 방식은 더 이상 효과가 없습니다. 앞으로 우리가 할 일에 대해 여전히 회의적인 분들에게는 넉넉한 퇴직금을 챙겨드리겠습니다. 그렇지 않다면 여러분은 이제 우리의 미션을 믿으며 온전히 헌신해야 합니다."

이런 이야기를 하기는 절대 쉽지 않다. 하지만 조직의 구성원들은 새로운 미션의 명확성과 투명성을 기대한다. 특히 성과가 저조해 국면 전환이 필요한 시점에서는 더더욱 그렇다. 앤절라는 사람들이 한마음으로 새로운 미션에 헌신하도록 해야만 커다란 변화가 가능하다는 것을 알고 있었다. 앤절라는 그 회의를 통해서 전 세계의 팀들과 더 강한 유대감을 형성하기 위한 첫발을 내디뎠다.

그녀는 리즈클레이본에 있을 때 CEO인 폴 샤롱Paul Charron에게 직원들과 관계 맺는 법에 대해 중요한 교훈을 배웠다. 폴은 자주 직원들과 대화하며 그들이 어떻게 일하는지 관찰했다. 앤절라도 버버리에서 폴처럼 일했고 직원들의 성공을 축하하는 데 노력과 정성을 쏟았다. 전 세계 팀을 대상으로 포상 프로그램을 마련하고 직접 축하 행사에 참여했다. 관련 소식을 전 직원과 이사회에도 공유했다.

그런데 사실 조직 구성원들의 사기를 높이는 가장 좋은 촉진제는 눈에 보이는 성과가 나타나는 것이다. 구성원들이 새로운 미션을 위해 열심히 일하도록 이끄는 한편 핵심 요소를 중심으로 새로운 전략을 짜는 앤절라의 리더십은 효과를 거두었다. 오랫동안 실적 부진에 빠져 있던 버버리의 매출이 두 자릿수 성장을 보이기 시작했다.

강력한 미션을 통해 서로 연결되도록 하다

애플 스토어는 초창기부터 슈퍼팬들의 메카로서 높은 인기를 얻었다. 하지만 브랜드가 성장하면서 사용자 기반이 크게 확대되고 특성도 변화했다. 이제 과제는 충성도 높은 애플의 사용자들에게 스토어의 매력을 유지하는 동시에 더 많은 주류 대중들에게 어필하는 것이었다.

앤절라가 애플 스토어에 제시한 미션은 팀 쿡의 말에서 영감을 얻은 질문으로 시작했다. "팀은 항상 '애플 매장은 언제나 단순한 판매 그 이상의 존재'라고 말하곤 했어요. 단순히 판매에 관한 것이 아니라면 무엇에 관한 것일까요?"

앤절라가 찾은 답은 '커뮤니티'와 '관계'였다. 앤절라는 우선 전 세계 모든 애플 스토어에서 제공하는 일일 무료 교육 프로그램인 투데이앳애플Today at Apple을 론칭했다. 그러면서 앤절라가 제시한 미션은 지역 커뮤니티와 관계를 형성하고 대면 상호작용을 촉진하는 동시에 제품 사용법을 가르쳐줌으로써 새로운 애플 사용자를 유치하는 것이었다. 투데이앳애플은 단순히 비즈니스나 사용자에게만 도움이 되는 것이 아니었다. 직원들에게도 자신이 하는 일의 영향을 몸소 체험함으로써 목표와 의미를 깨닫게 해주었다. "스토어에서 일하는 모든 직원에게 '당신은 지역 커뮤니티의 심장입니다'라고 말해줬어요."

스토어의 매니저들에게는 투데이앳애플의 프로그램과 관련해 적극적으로 의견을 낼 권리가 주어졌다. 매주 화요일 학교에서 유용하게 사용할 만한 앱에 대해 알려주는 '티처스투스데이Teachers Tuesdays'와 같은 프로그램도 매니저들의 의견에 따라 시작되었다. 어떤 스토어에서는 기업가들이 비즈니스 리더들을 직접 만나 조언을 들을 수 있는 '회의실' 공간을 마련하기도 했다. 토요일 아침에는 아이들이 TV 만화를 보는 대신 코딩을 배우는 '아워오브코드Hour of Code' 프로그램에 참여할 수도 있었다.

앤절라가 애플 스토어에 가져온 변화는 그 밖에도 여러 가지가 있다. 전통적인 방식의 계산대를 없애고 전담 서비스 요원을 두어 스토어 내부 어디에서나 구매를 진행할 수 있게 했다. 또 수리를 맡기기 위해 오랫동안 기다리지 않아도 되게 온라인 서비스 예약 시스템을 만들었다. 그렇지만 앤절라는 투데이앳애플을 자신의 대표적인 업적으로 생각한다.

앤절라는 2019년에 애플을 떠났지만 투데이앳애플은 계속 개선되면서 발전하고 있다. 투데이앳애플은 리더로서 앤절라의 가장 큰 강점인 커뮤니티와 관계를 잘 활용한 프로그램이었다. 그것은 전 세계에 흩어져 있은 수많은 팀을 통합하는 전략이었고, 직원들이 같은 미션을 위해 함께 헌신함으로써 끈끈하게 연결되도록 하는 전략이었다. 직원들은 미션에 대한 주인의식을 가지고 스스로 자기 일에서 리더가 되었다.

연민을 중심에 둔 리더십 철학

링크드인 CEO 제프 와이너 이야기

포온더플로어four-on-the-floor는 더 복잡한 비트로 가기 위한 관문 같은 것으로 모든 드러머에게 친숙한 비트이다. 인디 록밴드 뱀파이어위켄드의 드러머 크리스 톰슨Chris Tomson은 밴드 초창기부터 포온더플로어 비트에 많이 의존했다. 크리스는 드럼이 음악의 백그라운드에 있지만 한편으론 밴드의 중추 역할도 한다는 사실을 알고 있다. 드럼은 밴드의 모든 악기를 조화시킨다. 크리스 톰슨은 이렇게 말했다.

"공연을 할 때마다 '내가 특별히 주목받지 못했다면 그 공연은 성공한 것이다'라고 생각했습니다. 드러머는 주목받는 것에 별 신경을 쓰지 않는 것이 더 멋있는 것 같아요. 드럼의 역할은 앞에 나서서 잘난 척하는 게 아니에요. 전적으로 밴드의 음악에 리듬과 맥락을 제공하고 뒷받침하는 역할을 합니다."

기업의 리더가 이러한 드러머로부터 배워야 할 것은 생각보다 많다. 모든 리더는 회사를 위한 문화적 드럼비트를 만들어야 하기 때문이다. 크리스의 말처럼 밴드의 음악 전체를 조화시킬 수 있는 드럼비트 말이다. 위대한 리더의 드럼비트는 사람들에게 따라오라고 강요하지 않는다. 같은 방향으로 나아가고 싶게끔 의욕을 북돋운다. 리더나 조직에 맞는 하나의 '올바른' 드럼비트라는 것은 없다. 기업가의 드럼비트는 그의 기질, 경험, 그가 이끄는 사람들에 따라 다르다. 기업가의 드럼비트는 효율성, 혁신, 일과 삶의 균형 등에 초점이 맞춰질 것이다. 아니면 이 모두에 초점이 맞춰질 수도 있다.

제프 와이너의 드럼비트는 '연민compassion' 경영이다. 물론 처음부터 그랬던 것은 아니다. 링크드인의 CEO가 되기 전 제프 와이너는 야후의 여러 부문에서 7년간 리더로 일했다. 야후에서 일할 당시 제프는 어떤 경영 세미나에 관한 팸플릿을 우연히 발견했지만 그냥 무시했다. 직장 초년병 시절에 컨설턴트로 일했던 제프는 경영 컨설턴트에 대해 다소 회의적이었기 때문이다. 하지만 세미나에 다녀온 다른 경영진이 적극적으로 추천하자 호기심이 발동해 결국에는 세미나에 참석하게 되었다. 프레드 코프먼Fred Kofman이라는 컨설턴트는 경영관리에서 '사람의 마음을 관리하는 것'이 왜 중요하고 어떻게 초점을 맞춰야 하는지 설명했다. 이 세미나가 리더십에 대한 제프의 생각을 완전히 바꿔놓았다.

"저는 리더십이라는 주제에 대해 누가 그렇게 말하는 것을 들어본 적이 없었어요. 코프먼은 주로 '마음챙김mindfulness'의 중요성에 관해 이야기했습니다. 마음챙김은 사람의 마음에 주의를 기울이고 공감하며 연민하는 마음으로 돕는 것을 말합니다."

코프먼은 "리더는 자기만의 생각에서 빠져나와야 한다"고 말했다. 즉 리더는 조직 구성원들의 입장이 되어 그들이 왜 그렇게 행동하는지, 그들의 동기와 강점 및 약점은 무엇인지 이해하고자 노력해야 한다. 제프는 자신이 리더십에 대해 자기중심적인 접근법을 가지고 있었다며 "늘 주변 사람들이 내 방식대로 일하기를 바라는 실수를 저질렀던 것 같아요"라고 말했다. 제프처럼 생각하는 리더들은 자신이 앞에서 가면 다른 사람들이 자신을 따라와야 한다고 생각하기 쉽다. 제프 역시 그런 방식이 사람들을 이끄는 자연스럽고 자신감 있는 방법처럼 보였다. 하지만 세미나를 들은 후에는 더 이상 그렇지 않다는 것을 깨달았다.

나중에 제프는 야후에서 이직을 생각하면서 프레드 코프먼과 저녁을 먹었다. 제프는 세상의 집단지성을 넓히는 일을 해보고 싶다고 말했다. 그러자 코프먼은 "왜 그런 일에 관심을 두는지 이해해요. 하지만 연민 없는 지혜는 무자비하고 지혜 없는 연민은 어리석답니다"라고 대답했다. 이 말은 또다시 제프에게 깊은 영향을 미쳤다. 특히 '연민'이라는 단어는 그가 2008년 야후를 떠나 링크드인으로 자리를 옮기며 함께 가져간 새로운 리더십의 원칙이 되었다.

링크드인의 새로운 CEO로서 제프는 놀라운 성장을 주도했다. 10년 동안 직원 수는 338명에서 1만 명 이상으로 늘어났고, 가입자 수는 3200만 명에서 5억 명으로, 매출은 7800만 달러에서 79억 달러로 껑충 뛰었다. 그는 자신의 리더십 철학 중심에 연민을 두고 이런 성장을 이루어냈다. 제프 와이너는 자신의 리더십에 대해 이렇게 설명했다. "관리자는 사람들에게 무엇을 하라고 지시합니다. 하지만 리더는 사람들의 의욕을 북돋우고 동기를 부여합니다." 리더에게 리듬감과 드럼을 칠 수 있는 재능만 있다면 힘들지 않은 일이다.

응집력 있는 문화를 만들기 위한 리더십

제프가 링크드인에 '연민'이라는 비트를 퍼뜨리기 시작할 때 가장 먼저 한 일은 말 그대로 회사의 모든 사람을 직접 만나서 대면하는 것이었다. 그는 300명이 넘는 직원을 모두 만나는 것이 상당한 일이 되리란 것을 잘 알았다. 하지만 스스로 '연민을 가진 리더'라고 생각한다면 직원들에게 충분히 관심을 가지고 그들을 위한 시간을 내야 했다. 게다가 그것이 기존 문화를 정확하게 파악할 가장 신뢰할 만한 방법이었다.

"앞으로 어떤 계획을 세울지 결정하기 전에 현재 상황부터 정확하게 알고 싶었습니다. 여태껏 회사와 함께 성장해온 사람들로부터 가능한 한 많은 것을 배우려고 했어요."

연민은 다른 사람들을 이해하기 위해 기꺼이 그들의 관점에 서보는 것이지만, 한편으로는 약간의 자기성찰과 더불어 감정적이고 본능적인 내면의 반응을 스스로 알아차리려는 노력도 필요하다. 제프는 "리더라면 특히 감정적으로 될 때 자기 생각을 지켜보는 관중이 되려고 노력해야 합니다. 무언가가 자신을 자극할 때 반사적으로 분노를 느끼기 전에 자기 생각에서 빠져나와 '잠깐만, 어떤 경험 때문에 이 사람들이 이렇게 행동하는지 이해하고 싶다'라고 생각해야 합니다"라고 말했다. 시간을 들여 행동 이면의 이유에 대해 생각하다 보면 충돌과 갈등을 피하고 서로에게 도움이 되는 대화를 할 수 있다. 조직에서 흔히 일어나는 작은 다툼들을 좀 더 생산적인 대화로 바꾸는 것은 매우 중요하다. 사소한 듯 보이는 그런 상호작용들이 누적되면 엄청난 힘을 발휘하기 때문이다. 제프는 직원뿐만 아니라 주주, 고객, 언론사, 평론가 등의 회사 외부 이해관계자들과 이런 식의 상호작용을 쌓기 시작하면 정말 많은 가치를 창출해낼 수 있다고 말했다.

리더십 중심에 연민을 두는 것은 중요하지만 그것만으로 사람들을 움직이고 의욕을 북돋울 수는 없다. 제프는 응집력 있는 문화를 만들려는 리더에게는 세 가지가 필요하다고 말했다. "첫째는 명확한 비전이고 둘째는 신념을 지켜내는 용기입니다. 마지막 셋째는 이 두 가지를 효과적으로 소통할 수 있는 능력입니다."

비전은 리더가 조직을 통해 성취하고자 하는 바이다. 리더는 이 비전을 구체적이고 명확하게 선언해야 한다. 즉 구성원들 자신이 무엇을 위해 어디를 향해 가는지 분명히 알게 해야 한다. 신념에 대한 용기는 반대가 있을 때조차(혹은 특히 반대가 있을 때도) 비전을 지지하고 옹호하는 것을 말한다. 마지막으로 리더는 말과 행동을 통해 비전과 신념을 효과적으로 전달해야 한다. 제프는 링크드인의 비전과 가치를 강박적일 만큼 자주 사람들에게 전달한다. 특히 정확한 언어를 찾고 메시지를 다듬는 데 많은 공을 들인다. 그런 다음에는 계속 반복해서 전달한다. 끊임없이 드럼비트를 울리는 것이다.

어떤 리더는 같은 말을 반복하면 직원들이 싫증을 느낄 것이라며 비전에 대해 자주 말하는 것을 꺼린다. 하지만 제프는 그렇지 않다고 주장했다. 그는 세계에서 가장 유능한 커뮤니케이터들을 가르친 유명한 정치 연설문 작가 데이비드 거겐David Gergen의 말을 인용하며 리더는 스스로 같은 말을 반복하는 게 지겹더라도 구성원들에게 핵심 메시지를 거듭 전달해야 한다고 말했다. 사람들은 대개 각자 자기 일에 집중하기 때문에 리더의 메시지가 제대로 흡수되도록 하려면 반복적인 전달이 필요하다는 것이다.

위기 상황에서는 드럼비트를 크고 분명하게 전달하는 것이 더욱 중요해진다. 링크드인의 경우 2016년 2월에 큰 위기가 찾아왔다. 다음 분기 실적 전망이 하락하며 주가가 하루 만에 40퍼센트 이상 폭락했다. 제프는 위기를 정면에서 맞서기로 하고 전사 회의를 소집했다. 그가 직원들에게 전한 메시지는 다음과 같았다.

"주가는 더 낮아질 수도 있지만 바뀐 건 그것뿐입니다. 우리의 미션은 여전하며 문화와 가치도 변함이 없습니다. 리더십 역시 마찬가지입니다. 지금 우리가 하는 일은 그 어느 때보다 중요합니다."

이 사례는 리더의 드럼비트가 어떻게 전쟁과 평화의 시기에 모두가 결집할 수 있는 구심점이자 절망에 대항하는 방어벽이 되어주는지를 분명히 보여준다.

리더는 진실을 추구하는 사람이다

브리지워터어소시에이츠 창업자 레이 달리오 이야기

전설적인 헤지펀드 브리지워터어소시에이츠Bridgewater Associates의 창업자이자 CEO인 레이 달리오Ray Dalio는 40년 이상 '건설적인 의견 차이'를 회사의 가장 중요한 가치이자 자산으로 삼아왔다. 브리지워터를 창업한 레이는 아파트에서 운영하던 1인 기업을 전 세계 350개 기관 고객을 위해 약 1600억 달러를 운용하는 세계 최대 규모의 헤지펀드로 키워냈다.

하지만 그 길은 그리 순탄하지만은 않았다. 이야기는 1982년 10월 미국 국회의사당에서 시작된다. 당시 젊고 똑똑한 투자자였던 레이는 멕시코가 외채를 변제하지 못하리란 예견을 내놓음으로써 큰 주목을 받았다. 그는 글로벌 금융 위기가 다가오고 있으며 전체 경제가 완전히 붕괴할 수도 있다고 판단했다. 국회에서는 이러한 그의 의견에 대해 직접 설명해달라는 요청을 했다.

레이만 금융 위기를 예측한 것은 아니었다. 당시 제롬 스미스Jerome F. Smith의 《다가오는 통화 붕괴The Coming Currency Collapse》라는 책이 베스트셀러 목록에 있었다. 백악관 내부에서도 영구적인 경제 침체를 관리하는 방법에 대한 여러 가지 조언이 제시되었다. 레이는 대중에게 경고하기 위해 국회의사당에 간 것이었다. 목소리는 크고 자신감이 넘쳤으며 경기 하락에 자신의 투자 포트폴리오를 걸었다.

"하지만 내 생각은 완전히 틀렸죠. 바닥을 찍은 주식시장은 이후로 반등하여 강세장에 진입했습니다. 내 돈과 고객들의 돈을 잃었어요. 당시에는 작은 회사긴 했어도 사람들을 모두 내보내고 나만 남았죠. 가족들의 생활비를 해결하기 위해 아버지에게 4,000달러를 빌려야 했습니다."

그때의 일은 레이와 그의 회사에 엄청난 손실을 입힌 초라한 패배였다. 그는 모든 패턴을 분석했고 전체 그림을 보고 있다고 믿었다. 하지만 놓친 것이 있었다. 연방준비은행의 양적완화 정책을 고려하지 못한 것이었다. 이것이 그가 실패한 원인이었다. 양적완화로 시장에 통화량이 증가하면서 경제는 다시 호황으로 돌아섰다.

레이의 실수는 충분히 이해할 수 있지만 어쩌면 피할 수도 있었다. 만약 누군가와 상의하고 의견을 들었더라면, 대규모 투자 전에 가설을 테스트하는 시스템을 구축했더라면 그는 리스크를 헤지하고 회사를 지킬 수 있었을지 모른다. 요컨대 그에게는 '틀렸다'는 말을 들을 기회가 더 많이 필요했다.

건설적인 의견 차이를 문화로 만드는 법

레이는 1982년에 일어났던 참사를 극복하고 앞으로 나아갔다. 브리지워터를 다시 확장하면서 다시는 같은 실수를 반복하지 않겠다고 결심했다. "실수는 해도 되지만 반드시 그것으로부터 배워야 한다는 것이 저의 원칙입니다." 레이는 "어떻게 하면 나와 의견이 다른 똑똑한 사람들을 찾을 수 있을까?"라고 자문하며 자신을 비롯해 모든 직원이 상호작용하는 방식을 다시 구상하기 시작했다. 그는 직원들에게 이렇게 말했다.

"어떤 조직에서든 우리는 서로 어떤 방식으로 관계를 맺을지 결정해야 합니다. 저는 여러분에게 철저히 진실하고 투명할 것입니다. 여러분도 저에게 그러길 바랍니다."

'철저한 투명성'은 브리지워터와 레이 개인의 가장 중요한 원칙이 되었다. 철저한 투명성이란 어떤 경우에도 타협하지 않고 진실을 말하는 것에 가장 높은 가치를 두는 것이다. 철저한 투명성이 작동하기 위해서는 조직의 구성원들, 특히 경영진이 어떤 결정을 왜 내렸는지에 대해 명확하고 개방적인 태도를 보여야 한다. 레이는 어떤 결정을 내릴 때마다 그런 결정을 이끈 기준이나 원칙을 문서에 명시하고 나중에 이를 되짚어보았다.

레이는 "그렇게 함으로써 리더는 자기 생각을 명료하게 할 수 있고 그 명료한 생각을 다른 사람들에게 전달할 수 있다"라고 설명했다. 레이는 모든 결정의 이면에 있는 원칙들을 설명하는 문서와 영상 자료 등 자신의 성찰 과정을 조직 구성원들과 공유했다. 직원들은 이것을 보고 "이런 결정이 말이 되나? 내가 뭔가 다르게 할 수 있을까?"를 스스로 판단할 수 있었다. 이로써 자연스럽게 사내에 토론 그룹이 형성되었다.

이렇게 리더의 성찰 과정을 공유하고 직원들이 스스로 판단해보도록 한다고 해서 리더의 결정이 무시되거나 직원들이 각자 자신만의 규칙을 만들 수 있다는 의미는 아니다. 중요한 리더십 원리 중 하나는 '불평하고 조언하고 공개적으로 토론할 수 있는 권리'와 '결정을 내릴 수 있는 권리'는 서로 다른 것이라는 점을 분명히 해서 직원들이 혼동하지 않게 하는 것이다.

기업에서 공개 토론을 꺼리는 이유는 그것이 오히려 리더십의 경계를 무너뜨리고 혼란을 빚는 결과로 이어지는 것을 원치 않기 때문이다. 그러나 리더는 여전히 중요한 결정을 내리는 사람으로서 모든 사람의 조언을 진정성을 갖고 주의 깊게 듣기 위해 노력한다는 사실을 명확히 전달한다면 그러한 혼란은 얼마든지 피할 수 있다. 레이가 자신의 원칙들을 기록하고 공유한 문서들은 회사 밖으로도 빠르게 퍼져나갔다. 이후에는《원칙》이라는 책으로 만들어져 베스트셀러가 되었다.

레이처럼 조직 내부에서 그룹 토론을 허용하고 자유로운 발언 기회를 줄 때 리더로서 유의해야 할 점이 있다. 그것은 철저한 투명성을 근거로 하는 솔직함이 때로 너무 가혹해서 상처를 받거나 사기가 저하될 수 있다는 점이다. 동료들부터 이러한 피드백을 전해 들은 레이는 '철저한 투명성'이라는 시스템을 약간 조정해야겠다고 판단했다. 그는 건설적이고 긍정적인 토론과 의견 교환을 위한 몇 가지 프로토콜과 가이드라인을 개발했다.

예를 들어, 집요하게 반대하며 충돌을 빚는 것을 예방하기 위해 누구나 2분간은 상대방이 말하는 동안 절대 끼어들어서는 안 된다는

'2분 규칙'을 만들었다. 또 의견 차이를 조율하는 데 도움을 줄 중재자를 구하는 것도 권장했다. 그리고 상대 의견을 비판할 때 긍정적인 언어를 사용하도록 노력해야 한다는 것도 가이드라인에 추가했다. 일례로 '실패'보다는 '학습의 기회'라는 표현을 쓰도록 권장했다. 레이는 철저한 투명성을 최대한 활용하려면 상호 존중의 정신, 다른 사람의 관점에 대한 호기심, 모두가 같은 팀이라는 인식을 바탕으로 접근해야 한다고 말한다.

솔직해도 괜찮다는 심리적 안전감

페이스북 전 COO 셰릴 샌드버그 이야기

페이스북의 COO였던 셰릴 샌드버그Sheryl Sandberg도 레이와 같은 접근법을 지지한다. 그녀는 조직 구성원들이 솔직하게 의견을 말하는 환경을 만들어주는 것이 리더의 의무라고 생각한다. 그런 환경이 만들어지지 않으면 사람들은 솔직하게 의견을 말하지 않고 그러면 리더는 중요한 정보를 놓치게 되기 때문이다. 셰릴은 페이스북에 합류하기 전 초기 구글에서 부사장으로 일할 때부터 이런 교훈을 얻었다.

그녀의 임무는 구글의 성장 동력이 될 광고 수익을 높이는 일이었다. 셰릴은 팀원이 4명인 팀에서 시작했다. 팀원들은 향후 팀이 성장함에 따라 팀 역학이 어떻게 변화할지에 대해 우려했다. 첫째 날에 셰릴은 모든 팀원이 신입직원 면접에 참여할 거라고 확언했다. 하지만 2주 후에 팀원이 12명으로 늘어나자 문제가 생겼다. 셰릴은 여러 사람을 이끌 때의 고전적인 문제, 이번 주에 세웠던 가설을 그다음 주에 번복해야 하는 문제에 직면했다. "그래서 팀원들이 조직의 성장을 편안하게 받아들이도록 하려고 했던 약속을 일주일 만에 취소했습니다."

팀의 규모가 계속 커졌어도 셰릴은 신입직원의 모든 면접에 직접 참여했다. 면접을 봐야 할 지원자가 100명이 되었을 때 그녀는 자신 때문에 채용 절차가 지연되고 있다는 사실을 알아챘다. 셰릴이 면접을 그만 보겠다고 하자 팀원들은 손뼉을 치며 좋아했다. 그녀는 팀원들이 문제가 있는데도 아무도 먼저 나서서 말해주지 않았다는 점이 마음에 걸렸다. 셰릴은 구글의 사업들이 요구하는 빈번하고 빠른 결정을 내리려면 모든 사람의 솔직한 의견이 필요하다는 것을 알고 있었다. 하지만 그러한 개방성은 저절로 생기지 않는다. 셰릴은 "그들이 어떤 의견을 말해도 괜찮다는 심리적 안전감을 느끼도록 해줘야 한다는 걸 깨달았습니다"라고 말했다.

탁월한 비전을 지닌 기업가들이 언제나 좋은 커뮤니케이터가 되는 것은 아니다. 그런 점에서 셰릴의 교훈은 기업가들이 리더십과 관련해 특히 유념해야 할 가르침이다.

성과주의 문화의 그늘에서 기업을 구하다

우버 CEO 다라 코즈로샤히 이야기

이미 확실히 자리를 잡은 기업에서 새로운 리더가 키를 잡는 것은 결코 쉬운 일이 아니다. 더구나 연이은 스캔들로 인해 혼란으로 가득한 상황이라면 어느 누가 그 수렁에 뛰어들고 싶겠는가? 2017년에 우버도 그런 상황이었지만 그 수렁에 기꺼이 뛰어든 사람이 있었다. 다라 코즈로샤히Dara Khosrowshahi는 여행 웹사이트 익스피디아에서의 오랜 경험을 통해 수영장의 깊은 물 속에 던져졌을 때 어떻게 다시 떠올라야 하는지 잘 알고 있었다. 우버에 걸어 들어가는 기분이 어땠냐고 묻자 다라는 "첫 주를 떠올리니까 땀이 나네요"라고 대답했다.

이해를 돕기 위해 배경 설명을 하자면, 당시 우버가 엄청난 성공을 거뒀다는 사실은 의심의 여지가 없었다. 벤처캐피털에서 220억 달러 이상을 투자받아 2017년 당시 전 세계 600개 도시로 진출한 상황이었다. 그러나 그러한 규모에는 대가가 따랐다. 빠르게 스케일업하는 과정에서 올바르지 않은 리더십과 사업 전략으로 인해 우버의 기업 문화는 통제 불능으로 변하기 시작했다. 곧 우버에는 부정적인 언론 기사, 정치적 내분, 산업 스파이 혐의, 심지어 형사 조사까지 온갖 스캔들이 넘쳐났다. 창업자 트래비스 칼라닉Travis Kalanick을 비롯한 경영진이 회사의 지출에 대해 무신경한 태도를 보인 것도 그런 사태가 일어나도록 거들었다.

규제기관, 택시 회사, 심지어 우버 드라이버들과도 충돌이 있었다. 중국 등 일부 핵심 시장에서는 반발에 부딪혀 철수하는 지경에 이르렀다. 미국에서는 교통량이 증가하는 피크타임에 더 높은 요금을 부과하는 방식이 많은 논란을 불러일으키며 '#딜리트우버' 캠페인으로 번졌다. 그리고 우버에는 악명 높은 '브로 문화'가 있었다. 브로 문화는 실리콘밸리의 특징 중 하나인 남성우월주의와 남성 중심 문화를 가리킨다. 다라가 CEO가 되기 6개월 전인 2017년 2월 우버의 엔지니어였던 수잔 파울러Susan Fowler가 블로그에 올린 글로 우버에 만연했던 여성 혐오와 괴롭힘이 대중들에게 폭로되었다.

우버의 이사회에서 유일한 여성이었던 아리아나 허핑턴은 우버의 그러한 남성 중심 문화를 바로 잡으려는 노력에 깊이 관여했다. 아리아나는 우버가 당시 스타트업 세계에 만연했던 더 큰 문제, 즉 최고의 성과를 낸다면 어떤 행동이든 허용하는 성과지상주의 문화의 부작용을 보여주는 극단적인 사례라고 여겼다. 이사회가 단호한 조치를 하기 시작하면서 아리아나는 동료 이사진을 대표해 "앞으로 우버에서 '실력만 좋은 나쁜 사람'은 더 이상 허용되지 않을 것"이라고 약속했다.

윤리적 해적과 범죄적 해적의 차이

이사회가 할 수 있는 건 그 정도밖에 없었다. 우버라는 해적선에 올라타 상황을 통제하는 것은 신임 CEO의 몫이었다. 상황을 통제하되 우버의 초기 성공에 힘을 보탰던 대담한 해적 정신에서 좋은 부분까지 잃지는 말아야 했다. 성공한 많은 스타트업은 사실 해적과 비슷한 특징을 가지고 있다. 어떻게든 하면 된다는 무모함, 독창성, 모험심, 그리고 기존 규칙을 따르지 않는 성향 등등이 그러하다. 이에 대해 메일침프의 창업자 벤 체스트넛Ben Chestnut은 이렇게 표현했다.

"스타트업 창업자라면 모두 해적이죠. 스타트업은 아주 위험하잖아요. 이 사람들은 규칙을 원하지 않아요. 모든 것을 할 수 있길 원합니다."

스타트업이 성장하면 기업가는 해적에서 해군이 되어야 한다. 즉 더 성숙하고 책임감 있는 기업 문화를 만들고자 애써야 한다. 그러한 단계에서 스타트업의 창업자들은 외부에 도움을 청하기도 한다. 벤은 "창업자들은 대단한 것을 만들고 그것을 유지하기 위해 다른 사람들을 고용합니다. 대개 창업자 자신과는 다른 성향의 사람들을 고용하죠"라고 설명했다. 이렇게 고용된 외부인은 대개 기업을 운영하고 관리하는 방법, 시스템이 자리 잡도록 하는 방법을 아는 경험 많은 경영인이다.

우버에 도착한 다라가 처음 놀랐던 것은 액션과 칼싸움이 난무하는 것으로 악명 높은 기업을 책임지며 남아 있던 경영진을 만났을 때였다. "우버에 대한 외부의 시각과 제가 그곳에서 만났던 경영진은 너무 달랐어요." 우버는 쉽게 배를 버리고 다른 좋은 곳으로 이직할 수 있는 똑똑하고 능력 있는 사람들로 가득 찬 회사였다. 그들은 우버를 믿고 남는 것을 선택한 사람들이었다. 다라는 우버에서 일하는 대부분 사람이 무법자가 아니라는 것을 직접 확인했다. 다만 우버의 기업 문화가 난폭한 행동을 조장했을 뿐이었다.

다라는 빠르게 스케일업으로 향하는 스타트업의 리더들이 흔히 마주하는 도전에 직면했다. 어떻게 하면 해적들을 과하지 않게 딱 적당한 만큼만 길들일 수 있을까? 윤리적 해적과 범죄적 해적의 차이를 인식하는 것이 좋은 출발점이 되었다. 윤리적 해적들은 전통적인 비즈니스 규칙을 뒤엎을지언정 법규를 어기거나 해악을 끼치는 일은 하지 않는다. 이들은 그들만의 강한 도덕적 규범에 따라 움직인다. 범죄적 해적에게는 그런 도덕적 잣대가 없다. 이들은 성공, 영광, 쾌락, 부를 추구하기 위해서라면 무엇이든 한다.

조직 구성원들이 변화를 주도하게 하라

우버에서 배의 방향을 바로잡으려면 해적들의 시대를 단호하게 끝내고 자신이 찾아낸 여러 명의 윤리적 전사들이 변화를 이끌도록 격려해야 했다. 다라는 우버에 새로운 문화를 들여오기보다는 이미 그곳에 있던 사람들이 필요한 변화를 이끌고 문화를 만들도록 도와야 한다고 판단했다. 그는 먼저 우버 직원들에게 "앞으로 무엇이 우버의 문화를 대표해야 한다고 생각하는가?"라고 질문했다.

다라가 CEO로 취임하기 전 우버의 문화적 가이드라인은 '슈퍼펌프드Superpumped'였다. 슈퍼펌프드는 '최고의 열정과 에너지로 가득한 상태'를 의미하며 "이익을 위해서라면 뭐든지 한다"라는 브로 문화의 저돌적인 무모함이 내포된 단어이다. 하지만 직원들로부터 받은 피드백 결과는 그들이 브로 문화를 버리고 싶어 한다는 점을 알려주었다. 일부 피드백은 그 해로운 문화를 당장 버려야 한다고 주장하는 것이었다. 배경, 인종, 종교, 성별, 성적 취향의 다양성을 존중하자는 요구도 있었다.

또 우버에는 최선을 다해 올바른 방식으로 일하려는 사람들이 있었다. 그들은 지나치게 세세한 감독을 받지 않고 신뢰받으며 일하기를 원했다. 이러한 요구는 다라에게 2005년 익스피디아에서 배웠던 특별한 교훈을 떠올리게 했다. 당시 사정이 썩 좋지 않았던 여행 웹사이트의 CEO로서 그는 밤낮으로 일하며 결정을 내리고 또 내렸다. 그렇게 모든 일에 개입하는 것이 자신의 임무라고 생각했다. 한 젊은 매니저가 "대표님은 우리에게 어디로 가야 한다고 말해주지 않고 계속 무엇을 하라는 지시만 내려요"라고 말할 때까지는 말이다.

매니저는 일일이 지시하는 다라의 방식이 사람들의 의욕을 꺾을 뿐만 아니라 그다지 생산적이지도 않다고 설명했다. 직원들이 다라의 지시를 받는 데 익숙해짐에 따라 그가 없을 때는 아무 일도 하지 않았기 때문이다. 매니저는 "그냥 저희에게 어디로 가야 할지만 알려주시면 안 될까요? 그곳에 가는 방법은 저희가 알아내게 해주세요"라고 요청했다. 통제광이었던 다라는 그러한 말을 듣고 깜짝 놀랐다. 그는 직원들에게 목표를 알려주면 그들이 회사를 그곳에 데려갈 것이라 믿기 위해 생각보다 힘든 노력을 해야 했다.

다라의 이야기는 거의 모든 창업자가 겪는 문제이기도 하다. 창업자 대부분이 모든 문제를 직접 해치우는 만능 해결사처럼 일하기 때문이다. 하지만 리더의 일은 세세한 부분까지 통제하고 해결책을 내놓는 것이 아니다. 리더의 일은 프로젝트의 성공을 정의하고 현실적인 제약에 대해 알려줌으로써 직원들이 스스로 해결책을 제시하게 하는 것이다.

다라는 지나치게 간섭하거나 개입하지 않으려고 진지한 노력을 기울였다. 그리고 직원들의 의견을 청취하면서 우버에 퍼뜨릴 드럼비트를 결정하게 되었다. 바로 "우리는 옳은 일을 한다"라는 것이었다. 다라는 직원들에게 "여러분은 이미 옳은 것이 무엇인지 알고 있습니다. 그리고 지금부터 그것이 우리가 할 일입니다"라고 이야기했다.

그리고 회사와 드라이버들 사이의 긴장 관계를 해결하기 위해 '180일간의 변화'라는 프로그램을 시작했다. 이 프로그램 역시 직원들이 주도하는 변화 프로그램이었다. 다라는 회사와 드라이버 간의 관계에 중요한 의미를 부여하며 확연히 다른 접근법을 취했다. "우리는 드라이버들을 '드라이버 파트너스'라고 부릅니다. 저는 운전자들을 파트너로 대하고 싶었습니다." 직원들 의견에 따라 승객이 늦게 도착하면 기다린 시간에 대한 보상으로 드라이버에게 일정 비용을 지급하도록 하는 등의 몇 가지 드라이버 친화적인 정책도 즉시 실행했다. 또 모든 단계에서 드라이버 파트너가 함께 제작하고 테스트한 새로운 드라이버 앱도 출시했다.

다라는 대립에서 벗어나 협력하는 방향으로 나아감으로써 회사의 내외부 관계자들과의 관계도 개선하려는 노력을 기울였다. 이와 같은 태도는 우버 런던법인의 영업 갱신을 허가하지 않겠다고 한 런던교통공사와의 협상에서도 나타났다. 이전의 우버라면 공격적인 태세에 돌입했을 테지만 다라는 직접 책임자를 만나 적극적으로 협상에 임했다. "이제는 변호사를 통하는 대신 테이블을 사이에 두고 앉아 대화합니다. 모든 것에 동의하지는 않겠지만 얼마간 타협점을 찾으려고 하는 중입니다."

침체된 기업이 생동감 넘치는 기업으로 턴어라운드를 할 때 리더는 어느 순간 "이제 빠져나왔다. 제대로 된 길 위에 있다"라고 느끼게 된다. 다라가 우버를 이끈 18개월 동안 이런 느낌을 받았는지 질문하자 그는 솔직하게 답했다. "여전히 그 순간을 기다리고 있습니다. 우리는 현재 훨씬 더 좋아졌습니다. 하지만 문화를 바꾸는 일은 매우 어렵고 시간이 걸립니다."

이 책을 쓰고 있는 현재 시점에 해적선 우버는 아직 완전한 해군이 되지 못했다. 어쩌면 영영 해군이 되지 못할 수도 있다. 그러나 다라의 리더십 덕분에 브로 문화가 사라지고 '실력만 좋은 나쁜 사람'은 더 이상 채용되지 않을 것이므로 아마 괜찮을 것이다.

회사 내부에서 인재를 만들어내는 방법

구글 전 부사장 마리사 메이어 이야기

지금까지 살펴본 것처럼 스케일업하는 기업의 리더들은 미션을 정의하고 문화를 확립해야 하며, 사람들을 한데 모으고 협력하도록 해야 한다. 또 혼란스러운 상황에서 최소한의 질서를 부여하고 회사가 침몰하지 않도록 구해내는 어려운 일을 해야 한다. 그러나 구글의 스무 번째 직원이자 첫 번째 여성 엔지니어였던 마리사 메이어는 다른 리더십을 발휘해야 했다. 구글은 다음 단계로 빠르게 올라가기 위해 다재다능한 최고의 선수들로 이루어진 군대가 필요했다. 구글에는 수많은 스타가 필요했지만 일일이 그들을 찾아서 채용할 시간이 없었다. 그래서 마리사는 자신이 직접 스타들을 키워야 했다.

구글 초창기에는 다양한 제품을 담당하는 작은 팀이 여러 개 있었다. 마리사는 새로운 제품을 출시할 때가 되면 자주 디자인이나 엔지니어링 수정을 맡았다. 덕분에 그녀는 회사의 모든 제품과 팀을 파악하고 있었다. 또 구글의 전체 시스템이 어떻게 돌아가는지 아는 몇 안 되는 사람들 가운데 한 명이었다. 그런 점에서 그녀는 스타급 프로덕트 매니저를 키워낼 적임자였다.

회사가 성장함에 따라 더 많은 프로덕트 매니저가 필요했다. 그들은 구글의 모든 제품과 서비스를 다룰 수 있을 만큼 민첩하면서 높은 숙련도를 빠르게 달성해야 했다. 문제는 그런 사람들을 빠르고 효과적으로 찾아내는 방법이었다. 마리사가 자신의 상사였던 조나단 로젠버그Jonathan Rosenberg와 역사적인 내기를 한 것이 바로 그때였다. "조나단은 경영학 석사 출신의 경험 많은 경력자들을 뽑고 싶어 했어요. 하지만 저는 학교를 졸업한 지 얼마 안 된 사람들을 뽑아서 훌륭한 프로덕트 매니저로 금세 훈련할 수 있다고 내기를 걸었죠."

마리사가 처음 채용한 사람은 대학을 갓 졸업한 스물두 살의 브라이언 라코프스키Brian Rakowski였다. 브라이언을 빠르게 성장시키기 위해 마리사는 그에게 지메일 부문을 통째로 맡겼다. 다른 신입직원들에게도 아무것도 채워지지 않은 큰 프로젝트를 맡겼다. 마리사는 새로 채용한 예비 프로덕트 매니저를 처음부터 하나의 제품이 아닌 여러 제품에 관여하는 책임자로 훈련한다는 원칙을 세웠다. 그리고 모든 팀에서 1년씩 순환 근무를 하도록 했다. 이러한 훈련 프로그램의 이름은 '예비 프로덕트 매니저Associate Product Manage, APM' 프로그램이었다.

일단 일을 배우면 한동안 그 일을 계속하고 싶어 하는 것이 인간의 본성이다. 신입직원들은 처음에는 APM 프로그램의 순환 근무를 탐탁지 않게 생각했다. 그러나 마리사는 그것이 얼마나 좋은 기회인지 설명하며 그들을 설득했다. 순환 근무의 이점을 설명하는 방법으로 낱말퍼즐게임을 고안하기도 했다. 예비 프로덕트 매니저들은 다음과 같은 글의 빈칸을 채우도록 요청받았다. "나는 X를 했었고 지금은 Y를 하려고 합니다. 이런 변화 덕분에 Z를 배울 것입니다." 이를테면 "나는 에드워즈 작업을 했고 지금은 검색 부문으로 옮겨가려고 합니다. 이런 변화 덕분에 광고주가 사용자일 때와 소비자가 사용자일 때의 차이를 배울 것입니다"와 같은 식이었다.

마리사가 고안한 훈련 프로그램은 구글이 필요로 하는 프로덕트 매니저를 양성하는 효율적인 시스템이 되었다. 한편 이 시스템은 구글 전체에 아이디어가 퍼져나가도록 촉진하는 역할도 했다. 새로운 프로젝트에는 자원을 가져다주고 기존 프로젝트에는 새로운 생각을 제공했다.

"그렇게 여러 팀에서 순환 근무를 하며 모든 제품에 관여해봄으로써 그들은 유튜브팀에도 아는 사람이 생기고 소셜과 인프라 부문에도 아는 사람이 생겼어요. 그렇게 조직 전체에 더 많은 연결고리가 만들어졌어요."

마리사는 APM 프로그램을 시작한 첫해인 2002년에 8명의 예비 프로덕트 매니저를 채용했고, 2008년까지 해마다 20명씩 채용했다. APM 프로그램을 통해 훈련받은 프로덕트 매니저는 현재 500명을 넘어섰다. 구글의 그 수많은 제품과 서비스들은 APM 프로그램이 없었다면 나오기 어려웠을 것이다.

직원의 문제를 해결해주는 서번트 리더십

마리사의 성공은 리더에게 필요한 또 다른 중요한 자질을 보여준다. 바로 내부에서 인재를 육성하고 성장시키는 능력이다. 스타는 몇 명 없는 데다 딱 맞는 인재를 아무 때나 찾을 수 있는 것도 아니다. 스타를 채용하는 것은 비용이 많이 들고 때로는 불가능하다. 게다가 끊임없이 외부인을 불러들이면 사내 인재를 양성할 때처럼 문화를 구축하고 강화하지 못한다.

마리사가 키워낸 스타들은 결국 더 넓은 기술 세계로 발사되어 다른 기업들에 착륙했다. 마리사 자신도 2012년 야후로 자리를 옮겼다. 야후는 오늘날 우리가 당연하게 여기는 여러 가지 온라인 서비스를 개척한 기업이다. 그러나 마리사가 합류했을 때는 이런 성과를 기회로 삼는 데 실패하고 5년 동안 무려 네 명의 CEO를 갈아치운 후였다. 이런 암울한 상황에서 새로운 팀을 위해 대규모 채용을 하긴 어려웠다. 대신 기존 직원들과 함께 필요한 팀을 만들 수 있었다. 야후의 문제는 인재 부족이 아니었다. 마리사는 야후에 인재가 많다는 사실을 이미 알고 있었다. 다만 인재들의 잠재력을 끌어내는 데 필요한 에너지와 열정이 다년간의 부실한 경영관리와 관료주의 문화로 인해 억눌려 있었을 뿐이다.

마리사가 야후에 출근한 첫 주에 한 직원이 다가와서 이렇게 말했다. “지금까지 수년 동안 많은 직원이 무언가를 해볼 수 있기를 기다렸어요. 이제는 그럴 수 있나요? 우리가 직접 뛰어서 무언가를 만들고 무슨 일인가를 할 수 있나요?” 마리사는 “지금이야말로 무언가를 해볼 때”라며 장애물을 제거해 직원들이 아이디어를 실현하는 데 집중하도록 돕기 위해 야후에 왔다고 대답했다.

리더가 ‘길을 치우는’ 사람이라는 생각은 구글의 에릭 슈미트에게 배운 교훈이었다. 에릭은 종종 "리더는 코딩이나 디자인 같은 실무는 더 이상 할 수 없다. 리더의 일은 팀에 방향을 제시하고 그들이 가는 길에서 방해되는 모든 걸 제거하는 것이다. 직원들이 가능한 최고의 성과를 낼 수 있도록 길을 열어줘야 한다"고 말했다. 이때 리더는 다른 사람들을 빛나게 만드는 따분하고 지루한 일을 하는 사람이 된다. 미식축구 용어로 이야기하면, 우리 팀의 다른 선수가 터치다운을 할 수 있도록 상대편을 막아내고 틈을 만들어주는 블로커가 되는 것이다.

이것이 '서번트 리더십'의 핵심 원칙이다. 직원이 리더를 섬기는 것이 아니라 리더가 직원들의 문제와 니즈를 이해하고 해결해주는 것이다. 메트릭스트림의 전 CEO 셸리 아르샤보는 이렇게 말했다. "서번트 리더로서 제 일은 다른 사람들보다 약간 앞서서 뛰어가며 바위를 제거하고 나무가 길을 막지 않게 하는 것입니다. 저의 일은 직원들의 일을 더 쉽게 만드는 거예요. 직원들에게 어떤 문제가 있는지, 그 문제를 해결하는 데 어떤 도움을 줄 수 있는지 알아내야 하죠."

마리사는 직원들이 잠재력을 발휘하는 데 방해가 되는 길가의 바위와 죽은 나무들을 치우기 시작했다. 마리사의 첫 번째 행보 중 하나는 관료주의를 없애기 위한 '마체테machete'를 임명하는 것이었다. 마체테는 아주 크고 무거운 칼을 의미하는 것으로 그의 임무는 야후의 지나친 관료주의로 인한 장애물을 찾아내고 잘라내는 것이었다. 이는 관료주의로 인해 발생하는 복잡한 업무 프로세스와 과도한 요식 행위, 그리고 업무 지연의 문제를 다루는 주간 회의로 이어졌다. 누구라도 마체테가 해결해야 할 문제와 함께 솔루션을 제안할 수 있었다. 이런 시스템 덕분에 직원들은 문제해결에 적극적으로 참여하게 되었고 회사의 모든 부문이 더 순조롭고 원활하게 돌아가기 시작했다.

마리사는 새로운 아이디어가 더 많이 나오도록 장려하는 문화를 만들고 싶었다. 야후는 구글과 같은 초창기 단계의 기업이 아니었기 때문에 토양을 만들고 씨앗을 뿌리는 일부터 할 수는 없었다. 대신 진흙 속에 묻힌 아이디어를 찾아내 빛을 보게 할 수는 있었다. 마리사는 기존의 직원들을 훈련해 더 많은 아이디어를 창출하도록 돕기로 했다. 아이디어 대회를 열고 누구나 회사 성장과 발전에 도움이 될 아이디어를 제안하게 했다.

커다란 보상도 마련했다. 가령 연간 500만 달러를 추가로 창출하는 아이디어에 5만 달러가 상금으로 주어졌다. "아이디어가 24개 정도 나와서 그중에 6개 정도를 승인할 수 있을 줄 알았어요." 그러나 결과는 마리사 예상을 훌쩍 뛰어넘었다. 800개 넘는 아이디어가 나왔고 200개 가까운 아이디어가 승인을 받았다. 야후에서 쏟아져 나온 새로운 아이디어들은 홈페이지 스트리밍 광고와 같은 큰 혁신과 대규모 신규 매출로 이어졌다.

아직 기업 문화가 형성되는 과정에 있는 작은 스타트업에서는 새로운 역량과 성장 동력을 개발하는 일이 상대적으로 수월하다. 투자자들이 비교적 느긋하게 기다려주기 때문이다. 큰 기업에서도 불가능한 것은 아니지만 항상 시계에서 눈을 떼지 않고 있어야 한다. 야후에서는 마리사가 도착한 순간부터 시간이 가고 있었다. 많은 투자자가 이미 신뢰를 잃어버린 상태였다. 그들은 야후에 남은 유일한 가치가 중국의 인터넷 대기업 알리바바Alibaba에 대한 소유 지분뿐이라고 생각했다. 그들은 마리사가 채 준비를 마치기 전에 알리바바 주식을 현금으로 바꾸길 열망했다. 그녀에게는 시간이 부족했다.

주목해야 할 점은 마리사의 CEO 임기 중 마지막 6분기 동안 야후는 계속해서 월스트리트와 자체 예상을 넘어서는 높은 실적을 달성했다는 것이다. 그리고 야후가 매각된 2017년 이전까지 5년 동안 마리사와 그의 팀들이 새롭게 창출한 사업 영역에서 거둬들인 이익은 20억 달러에 달했다. 마리사는 1년만 더 시간이 있었다면 야후가 고비를 넘길 수 있었을 것이라고 말했다.

턴어라운드가 항상 성공하는 것은 아니지만 설사 실패했을 때조차도 배울 수 있는 교훈이 있다. 마리사는 내부에서 인재를 개발하는 전략이 구글처럼 성공한 기업뿐만 아니라 야후처럼 몰락해가는 기업에서도 좋은 결과를 낼 수 있다는 사실을 보여주었다.

Reid's analysis

1. 규모가 커져도 드럼비트를 유지해야 한다

스케일업을 하는 기업가들은 자신의 드럼비트를 일관되게 유지하려는 노력을 기울여야 한다. 스케일업 과정에서는 수백 또는 수천의 신입직원이 밀려 들어오는데, 그렇게 조직 구성원의 수가 늘어나면 초창기처럼 리더와 밀접한 관계를 유지하기가 어렵다.

그렇게 리더로부터 멀어져 드럼비트를 제대로 듣지 못하는 신입직원들은 '무엇'은 이해해도 '어떻게'에 대해서는 분명히 이해하지 못한다. 즉 자신이 해야 할 일이 무엇이고 회사가 도달하려는 목표가 무엇인지는 알지만, 그 일을 어떻게 하고 어떻게 목표에 이르러야 하는지는 이해하지 못하는 것이다. 기업 문화와 가치를 탄탄하게 구축하려면 이 '어떻게'를 명확히 전달하는 것이 가장 중요하다.

규모가 작을 때는 리더가 모든 조직 구성원 한 명 한 명과 정기적으로 소통하며 드럼비트를 직접 전달할 수 있다. 하지만 스케일업 단계에 들어서면 모든 구성원과 일대일로 관계를 맺고 충분한 대화를 나누는 것이 어려워진다. 이럴 때는 모든 구성원이 드럼비트를 들을 수 있도록 일대일 대화 방식을 일대다 커뮤니케이션 방식으로 전환해야 한다.

애플에서 앤절라 애런츠는 직원들에게 일대다로 소통하기 위해 정기적인 영상 메시지를 활용했고, 에어비앤비의 브라이언 체스키는 매주 일요일에 전 직원에게 장문의 이메일을 보내 자신이 생각하는 우선순위가 무엇인지와 함께 진행 상황을 공유했다. 일대일 대화 방식에서 일대다 커뮤니케이션 방식으로의 전환은 스케일업 과정에서 필요한 핵심 전환 중 하나이다.

커뮤니케이션은 언어적 표현 이상의 것을 포함한다. 드럼비트를 유지하려는 리더는 기업 문화와 가치를 강화하는 방향으로 일관되게 행동해야 한다. 가령 성과에 대해 보상할 때도 성과를 낸 사람들이 기업 문화와 가치에 부합하는 방식으로 일했는지 따져봐야 한다.

성과 자체도 중요하지만 그 성과를 내기 위해 '어떻게' 일했는지 간과해서는 안 된다. '어떻게'가 아닌 '무엇'을 축하하고 보상하게 되면 기업이 성장할수록 중요한 문화와 가치를 잃어버리게 된다.

리더는 달성하고자 하는 목표뿐만 아니라 달성하는 방법에 대해서도 명확한 비전을 갖고 있어야 하며 이 비전을 모든 구성원에게 자주 알리고 설명해야 한다. 특히 스케일업에 성공해서 조직 구성원의 수가 1만 명을 넘어섰을 때는 더욱 그렇다. 구성원 수가 많아질수록 리더와 대화하고 리더의 행동을 직접 볼 기회가 줄어든다. 따라서 리더는 모든 사람이 들을 수 있도록 드럼을 더 세게 더 자주 두드려야 한다.

2. 의견 차이를 건설적으로 활용하라

고대 그리스의 철학자 소크라테스는 비판적 사고를 자극하기 위해 논증적이면서 상호보완적인 대화의 힘을 중시한 것으로 유명하다. 이른바 '소크라테스 문답법'의 핵심은 하나의 가설만 남을 때까지 한 사람이 질문하고 다른 사람이 대답하는 형식의 대화를 이어가는 것이다. 이때 대화를 나누는 양측은 논쟁이 아무리 가열되더라도 그것이 더 큰 진리를 위한 것이라는 점을 잊지 않는다.

소크라테스는 자신의 신념을 아테네의 젊은이들에게 퍼뜨렸다는 이유로 감옥에 갇히고 사형당했다. 이처럼 기성 사고에 대한 이의 제기가 늘 받아들여지는 것은 아니다. 하지만 올바름을 목표로 하는 건설적인 의견 충돌을 존중하는 태도는 사고 능력을 발전시킬 뿐만 아니라 효과적인 의사결정을 위해서도 매우 중요하다.

조직 구성원들이 어려운 질문들과 씨름하기를 꺼리고 서로의 의견 충돌을 피하려고만 하면 효과적으로 전략을 수립하거나 방향을 결정할 수 없다. 신중하고 사려 깊은 리더들은 건설적인 의견 충돌이 아이디어를 제대로 수정해 세상에 내놓을 기회를 준다는 점에서 오히려 그것을 반기고 권장한다.

사람마다 갈등과 충돌을 대하는 자세는 서로 다르다. 어떤 사람은 활발한 논쟁을 즐기는 한편 어떤 사람은 작은 갈등에서도 스트레스를 받으며 힘들어한다. 하지만 리더는 그러한 개인적 한계를 넘어서서 갈등과 충돌을 기꺼이 받아들이고 도전해야 한다.

나는 건설적인 비판을 더 많이 불러일으키는 것이 리더의 책무 중 하나라고 생각한다. 구성원들의 의견 차이를 건설적으로 활용함으로써 아이디어를 개선하고 중요한 일에 대한 추진력을 얻을 수 있다.

3. 해적에서 해군으로 진화하라

지금까지 수십 년간 스타트업이 일하는 방식은 해적들과 매우 유사했다. 이러한 경향은 스티브 잡스로부터 시작되었다. 처음 매킨토시를 출시할 때 스티브는 개발팀에 세 가지 중요한 지침을 전했는데 그중 하나가 "해군이 될 바에는 해적이 되는 게 낫다"라는 것이었다. 스티브와 개발팀은 무지개색 애플 로고를 해적 안대로 쓰고 직접 만든 해적 깃발을 흔들며 해적선에 올라탔다. 실리콘밸리의 해적 이미지는 그렇게 정착되었다.

기업가들은 해적 이미지에 현혹되기 쉽다. 한 손에 검을 들고 이리저리 날아다니며 적을 해치우는 해적처럼 모든 문제를 신속하게 해결해버리고 싶은 충동을 느끼는 것이다. 초창기의 스타트업이 처한 환경이 해적선과 크게 비슷한 것도 사실이다. 해적들은 무엇을 해야 할지 결정하기 위해 위원회를 소집할 시간이 없다. 그들은 재빨리 공격하고 규칙을 깨고 위험을 감수한다. 포탄이 날아다니는 전장에서 살아남기 위해서는 모험을 즐기는 정신이 필요하다.

문제는 초창기를 지나 성장하는 과정에서 모험심 넘치는 영웅에서 부패한 악당으로 변질되는 기업가들이 있다는 점이다. 기업가들이 해적 깃발을 해군 깃발로 바꾸려는 의식적인 노력을 기울이지 않는다면 기존 비즈니스 세계의 고정관념을 통쾌하게 뛰어넘는 문화에서 오직 이기기만 하면 된다며 도덕과 윤리를 저버리는 문화로 바뀌는 것은 순식간이다.

해적 문화의 두 번째 문제는 스케일업에 방해가 된다는 점이다. 해적으로 성공하면 보물과 영토를 더 많이 차지하게 될 것이다. 하지만 오합지졸의 해적 무리만으로는 그 많은 영토를 지키고 관리할 수 없다. 이것이 바로 모든 스타트업이 성장하는 과정에서 무슨 일이든 허용되는 해적 문화를 버리고 교전 규칙과 통신선 및 장기적인 전략을 갖춘 해군 문화로 진화해야 하는 이유이다.

스케일업을 하려는 기업가는 초창기 해적일 때 썼던 전략을 내려놓고 엄격하게 선택한 기준과 규칙을 바탕으로 한 성장 전략을 제시해야 한다. 그것이 창업자에서 진정한 리더가 되는 길이다.

Reid's theories

리더의 드럼비트에 대한 몇 가지 조언

리더의 드럼비트

훌륭한 리더의 드럼비트는 사람들에게 따를 것을 강요하지 않는다. 사람들이 자발적으로 같은 방향으로 움직이도록 동기를 부여하고 의욕을 북돋운다. 리더의 드럼비트는 그의 기질, 경험, 회사에 따라 다르다. 효율성이나 혁신, 일과 삶의 균형에 초점을 맞출 수도 있으며, 아니면 이 모든 것에 초점을 맞출 수도 있다.

연민을 가진 리더

연민을 가진 리더십의 핵심 철학은 모든 것을 주변 사람들의 시점과 관점을 통해 보는 것이다. 한편으로는 약간의 자기 분석과 성찰, 감정적이고 본능적인 반응에 저항하려는 노력도 필요하다. 연민을 가진 리더는 자신이 이끌어야 하는 사람들에게 관심을 기울이고 그들에게 기꺼이 배우려 함으로써 그들이 자신만의 리듬을 찾도록 돕는다.

투명성을 추구하는 리더

진실을 추구함으로써 투명한 리더십을 구축하고자 한다면 자신이 내린 의사결정의 근거가 되는 기준이나 원칙을 명문화해서 공유하는 것이 좋다. 이로써 리더 스스로 자기 생각을 명확하게 할 수 있고 다른 사람들에게 생각을 전달하는 데도 도움이 된다.

투명성을 중시하는 문화에서 자유로운 토론은 매우 중요하고 권장해야 한다. 다만 의견 차이를 건설적이고 긍정적으로 활용하기 위해서는 토론을 위한 절차와 가이드라인을 만들어야 한다.

연결고리를 만드는 리더

직원이 단 7명이든 아니면 7만 명이든 간에 강력한 단일팀을 만들기 위해 리더가 해야 할 일은 두 가지다. 한 가지는 미션을 공유하는 것이고 다른 한 가지는 일상적인 접촉을 늘리는 것이다. 미션에 대해서 명확하게 이해하도록 도움으로써 직원들이 미션을 중심으로 서로 연결되도록 하라. 그런 다음 직원들이 미션에 대한 주인의식을 가지고 스스로 리더가 되는 것을 지켜봐라.

해적선을 지휘하는 선장

초기에는 많은 스타트업이 무모함, 독창성, 모험심, 그리고 기존 규칙을 따르지 않는 성향 등 해적과 비슷한 특징을 가지고 있다. 하지만 스케일업을 하게 되면 더 이상 이러한 해적 문화를 유지할 수 없다. 리더는 새로운 문화를 도입해 기존의 해적 문화를 억지로 걷어내기보다 교전 규칙, 통신선, 장기적인 전략을 갖춘 해군 문화로 전환해야 한다. 그렇게 해야 기존의 구성원들이 스스로 해적에서 해군이 되어 변화를 이끌고 문제를 해결하는 데 적극적으로 동참할 수 있다.

인재를 키우는 리더

회사에서 필요로 하는 유능한 인재를 채용하는 것은 매우 어렵고 때로는 불가능하다. 최고의 리더는 내부에서 인재를 육성하고 성장시킬 수 있는 사람이다. 이때 리더의 역할은 새로운 인재들이 빠르게 성장하고 모든 잠재력을 발휘할 수 있도록 지원하고 걸림돌이 될 만한 것들은 미리 치워주는 것이다.

10장

세상에 어떤 이름으로 남을 것인가

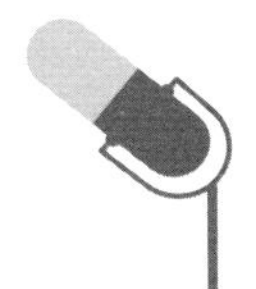

기업의 사회적 영향과 책임

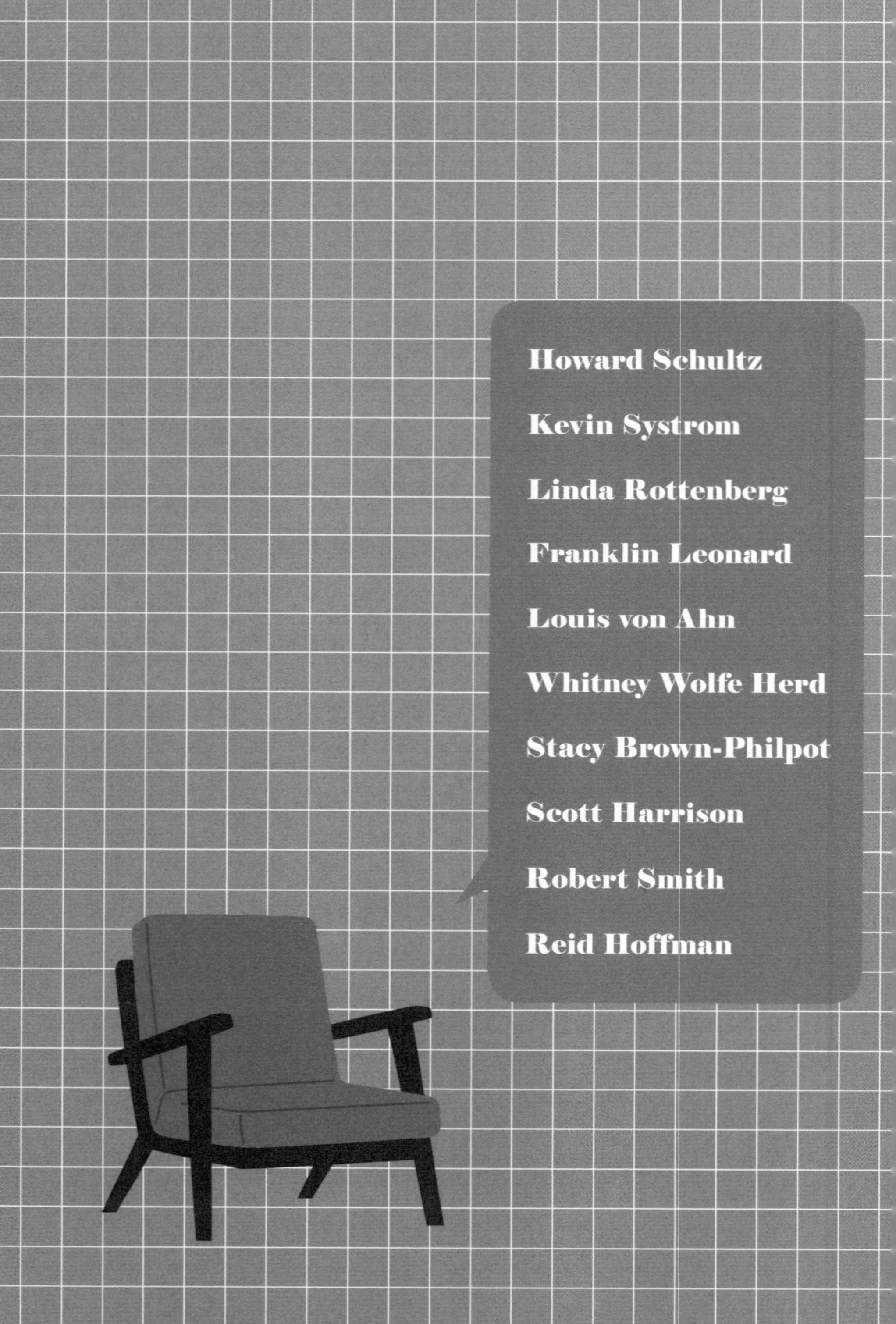
Howard Schultz
Kevin Systrom
Linda Rottenberg
Franklin Leonard
Louis von Ahn
Whitney Wolfe Herd
Stacy Brown-Philpot
Scott Harrison
Robert Smith
Reid Hoffman

이익과 양심이 균형을 이루는 문화

스타벅스 CEO 하워드 슐츠 이야기

세계 최고의 커피 브랜드 스타벅스Starbucks의 CEO 하워드 슐츠Howard Schultzsms는 그리 넉넉하지 않은 어린 시절을 보냈다. 그의 아버지는 제2차 세계대전 참전 용사였고 전쟁이 끝난 후에도 아메리칸드림을 이루진 못했다. 전후 미국 경제는 호황기를 누렸음에도 고등학교 중퇴자인 그에게는 선택의 여지가 많지 않았다. 하루는 배달일을 하다 얼음판에서 미끄러져 발목을 다치고 엉덩이뼈도 골절되었다. 그 부상으로 일자리도 잃었다. 산재보험도 건강보험도 없었고 다른 사회적 안전망도 없었다. "일곱 살 때 학교에 다녀왔는데 깁스한 아버지가 소파에 누워 계셨어요. 부모님이 힘들게 사시는 모습을 보는 건 상처였어요. 그런 경험 때문에 어렵게 사는 사람들에 대해 관심을 갖게 되었죠."

그러한 어린 시절의 경험은 성인이 된 하워드에게 큰 영향을 미쳤다. "저는 스타벅스를 인수해 CEO가 되었을 때 아버지가 일할 기회가 없었던 그런 종류의 회사, 이익과 양심의 균형을 맞추려는 회사를 만들기 위해 노력했습니다." 사실 하워드는 사회생활을 시작할 때부터 그러한 섬세한 균형을 유지하는 방법에 대해 고민했다.

1986년에 하워드는 시애틀의 스타벅스에서 마케팅 이사로 일하고 있었다. 매장도 몇 개 안 되는 작은 로컬 기업이었다. 그는 밀라노로 떠난 운명적인 출장에서 커피가 사람들의 삶에 미칠 수 있는 영향에 대한 획기적인 아이디어를 얻게 되었다.

"길거리마다 커피숍이 두세 개씩 있다는 사실에 매료됐어요. 제가 목격한 것은 에스프레소 한 잔에 담긴 낭만과 스토리, 그리고 기쁨이었습니다. 이탈리아에 있는 동안 매일 커피숍에 들렀는데 뭔가가 보이더라고요. 똑같은 사람들이 매일 습관처럼 커피숍에 들렀어요. 그들은 서로 알지 못하는데도 일종의 동지애가 있었어요. 장소를 중심으로 한 유대감과 공동체 의식, 그리고 커피를 매개로 한 인간적인 연결감이 있었기 때문이죠."

시애틀로 돌아온 하워드는 스타벅스를 떠나 밀라노 스타일의 커피숍을 운영하는 새로운 회사를 설립했다. 그동안 사업 규모가 커져 더 이상 자신들이 감당하기 어렵겠다고 판단한 스타벅스 창업자들은 회사를 매각하기로 하고 하워드에게 우선권을 주었다. 하워드는 새로운 스타일의 커피숍에 대한 비전을 제시해 투자자들을 끌어모았고, 당시 6개의 매장과 오래된 로스팅 시설을 갖추고 있던 스타벅스를 380만 달러에 인수했다. 그는 1987년 말까지 스타벅스를 11개 매장과 직원 100명의 회사로 키우면서 낭만과 스토리가 있는 커피 문화를 미국 전역에 확산시키겠다는 꿈을 차근차근 실현해갔다.

하워드는 다음 단계의 성장으로 나아가기 전에 100명의 직원을 위한 복리후생 제도를 먼저 계획했다. 하워드에게 투자한 개인투자자들에게 그 계획은 앞으로 부딪칠 여러 가지 당혹스러운 결정들 가운데 첫 번째에 불과했다. "생각해보세요. 당시 우리는 규모도 작은 데다 손실을 보고 있었고 비즈니스 모델은 아직 증명도 안 된 상황이었단 말이죠. 그런데 제가 '회사를 위해 일하는 모든 사람에게 의료보험과 스톡옵션 형태의 주식을 제공하고 싶다'고 말한 거예요."

투자자들은 그 결정이 잘못된 판단이라고 했지만, 이익과 양심의 균형을 맞춘 회사를 만들겠다는 하워드의 결심은 흔들리지 않았다. "저는 우리 직원들에게 투자하고 싶어요. 그러면 성과를 높이면서 갈등도 줄일 수 있어요. 무엇보다 직원들이 큰 목표를 달성하는 데 한몫하고 있다는 자부심을 느끼도록 해줄 수 있습니다." 그렇게 해서 스타벅스는 정직원이든 파트타임 직원이든 주 20시간 이상 일하는 모든 직원에게 똑같이 포괄적인 의료보험을 제공하는 미국 최초의 기업이 되었다. "그리고 파트타임 직원을 포함한 모든 직원에게 스톡옵션 형태로 주식을 제공하는 방법도 찾아냈습니다."

하워드는 처음 투자자들에게 회사의 복지제도에 대해 피칭하면서 "옳은 일이기 때문"이라거나 "예전에 우리 아버지는 그런 대우를 받지 못했기 때문"이라고 말하지 않았다. 대신 "우리 사업에 이익이 되기 때문에" 직원들에게 투자하고 싶다고 말했다. 그것은 투자자들의 지지를 끌어내는 논리였다. "그동안 우리가 성취한 것들을 돌아봤을 때 문화, 가치, 원칙이 없었다면 전 세계 76개국, 2만 8000개 매장이 라는 성과를 이뤄내지 못했으리란 건 분명한 사실입니다. 회사의 핵심 목표가 직원들을 최우선에 두고 성공하는 것으로 정의되지 않았다면 우리는 여기에 없었을 겁니다."

착한 기업이 성공한다는 생각은 오늘날까지도 비즈니스 세계의 보편적인 개념과는 거리가 멀다. 1980년대 후반 하워드가 스타벅스의 방향키를 잡았을 때는 더욱 그러했다. 당시 스타벅스의 이사진은 그를 어떻게 생각해야 할지 잘 몰랐다. 하지만 이후 몇 년 동안 스타벅스가 이룬 괄목할 만한 장기 성장이 보여주듯 하워드의 결정은 옳았다.

많은 위대한 창업자가 핵심적인 사업 목표 외에 세상에서 이루고자 하는 부차적인 목표를 가지고 있다. 성공한 모든 기업은 창업자의 두 번째 목표를 추진하기 위한 트로이 목마와 같다고도 할 수 있다. 10장에서는 두 번째 목표를 앞으로 가져와 적극적으로 추진할 수 있는 몇 가지 방법들을 살펴볼 것이다. 기업가는 그 두 번째 목표를 트로이 목마 스타일로 세상에 몰래 퍼뜨릴 수도 있고, 기존 핵심 사업에 접목할 수도 있으며, 혹은 자기 사업의 기본적인 특성으로 가져갈 수도 있을 것이다.

기업이 매우 큰 규모로 성장하게 되면 기업가는 직원, 고객, 지역 사회 등 많은 사람의 삶에 다양한 방식으로 영향을 미치게 된다. 그러면서 기업가에게는 "우리는 세상에 어떤 기업으로 비치고 싶은가? 사람들의 삶을 더 개선하려면 어떻게 해야 할까? 그런 일을 하면서 동시에 사업도 잘되게 하는 방법이 있을까?"라고 질문을 던질 기회와 책임감이 생긴다. 이것은 단지 "나는 좋은 사람이니까 우리 회사는 좋은 일을 할 거야"라는 차원의 문제가 아니다. "핵심 사업에도 도움이 될 긍정적인 영향은 무엇이 있을까?"라고 질문하고 답을 찾아내는 것이 관건이다.

그러한 일들이 반드시 핵심 사업의 부수적 효과일 필요는 없다. 전략적으로 접근한다면 기업에 생명력을 불어넣는 심장과 같은 역할을 할 수 있고, 또 그래야만 한다. 고군분투하고 있는 스타트업의 창업자라면 "좋은 생각이긴 하지만 나중에 스케일업한 이후에나 생각해 볼 문제"라고 여길 수도 있다. 그러나 스케일업에 성공하는 최고의 기업가들은 사업을 시작하는 첫날부터 사회적 영향력에 대해 생각한다.

직원의 성공이 곧 기업의 성공이 되도록

하워드 슐츠는 스타벅스의 초창기부터 기업의 성공이 직원들의 성공과 밀접하게 엮인 미래를 그려왔다. "제가 오래전부터 써온 일기장이 여러 권 있습니다. 이익과 양심 사이의 위태로운 균형을 맞추기 위해 새로운 회사의 사업 계획을 어떻게 수립해야 할지에 대해 초창기부터 계속 글을 써왔죠." 종이에 쓰인 '이익과 양심의 균형'이라는 말은 자칫 단순하게 보일 수 있지만, 세상과 만나면 매우 복잡해진다. 하워드는 이렇게 설명했다.

“중요한 사실은 우리에게 전통적인 마케팅, 광고, 홍보에 쓸 돈이 없었다는 거예요. 그런 건 전혀 할 수 없었죠. 그래서 고객이 매장에서 하게 되는 경험을 토대로 우리 브랜드를 정의하고 발전시켰습니다. 커피는 아주 개인적이고 자주 접촉하는 것이기 때문에 고객들과 친밀감을 형성할 기회가 있었고, 그렇게 브랜드 자산을 구축했습니다.”

고객 경험을 기반으로 브랜드 자산을 구축하는 스타벅스에 가장 소중한 자원은 바로 매장의 직원들이다. 그래서 하워드는 매장 직원들이 고객의 기대를 뛰어넘는 탁월한 서비스를 제공하도록 하려면 그에 앞서 매니저들과 경영진이 직원들에게 그들의 기대를 뛰어넘는 무언가를 해줄 수 있어야 한다고 생각했다. 의료보험과 스톡옵션은 시작에 불과했다. 하워드는 직원들에게 무료로 대학 교육을 제공하겠다고 발표해서 투자자들을 다시 한번 충격에 빠뜨렸다.

“처음 무료 교육에 드는 비용을 검토했을 때는 감당할 수 없으면 어쩌나 하는 두려움이 있었습니다. 그러나 다른 문제들과 마찬가지로 똑똑한 사람들을 방에 모아놓고 내 자존심을 밖에 놓아둔다면 ‘문제를 해결하기 전까지는 방을 떠나지 않을 겁니다’라고 말할 수 있어요. 여기서 문제는 무료 교육에 들어가는 비용이 창출하는 수익보다 높지 않게 하는 것이었습니다. 결국에는 그 방법을 알아냈습니다.”

2014년에 스타벅스는 애리조나주립대학교와 첫 번째 제휴를 맺어 주당 20시간 이상 일하는 미국의 모든 스타벅스 직원에게 대학 등록금 전액을 지원하기로 했다. 스타벅스와 애리조나주립대학교는 등록금을 60 대 40으로 나누어 분담했다. 대신 온라인 수업으로 학사 학위를 취득할 수 있도록 해 직원들은 일하면서 공부를 병행할 수 있었고, 애리조나주립대학교는 비용을 줄일 수 있었다.

하워드는 무료 등록금 문제에도 사업의 다른 문제와 마찬가지 방식으로 접근했다. 그는 "교육은 가치를 매길 수 없으므로 어떤 대가가 들어도 괜찮다"라고 말하지 않았다. 대신 "최고의 가치를 얻을 방법을 찾아보자"라고 주장했다. 스타벅스의 복리후생 제도는 언뜻 보기에는 지나치게 후해 보일 수 있다. 하지만 그러한 선량한 접근은 언젠가는 결실을 얻는다. 결국에 중국에서 그랬던 것처럼 말이다. 현재 스타벅스는 중국에 4,800개 이상의 매장을 운영하고 있으며 15시간마다 새로운 매장이 문을 연다.

하지만 처음부터 그런 것은 아니었다. "우리는 중국에서 9년 연속 적자를 봤어요. 투자자들은 '중국은 안 될 것 같다. 그곳은 차를 마시는 문화이다. 그냥 문을 닫으라'고 말했어요." 스타벅스 중국 매장은 경제적 손실 외에 인력 관리 문제에서도 어려움을 겪었다. 수년간 직원 복지에 집중하다 보니 중국에서는 자녀의 진로 선택과 관련해 부모가 중요한 역할을 한다는 사실을 발견할 수 있었다. 스타벅스 중국 매장의 직원들은 대부분 대졸자였다. 중국의 부모들은 "자식을 대학에 보냈더니 애플이나 구글, 알리바바에서 일하는 게 아니라 커피를 팔고 있네. 이건 옳지 않다"라고 생각했다. 부모들의 이런 생각이 스타벅스 중국 매장 직원들의 이직률을 높이고 성장을 방해했다.

하워드가 생각한 해결책은 중국의 부모들에게 스타벅스에서 일하는 것의 분명한 혜택과 '사람 우선'의 철학을 보여주는 것이었다. 먼저 모든 직원뿐만 아니라 직원의 부모까지 의료보험 혜택을 확대했다. 기대했던 대로 이직률이 훨씬 낮아졌다. 그런 다음 회사에서 진행하는 연례회의에 직원들의 부모를 초대하기로 했다. 중국에서 스타벅스가 15시간마다 새로운 매장을 연다는 사실을 고려하면 하워드가 생각한 '부모 초대 행사'는 어마어마한 시간과 비용을 감수해야 하는 대규모 프로젝트였다. 결국에 스타벅스의 '부모 초대 행사'는 중국인 부모들과 직원들에게 큰 인기를 얻었고, 지금은 매년 열리는 행사가 되었다.

"부모 초대 행사는 스타벅스 직원들을 격려하고 가족들 앞에서 그들을 빛나게 해주는 자리예요. 우리는 한 번도 비행기를 타본 적 없는 부모들을 상하이나 베이징으로 데려와요. 부모가 오는 줄 몰랐던 직원들은 깜짝 놀라며 크게 기뻐하죠. 그 모습을 지켜보는 것이 정말 감동적이에요. 매년 놓치고 싶지 않은 행사입니다."

가치와 문화는 경제적 성과와도 직결된다

사람을 최우선에 둔다는 경영 철학 덕분에 스타벅스 중국 매장은 인력 관리의 문제를 대부분 해결할 수 있었다. 이는 고객을 늘리고 유지하는 데도 당연히 긍정적인 영향을 미쳤다. 그런데 그러한 접근이 단순히 경영 관련 문제를 해결하는 데만 도움이 된 것은 아니다. 직원

충성도와 행복에 초점이 맞춰졌던 부모 초대 행사에서 하워드는 '인간적인 연결'이라는 또 다른 가능성을 발견했다. 그것은 거대한 글로벌 기업에 꼭 필요한 핵심 요소이다.

"그런 행사들을 통해 우리는 스타벅스의 정신, 문화, 가치와 함께 정서적인 생동감을 느낄 수 있었습니다. 그 모든 것을 통해 우리가 인간적인 연결을 갈망하고 있다는 사실도 알게 되었죠."

스타벅스처럼 엄청난 규모에 도달한 기업들은 필연적으로 새로운 도전에 직면하게 된다. 기회와 책임이 커질수록 '사회적 책임'과 '사업적 성공'이라는 두 가지 과제 사이에서 균형을 잡는 것이 더욱 어렵고 복잡해진다. 스타벅스는 초창기부터 사회적 책임에 대한 기준과 전략을 마련하고 실행해왔기 때문에 그러한 위험을 피할 수 있었다. 스타벅스가 추구하는 가치는 '사업적 성공'과 확실하게 연계되면서 수년간의 비약적인 성장과 발전을 이끌었다.

하워드는 이에 대해 "스타벅스의 모든 중요한 결정은 이윤이 아닌 가치를 중심으로 이뤄집니다. 그 결과 수익성도 매우 높아졌죠. 사업상의 모든 결정이 경제적 성과만을 기준으로 내려져서는 안 됩니다. 경제적 성과는 기업 가치와 문화를 꾸준히 지켜내고 발전시키려는 노력과 직결됩니다"라고 설명했다.

선행의 순환을 만드는 변화의 출발점

인데버 창업자 린다 로텐버그 이야기

전 세계 창업자와 기업가를 지원하는 비영리단체 인데버의 창업자 린다 로텐버그에게는 '치카 로카Chica Loca'라는 별명이 있다. '미친 여자'란 뜻이다. 린다에게 이 별명은 칭찬이다. 린다는 라틴 아메리카에서 현지 기업가들을 위해 자금을 모으던 수십 년 전에 이 별명을 얻었다. 그녀가 인데버를 창업했을 때 미국에서는 스타트업이 빠르게 늘어났고 자금도 빠르게 조달할 수 있었다. 하지만 중남미 국가들에서는 아무도 사업을 시작하지 않았다. 사실 기업가정신의 가능성에 대한 인식 자체가 매우 미미해서 당시 스페인어에 '기업가정신'에 해당하는 단어가 없었을 정도이다.

인데버는 그 모든 것을 바꾸는 것이 목표였다. 그러자면 먼저 후원자를 찾아야 했다. 그녀는 간신히 아르헨티나의 부동산 거물 중 한 명인 에두아르도 앨츠타인Eduardo Elsztain과 부에노스아이레스에 있는 그의 사무실에서 10분간 면담을 할 수 있었다. 에두아르도는 예전에 억만장자 조지 소로스George Soros로부터 투자를 받은 적이 있었다.

"에두아르도를 만나러 그의 사무실에 들어가자마자 그는 '알겠습니다, 조지 소로스를 만나고 싶은 거군요. 내가 뭘 할 수 있는지 알아보죠'라고 말했어요. 그래서 제가 '아니오. 당신은 기업가입니다. 나도 기업가입니다. 그리고 인데버는 기업가의 기업가에 의한 기업가를 위한 비영리단체입니다. 나는 당신의 시간과 열정, 그리고 20만 달러를 원합니다'라고 대답했죠. 그러자 에두아르도가 옆에 있던 남자를 쳐다보며 '이 여자 미쳤군'이라고 말하더군요."

린다는 에두아르도에게 그도 한때는 소로스의 사무실에 걸어 들어가서 1000만 달러짜리 수표를 받아들고 나온 일화로 유명한 사람이라고 이야기했다. 그러면서 "나는 20만 달러만 요구하니 매우 양호하죠"라고 덧붙였다. 에두아르도는 수표를 써주었고 아르헨티나 인데버의 회장이 되었다. "요즘 에두아르도는 그것이 지금까지 자기가 한 최고의 투자였다고 말합니다."

세계 곳곳에 기업가로서 재능을 가진 사람들이 있고, 그들의 혁신적인 아이디어는 기업을 크게 성장시켜 일자리를 창출할 수 있다는 린다의 생각은 전혀 미친 것이 아니다. 인데버 아이디어는 성공한 기업이 더 큰 세상에 기여할 수 있는 가장 중요한 방법 가운데 하나인 '선행의 순환pay it forward' 사례이기도 하다. 이는 도움이 필요한 사람에게 흔쾌히 도움을 주고 도움을 받은 사람은 나중에 도움이 필요한 다른 사람에게 또다시 아무 조건 없이 도움을 주는 것을 가리킨다. 선행의 순환은 다음 세대의 기업가를 격려하고 조련하며 다양화하는 데 도움을 주는 것을 목표로 멘토링 프로그램에 참여하는 것부터 다른 스타트업에 투자하는 것, 소외된 지역사회와 같은 특정 영역에 관심을 기울이는 것까지 다양한 형태를 취할 수 있다.

기업가 커뮤니티를 스케일업하는 네트워크 효과

파타고니아의 양떼 목장에서 자란 웬스 카사레스는 가장 먼저 인데버의 지원을 받은 기업가 중 한 명이었다. 20대 초반에 웬스는 그 지역 최초의 인터넷 서비스 회사를 창업했다. 얼마 후에 회사는 인수되었고 웬스는 아무것도 없이 쫓겨났다. 웬스는 절망하는 대신 라틴 아메리카 최초의 이커머스 회사를 시작하기로 했다. 유일한 문제는 그에게 자본이 없다는 것이었다.

린다는 "그렇게 웬스를 만났는데 현지 투자자 30명에게 거절당한 상태였어요. 그의 여동생과 가장 친한 친구가 함께 일하고 있었는데 좋은 징조는 별로 없었어요. 그러나 우리는 웬스를 만나자마자 '이 사람은 뭔가 좋은 결과를 가져올 것 같다'라고 이야기했어요"라고 설명했다. 인데버는 웬스가 플랫아이언파트너스Flatiron Partners와 체이스캐피털Chase Capital로부터 투자를 받을 수 있게 도왔다. 1년 후에 스페인의 산탄데르은행Banco Santander이 웬스의 회사를 7억 5000달러에 인수했다.

웬스는 '화폐 민주화'를 목표로 하는 비트코인 지갑을 개발하는 스타트업 자포를 비롯해서 다른 사업들도 성공으로 이끌었다. 그러나 린다 로텐버그와 처음 만났을 때만 해도 그는 외부인이 자신의 사업 아이디어에 관심을 보이는 것에 회의적이었다. 린다는 웬스가 사업을 시작할 수 있게 도움을 받은 후 이렇게 고백했다고 말했다. "웬스는 저를 처음 만났을 때 사이비 종교 집단을 운영하는 건지 의심했대요. 그러니까 심지어 웬스조차도 미쳤다고 생각했던 거죠."

웬스가 큰 성공을 거둔 이후 남미에서 소문이 퍼지기 시작했다. "사람들은 '웬스가 할 수 있다면 나도 할 수 있다'라고 말했고 그것은 하나의 구호가 됐습니다." 그리고 남미 지역에서 기업가 문화가 생겨나고 확대되기 시작했다. 린다는 현지의 성공 사례들이 지역 내 다른 사람들에게도 경쟁에 뛰어들도록 의욕을 북돋웠다고 말했다. 성공한 현지 기업가들이 지역의 다른 기업가를 지원함으로써 지역사회에 '선행의 순환'을 만들어내야 더 빠른 속도로 기업가들을 육성할 수 있다.

"대부분 지역에 성공한 기업가들이 두세 명씩은 있어요. 이들이 멘토가 되고, 엔젤투자자가 되고, 사내벤처를 지원하는 엑셀러레이터가 되는 등 기업가 육성 생태계에 재투자하지 않는다면 발전은 멈춰버릴 겁니다. 네트워크 효과는 기업가 커뮤니티 전체를 스케일업하는 데 있어 핵심 요소입니다."

이런 선순환을 장려하기 위해 인데버가 한 가장 중요한 일 중 하나는 지역의 성공한 비즈니스 리더들에게 기업가 생태계의 성장과 발전을 지원하도록 설득하는 것이었다. 린다는 그들의 지원이 지역의 인재 풀을 강화하고 제휴 기회를 확대하며 지역 경제 발전을 촉구함으로써 그들 자신의 이익에도 도움이 된다는 점을 어필했다. 더 많은 비즈니스 리더들이 선행의 순환에 참여할수록 기업가정신도 더 번성할 것이다.

한 가지 고무적인 것은 드디어 스페인어에 기업가정신을 뜻하는 단어가 생겼다는 점이다. 몇 년 전 린다는 브라질 포르투갈어 사전의 편집자로부터 전화를 한 통 받았다. 편집자는 인데버의 노력 덕분에 사전에 기업가와 기업가정신, 즉 엠프렌데도르emprendedor와 엠프렌데도리스모emprendedorismo라는 단어를 추가하게 되었다고 알려주었다. "그래서 이제 라틴 아메리카 사람들은 '나는 엠프렌데도르야'라고 말할 수 있게 되었어요." 린다가 오랫동안 믿어왔던 것처럼 "이름을 말할 수 있다면 그것을 이룰 수도 있다."

네트워크를 잠금 해제하라

블랙리스트 창업자 프랭클린 레너드 이야기

프랭클린 레너드Franklin Leonard는 레오나르도 디카프리오Leonardo Dicaprio가 이끄는 영화 제작사 아피안웨이Appian Way의 제작총괄 임원으로 일하며 정말 많은 시나리오를 읽어야 했다. 시나리오는 영화 제작사가 영화를 제작할 수 있는 스토리와 작가를 찾는 출발점이다. 그리고 시나리오가 쓸 만한지 아닌지 확인하는 유일한 방법은 앉아서 읽는 것이다. 그것이 프랭클린의 일이었고 그는 정말 많이 읽었다.

몇 가지 간단한 계산을 해보자. 시나리오는 보통 90쪽에서 120쪽이며 평균을 내면 106쪽이다. 프랭클린은 일주일에 30개쯤의 시나리오를 읽었는데 그렇다면 총 3,000쪽이 넘는 글을 읽은 셈이다. 그것은 사실 영화계의 모든 사람이 일하는 방식이었다. 프랭클린은 주말이면 시나리오가 가득 든 상자를 집으로 가져가는 수천 명의 영화인 가운데 한 명일 뿐이었다. "바다를 끓이는 것도 하나의 접근법이지만 효율적인 방법은 아니잖아요." 사실 바다를 끓이는 것은 바닷물이 너무 많아 불가능할 뿐 아니라 불필요한 일이다.

다른 아이디어들이 그렇듯이 '블랙리스트Black List' 역시 프랭클린이 느낀 좌절감에서 탄생했다. 2005년 말에 프랭클린은 데이터를 수집하는 실험을 했다. 알고 있는 영화관계자들의 명단을 작성하고 그들에게 이메일을 보내서 "올해 읽은 시나리오 중에서 현재 제작되지 않은 가장 좋은 시나리오는 어떤 것입니까? 당신이 정말 좋아했던 시나리오, 당신이 보고 싶은 영화를 만들 만한 시나리오가 있었습니까?' 라고 질문했다. 그리고 엑셀로 결과를 취합해 몇 편의 확실한 우승 작품을 뽑아서 블랙리스트라는 이름을 붙여 익명으로 발표했다. 이것이 입소문이 났다. 블랙리스트는 돌고 돌아 "이거 본 적 있냐?"며 프랭클린에게도 이메일이 왔다. 심지어 '내년에 블랙리스트에 오를' 시나리오라며 영업하는 에이전트들도 있었다.

프랭클린은 그러한 반응들을 보며 할리우드의 영화관계자들이 줄곧 블랙리스트와 같은 것을 찾고 있었다는 확신이 들었다. 좋은 영화가 될 훌륭한 시나리오를 발굴하는 도구 말이다. 영화업계의 문화는 폐쇄적이기로 유명하다. 그런데도 프랭클린에게 이메일을 받은 영화관계자들은 기꺼이 자신이 가장 좋아하는 시나리오를 익명으로 공유했다. 그것은 그만큼 수많은 시나리오를 직접 읽어야만 하는 기존의 시스템에 좌절감을 느끼고 있다는 방증으로도 읽혔다.

"할리우드 사람들은 모두 건초더미가 가득 쌓인 들판에 서서 바늘을 찾으려고 노력해요. 어떤 바늘을 사용하게 될지는 모르지만 일단 바늘 하나부터 찾기 시작해야 하죠. 우리는 금속 탐지기를 발명한 거예요."

이 금속 탐지기는 또 무엇을 발견했을까? 첫 번째 블랙리스트에 오른 상당수의 시나리오는 신인 작가나 여성 작가 혹은 할리우드 시스템과 네트워크 밖에 있는 사람들이 쓴 것이었다. 그중에서 신인 작가인 디아블로 코디Diablo Cody가 쓴 〈주노〉는 영화로 제작되어 큰 인기를 얻었다.

"업계의 통념들 가운데 대다수는 그저 오랜 습관으로 굳어진 것일 뿐 별 타당성이 없어요. 그중에서도 일부 작가들에 대한 과소평가는 더욱 치명적이죠. 아마도 그런 통념들 때문에 우리가 돈을 더 많이 벌지 못하는 걸 거예요. 생각하는 방식을 바꾼다면 더 좋은 영화를 만들 수 있을 겁니다."

다음 해의 블랙리스트를 발표한 후에 프랭클린은 아피안웨이를 그만두었다. 블랙리스트는 매년 그 영향력이 더 커지면서 프랭클린에게 다른 문을 열어주었다. 그는 성 소수자, 유색인종, 기타 소수 그룹의 작가들을 집중 조명하는 블랙리스트를 만들었다. 프랭클린은 자신이 할 수 있는 일이 더 있다는 것을 깨달았다. 어느 해든 블랙리스트에 오른 대부분의 시나리오는 이미 할리우드 시스템에서 어느 정도

발판을 가진 것들이었다. 즉 에이전트가 담당하는 작가들이 쓴 시나리오거나 설사 최종적으로는 영화로 제작하지 않기로 했더라도 일단 영화 제작사에서 선택한 시나리오였다.

하지만 할리우드라는 네트워크에 들어가기 위한 첫 번째 미팅을 할 기회를 얻는 단계에서부터 도움이 필요한 시나리오 작가들이 훨씬 더 많았다. 프랭클린은 "이런 사람들이 우리에게 오기를 바라지 말고 우리가 이 사람들을 찾기 위해 나서야 하는구나"라고 깨달았다.

프랭클린의 혁신적인 아이디어는 매년 발표하는 블랙리스트의 영향력을 활용해 알려지지 않은 작가들의 시나리오가 검토될 수 있도록 지원하는 한편, 영화 제작자들이 최고의 시나리오를 찾도록 돕는 플랫폼을 만드는 것이었다. 블랙리스트 플랫폼에서는 누구나 적은 비용만 내고 자기 시나리오를 업로드할 수 있다. 작가들은 시나리오를 평가받기 위해 합리적인 비용을 지급해야 한다.

"우리는 독자들이 긍정적으로 평가한 좋은 시나리오에 대해 정보를 공유합니다. 지난 8년 동안 쌓아온 신뢰도 덕분에 사람들은 우리가 하는 말을 그대로 받아들이게 됐고요."

할리우드의 문을 활짝 열고 외부에서 더 많은 시나리오 작가들이 들어오도록 하는 일의 가치는 무엇일까? 그 답은 결국 프랭클린이 보고 싶은 영화, 사람들의 마음을 울리는 위대하고 솔직한 이야기를 만드는 것으로 귀결된다.

"개인적으로 저는 부모님 덕분이든 다른 어떤 이유로든 할리우드 네트워크에 쉽게 들어올 수 있었던 작가들보다 '평범한 삶'을 살아온 작가들의 시나리오에 더 관심이 많아요. 제 개인적인 경험에 따르면 평범한 삶을 살아온 사람들이 그렇지 않은 사람들보다 인간적이고 감동적인 이야기에 필요한 통찰력을 더 많이 가지고 있었거든요."

블랙리스트가 트로이 목마라면 말의 바깥쪽에는 크게 "훌륭한 시나리오! 좋은 영화를 만들 수 있는 시나리오! 돈이 되는 시나리오!"라고 적혀 있다. 반면에 트로이 목마의 안쪽에는 우리가 스크린에서 보는 영화와 그 영화를 만드는 산업 모두에서 더욱 포용적인 문화를 만들어야 한다는 비전이 담겨 있다.

"만약 '모든 게 내 마스터플랜의 일부였다'라고 말한다면 그건 거짓말이에요. 처음에는 좋은 시나리오를 조금 쉽게 발굴하려는 목적이 있었어요. 원하는 것을 얻기 위한 일을 하다가 새로운 문을 발견한 것이었습니다."

하지만 자신이 보고 싶고 원하는 것을 위해 무언가를 창조한다는 프랭클린의 생각은 더 큰 선순환을 만들어냈다. "블랙리스트의 모든 작업은 재능 있는 사람들을 위해서, 그리고 폐쇄성으로 인해 많은 경제적 이익을 놓치고 있는 할리우드 시스템을 위해서 네트워크를 잠금 해제하는 것입니다."

클라우드 소싱을 어떻게 활용할 것인가

듀오링고 창업자 루이스 폰 안 이야기

과테말라에서 성장한 루이스 폰 안Luis von Ahn의 꿈은 대중이 열광하는 디지털 언어 학습 앱을 만드는 것이나 유니콘 기업을 창업하는 것이 아니었다. 그의 꿈은 수학 교수가 되는 것이었다. 당시 최고의 수학 교육 과정은 미국에 있었기 때문에 고등학교 3학년 학생이었던 루이스는 미국 대학교에 지원해야겠다고 계획을 세웠다. 하지만 미국 대학교에 입학하려면 토익이든 토플이든 영어능력시험을 봐야 했다.

토플 시험에 응시하려고 했지만 한 가지 문제가 있었다. 과테말라에서는 토플 시험 응시자가 이미 정원을 초과한 상태였다. 루이스는 다른 선택지를 알아보았고 이웃 나라 엘살바도르에 빈자리가 있다는 것을 알게 되었다. 다행히 토플 시험을 보기 위해 엘살바도르에 다녀올 여비는 마련했지만, 또 다른 문제가 있었다.

"과테말라는 위험한 나라예요. 그런데 당시에 엘살바도르는 훨씬 더 위험한 나라였습니다. 그래도 가야만 했죠. 시험을 봐야 했으니까요. 그때 생각했어요. 사람들이 영어를 쉽게 배울 수 있게 내가 뭐라도 해야겠다고요."

루이스는 토플에서 좋은 점수를 얻어 듀크대학교에 입학했다. 그리고 영어를 쉽게 배울 수 있게 뭐라도 하고 싶은 욕망은 잠시 접어두었다. 그러나 몇 년 후 카네기멜론대학교의 컴퓨터공학과 교수가 되었을 때 잊혔던 욕망이 다시 떠올랐다. 루이스는 클라우드 소싱을 통해서 여러 사람의 자원봉사 활동을 연결하는 도구를 만들고 싶었다. "과테말라 같은 나라에 도움이 되는 교육 관련 프로그램을 만들고 싶었습니다. 이것이 제가 언어 학습을 생각한 이유죠."

전 세계 사람들이 영어를 공부하고 또 공부했다는 것을 증명하기 위해 매년 50억 달러에서 100억 달러를 쓴다는 사실을 알았을 때 그는 사람들이 어디에서든지 무료로 영어를 배울 수 있는 프로그램을 만들어야겠다고 생각했다. 그렇게 듀오링고Duolingo가 탄생했다. 현재 듀오링고는 학습을 도와주는 프롬프트와 단계별 목표 달성 프로그램을 통해 동기를 부여함으로써 사용자들이 쉽고 빠르게 언어를 배우도록 돕는다. 3억 명 이상의 사용자를 보유하고 있으며 이들은 한 달에 70억 개 이상의 학습 활동을 완수한다. 대부분의 학습 콘텐츠는 열정적인 사용자들이 만든다. 그래서 스페인어, 중국어, 아랍어는 물론이고 에스페란토어, 나바호어, 심지어는 클링온어처럼 소수만 아는 언어도 배울 수 있다.

루이스가 처음 듀오링고를 론칭했을 때는 스페인어와 독일어만 제공했다(스페인어 과정은 루이스가 직접 만들었고 독일어 과정은 스위스인 공동창업자가 만들었다). 초기에 약간의 성공을 거두기는 했지만 제대로 성장시키려면 더 많은 언어를 추가해야 한다는 사실을 알았다. "문득 이것을 클라우드 소싱 방식으로 할 수 있겠다는 생각이 들었어요. 사람들이 직접 학습 콘텐츠를 만들어 추가하게 하는 거죠." 그래서 루이스는 사람들이 그에게 특정 언어 학습 강좌를 제공하는지 물어보면 "아니오, 제공하고 있지 않습니다. 강좌를 만들 수 있게 도와주시겠어요?"라고 답변하도록 시스템을 수정했다. 사람들이 승낙하기 시작하자 루이스는 듀오링고에 사용자들이 직접 언어 학습 강좌를 만들 수 있는 프로그램 툴을 공유했다. 첫 주에만 약 5만 명이 언어 학습 콘텐츠 제작에 참여하겠다고 지원했다. 듀오링고는 사업적 성공에 클라우드 소싱이 어떻게 활용될 수 있는지 보여주는 최고의 사례 중 하나로 평가받고 있다.

루이스가 듀오링고를 빠르게 성장시킬 수 있었던 이유는 "전 세계인이 쉽게 언어를 배울 수 있게 한다"는 루이스의 미션에 사용자들이 공감하면서 자신들도 참여하기를 원했기 때문이다. 듀오링고의 성공에는 '선한 영향력'이 핵심 재료로 들어가 있었다.

루이스는 듀오링고의 미션을 충실히 실천하는 여러 가지 방안을 고민했다. 그는 언어 학습 콘텐츠 제작에 참여한 봉사자들에게 자신이 만든 콘텐츠에 대한 소유권을 가지도록 계약을 맺었다. 그리고 누구나 언어를 쉽게 배우도록 하겠다는 약속을 지키기 위해 언어 학습 강좌를 무료로 유지하기 위해 노력해왔다. "우리는 콘텐츠에 요금을 붙이고 싶지 않았습니다. 교육으로 돈을 버는 표준적인 방법이 수업료를 청구하는 것인데도 말이죠."

대신 루이스는 하나의 학습 프로그램이 끝날 때마다 프로그래매틱 광고를 내보냈다. 광고는 루이스가 기대했던 것보다 훨씬 많은 돈을 벌게 해주었다. 그다음에는 광고를 건너뛸 수 있는 기능을 추가하면서 정기 사용료를 부과했다. "광고를 보지 않겠다는 사람들이 내는 정기 사용료가 광고 수익을 뛰어넘었어요." 현재 듀오링고는 다른 어떤 교육 앱보다 높은 매출을 올리고 있으며 콘텐츠에 요금을 부과하지 않겠다는 약속을 계속 지키고 있다.

루이스가 가장 만족하는 제품은 미국에서 공부하고자 하는 전 세계 사람들이 치러야 하는 토플 시험의 듀오링고 버전이다. 듀오링고 영어능력시험은 저렴한 데다 시험을 치르러 위험을 무릅쓰고 다른 나라에 가지 않아도 된다.

기업이 성장하면 선한 영향력도 확대된다

범블 창업자 휘트니 울프 허드 이야기

이 책에 등장하는 많은 기업가의 아이디어는 사람들의 문제를 해결하거나 도움을 주겠다는 선량한 마음에서 출발했다. 샐리 크로첵은 여성들이 적극적이고 똑똑한 투자자가 되도록 도움으로써 투자 세계의 '젠더 격차'를 해소하는 것을 목표로 엘레베스트를 창업했다. 클래스패스의 파얄 카다키아는 사람들이 운동에 대한 열정을 되찾고 루틴으로 만들도록 돕겠다는 비전을 중심으로 비즈니스를 구축했다.

23앤드미의 창업자 앤 워치츠키는 사람들이 자신의 건강 정보를 스스로 관리하도록 돕는 것을 목표로 유전자 검사 사업을 시작했다. 찰스 베스트는 기부자들을 연결해 아이들을 위한 학교 수업 프로젝트에 필요한 자금을 모으는 데 도움을 주겠다는 분명한 목적을 가지고 도너스추즈를 시작했다.

이렇게 선한 영향력을 목표로 탄생한 기업들은 점점 성장함에 따라 사회적 책임 활동도 확대해나간다. 휘트니 울프 허드가 론칭한 온라인 데이팅 앱 범블도 그러한 예이다. 3장에서 살펴본 것처럼 휘트니는 여성들에게 먼저 말을 걸 수 있도록 하는 등의 통제권을 줌으로써 온라인 데이트 경험을 긍정적으로 개선하고자 하는 목표로 범블을 시작했다. 그리고 나중에는 유색인종 여성과 소수민족 여성들이 설립하고 이끄는 미국 기업에 초기 투자를 제공하는 범블펀드를 선보여 여성들의 데이트 경험을 개선한다는 원래의 목표에서 한 발 더 내디뎌 여성의 사회적 지위를 향상하는 데까지 나아갔다.

한편 범블은 계속해서 전 세계로 뻗어 나가며 다양한 문화권의 여성들에게 앱을 소개하면서 '여성의 권리 신장'이라는 메시지를 전달하고 있다. 휘트니는 "제가 하는 중요한 일 중 하나는 다른 문화권에 진출해 그곳 여성들이 생각하는 방식을 이해하는 것이에요. 지금까지 가장 흥미로웠던 곳은 인도였습니다. 전통적으로 연애와 사랑뿐 아니라 삶 전반에 걸쳐 여성을 억압하고 수동적으로 만드는 분위기가 만연한 문화 속으로 들어갔죠." 휘트니는 범블이 인도에 문화적 변화를 가져오기 위한 작은 한 걸음이라는 사실을 인정한다. "범블이 제공하는 것은 이미 여성들이 자신도 모르게 열망했던 것들이에요. 인도 여성들이 과거 어느 때보다 더 많은 권한을 가지게 되면서 이제야 그 열망에 반응하는 목소리를 내기 시작한 거죠."

범블은 여성에게 편안하고 안전한 데이트 문화를 구축하는 일에 계속 집중하고 있다. 하지만 사용자 수 1억 명을 달성한 후 기업가로서 휘트니의 두 번째 목표는 네트워킹의 세계로 옮겨갔다.

"사실 아주 많은 사람이 커뮤니티에 소속되기를 갈망해요. 오늘날에는 외로움이 유행병처럼 만연하잖아요. 그러한 외로움은 데이트 상대를 소개하는 것만으론 치유될 수 없어요." 휘트니는 안전한 데이트 문화를 구축하면서 동시에 사람들을 연결해 커뮤니티를 만들고 활성화하는 방안에 새롭게 집중하고 있다. 그에 대한 기대감을 휘트니는 이렇게 설명했다. "앞으로 범블의 변화는 온라인뿐 아니라 오프라인에서도 일어날 겁니다. 우리는 현실적으로 온라인이 아닌 공간에서 실재하는 존재들이니까요."

사회적 책임을 기능으로 추가하다

———————————— 태스크래빗 전 CEO 스테이시 브라운필폿 이야기

10장을 시작하면서 스타벅스의 예를 들어 기업의 사회적 책임에 대해 초창기부터 고민하고 성장 전략에 포함해야 한다고 제안했다. 그런데 기업이 어느 정도 성장한 이후에 사회적 책임을 하나의 기능으로 추가해서 성공한 사례도 아주 많다. 태스크래빗의 태스크포굿Tasks for Good이 그 좋은 사례이다.

구직자들과의 관계를 개선한 뒤 스테이시 브라운필폿은 태스크래빗에 커뮤니티에 도움이 되는 요소를 더 많이 도입하고 싶었다. 태스크래빗에 CEO로 합류했을 때 스테이시는 일상의 일을 혁신한다는 미션에 크게 공감했다. 그러나 점차 "더 많은 중산층 사람들이 일자리를 구할 수 있게 하려면 기술을 어떻게 사용해야 할까?"라는 두 번째 목표를 위한 가능성을 찾기 시작했다. 스테이시는 고등학교 학위도 없고 값비싼 기술에 접근하지도 못하는 사람들이 태스크래빗을 더 쉽게 이용하도록 하는 방법을 살펴보기 시작했다.

2016년에 스테이시는 아스펜연구소Aspen Institute의 헨리크라운펠로십Henry Crown Fellowship 프로그램의 회원이 됐다. 모든 회원은 사회적 영향력을 높이기 위한 벤처를 시작해야 했다. 스테이시의 아이디어인 태스크포굿은 태스크래빗에 접근할 수 없는 사람들과 비영리단체들을 위해 태스크래빗 플랫폼을 개방하는 것이었다. 태스크포굿은 도움이 필요한 구직자들이 의미 있는 수입을 얻을 수 있도록 지역사회에 기반을 둔 기업들과 제휴를 맺었다. 그리고 노숙자 지원, 일자리 창출, 재난구호 등의 활동을 하는 비영리단체에서 자원봉사가 필요한 경우에도 구직자들과 연결될 수 있도록 했다.

이는 다른 사람을 돕는 일에도 관심이 있는 구직자들에게 기회를 제공했다. 일손이 필요한 비영리단체에는 비용을 들이지 않고 자원봉사자들을 모을 수 있는 수단이 되었다. 태스크포굿은 태스크래빗의 기존 자원과 전문 지식을 도움이 필요한 관련 영역에 적절히 활용했다. 스테이시는 "우리는 재난구호 현장에 사람들을 보냅니다. 태스크래빗의 확장된 목표는 사람들이 의미 있는 수입을 얻도록 돕는 것도 있지만 지역사회에 선한 영향을 미치는 것도 있거든요. 서비스를 전혀 이용할 수 없는 사람들을 돕는 것도 그 일환이 될 수 있습니다"라고 설명했다.

어떻게 세상을 더 나은 곳으로 만들 것인가

인스타그램 창업자 케빈 시스트롬 이야기

태스크포굿은 세상을 더 나은 곳으로 만드는 일과 직접 관련이 없는 서비스를 제공하는 기업이라도 자신의 서비스를 사회적 책임의 관점에서 다시 살펴볼 가치가 있다는 사실을 보여준다. 발견되기를 기다리는 숨겨진 용도가 있을 수도 있기 때문이다. 인스타그램의 케빈 시스트롬이 바로 그런 경우였다. 그는 기업가로서 자기 목표는 세상을 아름다운 사진으로 남기는 것을 넘어서는 더 크고 의미 있는 어떤 일을 하는 것이었다고 말했다.

인스타그램을 페이스북에 매각한 후 케빈과 공동창업자인 마이크 크리거는 회사가 커다란 성공을 거둔 것에 감사하는 한편 그로써 사회에 변화를 가져올 특별한 기회도 얻게 되었다는 점을 인식했다. 두 사람은 함께 앉아서 거대한 플랫폼이 된 인스타그램을 활용해서 세상에 어떤 영향을 미칠 수 있을지 고민하기 시작했다. 케빈과 마이크는 젊은이들이 인스타그램에서 엄청나게 많은 시간을 보낸다는 사실을 아주 잘 알고 있었다. 그들은 인스타그램을 통해 자신의 세계에 대해 배우고, 자기 자신을 예술적으로 표현하고, 친구를 비롯해 주변의 여러 사람과 소통하고 있었다. 두 공동창업자는 그러한 상호작용에 수반되는 부작용과 폭력적인 요소들에 신경이 쓰였다. 케빈은 스스로 이런 질문을 던졌다.

"내 딸 프레야가 자라서 소셜미디어를 사용할 때 요즘 아이들이 온라인에서 마주하는 부정적인 경험을 하지 않도록 하려면 우리가 어떤 것을 유산으로 만들어 남겨주어야 할까?"

두 공동창업자는 온라인 공간을 더 친절한 곳으로 만들 방법을 찾아야겠다고 결심했다. 케빈은 직원들에게 "인스타그램을 통해 인터넷 공간을 더 친절한 곳으로 만들고자 한다. 우리는 머신러닝과 인공지능 기술을 사용해 어떤 도구를 만들 수 있을까?"라며 과제를 제시했다. 처음에는 모두가 서로 쳐다보면서 어깨만 으쓱했다. 그러나 케빈은 직원들에게 "어려운 문제지만 우리가 반드시 해결해야 하는 문제이다"라고 말하며 포기하지 않았다.

결국에 스팸을 걸러내기 위해 사용하는 머신러닝과 인공지능 기술을 악플이나 성희롱을 탐지하는 데도 사용할 수 있다는 점을 알아냈다. 이 기술은 스팸을 탐지하는 원리로 악플을 다는 사람들도 탐지해낸다. 작동 방식은 비교적 간단하다. 먼저 인스타그램은 "이 게시물 혹은 댓글은 악플 내지 성희롱에 해당한다"라고 신고하는 사용자들로부터 수많은 데이터를 받는다. 그런 다음 훈련된 직원들이 모든 신고를 검토해서 타당한 데이터만 인공지능 신경망에 입력한다. 마지막으로 알고리즘이 관련자들이 서로 얼마나 잘 아는지, 이전 상호작용은 어땠는지, 얼마나 많은 팔로워를 가졌는지 등의 기준을 적용한다. 이런저런 신호의 조합은 게시물이나 댓글이 실제로 악플이나 성희롱에 해당하는지 여부를 결정하는 데 도움이 된다. 어떤 게시물이 악플이나 성희롱에 해당하는 것으로 밝혀지면 인스타그램은 그 게시물을 보이지 않게 감춘다.

"사람들은 주변에 깨진 유리창 같은 질 나쁜 게시물이 많으면 '이렇게 해도 괜찮구나'라고 생각하게 됩니다. '깨진 유리창 이론'이죠. 사람들은 자기 혼자 가해자가 되는 것은 두려워해요. 다른 가해자가 있어야 활동을 해요. 악플을 감춤으로써 다른 악플을 예방하는 효과까지 있는 겁니다. 매우 흥미로운 확장 효과이지요."

머신러닝과 인공지능 기술을 이용해 악플을 필터링하는 시스템 덕분에 인스타그램은 플랫폼에서 '친절함'도 모니터링할 수 있게 되었다. "조금씩이지만 인터넷을 좀 더 친절한 곳으로 바꿔나가는 일을 한다고 생각합니다. 여전히 가장 어려운 것은 친절을 어떻게 평가하느냐하는 것입니다."

케빈은 인스타그램이 각 플랫폼의 친절함을 모니터링하고 평가하여 지수로 나타내는 도구와 알고리즘을 만들어낸다면 다른 인터넷 서비스 기업과도 공유하고 싶다고 말했다. 또 인스타그램이 그러한 도전을 하게 될지는 전혀 예상하지 못했다고 하면서도 지금은 악플을 감시함으로써 왕따와 괴롭힘을 방지하는 시스템을 만들어낸 것이 자신의 가장 중요한 업적 중 하나라고 강조했다.

스토리로 사람의 마음을 움직인다

채리티:워터 창업자 스콧 해리슨 이야기

스콧 해리슨Scott Harrison은 세상을 위해 좋은 일을 하겠다는 생각으로 출발한 기업가는 아니었다. 스콧은 사회생활 초기에 즐거운 삶을 사는 데 좀 더 집중했다. 열여덟 살 되던 해에 집을 떠난 스콧은 돈, 화려함, 재미를 찾아 나섰다. 그리고 40개의 나이트클럽에서 클럽 프로모터로 일했다. "저는 예쁜 여자들과 함께 있었습니다. 뉴욕에서 술을 마시면서 돈을 벌 수 있다는 사실이 믿기지 않겠지만 저는 그렇게 돈을 벌었습니다." 하지만 10년이 지나자 스콧은 그동안 누려온 즐거운 시간이 자기 삶에 별로 도움이 되지 않았다는 것을 깨달았다. 그는 자신이 가보지 못한 다른 길들이 궁금해지기 시작했다.

스콧은 자기 자신에게 '내 인생과 정반대의 삶은 어떨까?'라는 흥미로운 질문을 던졌다. "그동안은 쾌락을 좇으며 다른 사람들에게 별 도움이 안 되는 이기적인 삶을 살았는데 반대로 도움이 필요한 사람들을 도우며 산다면 어떨까, 만약 지금 생활을 그만두고 1년 동안 봉사활동을 한다면 어떨까 생각했어요."

스콧은 그저 궁금해하는 데서 그치지 않고 행동에 옮겼다. 자선단체에서 봉사활동을 하기 위해 숱한 거절에도 불구하고 계속 지원을 했다. 마침내 수개월 만에 전 세계 개발도상국에 의료진을 태운 선박을 파견해 의료 서비스를 제공하는 비영리단체 머시십Mercy Ships에서 그를 받아주겠다고 했다. 그 제안에는 머시십에 매달 500달러를 기부하고 전후 라이베리아에 가야 한다는 조건이 붙었다. 스콧의 반응은 "지금까지의 내 인생과 완벽하게 반대네요. 좋습니다. 어떻게 시작하면 되죠?"라는 것이었다.

그로부터 3주 후에 스콧은 구강악안면외과 의사들과 대형 선박에 있었다. 그는 사진사로서 모든 환자의 수술 전과 수술 후를 기록하는 일을 맡았다. 그것은 참혹한 일이기도 했지만 아주 흥분되는 일이기도 했다. 스콧의 스토리텔링 본능이 깨어나 이 경험을 고향에 있는 사람들과 공유해야 한다고 느꼈다. 스콧은 자신의 이메일 목록에 있는 수천의 사람들에게 거대한 안면 종양 사진을 보냈다. 옛 친구들은 사진을 보고 마음이 흔들렸다며 어떤 식으로든 도움을 주고 싶어 했다. 생각했던 것보다 그런 사람이 많은 것에 스콧은 적잖이 놀랐다.

"많은 사람이 '그 병으로 고통받는 사람이 그렇게나 많은지, 고통받으면서도 적절한 의료 혜택조차 받지 못하는 사람이 그렇게나 많은지 전혀 몰랐다'라고 말했어요." 스콧은 자신이 뭔가 중요한 것을 알아냈다는 사실을 깨달았다. "사진은 언어가 하지 못하는 방식으로 사람들의 마음을 움직입니다."

그런 다음 스콧은 또 다른 경험을 했다. 라이베이라에 우물 만드는 것을 돕기 위해 얼마 안 되는 돈을 기부하고 있던 머시십은 스콧을 파견해 사진을 찍도록 했다. 스콧은 그곳에서 '물 부족으로 인한 위기'를 처음 목격했다. "사람들이 마시는 물을 보았는데 그렇게 더럽고 냄새나는 물은 한 번도 본 적이 없었어요." 스콧에게는 그 물이 진한 초콜릿 우유처럼 보였다. 그는 라이베이라 국민의 50퍼센트가 오염된 물을 마시고 있으며 이것이 라이베리아에 만연한 질병의 원인이라는 사실을 알게 되었다.

스콧은 자신이 헌신하고 싶은 그 어떤 것을 드디어 찾았고 비영리단체를 설립하기로 했다. 하지만 뉴욕의 친구들은 스콧을 말리며 똑같은 이야기를 질릴 만큼 반복했다. "친구들은 '나는 자선단체에 기부하지 않아. 자선단체는 비효율적이고 관료주의적이야. 아마도 그런 단체들의 대표는 수백만 달러를 벌면서 메르세데스 벤츠를 몰고 다닐 걸'이라고 말했습니다." 그러한 냉소주의에서 스콧은 기회를 보았다. 그는 세상에 깨끗한 물을 가져다주기 위해 냉소주의에 정면으로 부딪치기로 했다.

스콧은 세 가지 계획을 토대로 비영리단체 채리티:워터Charity:Water를 창업했다. 첫째는 기부된 돈이 어디에 쓰이는지 완전하고 철저한 투명성을 약속하는 것이고, 둘째는 모든 기부액이 물 프로젝트에 직접 쓰이도록 보장하는 것이었다. 셋째는 사진과 비디오를 이용해 사람들의 마음을 움직일 이야기를 전달하는 것이었다.

"우리는 책임이나 죄책감이라는 단어 대신 희망, 초대, 감화라는 단어를 쓰기로 했어요. 사진도 아이들이 더러운 물을 마시는 모습이 아니라 깨끗한 물을 얻는 모습을 찍기로 했죠. 우리는 '이것이 우리가 하는 일입니다. 우리는 생명을 주는 파티를 열고 있습니다. 물이 없을 때와 물이 있을 때 이렇게 달라집니다. 당신도 이 솔루션에 함께하고 싶나요?'라고 말하고 싶었어요."

정기구독 형태의 기부로 선순환을 만들다

채리티:워터의 긍정 전도사로서 스콧은 세계적인 선순환을 일으켜야 한다는 것을 알고 있었다. 그는 자신이 사용할 수 있는 자원을 살펴보았다. 우선 자신이 찍은 사진이 있었다. 투명성에 대한 약속이 있었다. 기부자들과 자원봉사자들의 이메일 주소도 있었다. 그리고 우리 모두 원하든 원하지 않든 1년에 한 번씩 맞이하는 것, 바로 생일을 활용할 아이디어가 있었다. 이른바 '생일 기부하기'는 친구들과 사랑하는 사람들의 생일에 선물 대신 생일을 맞은 사람의 이름으로 채리티:워터에 기부하는 것이었다. 사람들은 자선단체에 기부한다는 것보다 자신의

주변 사람들에게 의미 있는 생일 선물을 준다는 개념을 더 좋아했다. '생일 기부하기'는 채리티:워터의 대표적인 기부금 모집 방법이 되었다. 2014년에는 4500만 달러를 모금했고 그 해에만 100만 명이 깨끗한 물을 얻도록 도왔다. 매일 2,500명의 사람이 깨끗한 물을 얻게 된 것이다.

채리티:워터의 기부는 몇 년 동안 급증하다가 어느 순간 거의 멈추었다. "사람들은 생일 기부를 한 번 하고 나서는 '기부 완료. 내 우물을 만들었다'라고 생각했어요. 그래서 기부가 일회성으로 끝나고 마는 거죠." 스콧은 문화 영역에서 벌어지고 있는 변화에서 이 문제를 해결할 새로운 아이디어를 얻었다. 사람들은 점점 더 많은 온라인 엔터테인먼트 서비스를 구독하고 있었다. 스콧은 "매달 적은 금액을 좋은 일을 위해 기부하는 구독 프로그램을 만든다면 어떨까?"라고 생각했다.

월간 구독 프로그램의 이름은 '더스프링The Spring'이다. 그는 창립 10주년 기념일에 채리티:워터의 10년간의 여정을 담은 20분짜리 온라인 영상에서 더스프링을 소개하겠다는 큰 계획을 세웠다. 그 영상은 조회 수가 1000만 회에 달했으며 지금도 여전히 그 숫자가 늘고 있다. 구독 프로그램은 전 세계 100개국으로 퍼져나갔다. 채리티:워터는 비즈니스 모델을 연 1회 기부에서 매월 정기 기부하는 형태로 피벗함으로써 연 35퍼센트의 성장을 이끌었다. 전 세계 100개국 구독자들의 한 달 평균 기부금은 30달러로 매년 7000만 달러가 넘는 금액이 모금

되고 있다.

스콧의 사례를 통해 얻을 수 있는 교훈은 선한 영향력을 목표로 하는 자선활동을 스케일업하려고 할 때 가장 좋은 도구 중 하나는 설득력 있는 스토리텔링 능력이라는 점이다(물론 사진이 있으면 더 좋다). 그는 이렇게 설명했다. "감동을 주고 마음을 움직이는 스토리텔링의 진정한 힘은 사람들이 자신의 네트워크에 공유하고 싶은 욕구를 부추김으로써 더 쉽고 빠르게 선순환을 만들 수 있다는 겁니다."

스콧에게서 배울 수 있는 또 다른 가르침은? 반드시 '사회적 책임'으로 사업을 시작하지 않더라도 얼마든지 피벗을 통해 사회적 책임 쪽으로 선회할 수 있다는 점이다.

다양성과 연결감을 중심에 두는 경영

—— 비스타에퀴티파트너스 창업자 로버트 스미스 이야기

도움받은 사람이 다시 다른 사람을 도움으로써 선순환을 만드는 '선행의 순환'을 로버트 스미스보다 더 크고 확실하게 실천한 사람은 찾아보기 힘들다. 적어도 모어하우스대학교 학생들은 그렇게 생각했을 것이다. 비스타에퀴티파트너스의 창업자이자 CEO이고 미국에서 가장 성공한 투자자 중 한 명인 로버트는 2019년에 유서 깊은 흑인 대학인 모어하우스대학교에서 졸업식 축사를 했다. 그는 축사 도중에 모든 졸업생의 학자금 대출을 갚아주겠다는 뜻밖의 발표를 했다. 로버트가 그렇게 막대한 규모의 기부를 한 것이 그때가 처음은 아니었다. 2016년에도 스미스소니언 국립자연사박물관에 미국흑인역사문화박물관 건립을 위해 2000만 달러를 기부해 세간의 주목을 받았다.

선한 영향력에 대한 로버트의 열정은 어린 시절의 경험에서 싹을 틔운 것이다. 그는 콜로라도의 흑인 동네에서 성장했는데 그곳은 인종적 다양성을 목적으로 하는 '학교 버스 통합 지역'이었다. 백인 아이들과 흑인 아이들의 균형을 맞추기 위해 일부 아이들은 지역 밖의 학교에 재배치되었다. 1학년에 입학한 로버트는 통합 버스를 타고 45분 떨어진 학교에 다녔다. 그곳 아이들은 동네에서 자주 보던 아이들과 전혀 달라 보였다. 하지만 곧 새로운 친구들도 자신처럼 빨리 달리기와 장난과 우스갯소리를 좋아한다는 것을 알게 되었다.

"서로를 피부색이나 경제적 지위라는 렌즈를 통해 보지 않았어요. 우리는 다른 점보다 비슷한 점이 더 많다는 것을 알게 되었죠. 나는 자라면서 친구들의 생일파티나 성인식에도 초대를 받았습니다. 그때의 경험을 통해 저는 인간으로서 아주 멋진 연결감을 갖게 되었습니다."

로버트의 어린 시절 경험 중 성격 형성에 가장 큰 영향을 미쳤던 경험은 마틴 루서 킹 목사가 주도한 '워싱턴의 위대한 행진'을 목격한 것이었다. 그의 어머니는 마틴 루서 킹Martin Luther King 목사가 하는 연설(그 유명한 '나에게는 꿈이 있습니다'라는 연설)을 듣기 위해 일곱 살짜리아들을 데리고 그곳에 갔었다.

“그때의 경험을 통해 저는 우리 공동체가 중요한 것을 지지하고 있고, 중요한 것을 얻으려고 노력하고 있으며, 우리가 그것에 동참하는 것이 중요하다는 사실을 이해할 수 있었습니다. 그게 오늘 내 영혼의 한 부분인 것 같아요. 즉 미국이라는 이 멋진 나라에서 우리 공동체가 앞으로 나아갈 수 있게 돕고 내가 받은 것을 되돌려줘야 한다는 것이죠.”

로버트는 고등학교에 다닐 때 덴버 근처에 벨연구소Bell Lab가 있다는 사실을 알고 아직 1월밖에 안 되었지만 여름방학 인턴십을 문의했다. 그러자 연구소 측은 “대학교 3학년에서 4학년 사이라면 와서 지원해보는 게 어떠냐?”고 답했다. 로버트는 고등학생이라고 시인했고 대개의 아이들이라면 그것으로 끝이었을 것이다. 하지만 로버트는 5개월 동안 매주 벨연구소에 전화했다. 연구소는 마침내 로버트에게 인턴십을 허락했다. 그때부터 이미 로버트의 끈기와 의지는 아무도 말리지 못할 만큼 대단했다.

성공과 다양성은 충돌하지 않는다

로버트는 컬럼비아대학교에서 경영학 석사학위를 취득한 후 골드만삭스Goldman Sachs에 입사해 마이크로소프트와 애플을 비롯한 여러 IT 회사에 인수합병 관련 컨설팅을 제공하는 일을 했다. 2000년에는 골드만삭스를 떠나 비스타에퀴티파트너스의 설립자가 됐다. 이후 20년 동안 외부 세계가 본 것은 로버트의 놀라운 재무 성과였다. 하지만 내부자들이 알고 있는 것은 로버트가 포용과 다양성을 중시하는 회사를 만들기 위해 집중했다는 점이다. 성공과 다양성이라는 두 가지 미션은 충돌하지 않고 오히려 서로를 강화하는 것처럼 보였다. 비스타는 특권층 출신이 아니거나 일류 학교를 나오지 않았지만 잠재력이 풍부한 사람들을 채용했다. 그리고 그들의 타고난 기술과 재능을 찾아내고 육성하기 위한 체계적인 시스템도 마련했다.

이런 채용 방식으로 비스타는 여러 가지 기술과 관점을 제공하는 다양한 인력을 확보하게 되었으며, 현재는 570억 달러 규모의 자산을 운용하는 선도적인 투자 회사가 되었다. 로버트는 이것을 '비즈니스에 대한 전체론적 접근법'이라고 설명하며 덕분에 비스타에서 더 창의적인 생각이 촉발되고 더 좋은 업무 결과가 나온다고 말했다. 그는 모든 민족, 인종, 성별의 사람들이 모든 업계에서, 특히 IT와 금융업계에서 일하도록 기회를 주어야 한다고 믿는다. 만일 교육과 훈련을 통해 그들을 위한 진입로를 건설한다면 그 혜택은 기업과 지역사회로 돌아갈 것이다. 이것을 로버트는 '4차 산업혁명의 역동성'이라고도 표현했다.

동시에 로버트는 핵심 사업을 넘어 다른 방식으로 지역사회에 봉사하는 기업가의 전형적인 모범 사례이다. 로버트가 하는 다른 방식의 자선활동 중 대다수는 남아프리카공화국의 반 아파르트헤이트 운동가인 스티브 비고Stephen Biko의 아내와 가졌던 오찬 모임에서 영감을 받았다. 오찬 모임에서 그들은 인류에 대한 사랑을 나타내는 '우분투

ubuntu'에 대해 이야기를 나누었다. 우분투는 아프리카 반투족의 말로 "우리가 있기에 내가 있다"라는 의미이다. 우분투는 모어하우스대학교 졸업생들에게 학자금 대출을 갚아주겠다고 약속하던 날 로버트의 마음에 있던 강력한 단어이자 개념이다.

"저는 젊은 아프리카계 미국인 남성들이 모인 모어하우스 공동체에 대해 생각해봤습니다. 이 나라에서 그들은 여러 측면에서 부당한 짐을 지고 살아가고 있습니다. '어떻게 그 짐을 덜어줄 수 있을까?' 고민했어요. 한 가지 방법은 그들뿐만 아니라 가족까지 함께 짊어져야 하는 부채를 덜어주는 것이었습니다."

2018년 모어하우스대학교 졸업식 날 로버트는 396명의 졸업생들에게 "이 나라에서 8대째 살아온 우리 가족을 대표해서 여러분의 버스에 연료를 좀 채우겠습니다"라고 말하며 대출금 상환을 위해 기부하겠다는 소식을 전달했다. 나중에 로버트는 덧붙였다. "자, 나의 젊은 형제 여러분, 어떻게 우분투를 실천할지 생각해보세요. 여러분은 공동체에 어떻게 친절을 되돌려줄 것입니까?" 로버트는 이렇게 고백했다.

"그들 중 4분의 1은 교사가 되어 지역사회에서 프로그래밍과 엔지니어링을 가르치겠다고 결정했으면 좋겠습니다. 다른 4분의 1은 뛰어난 화학공학 기술자가 되었으면 좋겠고요. 제가 화학공학자들을 좋아하거든요. 그들 중 또 다른 4분의 1은 의사가 되어 지역사회의 의료 격차를 해소하는 데 기여했으면 좋겠습니다. 나머지 4분의 1은 정치인

이 되어 그들의 힘과 능력을 사용해 정말 제대로 된 정책을 펼쳐주기를 바랍니다."

로버트는 "사람에게 투자하는 것은 그를 정신적으로 자유롭게 해주는 것이다"라고 믿는다. 그는 "자유로운 정신을 갖게 된 사람은 더욱 치열하게 노력할 수 있고 자기 분야에서 최고가 될 수 있습니다. 또 자기 분야에서 선량한 의도를 갖고 다른 사람들을 도울 수 있습니다. 그런 모습을 지켜보는 것은 세상에서 가장 짜릿한 일입니다"라고 말했다.

Reid's analysis

1. 기업가의 트로이 목마

트로이의 목마 이야기를 알고 있을 것이다. 나무로 만들어지고 바퀴가 달린 거대한 말이 고대 트로이의 성문 앞에 나타났다. 10년간 트로이와 전쟁을 벌이던 그리스에서 평화의 선물로 보낸 것이었다.

그러나 말 안에는 위대한 전사 오디세우스와 30명의 정예 그리스 전사들이 숨어 있었다. 말은 시내로 들어갔다. 병사들은 밤이 될 때까지 기다렸다가 말에서 몰래 빠져나와 성문을 열어 나머지 병사들을 들어오게 했다. 그것이 트로이의 마지막이었다.

위대한 기업가들은 대개 핵심 사업의 성공 외에 세상을 변화시키고자 하는 두 번째 목표를 갖는다. 이때 성공을 거둔 핵심 사업은 두 번째 목표를 위한 트로이 목마가 될 수 있다.

다만 기업가의 트로이 목마는 그리스 전사들처럼 폭력이나 파괴를 위한 것이 아니라 인간의 경험을 제한하는 벽을 허물어 사회에서 중요한 변화를 일으키기 위한 것이 되어야 한다. 그 벽은 차별과 갈등을 조성하는 편견일 수도 있고, 잘못된 고정관념을 바탕으로 한 가설일 수도 있다. 또 고치기 어려운 질병일 수도 있고, 뿌리 깊이 고착된 불평등 문제일 수도 있다.

트로이 목마는 당신이 의도한 목표와 미션에 따라 순결할 수도 있고 그렇지 않을 수도 있다.

2. 대중의 힘을 활용하라

대중의 욕구에 부합하는 미션을 바탕으로 하는 클라우드 소싱은 예상치 못한 방식으로 사업을 확장하는 데 도움을 준다. 루이스 폰 안은 클라우드 소싱에서 매우 귀중한 자원을 발견했다. 듀오링고가 스케일업에 성공하도록 도와준 것도 바로 그 자원이었다.

루이스의 미션은 전 세계 사람들이 언어를 무료로 쉽게 학습하도록 돕는다는 것이었다. 그는 자신의 미션에 공감하는 열정적인 사용자들에게 손을 내밀어 그 자원을 찾아냈다.

대중의 힘을 활용한 또 다른 사례는 2001년 찰스 베스트가 론칭한 최초의 클라우드 소싱 플랫폼인 도너스추즈이다. 찰스는 자신이 후원하는 대상에 연결감을 느낄 수 있다면 기꺼이 기부에 참여하려는 대중이 있다는 것을 알았다. 찰스는 자원이 부족한 학교 교사의 특별한 수업 프로젝트와 선한 영향력에 동참하려는 기부자를 연결함으로써 성공을 거두었다.

클라우드 소싱은 기업 외부 자원을 스케일업에 이용하는 하나의 전략이다. 기업이 제시하는 미션이 대중의 마음을 움직일 수 있다면 클라우드 소싱은 훨씬 더 빠르고 크게 스케일업할 수 있도록 특별한 기회를 열어준다. 클라우드 소싱의 힘은 미션이라는 하나의 깃발 아래 사람들을 모이게 하는 데 있다. 그들을 계속 유지하려면 미션을 달성하려는 기업의 노력이 그들의 마음을 사로잡고 그들의 열정이 가치 있게 사용된다고 느껴지는 방향으로 향해야 한다.

대중에게 손을 내밀어 당신의 미션을 위해 함께하자고 제안할 때 반드시 명심해야 할 것이다. 당신의 손을 잡아준 대중을 실망하게 한다면 그들은 당신이 한 약속과 제품을 더 이상 신뢰하지 않을 것이다. 고생해서 모은 대중들은 흩어질 것이고 당신과 함께 일하고자 하는 사람들의 의지도 사라질 것이다.

Reid's theories

기업의 사회적 책임에 대한 몇 가지 조언

회사를 트로이의 목마라고 생각하라

사회적 책임을 단순히 사업의 부수 효과로만 간주해서는 안 된다. 사회적 책임은 비즈니스에 활력을 불어넣고 성공을 돕는 전략으로 접근해야 한다. "나는 좋은 사람이니까 우리 회사는 좋은 일을 할 거야"라고 말해서는 안 된다. "핵심 사업에도 도움이 되는 선한 영향력은 어떤 것일까?"라고 질문해야 한다.

처음부터 미션에 선한 영향력을 장착하라

어떤 창업자는 초창기부터 선한 영향력을 바탕으로 미션을 정의하고 그 미션을 세상에 효과적으로 전달한다. 그렇게 함으로써 선한 영향력을 사업적 성공을 위한 하나의 재료로 삼아 스케일업을 한다.

선한 영향력을 중심축으로 피벗하라

모든 기업이 처음부터 미션에 선한 영향력을 장착해야 하는 것은 아니다. 많은 기업가에게 그것은 첫 번째 목표가 아니라 두 번째 목표이다. 사업적 성공을 이룬 후에 선한 영향력을 중심축으로 두고 비즈니스 모델을 피벗해도 된다. 이때 강력한 도구 중 하나는 선한 영향력을 통해 이루려고 하는 미래를 설명하는 스토리텔링 전략이다.

핵심 사업에 사회적 책임의 역할을 추가하라

인간의 삶과 세상을 더 나은 것으로 변화시키는 일과 관련이 없는 제품과 서비스를 제공하는 기업이라 하더라도 핵심 사업에서 사회적 책임의 가능성을 발견하기 위한 시도를 해볼 필요가 있다. 기존의 제품과 서비스 안에 잠금 해제되기를 기다리는 용도가 있을지 모른다. 가령 직원에게 더 나은 복지를 제공하는 것, 지역 커뮤니티의 연결감을 강화하는 것 등이 새롭게 발견하는 용도일 수 있다.

선행의 순환이 되게 하라

성공한 기업이 더 큰 세상에 기여하는 중요한 방법 가운데 하나는 도움이 필요한 사람에게 흔쾌히 도움을 주고 도움을 받은 사람은 나중에 도움이 필요한 다른 사람에게 선행을 베푸는 '선행의 순환'을 만드는 것이다. 이것은 다음 세대의 기업가를 멘토링 프로그램에 참여하는 것부터 다른 스타트업에 투자하는 것, 소외된 지역사회나 소수민족 등의 특정 영역에 대한 관심을 불러일으키는 것까지 다양한 형태를 취할 수 있다.

사회에 해악을 끼치지 마라

기업가는 사회에 대한 책임을 져야 한다. 사회적 인프라가 없다면 기업을 세우고 성공에 따른 보상을 얻어갈 수 없다. 따라서 기업가들은 사회적 책임을 다하기에 앞서 사회에 해악을 끼치지 말아야 한다.

"알면서도 해악을 끼쳐서는 안 된다"는 것은 히포크라테스 선서 중 하나이기도 하다. 기업가는 언제나 더 나은 사회를 만드는 데 힘을 쏟아야 한다.

감사의 말

가장 먼저 이 책의 출발점이 된 팟캐스트 〈마스터스 오브 스케일〉에 출연해주신 모든 분에게 감사드린다. 숨 쉴 틈도 없이 분주한 와중에도 인터뷰를 위해 기꺼이 시간을 내주었고, 자신만의 특별한 이야기를 재미있게 들려주었다.

책임프로듀서 준 코언과 데론 트리프를 비롯해 〈마스터스 오브 스케일〉 제작팀 여러분에게도 감사드린다. 그레이록파트너스와 리드 호프먼 사무실의 엘리사 슈라이버, 데이비드 샌포드, 그레그 베아토, 크리스 예, 사이다 사피에바에게도 감사를 보낸다.

훌륭한 피칭과 조언을 해주시고 이 책이 많은 사람에게 읽힐 수 있도록 탁월한 능력을 발휘해주신 플레처앤컴퍼니의 크리스티 플레처에게도 감사드린다. 워런 버거와 로라 켈리, 두 사람의 통찰력 덕분에 이 책이 지금의 형태를 갖출 수 있었다. 책을 만드는 내내 사려 깊은 의견을 주고 편집을 맡아준 캐리 골드스타인에게도 감사드린다.

리드 호프먼

● 찾아보기

옮긴이 이주영

이화여자대학교 경제학과를 졸업하고 증권사에서 투자 및 분석 업무를 담당했다. 현재 바른번역 전문 번역가로 활동하고 있다. 옮긴 책으로 《슈퍼개미 마인드》, 《하버드 머스트 리드: 스타트업 기업가정신》, 《하워드 막스 투자와 마켓 사이클의 법칙》, 《기업가》, 《트러스트 팩터》, 《모든 것이 세일즈다》 등이 있고, 《하버드 비즈니스 리뷰 코리아》 번역에도 참여했다.

세계에서 가장 성공한 기업가들에게 물었다
마스터스 오브 스케일

초판 1쇄 2022년 6월 10일

지은이 리드 호프먼, 준 코언, 데론 트리프
옮긴이 이주영

발행인 문태진
본부장 서금선
책임편집 임은선 편집 2팀 임은선 이보람 정희경 디자인 민혜원

기획편집팀 한성수 허문선 이준환 송현경 백지윤 저작권팀 정선주
마케팅팀 김동준 이재성 문무현 김혜민 김은지 이선호 조용환 디자인팀 김현철
경영지원팀 노강희 윤현성 정헌준 조샘 최지은 조희연 김기현 이하늘
강연팀 장진항 조은빛 강유정 신유리 김수연

펴낸곳 ㈜인플루엔셜
출판신고 2012년 5월 18일 제300-2012-1043호
주소 (06619) 서울특별시 서초구 서초대로 398 BNK디지털타워 11층
전화 02)720-1034(기획편집) 02)720-1027(마케팅) 02)720-1042(강연섭외)
팩스 02)720-1043 전자우편 books@influential.co.kr
홈페이지 www.influential.co.kr

ISBN 979-11-6834-044-2 (03320)